Der Schutz des Kleinaktionärs im börsennotierten Aktienkonzern

Europäische Hochschulschriften

Publications Universitaires Européennes
European University Studies

Reihe II
Rechtswissenschaft

Série II Series II
Droit
Law

Bd./Vol. 4023

PETER LANG
Frankfurt am Main · Berlin · Bern · Bruxelles · New York · Oxford · Wien

Jean-Stephan Obst

Der Schutz des Kleinaktionärs im börsennotierten Aktienkonzern

Eine Grundsatzkritik der Holzmüller-Doktrin

PETER LANG
Europäischer Verlag der Wissenschaften

Bibliografische Information Der Deutschen Bibliothek
Die Deutsche Bibliothek verzeichnet diese Publikation in der Deutschen Nationalbibliografie; detaillierte bibliografische Daten sind im Internet über <http://dnb.ddb.de> abrufbar.

Zugl.: Saarbrücken, Univ., Diss., 2004

D 291
ISSN 0531-7312
ISBN 3-631-52592-3

www.peterlang.de

Vorwort

Die Rechtswissenschaftliche Fakultät der Universität des Saarlandes hat die vorliegende Arbeit im Februar 2004 als Dissertation angenommen.

Mein besonderer Dank gilt meinem Lehrer und Doktorvater, Herrn Professor Dr. Dr. Michael Martinek. Er hat das Dissertationsvorhaben durch hilfreiche Hinweise, kritische Anmerkungen und mit Geduld in allen entscheidenden Momenten gefördert.

Herzlich möchte ich auch Herrn Professor Dr. Roland M. Beckmann danken. Er hat nicht nur das Zweitgutachten übernommen, sondern hat mir auch während meiner Arbeit zur Seite gestanden.

Besonders wichtig ist es mir, meinen Eltern, meiner Schwester Valérie und meinem Freund Michael Sausen zu danken, ohne deren Hilfe ich diese Arbeit in der Form nicht hätte erstellen können.

April 2004

Inhaltsverzeichnis

Literaturverzeichnis

Kommentare und Lehrbücher

Barz, Hans / Klug, Ulrich / Meyer-Landrut, Joachim u.a. (Hrsg.), Aktiengesetz, Großkommentar, 4. Band, 3. Auflage, Berlin, New York 1975 (zitiert: *Bearbeiter* in AktG Großkommentar)

Eisenhardt, Ulrich (Hrsg.), Gesellschaftsrecht, 9. Auflage, München 2000 (zitiert: *Eisenhardt*, Gesellschaftsrecht)

Emmerich, Volker / Habersack, Mathias (Hrsg.), Aktien- und GmbH- Konzernrecht, 2. Auflage, München 2001 (zitiert: *Bearbeiter* in Emmerich/Habersack)

Emmerich, Volker / Sonnenschein, Jürgen / Habersack, Mathias (Hrsg.), Konzernrecht, 7. Auflage, München 2001 (zitiert: *Emmerich/ Sonnenschein*, Konzernrecht)

Geßler, Ernst / Hefermehl, Wolfgang / Eckardt, Ulrich u.a. (Hrsg.), Aktiengesetz Kommentar, Band II und VI, München 1973-1994 (zitiert: *Bearbeiter* in AktG Komm.)

Geßler, Jörg, Aktiengesetz, Bonn, Loseblatt, 38. Aktualisierungslieferung, Februar 2002 (zitiert: *Geßler*, Aktiengesetz)

Henn, Günter (Hrsg.), Handbuch des Aktienrechts, 7. Auflage, Heidelberg 2002 (zitiert: *Henn*, Aktienrecht)

Hoffmann-Becking, Michael (Hrsg.), Münchener Handbuch des Gesellschaftsrechts, Band 4. Aktiengesellschaft, 2. Auflage, München 1999 (zitiert: *Bearbeiter* in Hb. Gesellschaftsrecht)

Hommelhoff, Peter (Hrsg.), Konzernrecht für Europa, München 2001 (zitiert: *Hommelhoff*, Konzernrecht)

Hüffer, Uwe (Hrsg.), Aktiengesetz, München 2002 (zitiert: *Hüffer*, Aktiengesetz)

Isensee, Josef / Kirchhof, Paul (Hrsg.), Handbuch des Staatsrechts, Band VI Freiheitsrechte, Heidelberg 1989 (zitiert: *Isensee/Kirchhof*, Staatsrecht)

Kopp, Ferdinand / Ramsauer, Ulrich (Hrsg.), Verwaltungsverfahrensgesetz, 8. Auflage, München 2003 (zitiert: *Kopp/Ramsauer*, VwVfG)

Kropff, Bruno, Aktiengesetz, Düsseldorf 1965 (zitiert: *Kropff*, Aktiengesetz)

Kropff, Bruno / Semler, Johannes (Hrsg.), Münchener Kommentar zum Aktiengesetz, 2. Auflage, München 2000 (zitiert: *Bearbeiter* in Münchener Kommentar)

Kuhlmann, Jens / Ahnis, Erik, Konzernrecht, München 2001 (zitiert: *Kuhlmann/Ahnis*, Konzernrecht)

Mangold, Hermann von / Klein, Friedrich / Starck, Christian (Hrsg.), Das Bonner Grundgesetz, Band 1, Präambel, Artikel 1 bis 19, 4. Auflage, München 1999 (zitiert: *Bearbeiter* in Bonner GG)

Michalski, Lutz (Hrsg.), Kommentar zum Gesetz betreffend die Gesellschaften mit beschränkter Haftung (GmbH-Gesetz), Band II §§ 35-86 GmbHG, München 2002 (zitiert: *Bearbeiter* in Michalski)

Nirk, Rudolf / Reuter, Hans-Peter / Bächle, Hans-Ulrich (Hrsg.), Handbuch der Aktiengesellschaft, Loseblatt, Grundwerk 3. Auflage 1994, 36. Lieferung, Köln September 2002 (zitiert: *Nirk/Reuter/Bächle*, Aktiengesellschaft)

Pinner, Albert / Bondi, Felix / Gadow, Wilhelm u.a. (Hrsg.), Staub's Kommentar zum Handelsgesetzbuch, 2. Band, 14. Auflage, Berlin Leipzig 1933 (zitiert: *Staub/Pinner,* Kommentar Handelsgesetzbuch)

Raiser, Thomas, Recht der Kapitalgesellschaften, Ein Handbuch für Praxis und Wissenschaft, 2. Auflage, München 1992 (zitiert: *Raiser*, Kapitalgesellschaften)

Rohwedder, Heinz / Schmidt-Leithoff, Christian (Hrsg.), Gesetz betreffend die Gesellschaften mit beschränkter Haftung – Kommentar (zitiert: *Bearbeiter* in Rohwedder/Schmidt-Leithoff GmbH-Kommentar)

Schmalenbach, Eugen, Die Aktiengesellschaft, 7. Auflage, Köln, Opladen 1969 (zitiert: *Schmalenbach*, Die Aktiengesellschaft)

Schmidt, Karsten, Gesellschaftsrecht, 4. Auflage, Köln, Berlin, Bonn, München 2002 (zitiert: *Schmidt*, Gesellschaftsrecht)

Schmidt-Bleibtreu, Bruno / Klein, Franz (Hrsg.), Kommentar zum Grundgesetz, 9. Auflage, Neuwied 1999 (zitiert: *Schmidt-Bleibtreu/Klein*, Grundgesetzkommentar)

Scholz, Franz (Hrsg.), Kommentar zum GmbH-Gesetz, 9. Auflage, Köln 2000 (zitiert: *Scholz*, Kommentar GmbH-Gesetz)

Stern, Klaus / Sachs, Michael (Hrsg.), Das Staatsrecht der Bundesrepublik Deutschland, Band III/1, München 1988 (zitiert: *Stern*, Staatsrecht, III/1)

Zöllner, Wolfgang (Hrsg.), Kölner Kommentar zum Aktiengesetz, Band 2 und 3, Köln, Berlin, Bonn, München 1985-1996 (zitiert: *Bearbeiter* in Kölner Kommentar)

Aufsätze, Dissertationen und Monographien

Adams, Michael, Was spricht gegen eine ungehinderte Übertragbarkeit der in Unternehmen gebundenen Ressourcen durch ihre Eigentümer, in: AG 1990, S. 243 ff.

ders., Die Usurpation von Aktionärsbefugnissen mittels Ringverflechtung in der "Deutschland AG", in: AG 1994, S. 148 ff.

Altmeppen, Holger, Ausgliederung zwecks Organschaftbildung gegen die Sperrminorität, in: DB 1998, S. 49 ff.

ders., Zur Vermögensbindung in der faktischen abhängigen AG, in: ZIP 1996, S. 693 ff.

ders., Neutralitätspflicht und Pflichtangebot nach dem neuen Übernahmerecht, in: ZIP 2001, S. 1073 ff.

ders., Gesellschafterhaftung und „Konzernhaftung" bei der GmbH, in: NJW 2002, S. 321 ff.

Assmann, Heinz-Dieter, Gläubigerschutz im faktischen GmbH-Konzern durch richterliche Rechtsfortbildung - Teil 2, in: JZ 1986, S. 928 ff.

Bachelin, Herwig, Der konzernrechtliche Minderheitenschutz – Die Stellung des außenstehenden Aktionärs in Unternehmensverbindungen, Köln 1969 (zitiert: *Bachelin*, konzernrechtlicher Minderheitenschutz)

Bachmann, Gregor, Verwaltungsvollmacht und "Aktionärsdemokratie": Selbstregulative Ansätze für die Hauptversammlung, in: AG 2001, S. 635 ff.

Bälz, Ulrich, Funktionswandel der Privatrechtsinstitutionen, in: Festschrift für Thomas Raiser, Tübingen 1974, S. 287 (zitiert: *Bälz*, Privatrechtsinstitutionen)

ders., Verbundene Unternehmen, in: AG 1992, S. 277 ff.

Baums, Theodor, Gutachten: Empfiehlt sich eine Neuregelung des aktienrechtlichen Anfechtungs- und Organhaftungsrechts, insbesondere der Klagemöglichkeiten von Aktionäre, Gutachten F 5, in: 63. DJT, Band 1, Leipzig 2000

Baums, Theodor / Fraune, Christian, Institutionelle Anleger und Publikumsgesellschaft: Eine empirische Untersuchung, in: AG 1995, S. 97 ff.

ders. / v. Randow, Philipp, Der Markt für Stimmrechtsvertreter, in: AG 1995, S. 145 ff.

Baums, Theodor / Vogel, Hans-Gert / Tacheva, Maja, Rechtstatsachen zur Beschlusskontrolle im Aktienrecht, in: ZIP 2000, S. 1649 ff.

Bayer, Walter, Kapitalerhöhung mit Bezugsrechtsausschluss und Vermögensschutz der Aktionäre nach § 255 Abs. 2 AktG, in: ZHR 163 (1999), S. 505 ff.

Becker, Gert, Der Aktionär in der Publikums-AG aus der Sicht der AG-Praxis, in: AG 1985, S. 14 ff.

Becker, Helmut, Bezugsrechtsausschluss gemäß § 186 Absatz 4 Satz 2 des Aktiengesetzes in der Fassung der 2. EG-Richtlinie, in: DB 1981, S. 394 ff.

Bentheim, Volker, Unternehmenskonzentration und Kleinaktionärsschutz, in: JZ 1970, S. 53 ff.

Beusch, Karl, AG - eine Kommanditgesellschaft in der Gestalt einer juristischen Person? Betrachtungen zum sog. Holzmüller-Urteil des BGH, in: Festschrift für Winfried Werner, Berlin, New York 1984, S. 1 ff.

Beyerle, Konrad, Der Konkurs der Antragsgegner während des aktienrechtlichen Spruchstellenverfahrens, in: AG 1979, S. 306 ff.

ders., Notwendige Änderungen im Verfahren der Freiwilligen Gerichtsbarkeit nach § 306, in: DB 1978, S. 784 ff.

ders., Erfahrungen mit dem Spruchstellenverfahren nach § 306 AktG, in: ZGR 1977, S. 650 ff.

Biedenkopf, Kurt H., Zur Diskussion über ein neues Unternehmensrecht, in: Festschrift für Thomas Raiser, Tübingen 1974 , S. 342 ff.

Bilda, Klaus, Zur Dauer der Spruchstellenverfahren, in: NZG 2000, S. 296 ff.

Binnewies, Burkhard, Die Konzerneingangskontrolle in der abhängigen Gesellschaft, Diss. Köln, Berlin, Bonn, München 1996 (zitiert: Binnewies, Konzerneingangskontrolle)

Blanquet, Francoise, Das Statut der Europäischen Aktiengesellschaft (Societas Europaea "SE"), in: ZGR 2002, S. 20 ff.

Blättchen, Wolfgang / Wegen, Gerhard, Übernahme börsennotierter Unternehmen, Stuttgart 2003 (zitiert: Bearbeiter in Blättchen/Wegen, Übernahme börsennotierter Unternehmen)

Boettcher, Erik, Der Aktionär in der Publikums-AG aus organisationstheoretischer Sicht, in: AG 1985, S. 7 ff.

Brüggemeier, Gert, Die Einflussnahme auf die Verwaltung einer Aktiengesellschaft, in: AG 1988, S. 93 ff.

Büchs, Heribert, Handbuch des Eigentums- und Entschädigungsrechts, Stuttgart, München, Hannover, Berlin, Weimar, Dresden, 1996, 3. Auflage (zitiert: Büchs, Hb Eigentumsrecht)

Bungert, Hartwin, Die Liberalisierung des Bezugsrechtsausschlusses im Aktienrecht, in: NJW 1998, S. 488 ff.

Burgard, Ulrich, Die Tatbestandsmerkmale des qualifizierten faktischen GmbH-Konzerns und ihre Konkretisierung nach "TBB", in: WM 1993, S. 925 ff.

Busch, Torsten, Der Zinsanspruch des Aktionärs bei unangemessenen Bar – Kompensationsansprüchen gem. §§ 304 Abs. 3 S. 3, 305 Abs. 5 S. 2 AktG, in: AG 1993, S. 1 ff.

Busse von Colbe, Walther, Der Vernunft eine Gasse: Abfindung von Minderheitsaktionären nicht unter dem Börsenkurs ihrer Aktien, in: Festschrift für Marcus Lutter, Köln 2000, S. 1053 ff.

Cahn, Andreas, Pflichten des Vorstandes beim genehmigten Kapital mit Bezugsrechtsausschluss, in: ZHR 163 (1999), S. 554 ff.

ders., Verlustübernahme und Einzelausgleich im qualifizierten faktischen Konzern, in: ZIP 2001, S. 2159 ff.

Decker, Christian, Die Zulässigkeit des qualifizierten faktischen Aktienkonzerns, in: DB 1990, S. 2005 ff.

ders., Konzernhaftung im Lichte von Bremer Vulkan, in: ZInsO 2002, S. 113 ff.

Dejmek, Paulina, Das künftige Europa und die Europäische Privatgesellschaft, in: NZG 2001, S. 878 ff.

Duden, Konrad, Zur Mitbestimmung in Konzernverhältnissen nach dem Mitbestimmungsgesetz, in: ZHR 141 (1977), S. 145 ff.

Ebenroth, Carsten T., Die Kompetenzen des Vorstands und der Aktionärsschutz in der Konzernobergesellschaft, in: AG 1988, S. 1 ff.

ders., Die qualifizierte faktische Konzernierung und ihre körperschaftssteuerliche Auswirkung, in: AG 1990, S. 188 ff.

Ebke, Werner, Die Europäische Aktiengesellschaft ist da - und jetzt ?, in: EWS 2002, S. 1 ff.

ders., Märkte machen Recht – auch Gesellschafts- und Unternehmensrecht, in: Festschrift für Marcus Lutter, Köln 2000, S. 17 ff.

Ekkenga, Jens, Das Organisationsrecht des genehmigten Kapitals (Teil I), in: AG 2001, S. 567 ff.

ders., Das Organisationsrecht des genehmigten Kapitals (Teil II), in: AG 2001, S. 615 ff.

ders., Die Ad-hoc-Publizität im System der Marktordnungen, in: ZGR 1999, S. 165 ff.

Emmerich, Volker, Konzernbildungskontrolle, in: AG 1991, S. 303 ff.

Endres, Michael, Organisation der Unternehmensleitung aus Sicht der Praxis, in: ZHR 163 (1999), S. 441-460

Erb, Günther, Der Börsenkurs als Untergrenze der Abfindung auch in Verschmelzungsfällen, in: DB 2001, S. 523 ff.

Everling, Ulrich, Das Europäische Gesellschaftsrecht vor dem Gerichtshof der Europäischen Gemeinschaften, in: Festschrift für Marcus Lutter, Köln 2000, S. 30 ff.

Falkenhausen, Bernhard von, Verfassungsrechtliche Grenzen der Mehrheitsherrschaft nach dem Recht der Kapitalgesellschaften, Diss. Karlsruhe 1967 (zitiert: *v. Falkenhausen*, Grenzen der Mehrheitsmacht)

Fischer, Robert, Gedanken über einen Minderheitenschutz bei den Personengesellschaften, in: Festschrift für Barz 1974, S.33 ff.

Fleck, Hans-Joachim, Die Rechtsprechung des Bundesgerichtshofes zum Recht der verbundenen Unternehmen, in: WM 1986, S. 1205 ff.

Fleischer, Holger, Die Barabfindung außenstehender Aktionäre und § 320b AktG: Stand-alone-Prinzip oder Verbundberücksichtigungsprinzip, in: ZGR 1997, S. 368 ff.

ders., Grundfragen der ökonomischen Theorie im Gesellschafts- und Kapitalmarktrecht, in: ZGR 2001, S. 1 ff.

Forst, Holger, Zur Bemessung der Sicherung außenstehender Aktionäre gemäß §§ 304, 305 AktG unter besonderer Berücksichtigung von Reinvestitionensrate und angemessener Abschreibung, in: AG 1994, S. 321 ff.

Förster, Guido / Lange, Carsten, Steuerliche Aspekte der Gründung einer Europäischen Aktiengesellschaft, in: DB 2002, S. 288 ff.

Füchsel, Hans, Probleme des Bezugsrechtsausschluss im deutschen Aktienrecht, in: DB 1972, S. 1533 ff.

Gäbelein, Wolfgang, Definition eines qualifizierten faktischen Konzerns, in: AG 1990, S. 185 ff.

Geßler, Ernst, Einberufung und ungeschriebene Hauptversammlungszuständigkeiten, in: Festschrift für Walter Stimpel, Berlin, New York 1985, S. 771 ff.

ders., Leitungsmacht und Verantwortlichkeit im faktischen Konzern, in: Festschrift für Westermann, Karlsruhe 1974, S. 145 ff.

ders., Der Schutz vor Fremdeinflüssen im Aktienrecht, in: ZHR 145 (1981), S. 457 ff.

Götz, Jürgen, Der Abhängigkeitsbericht der 100%igen Tochtergesellschaft, in: AG 2000, S. 498 ff.

Götz, Hans N., Zum Missbrauch aktienrechtlicher Anfechtungsklagen, in: DB 1989, S. 261 ff.

Götz, Heinrich, Die Sicherung der Rechte der Aktionäre der Konzernobergesellschaft bei Konzernbildung und Konzernleitung, in: AG 1984, S. 85 ff.

Groß, Wolfgang, Zuständigkeit der Hauptversammlung bei Erwerb und Veräußerung von Unternehmensbeteiligungen, in: AG 1994, S. 266 ff.

ders., Vorbereitung und Durchführung von Hauptversammlungsbeschlüssen zu Erwerb oder Veräußerung von Unternehmensbeteiligungen, in: AG 1996, S. 111 ff.

Großfeld, Bernhard, Aktiengesellschaft, Unternehmenskonzentration und Kleinaktionär, Tübingen 1968 (zitiert: *Großfeld,* Aktiengesellschaft)

ders., Zur Stellung des Kleinaktionärs im Wirtschaftssystem, in: AG 1985, S. 1 ff.

Grüner, Michael, Zeitliche Einschränkung des Rede- und Fragerechts auf Hauptversammlungen, in: NZG 2000, S. 770 ff.

Grunewald, Barbara, Rückverlagerung von Entscheidungskompetenzen der Hauptversammlung auf den Vorstand, in: AG 1990, S. 133 ff.

Habersack, Mathias, Alte und neue Ungereimtheiten im Rahmen der §§ 311 ff. AktG, in: Festschrift für Martin Peltzer, S. 139, Köln 2001

Halm, Dirk, "Squeeze-Out" heute und morgen: Eine Bestandsaufnahme nach dem künftigen Übernahmerecht, in: NZG 2000, S. 1162 ff.

Heinsius, Theodor, Organzuständigkeit bei Bildung, Erweiterung und Umorganisation des Konzerns, in: ZGR 1984, S. 383 ff.

Heinze, Meinhard, Die Europäische Aktiengesellschaft, in: ZGR 2002, S. 66 ff.

Henze, Hartwig, Der Schlusspunkt des Bundesverfassungsgerichts unter den Streit um die "übertragende Auflösung" in: Festschrift für Martin Peltzer, Köln 2001, S. 181 ff.

ders., Treuepflichten der Gesellschafter im Kapitalgesellschaftsrecht, in: ZHR 162 (1998), S. 186 ff.

Herfs-Röttgen, Ebba, Arbeitnehmerbeteiligung in der Europäischen Aktiengesellschaft, in: NZA 2001, S. 424 ff.

Herzig, Norbert / Griemla, Stefan, Steuerliche Aspekte der Europäischen Aktiengesellschaft (Societas Europaea (SE)), in: StuW 2002, S. 55 ff.

Heuer, Carl-Heinz, Wer kontrolliert die "Kontrolleure"?, in: WM 1989, S. 1401 ff.

Hirte, Heribert, Missbrauch aktienrechtlicher Anfechtungsklagen, in: DB 1988, S. 1469 ff.

ders., Umgekehrte Streitwertspaltung, in: Festschrift für Gerold Bezzenberger, S. 133, Berlin, New York 2000

ders., Die Europäische Aktiengesellschaft, in: NZG 2002, S. 1 ff.

ders., Genussrecht oder verbotener Gewinnabführungsvertrag?, in: ZBB 1992, S. 50 ff.

ders., Genussscheine mit Eigenkapitalcharakter in der Aktiengesellschaft, in: ZIP 1988, S. 477 ff.

Hoffmann, Jochen, Das GmbH-Konzernrecht nach dem „Bremer Vulkan"-Urteil, in: NZG 2002, S. 68 ff.

Hofmeister, Holger, Der Ausschluss des aktiengesetzlichen Bezugsrechtsausschluss bei der börsennotierten AG, in: NZG 2000, S. 713 ff.

Hommelhoff, Peter, Einige Bemerkungen zur Organisationsverfassung der Europäischen Aktiengesellschaft, in: AG 2001, S. 279 ff.

ders., Zum revidierten Vorschlag für eine EG-Richtlinie, in: Festschrift für Hans-Joachim Fleck, Berlin, New York 1988, S. 124

ders., Strukturändernde Gesellschafterbeschlüsse, in: ZGR 1990, S. 447 ff.

ders., Die qualifizierte faktische Unternehmensverbindung: ihre Tatbestandsmerkmale nach dem TBB-Urteil und deren rechtsdogmatisches Fundament, in: ZGR 1994, S. 395 ff.

ders., Praktische Erfahrungen mit dem Abhängigkeitsbericht, in: ZHR 156 (1992), S. 295 ff.

Hommelhoff, Peter / Kleindiek, Detlef, Takeover-Richtlinie und europäisches Konzernrecht, in: AG 1990, S. 106 ff.

Hommelhoff, Peter / Mattheus, Daniela, Corporate Governance nach KonTraG, in: AG 1998, 249

Hommelhoff, Peter / Timm, Wolfram, Aufwandspauschalen für Anfechtungskläger?, in: AG 1989, S. 168 ff.

Hommelhoff, Peter, Das Unternehmensrecht vor den Herausforderungen der Globalisierung, in: Festschrift für Marcus Lutter, Köln 2000, S. 95 ff.

Peter Hommelhoff, Klaus J. Hopt, Marcus Lutter, Konzernrecht und Kapitalmarktrecht, Band I, München 2001 (zitiert: *Hommelhoff/Hopt/Lutter*, Konzernrecht und Kapitalmarktrecht)

Hopt, Klaus, Vom Aktien- und Börsenrecht zum Kapitalmarktrecht? – Teil 1, in: ZHR 140 (1976), S. 201 ff.

ders., Vom Aktien- und Börsenrecht zum Kapitalmarktrecht? - Teil 2, in: ZHR 141 (1977), S. 389 ff.

Houben, Eike, Die Gestaltung des Pflichtangebots unter dem Aspekt des Minderheitenschutzes und der effizienten Allokation der Unternehmenskontrolle, in: WM 2000, S. 1873 ff.

Hübner, Ulrich, Die Ausgliederung von Unternehmensteilen in aktien- und aufsichtsrechtlicher Sicht, in: Festschrift für Walter Stimpel, Berlin, New York 1985, S. 791 ff.

Hüchting, Hans-Jochen, Abfindung und Ausgleich im aktienrechtlichen Beherrschungsvertrag, Diss. Köln, Berlin, Bonn, München 1972 (zitiert: *Hüchting*, Abfindung und Ausgleich)

Hüffer, Uwe, Anfechtungsbefugnis und Mindestanteilsbesitz - Vorschläge und Überlegungen zu einer gesetzlichen Neuorientierung, in: Festschrift für Brandner, Köln 1996, S. 57 ff.

ders., Die Ausgleichsklausel des § 243 Abs. 2 S. 2 AktG - mißlungene Privilegierung der Mehrheitsherrschaft oder Grundlage für bloßen Vermögensschutz des Kapitalanlegers?, in: Festschrift für Bruno Kropff, Düsseldorf 1997, S. 126 ff.

Ihrig, Hans-Christoph / Wagner, Jens; Diskussionsentwurf für ein SE- Ausführungsgesetz, in: BB 2003, 969 ff.

Jaecks, Jörg / Schönborn, Christoph A., Die Europäische Aktiengesellschaft, das Internationale und das deutsche Konzernrecht, in: RIW 2003, S. 254 ff.

Jahn, Andrea / Herfs-Röttig, Ebba, Die Europäische Aktiengesellschaft - Societas Europaea, in: DB 2001, S. 631 ff.

Joost, Detlev, "Holzmüller 2000" vor dem Hintergrund des Umwandlungsgesetzes, in: ZHR 163 (1999), S. 164 ff.

Joussen, Peter, Der Auskunftsanspruch des Aktionärs, in: AG 2000, S. 241 ff.

Kallmeyer, Harald, Ausschluss von Minderheitsaktionären, in: AG 2000, S. 59 ff.

ders., Europa-AG: Strategische Optionen für deutsche Unternehmen, in: AG 2003, 197 ff.

Kantzas, Ioannis, Das Weisungsrecht im Vertragskonzern, Diss. Frankfurt am Main 1988 (zitiert: *Kantzas*, Weisungsrecht im Vertragskonzern)

Kersting, Christian, Societas Europaea, Gründung und Vorgesellschaft, in: DB 2001, S. 2079 ff.

Kessler, Manfred, Interessen- und Kompetenzkonflikte in einer Aktiengesellschaft aus juristischer und betriebswirtschaftlicher Sicht, in: AG 1993, S. 252 ff.

Keuk-Knobbe, Brigitte, Das Klagerecht des Gesellschafters einer Kapitalgesellschaft wegen gesetz- und satzungswidriger Maßnahmen der Geschäftsführung, in: Festschrift für Kurt Ballerstedt, Berlin 1975, S. 239 ff.

Kiethe, Kur / Groeschke, Peer, Die Zukunft und die Reichweite der Haftung im qualifizierten faktischen Konzern, in: NZG 2000, S. 1151 ff.

Kindler, Peter, Bezugsrechtsausschluss und unternehmerisches Ermessen nach deutschem und europäischem Recht, in: ZGR 1998, S. 35 ff.

Klapdor, Ralf, Überlegungen zur Besteuerung der europäischen Aktiengesellschaft, in: EuZW 2001, S. 677 ff.

Kleinsorge, Georg / Neye Hans-Werner, Durchbruch erreicht, in: BArbBl. 2001, S. 5 ff.

Kohl, Reinhard, Aller guten Dinge sind drei: Bemerkungen zum "Video"-Urteil des BGH vom 23.9.1991, in: MDR 1992, S. 204 ff.

Kolvenbach, Walter, Die Europäische Aktiengesellschaft - eine wohlgemeinte Utopie? in: Festschrift für Theodor Heinsius, Berlin, New York 1991, S. 379

Koppensteiner, Hans-Georg, Abhängige Aktiengesellschaften aus rechtspolitischer Sicht, in: ZHR 153 (1989), Beiheft 62, S. 79

Kort, Michael, Bezugsrechtsfragen und "Holzmüller"-Fragen einer Tochter-Kapitalerhöhung aus Sanierungsgründen, in: AG 2002, S. 369 ff.

ders., Ausgleichs- und Abfindungsrechte (§§ 304, 305 AktG) beim Beitritt eines herrschenden Unternehmens zu einem Beherrschungsvertrag, in: ZGR 1999, S. 402 ff.

Krieger, Gerd, Kann die Praxis mit TBB leben?, in: ZGR 1994, S. 375 ff.

ders., Beschlusskontrolle bei Kapitalherabsetzung, in: ZGR 2000, S. 885 ff.

ders., Aktionärsklage zur Kontrolle des Vorstands- und Aufsichtsratshandelns, in: ZHR163 (1999), S. 343 ff.

Kropff, Bruno, Das TBB-Urteil und das Aktienkonzernrecht, in: AG 1993, S. 485 ff.

ders., Konzerneingangskontrolle bei der qualifiziert konzerngebundenen Aktiengesellschaft, in: Festschrift für Reinhard Goerdeller, Düsseldorf 1987, S. 259 ff.

ders., Benachteiligungsverbot und Nachteilsausgleich im faktischen Konzern, in: Festschrift für Walther Kastner, Wien 1992, S. 279,

ders., Zur Konzernleitungspflicht, in: ZGR 1984, S. 112 ff.

ders., Außenseiterschutz in der faktisch abhängigen "kleinen" Aktiengesellschaft, in: ZGR 1988, S. 558 ff.

Kübler, Friedrich, Referat, in: Verhandlungen des 61. DJT, Bd. II/1 N 11

ders., Transparenz am Kapitalmarkt, in: AG 1977, S. 85 ff.

ders., Gerichtliche Entscheidungen als Spielsteine der Konzernstrategie?, in: Festschrift für Reinhard Goerdeller, Düsseldorf 1987, S. 279 ff.

Künzel, Rudolf, Rechtsschutzbedürfnis bei aktienrechtlichen Anfechtungsklagen, in: Festschrift für Theodor Heinsius, Berlin, New York 1991, S. 425 ff.

Lehmann, Jürgen, Der qualifizierte faktische Konzern ein Phantom?, in: Festschrift für Karl Beusch, Berlin, New York 1993, S. 479 ff.

Lieb, Manfred, Abfindungsansprüche im (qualifizierten?) faktischen Konzern, in: Festschrift für Marcus Lutter, Köln 2000, S. 1051

Liebschner, Thomas, Das Übernahmeverfahren nach dem neuen Übernahmegesetz, in: ZIP 2001, S. 853 ff.

Lüdersen, Klaus, Missbräuchliche aktienrechtliche Anfechtungsklagen und Strafrecht – Vorüberlegungen und Materialien, in: Festschrift für Theodor Heinsius, Berlin, New York 1991, S. 457 ff.

Lutter, Marcus, Theorie der Mitgliedschaft, in: AcP 180 (1980), S. 84 ff.

ders., Der qualifizierte faktische Konzern, in: AG 1990, S. 179 ff.

ders., Bezugsrechtsausschluss und genehmigtes Kapital, in: DB 1981, S. 861 ff.

ders., Europäische Aktiengesellschaft - Rechtsfigur mit Zukunft ?, in: BB 2002, S. 1 ff.

ders., Der Aktionär in der Marktwirtschaft, Berlin, New York, 1973 (zitiert: Lutter, Der Aktionär in der Marktwirtschaft)

ders., Die Rechte der Gesellschafter bei Abschluss fusionsähnlicher Unternehmensverbindungen, in: DB 1974, Beilage Nr. 21

ders., Teilfusionen im Gesellschaftsrecht, in: Festschrift für Carl Hans Barz, Berlin, New York 1974, S. 199 ff.

ders., Zur Vorbereitung und Durchführung von Grundlagenbeschlüssen in Aktiengesellschaften, in: Festschrift für Hans-Joachim Fleck, Berlin, New York 1988, S. 169 ff.

ders., Aktienerwerb von Rechts wegen: Aber welche Aktien?, in: Festschrift für Ernst-Joachim Mestmäcker, Baden-Baden 1996, S. 943 ff.

ders., Grenzen zulässiger Einflussnahme im faktischen Konzern -Nachbetratung zum Mannesmann/Vodafone-Takeover, in: Festschrift für Martin Peltzer, Köln 2001, S. 241 ff.

ders., Die entschlussschwache Hauptversammlung, in: Festschrift für Karlheinz Quack, Berlin, New York 1991, S. 301 ff.

ders., Binnenstruktur im Konzern, in: Festschrift für Harry Westermann, Karlsruhe 1974, S. 347 ff.

ders., Gesellschaftsrecht und Kapitalmarktrecht, in: Festschrift für Wolfgang Zöllner, Köln, Berlin, Bonn, München 2000, S. 363 ff.

ders., Zur Treuepflicht des Großaktionärs, in: JZ 1976, S. 225 ff.

ders., Anmerkung zu BGH JZ 1998, 47, in: JZ 1998, S. 50 ff.

ders., Zur inhaltlichen Begründung von Mehrheitsentscheidungen, in: ZGR 1981, S. 171 ff.

ders., Das Aktienrecht im Wissenschaftsprozess, in: ZGR 1998, S. 397 ff.

ders., 100 Bände BGHZ: Konzernrecht, in: ZHR 151 (1987), S. 444 ff.

ders., Organzuständigkeit im Konzern, in: Festschrift für Walter Stimpel, Berlin, New York 1985, S. 825 ff.

Lutter, Marcus / Bezzenberger, Tilman, Für eine Reform des Spruchstellenverfahrens im Aktien- und Umwandlungsrecht, in: AG 2000, S. 433 ff.

Lutter, Marcus / Drygalga, Tim, Wie fest ist der feste Ausgleich nach § 304 Abs. 2 S. 1 AktG, in: AG 1995, S. 49 ff.

Lutter, Marcus / Leinekugel, Rolf, Kompetenzen von Hauptversammlung und Gesellschafterversammlung beim Verkauf von Unternehmensteilen, in: ZIP 1998, S. 225 ff.

Lutter, Marcus / Timm, Wolfram, Konzernrechtlicher Präventivschutz im GmbH-Recht, in: NJW 1982, S. 409 ff.

Luttermann Claus, Zum Börsenkurs als gesellschaftsrechtliche Bewertungsgrundlage, in: ZIP 1999, S. 45 ff.

ders., Unabhängige Bilanzexperten in Aufsichtsrat und Beirat, in: BB 2003, S. 745 ff.

ders., Der "durchschnittliche" Börsenkurs bei Barabfindung von Aktionären und Verschmelzungswertrelation, in: ZGR 2001, S. 869 ff.

ders., Unternehmensfinanzierung, Geschäftsleiterpflichten und Haftkapital bei Kapitalgesellschaften, in: BB 2001, S. 2433 ff.

Marsch, Reinhard, Zum Bericht des Vorstands nach § 186 Abs. 4 Satz 2 AktG beim genehmigten Kapital, in: AG 1981, S. 211 ff.

Martens, Kai, Der Auskauf von Minderheitsaktionären in gemeinschaftlich beherrschten Unternehmen, in: AG 2002, S. 377 ff.

Martens, Klaus-Peter, Mehrheits-Minderheits-Konflikte innerhalb abhängiger Unternehmen, in: AG 1974, S. 9 ff.

ders., Die Vergleichs- und Abfindungsbefugnis des Vorstands gegenüber opponierenden Aktionären, in: AG 1988, S. 118 ff.

ders., Die Bewertung eines Beteiligungserwerbs nach § 255 Abs. 2 AktG - Unternehmenswert kontra Börsenkurs, in: Festschrift für Gerold Bezzenberger, Berlin, New York 2000, S. 267 ff.

ders., Gewinnverwendung und Gewinnverteilung in der Aktiengesellschaft, in: Festschrift Claussen, Köln, Berlin, Bonn, München 1997, S. 279 ff.

ders., Der Ausschluss des Bezugsrechts, in: Festschrift für Robert Fischer, Berlin, New York 1979, S. 437 ff.

ders., Die Entscheidungsautonomie des Vorstandes und die Basisdemokratie in der AG, in: ZHR 147 (1983), S. 377 ff.

ders., Der Ausschluss des Bezugsrechts, in: ZIP 1992, S. 1677 ff.

Maul, Silja, Das Ausführungsgesetz zur SE – der Einzug des monistischen Verwaltungssystems in Deutschland, in: BB 2003, Die Erste Seite

Meilicke, Wienand, Zum Verhältnis von Ausgleichs- und Abfindungsansprüchen nach §§ 304, 305 AktG, in: AG 1999, S. 103 ff.

Mennicke, Petra, BGH: "Kapitalschnitt" im Insolvenzverfahren ("Sachsenmilch"), in: NZG 1998, S. 549 ff.

Merkt, Hanno, Verhaltenspflichten des Vorstands der Zielgesellschaft bei feindlichen Übernahmen, in: ZHR 165 (2001), S. 224 ff.

ders., Zum Verhältnis von Kapitalmarktrecht und Gesellschaftsrecht in der Diskussion um die Corporate Governance, in: AG 2003, 126 ff.

Mertens, Hans-Joachim, Unternehmensgegenstand und Mitgliedschaftsrecht, in: AG 1978, S. 309 ff.

ders., Der Aktionär als Wahrer des Rechts?, in: AG 1990, S. 49 ff.

ders., Zur Geltung des Stand-alone-Prinzips für die Unternehmensbewertung bei der Zusammenführung von Unternehmen, in: AG 1992, S. 321 ff.

ders., Zur Auslegung und zum Verhältnis von § 76 I und § 58 AktG im Hinblick auf uneigennützige soziale Aktivitäten der Aktiengesellschaft, in: Festschrift für Reinhard Goerdeller, Düsseldorf 1987, S. 349 ff.

ders., Organstreit in der Aktiengesellschaft?, in: ZHR 154 (1990), S. 24 ff.

Mestmäcker, Ernst-Joachim, Zur aktienrechtlichen Stellung der Verwaltung bei Kapitalerhöhungen, in: DB 1961, S. 945 ff.

Meyerowitz, Ernst, Das Recht der Aktionäre auf gleichmäßige Behandlung, Diss. Berlin 1932 (zitiert: Meyerowitz, Gleichmäßige Behandlung der Aktionäre)

Möllers, Thomas, Anlegerschutz durch Aktien- und Kapitalmarktrecht, in: ZGR 1997, S. 334 ff.

Mülbert, Peter O., Aktiengesellschaft, Unternehmensgruppe und Kapitalmarkt, 2. Auflage, München 1996 (zitiert: Mülbert, Aktiengesellschaft)

ders., Shareholder Value aus rechtlicher Sicht, in: ZGR 1997, S. 129 ff

ders., Unternehmensbegriff und Konzernorganisation, in: ZHR 163 (1999), S. 1 ff.

ders., Rechtsprobleme beim Delisting, in: ZHR 165 (2001), S. 104 ff.

Neye, Hans-Werner / Teichmann, Christoph, Der Entwurf für das Ausführungsgesetz zur Europäischen Aktiengesellschaft, in: AG 2003, 169 ff.

Niemann, Christian, Ansprüche der Minderheitsaktionäre bei Abschluss eines Beherrschungs- oder Gewinnabführungsvertrages, Diss. o.O. 1968 (zitiert: Niemann, Minderheitsaktionär)

Noack, Ulrich, Der Widerspruch des Aktionärs in der Hauptversammlung, in: AG 1989, S. 78 ff.

Nußbaum, Arthur, Aktionär und Verwaltung, Berlin 1928 (zitiert: Nußbaum, Aktionär und Verwaltung)

Pellens, Bernhard, Aktionärsschutz im Konzern, Wiesbaden 1994 (zitiert: Pellens, Aktionärsschutz)

Peltzer, Martin, Die Vertretung der Aktionäre in Hauptversammlungen von Publikumsgesellschaften, in: AG 1996, S. 26 ff.

Piltz, Detlev J., Unternehmensbewertung und Börsenkurs im aktienrechtlichen Spruchstellenverfahren, in: ZGR 2001, S. 185 ff.

Pluskat, Sorika, Die Arbeitnehmerbeteiligung in der geplanten Europäischen AG, in: DStR 2001, S. 1483 ff.

Priester, Hans-Joachim, Die klassische Ausgliederung - ein Opfer des Umwandlungsgesetzes 1994?, in: ZHR 163 (1999), S. 187 ff.

Raiser, Thomas / Wiesner Georg, Aktien- und Unternehmensrecht im Spiegel der Festschrift für Carl Hans Barz, in: AG 1976, S. 266 ff.

Rehbinder, Eckard, Ausgründung und Erwerb von Tochtergesellschaften und Rechte der Aktionäre, in: Festschrift für Helmut Coing, Bd. 2, München 1982, S. 423 ff.

ders., Gesellschaftsrechtliche Probleme mehrstufiger Unternehmensverbindungen, in: ZGR 1977, S. 581 ff.

ders., Zum konzernrechtlichen Schutz der Aktionäre einer Obergesellschaft, in: ZGR 1983, S. 92 ff.

Reuter, Dieter, Privatrechtliche Schranken der Perpetuierung von Unternehmen, Diss. Frankfurt a.M. 1973 (zitiert: Reuter, Perpetuierung von Unternehmen)

Riester, Walter, Neue Wege im Arbeitsrecht und in der Arbeitsrechtspolitik, in: ArbuR 1999, S. 1 ff.

Rittner, Fritz, Gesellschaftsrecht und Unternehmenskonzentration, in: ZGR 1990, S. 203 ff.

Rodloff, Frank, Börsenkurs statt Unternehmensbewertung - Zur Ermittlung der Abfindung im Spruchstellenverfahren, in: DB 1999, S. 1149 ff.

Rohleder, Michael, Missbräuchliches Aktionärsverhalten, in: AG 1989, S. 433 ff.

Röhricht, Volker, Von Rechtswissenschaft und Rechtsprechung, in: ZGR 1999, S. 445 ff.

Rozek, Jochen, Die Unterscheidung von Eigentumsbindung und Enteignung, Tübingen 1998 (zitiert: Rozek, Eigentumsbindung)

Rühland, Philipp, Die Abfindung von aus der Aktiengesellschaft ausgeschlossenen Minderheitsaktionären, in: WM 2000, S. 1884 ff.

Säcker, Franz Jürgen, Die Rechte der Aktionäre bei konzerninternen Umstrukturierungen, in: DB 1988, S. 271 ff.

Säcker, Jürgen, Zur Problematik von Mehrfachfunktionen im Konzern, in: ZHR 151 (1987), S. 59 ff.

Saenger, Ingo, Aktienrechtliche Anfechtungsklagen: Verfahrenseffizienz und Kosten, in: AG 2002, S. 536 ff.

Schlaus, Wilhelm, Auskauf opponierender Aktionäre, in: AG 1988, S. 113 ff.

Schmidt, Karsten, Abhängigkeit und faktischer Konzern als Aufgaben der Rechtspolitik, in: JZ 1992, S. 587 ff.

ders., Abhängigkeit, faktischer Konzern, Nichtaktienkonzern und Divisionalisierung im Bericht der Unternehmensrechtskommission, in: ZGR 1981, S. 455 ff.

ders., Gesellschafterhaftung und „Konzernhaftung" bei der GmbH, in: NJW 2001, S. 3577 ff.

ders., Wider eine „lex Holzmüller", in: Festschrift für Theodor Heinsius, Berlin, New York 1991, S. 715 ff.

ders., Die Personengesellschaft als herrschendes Unternehmen im Konzern, in: ZHR 143 (1979), S. 484 ff.

Schneider, Uwe H. / Burgard, Ulrich, Maßnahmen zur Verbesserung der Präsenz auf der Hauptversammlung einer Aktiengesellschaft - Überlegungen auf dem Weg in den Pensionskassenkorporatismus, in: Festschrift für Karl Beusch, Berlin, New York 1993, S. 783 ff.

Schneider, Uwe H., Die Personengesellschaft als herrschendes Unternehmen im Konzern, in: ZHR 143 (1979), S. 485 ff.

Schulenberg, Matthias, Die Antragsberechtigung gemäß §§ 15, 305 ff. UmwG und die "Informationslast" des Antragstellers im Spruchverfahren, in: AG 1998, S. 74 ff.

Schulz, Andreas / Geismar, Bernhard, Die Europäische Aktiengesellschaft, in: DStR 2001, S. 1078 ff.

Schwark, Eberhard, Gesellschaftsrecht und Kapitalmarktrecht, in: Festschrift für Walter Stimpel, Berlin, New York 1985, S. 1087 ff.

ders., Anlegerschutz in der Publikums-AG – ein Paradigmenwechsel?, in: Festschrift für Marcus Lutter, Köln 2000, S. 1529 ff.

Schwarz, Günter C., Zum Statut der Europäischen Aktiengesellschaft, in: ZIP 2001, S. 1847 ff.

Seetzen, Uwe, Spruchverfahren und Unternehmensbewertung im Wandel, in: WM 1999, S. 565 ff.

Seibert, Ulrich, Aktienrechtsreform in Permanenz?, in: AG 2002, S. 417 ff.

Semler, Johannes, Einschränkung der Verwaltungsbefugnisse in einer Aktiengesellschaft, in: DB 1983, S. 1566 ff.

Sonnenschein, Jürgen, Der aktienrechtliche Vertragskonzern im Unternehmensrecht, in: ZGR 1981, S. 429 ff.

Spindler, Gerald, Deregulierung des Aktienrechts?, in: AG 1998, S. 53 ff.

Steding, Rolf, Europäisches Gesellschaftsrecht: Herkunft, Entwicklung und Zukunft, in: BuW 1999, S. 545 ff.

ders., Das Gesellschaftsrecht der EU zwischen Erwartung und Enttäuschung, in: NZG 2000, S. 913 ff.

Steinhauer, Carsten, Der Börsenpreis als Bewertungsgrundlage für den Abfindungsanspruch von Aktionären, in: AG 1999, S. 299 ff.

Stimpel, Walter, Zum Verhältnis von Ausgleichs- und Barabfindungsansprüchen nach §§ 304, 305 AktG, in: AG 1998, S. 259 ff.

Sünner, Eckart, Aktionärsschutz und Aktienrecht, in: AG 1983, S. 169 ff.

ders., Effizienz von Unternehmensorganen als Grundsatz der Corporate Governance, in: AG 2000, S. 492 ff.

ders., Aktionärsklage zur Kontrolle des Vorstands- und Aufsichtsratshandelns, in: ZHR 163 (1999), S. 364 ff.

Surer, Achim, Die Behandlung des Fremdeinflusses in Unternehmensverbindungen, in: ZHR 145 (1981), S. 432 ff.

Teichmann, Christoph, ECLR Minderheitenschutz bei Gründung und Sitzverlegung der SE, ZGR 2003, S. 367 ff.

Than, Jürgen, Kapitalmarkt und Globalurkunde, in: Festschrift für Theodor Heinsius, Berlin, New York 1991, S. 809 ff.

Timm, Wolfram, Hauptversammlungskompetenzen und Aktionärsrechte in der Konzernspitze, in: AG 1980, S. 172 ff.

ders., Der Bezugsrechtsausschluss beim genehmigten Kapital, in: DB 1982, S. 211 ff.

ders., Grundfragen des "qualifizierten faktischen Konzerns" im Aktienrecht, in: NJW 1987, S. 977 ff.

ders., Das Recht der faktischen Unternehmensverbindungen im Umbruch, in: NJW 1992, S. 2185 ff.

ders., Zur Sachkontrolle von Mehrheitsentscheidungen im Kapitalgesellschaftsrecht dargestellt am Beispiel strukturverändernder Entscheidungen, in: ZGR 1987, S. 403 ff.

ders., Minderheitenschutz und unternehmerische Entscheidungsfreiheit im Mutterunternehmen, in: ZHR 153 (1989), S. 60-72

ders., Ungeschriebene Mitwirkungsbefugnisse der Hauptversammlung?, in: AG 1975, S. 15 ff.

ders., Entwicklungen im Kapitalgesellschaftsrecht, in: ZGR 1999, S. 751 ff.

ders., Aktionärsklage als Instrument zur Kontrolle des Vorstands- und Aufsichtsratshandelns, in: ZHR 163 (1999), S. 290 ff.

ders., Von „TBB" zu „Bremer Vulkan" – Revolution oder Evolution?, in: ZIP 2001, S. 2021 ff.

van Aeersen, Rick, Die Antragsbefugnis im Spruchstellenverfahren des Aktiengesetzes und im Spruchstellenverfahren des Umwandlungsgesetzes, in: AG 1999, S. 249 ff.

Van Venrooy, Gerd, Berichtspflicht des Vorstands beim genehmigten Kapital, in: DB 1982, S. 735 ff.

Vetter, Eberhard, Squeeze-out - Der Ausschluss der Minderheitsaktionäre aus der Aktiengesellschaft nach den §§ 327a-327f AktG, in: AG 2002, S. 176 ff.

ders., Die Entschädigung der Minderheitsaktionäre im Vertragskonzern erneut vor dem Bundesverfassungsgericht, in: ZIP 2000, S. 561 ff.

Volhard, Rüdiger, "Siemens/Nold": Die Quittung, in: AG 1998, S. 397 ff.

Vollmer, Lothar / Grupp, Alexander, Der Schutz der Aktionäre beim Börseneintritt und Börsenaustritt, in: ZGR 1995, S. 459 ff.

Vollmer, Lothar / Lorch, Bernhard, Der Ausschluss des Bezugsrechts von Minderheitsaktionären auf Genussscheine und andere stimmrechtslose Titel, in: DB 1991, S. 1313 ff.

von Rechenberg, Wolf-Georg, Holzmüller - Auslaufmodell oder Grundpfeiler der Kompetenzverteilung in der AG?, in: Festschrift für Gerold Bezzenberger, Berlin, New York 2000, S. 359 ff.

Wank, Rolf, Richterliche Rechtsfortbildung und Verfassungsrecht, in: NZG 1988, S. 314 ff.

Wedell, Harald, Minderheitenschutz im Aktienrecht? Aktionärsinteressen und Rechtswirklichkeit, Frankfurt a.M., Zürich 1971 (zitiert: *Wedell*, Minderheitenschutz)

Wenz, Martin, Einsatzmöglichkeiten einer Europäischen Aktiengesellschaft in der Unternehmenspraxis aus betriebswirtschaftlicher Sicht, in: AG 2003, 185 ff.

Werner, Horst S., Konzernrechtliche Abhängigkeit und einheitliche Leitung in mitbestimmten Konzernen - Eine Untersuchung zum neuen Mitbestimmungsgesetz, in: ZGR 1976, S. 447 ff.

Werner, Winfried, Zuständigkeitsverlagerungen in der Aktiengesellschaft durch Richterrecht, in: ZGR 1983, S. 429 ff.

ders., Gewinnverwendung im Konzern, in: Festschrift für Walter Stimpel, Berlin, New York 1985, S. 935 ff.

Westermann, Harm P., Grundfragen der Rechtsfortbildung im Aktienkonzernrecht, in: Festschrift für Klemens Pleyer, Köln 1986, S. 421 ff.

ders., Organzuständigkeit bei Bildung, Erweiterung und Umorganisation des Konzerns, in: ZGR 1984, S. 352 ff.

Wiedemann, Herbert, Die Unternehmensgruppe im Privatrecht, Tübingen 1988 (zitiert: Wiedemann, Unternehmensgruppe)

ders., Minderheitsrechte ernstgenommen, in: ZGR 1999, S. 857 ff.

Wiesner, Peter M., Europäisches Unternehmensrecht, in: ZIP 2000, S. 1792 ff.

ders., Der Nizza-Kompromiss zur Europa AG - Triumph oder Fehlschlag?, in: ZIP 2001, S. 397 ff.

Wilken, Oliver, Cash-Management und qualifiziert faktische Konzernierung, in: DB 2001, S. 2383 ff.

Wilsing, Hans-Ulrich / Kruse, Tobias, Anfechtbarkeit von Squeeze-out- und Eingliederungsbeschlüssen wegen abfindungswertbezogener Informationsmängel?, in: DB 2002, S. 1539 ff.

Wirth, Gerhard, Vereinfachte Kapitalherabsetzung zur Unternehmenssanierung, in: DB 1996, S. 867 ff.

Wirth, Gerhard / Arnold, Michael, Anfechtungsklagen gegen Squeeze-out-Hauptversammlungsbeschlüsse wegen angeblicher Verfassungswidrigkeit, in: AG 2002, S. 503 ff.

Wittuhn, Georg; Giermann, Heiko, Herausdrängen von Minderheitsaktionären einer Aktiengesellschaft – Gestaltungsmöglichkeiten beim squeeze out, in: MDR 2003, 372 ff.

Wolf, Martin, Konzerneingangsschutz bei Übernahmeangeboten, in: AG 1998, S. 212 ff.

Zöllner, Wolfgang, Die Schranken mitgliedschaftlicher Stimmrechtsmacht, München, Berlin 1963 (zitiert: Zöllner, Schranken der Stimmrechtsmacht)

ders., Aktienrechtsreform in Permanenz - Was wird aus den Rechten des Aktionärs?, in: AG 1994, S. 336 ff.

ders., Gerechtigkeit bei der Kapitalerhöhung?, in: AG 2002, S. 585 ff.

ders., Schutz der Aktionärsminderheit bei einfacher Konzernierung, in: Festschrift für Bruno Kropff, Düsseldorf 1997, S. 333 ff.

Rechtsprechungsverzeichnis

Entscheidungen des Reichsgerichts

Urteil vom 08.04.1908	I 595/07	RGZ 68, 235
Urteil vom 17.11.1922	II 864/21	RGZ 105, 373
Urteil vom 19.06.1923	II 53/23	RGZ107, 67
Urteil vom 22.06.1923	II 888/22	RGZ 107, 72
Urteil vom 31.03.1931	II 222/30	RGZ 132, 149
Urteil vom 04.12.1934	II 62/34	RGZ 146, 71
Urteil vom 22.01.1935	II 198/34	RGZ 146, 385

Entscheidungen des Bundesverfassungsgerichts

Urteil vom 07.08.1962	1 BvL 16/60	BVerfGE 14, 263
Beschluss vom 08.06.1972	2 BvR 499/74 u. 1042/75	BVerfGE 45, 142
Urteil vom 01.03.1979	1 BvR 532, 533/77, 419/78 u. 1 BvL 21/78	BVerfGE 50, 291
Beschluss vom 27.4.1999	1 BvR 1613/94	http://www.bverfg.de (DAT/Altana)
Beschluss vom 08.09.1999	1 BvR 301/89	ZIP 1999, 1804 und http://www.bverfg.de (Hartmann & Braun AG)
Beschluss vom 20.9.1999	1 BvR 636/95	http://www.bverfg.de (Wenger/Daimler)
Beschluss vom 10.12.1999	1 BvR 1677/99	NJW-RR 2000, 841 und http://www.bverge.de (EURAG Holding AG)
Beschluss vom 23.8.2000	1 BvR 68/95	http://www.bverfg.de (Moto Meter AG)

Entscheidungen des Bundesgerichtshofes in Zivilsachen

Urteil vom 06.10.1960	II ZR 150/58	BGHZ 33, 175
Urteil vom 09.11.1972	II ZR 63/71	BGHZ 59, 369
Urteil vom 19.12.1977	II ZR 136/76	BGHZ 70, 117
Urteil vom 13.03.1978	II ZR 142/76	BGHZ 71, 40
Urteil vom 10.12.1980	VIII ZR 295/79	BGHZ 79, 117
Urteil vom 16.11.1981	II ZR 150/80	BGHZ 82, 188
Urteil vom 25.02.1982	II ZR 174/80	BGHZ 83, 123
Urteil vom 19.04.1982	II ZR 55/81	BGHZ 83, 319
Urteil vom 29.11.1982	II ZR 88/81	BGHZ 86, 1
Urteil vom 16.09.1985	II ZR 275/8	BGHZ 95, 330
Urteil vom 01.02.1988	II ZR 75/87	BGHZ 103, 184
Urteil vom 20.02.1989	II ZR 167/88	BGHZ 107, 7
Urteil vom 22.05.1989	II ZR 206/88	BGHZ 107, 296
Urteil vom 23.09.1991	II ZR 135/90	BGHZ 115, 187
Urteil vom 09.11.1992	II ZR 230/91	BGHZ 120, 141
Urteil vom 29.03.1992	II ZR 265/91	BGHZ 122, 123
Urteil vom 23.06.1997	II ZR 132/93	BGHZ136, 133
Urteil vom 09.02.1998	II ZR 278/96	BGHZ 138, 71
Beschluss vom 04.03.1998	II ZB 5/97	BGHZ 138, 136
Urteil vom 05.07.1999	II ZR 126/98	ZIP 1999, 1444

Entscheidungen der Oberlandesgerichte

OLG Düsseldorf		
Urteil vom 29.01.1999	16 U 193/97	AG 2000, 567
Beschluss vom 11.04.1988	19 W 32/86	WM 1988, 1052
OLG Frankfurt a.M.		
Urteil vom 06.07.1976	14 U 103/75	AG 1976, 298
Urteil vom 04.04.2000	5 U 224/98	BB 2000, 1487
Urteil vom 18.01.2001	1 U 2009/99	BGH ZIP 2001, 730
OLG Hamm		
Beschluss vom 03.11.1986	8 U 59/86	NJW 1987,1030; AG 1987, 38
OLG München		
Urteil vom 15.5.2002	7 U 2371/01	BB 2002, 1976

OLG Stuttgart		
Urteil vom 23.1.2002	20 U 54/01	AG 2003, 165

Entscheidungen der Landgerichte

Landgericht Hannover		
Urteil vom 30.05.2000	26 O 79/98	AG 2001, 150
Landgericht Kassel		
Urteil vom 04.04.1975	11[9] 0112/72	AG 1975, 163
Landgericht Köln		
Beschluss vom 01.07.1998	91 O 218/97 u.a.	AG 1998, 537
Landgericht Mannheim		
Urteil vom 17.01.1990	21 O 9/89	WM 1990, 760; DB 1990, 2011
Landgericht Nürnberg-Fürth		
Beschluss vom 22.04.1999	1 HK 6730/89	AG 2000, 89

Entscheidung des Bayerischen Obersten Landesgerichts

Beschluss vom 29.09.1998	3Z BR 159/94	ZIP 1998, 1872

Entscheidung des Kammergerichts

Beschluss vom 15.12.1970	1 W 2982/69	AG 1971, 158

Abkürzungsverzeichnis

a.A.	andere Ansicht
allg.	allgemein
Abs.	Absatz
AcP	Archiv für die civilistische Praxis
AG	Die Aktiengesellschaft; Amtsgericht
a.F.	alte Fassung
AktG	Aktiengesetz
Anh.	Anhang
ArbuR	Arbeit und Recht
Art.	Artikel
Aufl.	Auflage
BArbBl.	Bundesarbeitsblatt
BB	Betriebs-Berater
Bd.	Band
BGB	Bürgerliches Gesetzbuch
BGH	Bundesgerichtshof
BGHZ	*Entscheidungen des Bundesgerichtshofes in Zivilsachen*
BuW	Betrieb und Wirtschaft
BVerfGE	*Bundesverfassungsgericht, amtliche Sammlung der Entscheidungen*
bzw.	beziehungsweise
DAI	Deutsches Aktieninstitut e.V.
DAX	Deutscher Aktienindex
DB	Der Betrieb
ders.	derselbe
Diss.	Dissertation
DJT	Deutscher Juristentag
DStR	Deutsches Steuerrecht
€	Euro
ECLR	
EG	Europäische Gemeinschaft
EU	Europäische Union
EUGH	Gerichtshof der Europäischen Gemeinschaften
e.V.	eingetragener Verein

EWiR	Entscheidungen zum Wirtschaftsrecht
EWIV	Europäische Wirtschaftliche Interessenvereinigung
EWS	Zeitschrift für Europäisches Wirtschafts- und Steuerrecht
FAZ	Frankfurter Allgemeine Zeitung
ff.	folgende
FGG	Gesetz über die Angelegenheiten der freiwilligen Gerichtsbarkeit
Fn	Fußnote
FS	Festschrift
gem.	gemäß
GesR	Gesellschaftsrecht
GG	Grundgesetz für die Bundesrepublik Deutschland
GmbH	Gesellschaft mit beschränkter Haftung
GmbHG	Gesetz betreffend die Gesellschaften mit beschränkter Haftung
Hb.	Handbuch
HGB	Handelsgesetzbuch
h.M.	herrschenden Meinung
Hrsg.	Herausgeber
i.e.S.	im engeren Sinn
i.V.m.	in Verbindung mit
JZ	Juristenzeitung
KG	Kommanditgesellschaft; Kammergericht
KGaA	Kommanditgesellschaft auf Aktien
Komm.	Kommentar
MDR	Monatsschrift für Deutsches Recht
Mio.	Millionen
m.w.N.	mit weiteren Nachweisen
NJW	Neue Juristische Wochenschrift
NZA	Neue Zeitschrift für Arbeits- und Sozialrecht
NZG	Neue Zeitschrift für Gesellschaftsrecht
o.O.	ohne Ort
OHG	Offene Handelsgesellschaft
OLG	Oberlandesgericht
RG	Reichsgericht
RGZ	Reichsgericht, amtliche Sammlung der Entscheidungen in Zivilsachen
RIW	Recht der Internationalen Wirtschaft
Rn	Randnummer
S.	Seite, Satz
SE	Societas Europaea (Europäische Aktiengesellschaft)

SEEG	Gesetz zur Einführung der Europäischen Gesellschaft
SE-VO	Verordnung (EG) Nr. 2157/2001 des Rates vom 8.Oktober 2001 über das Statut der Europäischen Gesellschaft (SE)
sog.	sogenannte
StuW	Steuer und Wirtschaft
TransPubG	Gesetz zur weiteren Reform des Aktien- und Bilanzrechts zu Transparenz und Publizität
UmwG	Umwandlungsgesetz
u.a.	und andere, unter anderem
WM	Zeitschrift für Wirtschafts- und Bankrecht, Wertpapier-Mitteilungen: Teil 4
WpHG	Wertpapierhandelsgesetz vom 26.7.1994
WpüG	Wertpapiererwerbs- und Übernahmegesetz
WUB	Wirtschafts- und Bankrecht
z.B.	zum Beispiel
ZBB	Zeitschrift für Bankrecht und Bankwirtschaft
ZGR	Zeitschrift für Unternehmens- und Gesellschaftsrecht
ZHR	Zeitschrift für das gesamte Handelsrecht und Wirtschaftsrecht
ZInsO	Zeitschrift für das gesamte Insolvenzrecht
ZIP	Zeitschrift für Wirtschaftsrecht (früher: Zeitschrift für Wirtschaftsrecht und Insolvenzpraxis)

A. Einleitung

1. Problemstellung

Im Aktienkonzernrecht spielen zwei Begriffe eine große Rolle, die gegensätzlicher nicht sein könnten. Auf der einen Seite steht der Konzern als global ausgerichtetes Unternehmen und auf der anderen Seite der Kleinaktionär, der nur wenige Aktien des Unternehmens besitzt und seine Befugnisse mit hunderttausenden anderen Anteilseignern teilen muss. Diese Gegenüberstellung erscheint wie die von David und Goliath. Die wirtschaftliche Macht des Konzerns steht einem verschwindend geringen Einfluss der Kleinaktionäre gegenüber. Wenn börsennotierte Aktienkonzerne und Kleinaktionäre auch keine direkten Gegenspieler sind, nehmen sie dennoch an demselben Spiel teil. Regelungen für diesen Interessenkonflikt sind im Aktien- und im Konzernrecht zu finden. Sie beruhen auf dem AktG von 1965. Sie sind jedoch von der Rechtsprechung erheblich modifiziert worden[1]. Zahlreiche Änderungen beruhen auf dem Wunsch, den Schutz der Schwachen weiter zu verbessern. Aus diesem Grund ist es in vielen höchstrichterlichen Entscheidungen zu quantitativen Verbesserungen des Schutzniveaus von Minderheitsaktionären gekommen. Es stellt sich jedoch die Frage, ob diese quantitativen Änderungen nicht längst zu einer qualitativen Änderung in der Struktur der Aktiengesellschaft geführt haben. Das Konzernrecht beinhaltet über den Schutz der Beteiligten hinaus auch eine organisationsrechtliche Komponente[2]. Diese darf nicht bezüglich des Ausbaus von Minderheitsrechten unterschätzt werden. Jede Änderung des Schutzniveaus führt auch zu einer Veränderung der organisationsrechtlichen Regelungen. Letztlich wirkt sich die Schaffung von Minderheitsrechten nicht nur auf die Minderheiten aus, sondern hat auch Einfluss auf die Gewaltenteilung in der Aktiengesellschaft und das Verhältnis von Mehrheit und Minderheit[3]. Minderheitsrechte können nur auf Kosten der Mehrheit geschaffen werden und schränken dadurch deren Gestaltungsmöglichkeiten automatisch ein[4]. Die Entscheidungsfindung in der Hauptversammlung wird durch den Minderheitsschutz immer neuen Anforderungen unterworfen, so dass die Aktien-

1 *Pellens,* Aktionärsschutz, S. 41.

2 *Lutter,* FS Westermann S. 347 ff.; *ders.* FS Fleck S. 168 ff.; *Timm* AG 1980, 172 ff.; *Schneider* ZHR 143 (1979), 489-521.

3 *Semler* BB 1983, 1566.

4 *Mülbert,* Aktiengesellschaft, S. 64.

gesellschaft immer schwerer zu steuern ist. Die Veränderungen, die durch die Rechtsprechung in der Grundstruktur der Aktiengesellschaft vorgenommen worden sind, gehen so weit, dass der gesamte Aufbau der Aktiengesellschaft betroffen ist. Ein Beispiel für diese Entwicklung ist die Holzmüller-Entscheidung des BGH aus dem Jahre 1982[5]. Dort hat der BGH entschieden, dass die Ausgliederung eines wichtigen Betriebsteils in eine Tochtergesellschaft nicht ohne die Beteiligung der Hauptversammlung erfolgen kann. Diese Entscheidung ist für die Praxis von außerordentlicher Wichtigkeit, da sie das Vorgehen der Verwaltung bei der Konzernbildung festgelegt hat. Im Kern ist es um die Abgrenzung der Kompetenzen von Verwaltung und Anteilseignern gegangen[6]. Damit hat der BGH Antworten auf die Fragen gesucht, wer grundlegende Entscheidungen bezüglich der Konzernbildung zu treffen hat und wie die Kontrolle dieser Entscheidungen auszugestalten ist. Der BGH hat weitere Urteile gefällt, die für die Kompetenzverteilung bei der Konzernbildung von großer Bedeutung gewesen sind. Zu nennen sind die Urteile zur Inhaltskontrolle von Hauptversammlungsbeschlüssen[7]. Damit sind nicht nur einer Interessengruppe in Fragen der Konzernbildung Sondervorteile verschafft worden, sondern der Einfluss der Hauptversammlung und damit auch der Einfluss von Minderheitsaktionären auf die Unternehmensleitung ist wesentlich erhöht worden. Diese Entwicklung steht in direktem sachlichen Gegensatz zu der Entwicklung, die zur Fassung des AktG von 1965 geführt hat. In einem langen Prozess sind die Kompetenzen der Anteilseigner in der Aktiengesellschaft eingeschränkt worden, um im Gegenzug die Rechte der Geschäftsführung zu stärken[8]. Die Erfahrungen, die mit der Aktiengesellschaft gemacht worden sind, haben dazu geführt, die Rolle der Anteilseigner anders zu definieren, als es sonst im Gesellschaftsrecht üblich ist. Der BGH hat diese Entwicklung durch seine Rechtsprechung umgekehrt. Nun drängt sich die Frage auf, ob damit den Aktionären tatsächlich gedient ist, da die Entscheidungswege einer funktionierenden Körperschaft durch das Ausmaß der Änderungen gravierend beeinflusst worden sind. Der Ansatz, den der BGH verfolgt hat, hat sich dadurch ausgezeichnet, dass die Mitverwaltungsrechte der Anteilseigner gestärkt worden sind. Damit ist der Schutz der Anteilseigner in erster Linie aus einer gesellschaftsrechtlichen Perspektive gelöst worden. Die Rechtsprechung hat sich dabei an der Konzeption anderer Gesellschaftsformen, wie der der GmbH und der Personengesellschaft, orientiert[9]. Doch es fragt sich, ob bei dieser Betrach-

---

5 BGHZ 83, 122 (Holzmüller).

6 *Semler* BB 1983, 1566.

7 BGHZ 71, 40 (Kali & Salz); BGHZ 83, 319 (Holzmann); BGHZ 136, 133 (Siemens/Nold).

8 *Zöllner* AG 1994, 336/337.

9 *Groß* AG 1006, 111.

tungsweise den Besonderheiten der konzernierten Aktiengesellschaft tatsächlich Rechnung getragen wird. Das Gesellschaftsrecht kennt den Mitgesellschafter zunächst als Geschäftsführer und Unternehmer, der aktiv an der Geschäftsführung teilnimmt[10]. Jedoch stellt sich die Situation für die Aktiengesellschaft völlig anders dar. Gesellschaften mit mehreren hunderttausenden Aktionären erfordern andere Lösungen als Gesellschaften mit überschaubarem Aktionärskreis. Die Schaffung eines höheren gesellschaftsrechtlichen Schutzniveaus, wie es durch die Rechtsprechung eingeführt worden ist, muss daher nicht den tatsächlichen Interessen der Kleinaktionäre gerecht werden, zumal das heutige Schutzniveau durch bedeutende Änderungen im Aufbau der Aktiengesellschaft erkauft worden ist.

Diese Arbeit will einen neuen Ansatz bieten, bei dem die dogmatische Struktur der konzerngebundenen Aktiengesellschaft im Mittelpunkt steht. Der eigene Ansatz geht von der Stellung des Aktionärs als Anleger aus. Denn die börsennotierten Aktiengesellschaften stellen ein Kapitalsammelbecken dar und die Funktion der Anteilseigner ist primär die eines Geldgebers[11]. Diese Funktion ist bei der ausgewogenen Entwicklung der Rechte der Anteilseigner in Fragen der Konzernbildung zu beachten. Die Gesamtkonzeption des Schutzes der Anteilseigner soll daher in Bezug auf deren Rolle als Anleger betrachtet werden.

2. Gegenstand der Untersuchung

Die Grundlage für diese Arbeit bilden zwei Rechtsinstitute, die vom BGH entwickelt worden sind, und zwar die ungeschriebenen Hauptversammlungszuständigkeiten[12] und die Rechtsprechung zur Inhaltskontrolle von Mehrheitsentscheidungen[13]. In beiden Fällen hat der BGH den Schutz der Anteilseigner in der Aktiengesellschaft für konzernrelevante Sachverhalte beträchtlich erhöht. Den Aktionären sind durch diese Rechtsprechung neue Möglichkeiten eröffnet worden, das Geschehen in ihrer Gesellschaft besser zu kontrollieren. Durch die Schaffung zusätzlicher Zuständigkeiten für die Hauptversammlung, die die bisherigen enumerativ aufgeführten Hauptversammlungszuständigkeiten ergänzen, wird der mittel-

---

10 § 37 GmbHG; § 114 HGB (auch i.V.m. § 161 Abs. 1 HGB).

11 *Hoffmann-Becking* in Hb. Gesellschaftsrecht § 2 Rn 4; *Großfeld*, Aktiengesellschaft, S. 9.

12 BGHZ 83, 122 (Holzmüller).

13 BGHZ 71, 40 (Kali & Salz); BGHZ 83, 319 (Holzmann); BGHZ 136, 133 (Siemens/Nold).

bare Einfluss der Aktionäre erhöht[14]. Darüber hinaus sind die Möglichkeiten der Aktionäre ausgebaut worden, Hauptversammlungsbeschlüsse durch Anfechtungsklagen für nichtig erklären zu lassen, indem den Gerichten eine materielle Prüfungskompetenz zugestanden worden ist. Dabei kommen diese Rechtsinstitute nicht allen Aktionären gleichermaßen zugute, sondern vor allem den Kleinaktionären. Die Anteilseigner bilden insoweit keine Einheit[15]. Sie gliedern sich in Mehrheitsaktionäre und Minderheitsaktionäre, die verschiedene Interessen haben. Mehrheitsaktionäre können durch zahlreiche Einflussmöglichkeiten die Geschicke der Gesellschaft bestimmen. Minderheitsaktionären fehlt diese Möglichkeit. Sie sind grundsätzlich der Geschäftsführung und dem Willen der Mehrheit ausgeliefert. Um diesen strukturellen Nachteil auszugleichen, hat sich die Rechtsprechung auf die Interessen von Minderheitsaktionären konzentriert.

Aber auch Minderheitsaktionäre stellen keine homogene Gruppe dar[16]. Es gibt Minderheitsaktionäre im engeren Sinne und Kleinaktionäre. Die Minderheitsaktionäre im engeren Sinne sind solche Aktionäre, deren Minderheitsrechte an ein bestimmtes Quorum geknüpft sind. Im Gesetz wird dabei regelmäßig auf einen Aktienbesitz von 5%, 10% oder 25% des Grundkapitals abgestellt. Mit zunehmender Beteiligung wachsen die Einflussmöglichkeiten auf die Gesellschaft. Daneben existieren reine Individualrechte, die jedem Aktionär offen stehen. Dabei handelt es sich um fundamentale Rechte, wie zum Beispiel das Recht zur Anfechtung von Beschlüssen der Hauptversammlung. Sie sind für die Gruppe der Kleinaktionäre von außerordentlicher Wichtigkeit, da ihre Beteiligungen grundsätzlich unter den gesetzlichen Quoren liegen, die für die Minderheitsrechte im klassischen Sinn gefordert werden. Diese Rechte der Kleinaktionäre sind für die Aktiengesellschaft sehr bedeutungsvoll, da die Kleinaktionäre, wenn auch nicht von der Größe der Beteiligungsverhältnisse, so doch von der Anzahl der Personen, die Mehrheit der Aktionäre stellen. In großen Publikumsgesellschaften können sie die Zahl von mehreren Hunderttausenden erreichen[17]. Gerade in den letzten Jahren hat die soziale Bedeutung dieses Phänomens enorm zugenommen[18],

14 BGHZ 83, 122/131; *Lutter/Leinekugel* ZIP 1998, 225 ff.; *Lutter* FS Stimpel S. 825/836; *Wank* ZGR 1988, 314/369; *Raiser,* Kapitalgesellschaften, S. 159 ff.; *Semler* BB 1983, 1566/1570.

15 *Lutter,* Der Aktionär in der Marktwirtschaft, S. 9 ff. ; *Mülbert,* Aktiengesellschaft, S. 141.

16 BVerfGE ZIP 2000, 1670 ff.; *Saenger* AG 2002, 536/541; *Wirth/Arnold* AG 2002, 503/504; *Lutter,* Der Aktionär in der Marktwirtschaft, S. 9 ff.

17 http://www.daimlerchrysler.de; http://www.bayer.de; http://www:basf.de; *Lutter,* Der Aktionär in der Marktwirtschaft, S. 8.

18 Infratest-Umfragen im Auftrag des Deutschen Aktieninstituts; DAI-Factbook, Stand: Februar 2002.

was sich auch in der deutlich gestiegenen Anzahl der Kleinanleger ausdrückt[19]. Der Kleinaktionär, der durch den Börsengang der Deutschen Telekom[20] und die erhofften Gewinnchancen der New Economy[21] verstärkt sein Vermögen in Aktien investiert hat, spielt als eigenständige Interessengruppe im wirtschaftlichen und sozialen Leben eine große Rolle. Häufig halten diese Kleinaktionäre insgesamt über 20% der Aktien von börsennotierten Unternehmen[22]. In der Rechtsprechung ist diese Differenzierung kaum wahrgenommen und der Kleinaktionär regelmäßig als normaler Minderheitsaktionär behandelt worden. Deshalb ist zu fragen, ob die für den Minderheitsaktionär entwickelten Schutzmechanismen auch auf den Kleinaktionär zugeschnitten sind und ob sie seine Interessen berücksichtigen oder ob es nicht vielmehr zu dessen Schutz eines anderen Instrumentariums bedarf. Denn er sieht sich häufig Risiken ausgesetzt, die ihm zum Zeitpunkt seiner Investition an der Börse so nicht bewusst waren. In personeller Hinsicht wird sich die vorliegende Arbeit daher auf die Kleinaktionäre beschränken.

Der Untersuchungsgegenstand soll auch im Hinblick auf die Aktiengesellschaft begrenzt werden. Denn die Aktiengesellschaft kann unterschiedlich ausgestaltet sein. Sie existiert als Ein-Mann-AG und ebenso als Organisationsform eines börsennotierten, weltweit agierenden Unternehmens. Durch diese Bandbreite gestaltet sich die Rechtswirklichkeit der Aktionäre unterschiedlich[23]. Die Interessen der Anteilseigner können durch die Größe der Gesellschaft stark differieren. Die Begrenzung des Untersuchungsgegenstandes erfolgt auch deshalb, weil die Aktiengesellschaft ursprünglich als Gesellschaft für Großunternehmen entwickelt worden ist[24]. Diese Großunternehmen sollen im Mittelpunkt der Untersuchung stehen, zumal sich der Kleinanleger nur über die Börse an Aktiengesellschaften beteiligen kann. Diese Begrenzung bietet sich zudem aufgrund der besonderen volkswirtschaftlichen Bedeutung von börsennotierten Aktiengesellschaften als Großunternehmen und der Tatsache an, dass seit der Novelle von 1994 eine erste Differenzierung zwischen Aktiengesellschaften als Großunternehmen und der kapitalmarktfernen kleinen Aktiengesellschaft vorgenommen worden ist[25].

---

19 DIE WELT Mittwoch 23.01.02 S. 17 „Zahl der Aktionäre im Verlauf 2001 erstmals geschrumpft"; Infratest-Umfragen im Auftrag des Deutschen Aktieninstituts; DAI-Factbook, Stand: Februar 2002; schon *Großfeld* AG 1985, 1.

20 FAZ 24.08.01 Wirtschaft „Aktienkater.

21 Süddeutsche Zeitung 7.8.2001, Nr. 180, S. 19.

22 http://www.daimlerchrysler.de; http://www.bayer.de; http://www:basf.de.

23 *Vollmer/Grupp* ZGR 1995, 459/460; *Binnewies* Konzerneingangskontrolle, S. 286.

24 *Vollmer/Grupp* ZGR 459/466; *Binnewies*, Konzerneingangskontrolle, S. 285; *Großfeld*, Aktiengesellschaft, S. 6; *Kropff*, Aktiengesetz, S. 14.

25 *Vollmer/Grupp* ZGR 1995, 459/462; *Ulmer* ZHR 163 (1999), 290/333; *Lutter* FS Zöllner S. 363/377.

Im Ergebnis lässt sich der Gegenstand der Arbeit wie folgt zusammenfassen: Untersucht werden soll die höchstrichterliche Rechtsprechung zum konzernrechtlichen Minderheitsschutz und zwar unter dem Gesichtspunkt des Anlegerschutzes. Dabei wird eine Beschränkung in zweifacher Hinsicht vorgenommen, personell auf den Kleinaktionär und sachlich auf die börsennotierte Aktiengesellschaft. Diese Eingrenzung erscheint zur Übersichtlichkeit der Arbeit notwendig und orientiert sich an der zunehmenden Bedeutung des Kleinaktionärs als Kapitalanleger und Aktionär in börsennotierten Aktiengesellschaften.

3. Gang der Untersuchung

Die Rechtsprechung hat sich auf den Schutz der Aktionäre der Konzernobergesellschaft konzentriert, da deren Schutz in dem Aktiengesetz von 1965 nicht vorgesehen ist[26]. Wesentlich für diese Arbeit ist die Frage, welche strukturellen Auswirkungen die Entwicklungen der Rechtsprechung mit sich gebracht hat und ob diese den Interessen der Kleinaktionäre gerecht werden.

Zu diesem Zweck sollen zunächst die gesetzlichen Regelungen zum Schutz der Kleinaktionäre dargestellt und ihr Schutzsystem analysiert werden. Anhand der gesetzlichen Wertungen, die diesen Regelungen entnommen werden können, wird die Rechtsprechung überprüft. Die Vorgehensweise des BGH, dessen Urteile auf den vorhandenen Regelungen des AktG von 1965, insbesondere des Aktienkonzernrechts aufbauen, soll nachvollzogen werden. Die ungeschriebenen Hauptversammlungskompetenzen, die sich aufgrund der Holzmüller-Entscheidung entwickelt haben, und die aus der Kali & Salz-Entscheidung hervorgegangene Inhaltskontrolle von Mehrheitsentscheidungen sollen anhand der bestehenden dogmatischen Strukturen zunächst dargestellt und sodann einer kritischen Prüfung unterzogen werden. Diese Untersuchung soll die historische Entwicklung der Aktiengesellschaft durch die Aktiengesetze von 1937 und 1965 zum Hintergrund haben und die Grundkonzeption der Aktiengesellschaft und ihre Umsetzung in der gesetzlichen Regelung miteinbeziehen.

Anschließend wird der eigene Ansatz dargestellt. Er stellt auf eine Neukonzeption des Schutzes von Kleinaktionären unter Berücksichtigung der Tatsache ab, dass es sich bei diesen regelmäßig um Anleger handelt. Es soll dargelegt werden, welche Bedeutung die Anlegereigenschaft für den Kleinanleger hat und wie sie sich innerhalb der Aktiengesellschaft auswirkt. Besonderes Augenmerk wird

26 *Götz* AG 1984, 85; *Timm* AG 1980, 172; *Schneider* ZHR 143 (1979), 485/488ff; *Rehbinder* ZGR 1977, 581/585; *ders.* FS Coing Bd. 2, S. 423; *Wank* ZGR 1988, 314/-364; *Schneider* ZHR 143 (1979), 485/488.

auf die Frage gelegt, inwieweit die bestehenden Rechte der Kleinaktionäre der tatsächlichen Funktion der Aktie als Vermögensanlage gerecht werden. Dabei sollen auch die Auswirkungen, die die Einführung der Europäischen Aktiengesellschaft auf das deutsche Aktienrecht hat, dargestellt und einer kritischen Würdigung unterzogen werden.

4. Erläuterung der Begriffe Mehrheits-, Minderheits-, Kleinaktionär, außenstehender Aktionär und Konzerninteresse

4.1 Einleitung

Um Klarheit für die in dieser Arbeit zentralen Begriffe zu erhalten, sollen diese vorab dargestellt und erläutert werden. Sodann soll die Rolle des Kleinaktionärs analysiert werden. Von großer Bedeutung ist dabei der Begriff Minderheitsaktionär und der davon abzugrenzende Begriff des Kleinaktionärs. Darüber hinaus soll auf den Begriff des Mehrheitsaktionärs, des Konzernaktionärs und des Konzerninteresses eingegangen werden. Durch die Gegenüberstellung von Minderheits- und Mehrheitsaktionären soll außerdem der Gegensatz, der in der Aktiengesellschaft zwischen diesen beiden Gruppen besteht, deutlich werden. Daher wird die Entscheidungsfindung durch das Mehrheitssystem als Auflösung dieses Konflikts ebenfalls dargestellt.

4.2 Der Mehrheitsaktionär

Die Anteilseigner stellen keine einheitliche Gruppe dar. Aufgrund ihrer unterschiedlichen Einflussmöglichkeiten auf die Aktiengesellschaft und ihrer divergierenden Interessen können sie in Mehrheitsaktionäre und Minderheitsaktionäre eingeteilt werden.

Die Hauptversammlung ist das Gremium, in dem die Aktionäre ihre Rechte geltend machen können. Die Entscheidungsfindung erfolgt dort durch Beschlussfassung. Ein Beschluss gilt gem. § 133 Abs. 1[27] grundsätzlich dann als zustande gekommen, wenn er die einfache Mehrheit der abgegebenen Stimmen auf sich vereinigt, soweit nicht Gesetz oder Satzung eine größere Mehrheit bestimmen. Mehrheitsaktionär ist der, der zumindest diese einfache Mehrheit aufbringen und damit grundsätzlich die Entscheidungen der Hauptversammlung zu seinen Gunsten treffen kann. Häufig reichen sogar Mehrheiten aus, die weniger als 50% der

27 Alle §§ ohne Gesetzesangabe sind solche des AktG.

Stimmen auf sich vereinigen, da auf der Hauptversammlung selten alle Stimmberechtigten vertreten sind[28]. Um eine Gesellschaft jedoch ganz zu beherrschen, genügt die einfache Stimmmehrheit nicht. Für wichtige Beschlüsse stellt das Gesetz höhere Anforderungen. Von außerordentlicher Wichtigkeit ist die dreiviertel Mehrheit. Sie ist unter anderem für eine Satzungsänderung (gem. § 179 Abs. 2), für die Bildung eines Vertragskonzerns (gem. § 293 Abs. 1) und für die Abberufung des Aufsichtsrates (gem. § 103 Abs. 1) vorgeschrieben. Damit wird der mittelbare Einfluss der Aktionäre auf die Verwaltung erhöht. Diese dreiviertel Mehrheit verhindert das Zustandekommen einer Sperrminorität, die bei 25% liegt und durch vielfältige Rechte die Entscheidungsfindung in der Hauptversammlung erheblich beeinflussen kann. Schon die einfache Mehrheit bringt es mit sich, dass ein Aktionär viele Entscheidungen allein an seinen Interessen ausrichten und dadurch starken Einfluss auf die Geschicke der Aktiengesellschaft nehmen kann[29]. Die Rolle des Mehrheitsaktionärs ist nicht darauf beschränkt, passiv zu bleiben und auf hohe Dividenden zu hoffen, sondern er kann selber Entscheidungen herbeiführen. Deshalb ist die Interessenlage des Mehrheitsaktionärs eine völlig andere als die des Minderheitsaktionärs. Denn der Mehrheitsaktionär nimmt die industrielle Führung des Unternehmens wahr und hat dadurch als Gesellschafter eigene unternehmerische Interessen[30]. Die Größe seiner Beteiligung hat Auswirkungen auf die Qualität der Beteiligung. Sie wandelt sich von einer anlageorientierten Beteiligung zu einer Unternehmensbeteiligung. Auch wenn die Verfassung der Aktiengesellschaft den Vorstand als autonomes Geschäftsführungsorgan ausgestaltet hat[31], bleibt der Einfluss der Mehrheitsaktionäre von großer Bedeutung. Die Entscheidungen in der Hauptversammlung hängen allein vom Abstimmverhalten des Mehrheitsaktionärs ab und er kann außerdem mittelbaren Einfluss auf die Verwaltung der Aktiengesellschaft ausüben. Der Mehrheitsaktionär kann über Vermögensrechte anderer Personen verfügen. Die Minderheit ist grundsätzlich an diese Entscheidungen gebunden[32]. Damit ist der Konflikt aufgrund der divergierenden Interessen schon vorgezeichnet. Es handelt sich um eine im Zivilrecht seltene Konstellation[33], die im Konzern an Brisanz gewinnt, da sich die Interessen von Minderheitsaktionären und Mehrheitsaktionären diametral entgegenstehen können[34]. Dieser Interessengegensatz ist der Grund dafür, dass es zwischen

---

28 *Houben* WM 2000, 1783/1879; *Liebscher* ZIP 2001, 853/858.

29 *Binnewies,* Konzerneingangskontrolle, S. 2; *Semler* BB 1983, 1566.

30 *Mülbert,* Aktiengesellschaft, S. 136 ff.

31 *Westermann* FS Pleyer S. 421/433; *Lutter* FS Westermann S. 347.

32 *v. Falkenhausen,* Grenzen der Mehrheitsherrschaft, S. 2; *Lutter/Bezzenberger* AG 2000, 433/435; BGHZ 70, 117/121 ff.; *Semler* BB 1983, 1566.

33 *v. Falkenhausen,* Grenzen der Mehrheitsherrschaft, S. 2.

34 *Lutter,* JZ 1976, 225, 226; *Raiser,* Kapitalgesellschaften, S. 77.

Mehrheits- und Minderheitsaktionären häufig zu Auseinandersetzungen kommt, die sich auch in der Rechtsprechung widerspiegeln[35].

4.3 Der Minderheitsaktionär und der Kleinaktionär

Dem Mehrheitsaktionär stehen die Minderheitsaktionäre gegenüber. Ihnen fehlen die Möglichkeiten, die Entscheidungen direkt zu beeinflussen, da sie über keine Mehrheit in der Hauptversammlung verfügen. Insoweit unterscheidet sich ihre Rolle in der Aktiengesellschaft wesentlich von der des Mehrheitsaktionärs. Als Minderheitsaktionär wird der Aktionär bezeichnet, der einer Aktiengesellschaft angehört und keinen entscheidenden Einfluss auf die Willens- und Entschlussbildung nehmen kann, aber von der wirtschaftlichen Entwicklung des Unternehmens direkt betroffen ist[36]. Die Rolle des Minderheitsaktionärs in der Aktiengesellschaft ist durch das Mehrheitsprinzip in der Hauptversammlung, das ein Spannungsverhältnis zwischen Mehrheit und Minderheit schafft, festgelegt.

Wie oben bereits dargelegt, ist dieser Begriff jedoch weiter zu präzisieren. So wird zwischen dem Minderheitsaktionär im engeren Sinne und dem Kleinaktionär unterschieden[37]. Minderheitsaktionäre i.e.S. halten 5% bis 25% der Aktien einer Gesellschaft und gehören formell zu den Minderheiten. Durch die Größe und das finanzielle Volumen ihrer Beteiligungen ist ihre Bindung an die Aktiengesellschaft deutlich stärker, als es bei Kleinaktionären der Fall ist[38]. Sie haben ein starkes Interesse an der Entwicklung der Gesellschaft. Außerdem ist zu beachten, dass für diese Aktionäre ein freier Verkauf ihres Aktienpaketes über die Börse kaum möglich ist. Der Verkauf von 5% bis 25% der Aktien eines Unternehmens hätte enorme Auswirkungen auf den Kurs der Aktie und dadurch auch mittelbar auf das ganze Unternehmen. Da ihnen dadurch regelmäßig der Weg eines Verkaufs verwehrt ist, sind sie stärker als der Kleinanleger darauf angewiesen, ihre Interessen innerhalb der Gesellschaft zu verwirklichen. Dadurch befinden sich die Minderheitsaktionäre i.e.S. mehr als der Kleinanleger in der Rolle des klassischen Gesellschafters. Durch die begrenzte Anzahl von größeren Aktionären können die einzelnen Aktionäre mehr Einfluss auf die Entscheidungsfindung erhalten. Die Gefahr einer Blockade der Entscheidungswege ist durch die geringe Anzahl der Personen nicht sehr hoch.

---

35 BGHZ 71, 40 (Kali & Salz); Holzmüller, 83, 122; Siemens/Nold BGHZ 136, 133; auch OLG Hamm AG 1987, 40 u.a.

36 *Wedell,* Minderheitenschutz, S. 20.

37 *Martens* ZIP 1992, 1677/1690.

38 *Hüffer* FS Brandner S. 57/60; *Saenger* AG 2002, 536/541; *Wirth/Arnold* AG 2002, 503/504; *Martens* ZIP 1992, 1677/1690.

Daneben gibt es die Gruppe der Kleinaktionäre[39]. Dabei handelt es sich typischerweise um Aktionäre, die nur wenige Aktien eines Unternehmens halten und in der Regel das Anlagerisiko durch Diversifizierung streuen. Aufgrund der verschwindend geringen Beteiligung haben sie regelmäßig kaum Einfluss auf die Unternehmenspolitik[40]. Einerseits gefährdet die Einbeziehung der Kleinaktionäre die Effizienz der Entscheidungsfindung in der Aktiengesellschaft, andererseits sollen sie als Aktionäre nicht dem alleinigen Willen der Mehrheit ausgeliefert werden, ohne ihrerseits Einfluss nehmen zu können[41]. Um beiden Aktionärsgruppen gerecht zu werden, enthält das Aktienrecht sowohl Regelungen, die an bestimmte Quoren gebunden sind, als auch reine Individualrechte, die schon mit einer Aktie geltend gemacht werden können. Dabei hat die Bedeutung der Individualrechte immer weiter zugenommen, da die Zahl der Kleinanleger und der politische Wille, gerade sie zu fördern, stark angewachsen sind[42]. Kleinanleger können durch Individualrechte regelmäßig keinen direkten Einfluss auf die Unternehmensführung nehmen. Die Individualrechte schaffen aber häufig die Möglichkeit, mittelbaren Einfluss auszuüben. Die Befassungskompetenz der Hauptversammlung und die Inhaltskontrolle von Mehrheitsentscheidungen eröffnen durch die Anfechtungsklage auch Kleinanlegern weitreichende Möglichkeiten, Hauptversammlungsbeschlüsse zu verzögern oder gar zu verhindern[43]. Dadurch werden den Kleinaktionären nicht nur Einflussmöglichkeiten, sondern bedeutende Obstruktionspotentiale eröffnet[44]. Sie befinden sich in einem Spannungsverhältnis zwischen gesellschaftsrechtlicher Ohnmacht und der Fähigkeit, Entscheidungen zu verhindern.

4.4 Der Interessenkonflikt und die Entscheidungsfindung in der Aktiengesellschaft

Grundsätzlich kann jeder selbst bestimmen, was mit seinem Eigentum geschieht. Die Anteilseigner sind jedoch durch das gemeinsame wirtschaftliche Ziel, das die

---

39 *Hüffer* FS Kropff S. 126/127; *Saenger* AG 2002, 536/541; *Wirth/Arnold* AG 2002, 503/504.

40 *Wirth/Arnold* AG 2002, 503/504; *Martens* ZIP 1992, 1677/1690.

41 *Semler* BB 1983, 1566.

42 *Großfeld* AG 1985, 1 ff.

43 *Baums* 63. DJT Bd. I, F 5/56;*Groß* AG 1996, 111 ff.

44 *Groß* AG 1996, 111; *Hommelhoff* ZGR 1990, 447/449 ff.; *v.Rechenberg* FS Bezzenberger S. 359/363; *Mertens* ZHR 154 (1990), 24/35; *ders.* AG 1990, 49 ff.; *ders.* AG 1988, 118 ff.; *Baums* 63. DJT Bd. I, F 5/56; *Schlaus* AG 1988, 113 ff.; *Rohleder* AG 1989, 433 ff.; *Saenger* AG 2002, 536 ff.

Aktiengesellschaft verfolgt, gezwungen, sich in ihrem Vorgehen abzustimmen. Der beste Weg, alle Interessen zu berücksichtigen, ist, anstehende Entscheidungen nach dem Einstimmigkeitsprinzip zu treffen. Doch schon in kleinen Personengesellschaften mit nur wenigen Gesellschaftern kann sich das als schwierig herausstellen, weil sich nicht immer alle Interessen verwirklichen lassen. Durch die gemeinsame Gesellschaft entsteht die Notwendigkeit, einheitlich zu entscheiden. Solange der Kreis der Beteiligten noch überschaubar ist, ist eine Entscheidungsfindung nach dem Einstimmigkeitsprinzip noch möglich. Sobald aber die Gruppe der Gesellschafter eine bestimmte Größe überschritten hat, ist dieser Weg nicht mehr gangbar. Mit zunehmender Anzahl der Beteiligten nimmt die Bedeutung des Einzelnen für das Ganze ab und es wird unmöglich, jede divergierende Ansicht zu berücksichtigen. Es bedarf eines neuen Systems, um Entscheidungen treffen zu können[45]. Kann bei kleineren Gesellschaften durch das Einstimmigkeitsprinzip bei jeder Entscheidung eine Interessenkonvergenz erreicht werden, wird dieses System bei großen Gesellschaften mit einer Vielzahl von Gesellschaftern zu kostenintensiv und zu schwerfällig[46]. Aus diesem Grund werden in großen Gesellschaften Entscheidungen nicht mehr einstimmig, sondern durch das Mehrheitsprinzip getroffen.

Als typische Gesellschaftsform für Großunternehmen ist daher die Aktiengesellschaft auf dem Mehrheitsprinzip aufgebaut. In der Hauptversammlung kann sich die Mehrheit grundsätzlich gegen die Minderheit durchsetzen[47]. Die Tatsache, dass eine formale Mehrheit zustande gekommen ist, ist Gewähr dafür, dass die Entscheidung inhaltlich richtig getroffen worden ist[48]. Das Funktionieren des Systems beruht auf der Tatsache, dass sich die Minderheit dem Willen der Mehrheit beugt[49], unabhängig davon, ob sie die Entscheidung gutheißt. Doch schon das Reichsgericht hat begonnen, die Mehrheitsherrschaft einzuschränken[50]. Zur Lösung von Interessenkonflikten kommt es nicht nur auf die formale Mehrheit an. Die Entscheidungsmacht der Mehrheit ist zum Schutz der Minderheiten eingeschränkt und der Aktionärsmehrheit ist eine Treuhandposition für die Minderheiten eingeräumt worden[51]. Das bedeutet, dass die Aktionärsmehrheit Rücksicht

45 *Böttcher* AG 1985, 7/8.

46 *Böttcher* AG 1985, 7; *Kübler* FS Goerdeller S. 279/281.

47 *Timm* ZGR 1987, 403/404; *Semler* BB 1983, 1566.

48 *Timm* ZGR 1987, 403/404.

49 *Werner* ZHR 147 (1983), 429/444; *Lutter/Bezzenberger* AG 2000, 433/435; *Semler* BB 1983, 1566.

50 In Hibernia RGZ 68, 235 war die Entscheidung noch streng an das Mehrheitsprinzip gebunden, die Aufgabe dieser Rechtsprechung erfolgte in Viktoria RGZ 132, 149; m.w.N. *Timm* ZGR 1987, 403/404.

51 *Timm* ZGR 1987, 403/405.

auf die Interessen der Minderheiten nehmen muss. Aufgrund der verschiedenen divergierenden Interessen droht jedoch die Funktionsfähigkeit einer Gesellschaft Schaden zu nehmen. Die unterschiedlichen Interessen können durch umfangreiche Minderheitsrechte die Geschicke eines Unternehmens beeinflussen[52]. Eine effektive Entscheidungsfindung wird gefährdet. Das ist auch der Grund gewesen, der zur Einführung des Mehrheitssystems geführt hat. Denn schließlich sollen wichtige Entwicklungen innerhalb einer Gesellschaft nicht durch Widersprüche Einzelner aufgehalten werden können. Deshalb ist es von fundamentaler Bedeutung, das Mehrheitssystem funktionsfähig zu erhalten und die Minderheiten zu verpflichten, Entscheidungen hinzunehmen, auch wenn sie ihren eigenen Interessen zuwiderlaufen. Dabei sind jedoch die verfassungsrechtlichen Grenzen des Art. 14 GG zu beachten.

Darüber hinaus hat der Minderheitenschutz auch eine große Bedeutung für den Kapitalmarkt. Nur ein wirksamer Schutz ihrer Interessen vermag die Anleger zu bewegen, ihr Geld in Aktien zu investieren und damit den Kapitalbedarf der Unternehmen zu befriedigen[53].

4.5 Außenstehende Aktionäre und Konzernaktionäre

Im Konzern entfalten die Minderheitsrechte ihre Wirkungen auf verschiedenen Ebenen, da es sich bei einem Konzern um ein kompliziertes Gebilde mit vielschichtiger Struktur handelt. So hat die Entwicklung gezeigt, dass Minderheitskonflikte nicht nur in dem abhängigen, sondern auch in dem herrschenden Unternehmen entstehen können. Das Hauptaugenmerk des kodifizierten Konzernrechts liegt auf den Minderheitskonflikten in abhängigen Gesellschaften[54]. Es besteht die Gefahr, dass der Mehrheitsaktionär als herrschendes Unternehmen Sonderinteressen verfolgt. Denn das Vorliegen einer Konzernierung beeinträchtigt den Gleichlauf von Gesellschafts- und Gesellschafterinteresse und begründet damit die Gefahr, dass die Richtigkeitsgewähr der Willensbildung in der Gesellschaft gestört wird[55]. Um dem entgegenzuwirken, enthält das Konzernrecht zahlreiche Regelungen zum Schutz der Minderheitsaktionäre der abhängigen Gesellschaften, die in den §§ 304 ff. als außenstehende Aktionäre bezeichnet werden. Dieser Begriff ist nicht legaldefiniert. Er meint alle Aktionäre, die nicht im Lager des

52 *Werner* ZHR 147 (1983), 429/444; *Semler* BB 1983, 1566.

53 *Kübler* FS Goerdeller S. 279/281.

54 *Sonnenschein* ZGR 1981, 429/434; *Götz* AG 1984, 85; *Ebenroth* AG 1988, 1; *Pentz* AG 1996, 97; *Mülbert*, Aktiengesellschaft, S. 54.

55 *Habersack* in Emmerich/Habersack Vor § 311 Rn 1.

herrschenden Unternehmens stehen[56]. Als Schutzmechanismen sind Mitverwaltungsrechte und besondere Vermögensrechte vorgesehen. Zu den Mitverwaltungsrechten zählt die Beteiligung an der Konzernbildung, die für den Vertragskonzern in den §§ 293 ff. geregelt ist. Wichtige Vermögensrechte sind die Ausgleichsansprüche gem. den §§ 304 ff. Durch diese Fokussierung auf die abhängige Gesellschaft sind die Gefahren für die Minderheitsaktionäre der Obergesellschaft lange Zeit übersehen worden[57]. Darum hat sich die Rechtsprechung dieser Fallgruppe der sogenannten Konzernaktionäre angenommen[58]. Auch sie bedürfen eines wirkungsvollen Minderheitenschutzes, weil die Konzernbildung zu einem Eingriff in ihre Aktionärsrechte führen kann[59]. Es besteht die Gefahr, dass die Gewinnverwendung nicht mehr der Entscheidung der Hauptversammlung unterliegt, sondern dass der Gewinn durch den Vorstand der herrschenden Gesellschaft in den Untergesellschaften thesauriert wird. Daher wird der Gedanke des Minderheitenschutzes verkürzt, wenn nur auf den außenstehenden Aktionär abgestellt wird[60]. Der Bedeutung, die die Rechtsprechung den Konzernaktionären in ihren Entscheidungen beigemessen hat, wird in dieser Arbeit Rechnung getragen.

4.6 Das Konzerninteresse

Die Notwendigkeit eines effizienten Minderheitenschutzes darf nicht dazu führen, dass die Möglichkeiten der Konzentration übermäßig eingeschränkt werden[61]. Regelmäßig profitieren sowohl das herrschende als auch das abhängige Unternehmen von einer Konzernierung. Als Beispiel dafür mag das *Micron*-Angebot für *Hynix* gelten[62]. Durch die bevorstehende Übernahme stieg der Aktienkurs von *Hynix* um 15 Prozent. Blättchen geht so weit, die Aktionäre der Zielgesellschaft als Gewinner zu bezeichnen[63]. Deshalb bedürfen Entscheidungen, die von der Verwaltung zweier Aktiengesellschaften und deren Aktionärsmehrheit getragen werden, auch eines Bestandsschutzes[64]. Trotzdem darf nicht ver-

56 *Habersack* in Emmerich/Habersack § 304 Rn 15; siehe auch m.w.N. *Pentz*, AG 1996, 97/98.
57 *Hübner* in FS Stimpel S. 791; *Pellens*, Aktionärsschutz, S. 2.
58 BGHZ 83, 122/137; *Fleck* WM 1986, 1205/1211.
59 *Werner* FS Stimpel S. 935/948; *Lutter* FS Stimpel S. 825.
60 *Westermann* FS Pleyer S. 421.
61 *Westermann* ZGR 1984, 352/353.
62 FAZ 10.01.02 Wirtschaft „Konkretes Micron-Angebot für Hynix in Kürze erwartet; siehe auch die Gerüchte über die Übernahme der Comdirect Bank, der Aktienkurs ist daraufhin angestiegen FAZ 06.04.01 Wirtschaft.
63 *Blättchen* in Blättchen/Wegen, Übernahme börsennotierter Unternehmen, S. 21 ff.
64 *Groß* AG 1996, 111.

kannt werden, dass die Eingliederung einer selbständigen Gesellschaft in einen Konzern in dieser Gesellschaft einen schweren Interessenkonflikt auslösen kann[65]. Die abhängige Gesellschaft kann nicht mehr autonom über ihre unternehmerische Zielsetzung bestimmen, sondern ihre Interessen werden einem Konzernziel untergeordnet[66]. Die Zielsetzung der gesamten Geschäftsführung wird häufig nicht mehr an der einzelnen Gesellschaft ausgerichtet, sondern auf die Ebene des Gesamtkonzerns verlagert. Die Interessen des Gesamtkonzerns stehen im Vordergrund. Um diese durchzusetzen, nutzt der Konzern die Ressourcen der einzelnen Unternehmen. Es kann also ein Konflikt zwischen dem einzelnen Unternehmen und dem gesamten Konzern geben. Auch rechtlich wird der Konzern nun als Einheit betrachtet, indem ein übergeordnetes Konzerninteresse als schutzwürdig anerkannt wird und von der Verwaltung auch zum Nachteil einzelner Tochterunternehmen verfolgt werden kann[67] (§§ 308, 323 Abs. 1). Dabei geht man davon aus, dass der Nachteil, der dem einzelnen Konzernunternehmen entsteht, durch einen Gesamtnutzen aufgewogen wird. Schließlich können durch eine Konzernbildung Risiken einzelner Unternehmenszweige begrenzt und Chancen durch flexiblere Handlungseinheiten besser wahrgenommen werden[68]. Der Konzern stellt mehr dar als die Summe seiner Teile. Die Konzernbildung ist aus einem wirtschaftlichen Bedürfnis heraus entstanden, dem in der rechtlichen Ausgestaltung des Korporationsrechts Rechnung zu tragen ist.

65 *Zöllner*, Schranken der Stimmrechtsmacht, S. 79.
66 *Zöllner*, Schranken der Stimmrechtsmacht, S.79.
67 *Zöllner*, Schranken der Stimmrechtsmacht, S.80 ff.
68 *Binnewies*, Konzerneingangskontrolle, S. 1.

B. Überblick über das konzernrechtliche Kontrollkonzept zum Schutz des Kleinaktionärs

1. Einführung

Diese Arbeit befasst sich mit dem Einfluss der Rechtsprechung auf die konzernrechtlichen Schutzmechanismen im börsennotierten Aktienkonzern. Bevor diese Mechanismen jedoch analysiert werden, soll zunächst das gesetzliche Regelungskonzept dargestellt werden. Vor dem Hintergrund der vom Gesetz vorgegebenen Regeln werden die Auswirkungen der von der Rechtsprechung entwickelten Rechtsinstitute auf das Aktienrecht erläutert. Darüber hinaus können so etwaige Regelungslücken im AktG von 1965 aufgedeckt werden, die für die Notwendigkeit einer Einflussnahme durch die Rechtsprechung sprechen. Ferner stellen Sinn und Zweck dieser Regelungen einen Maßstab dar, an dem die höchstrichterlichen Entscheidungen in Bezug auf ihr Regelungsziel gemessen werden können. Der gesetzliche Rahmen stellt somit die Grundlage für die angestrebte Untersuchung dar.

Im vorliegenden Kapitel dieser Arbeit sollen deshalb die gesetzlichen Schutzmechanismen für Kleinaktionäre erläutert werden. Zunächst werden unter Einbeziehung des Eingliederungskonzerns der Vertragskonzern, dann der faktische Konzern und aufgrund seiner besonderen Bedeutung der qualifiziert faktische Konzern dargestellt. Schließlich sollen noch die wichtigsten Klagemöglichkeiten der Aktionäre aufgezeigt werden, da die Effizienz und die Ausgestaltung der Rechtsschutzmöglichkeiten große Bedeutung für die praktische Wahrnehmung dieser Rechte durch die Aktionäre hat.

2. Konzernrechtliche Grundlagen

Die Systematik der §§ 291 ff. geht vom Vertragskonzern als Grundform aus. Er steht im Mittelpunkt der gesetzlichen Regelungen[1]. Gebildet wird der Vertragskonzern durch Abschluss eines Beherrschungsvertrages[2]. Dabei ist der tatbestandliche Anknüpfungspunkt für den Konzern die einheitliche Leitung (§ 18 Abs. 1). Die Abhängigkeit wird vorausgesetzt (§ 17 Abs. 1), ist aber allein nicht

1 *Timm* NJW 1992, 2185/2186; *Emmerich* in Emmerich/Habersack § 291 Rn 1.
2 *Emmerich* in Emmerich/Habersack Vorb. § 291 Rn 3 ff.

ausreichend. Die einheitliche Leitung soll nach Vorstellung des Gesetzgebers durch einen Beherrschungsvertrag geschaffen werden. Insoweit bildet der Beherrschungsvertrag nach dem gesetzgeberischen Leitbild die wichtigste Grundlage der Konzernbildung.

Neben dem Beherrschungsvertrag kann die einheitliche Leitung auch durch Eingliederung geschaffen werden. Andere Leitungsinstrumente werden unter dem Begriff des faktischen Konzerns zusammengefasst, der entgegen der gesetzgeberischen Intention in der Praxis weiterhin überwiegt[3]. Diese drei Konzerntypen sollen nun daraufhin untersucht werden, ob und wie sie den Kleinaktionär schützen.

3. Der Vertragskonzern

3.1 Einleitung

Der Vertragskonzern ist in den §§ 291 ff. geregelt, wobei § 291 eine Legaldefinition für den Begriff des Unternehmensvertrages enthält. Das Gesetz unterscheidet zwischen Beherrschungs- und Gewinnabführungsvertrag. Der Abschluss von Beherrschungs- und Gewinnabführungsverträgen fällt in den Bereich der Geschäftsführung. Gem. § 78 ist für den Abschluss dieser Verträge der Vorstand zuständig[4]. Allerdings verlangt § 293 Abs. 1, dass die Hauptversammlung an der Entscheidungsfindung zu beteiligen ist. Diese Beteiligung ist aus verschiedenen Gründen geboten und dient dem Schutz von Kleinaktionären. So spricht schon die Bedeutung der Entscheidung für das Unternehmen dafür, den Aktionären ein Mitspracherecht einzuräumen. Schließlich berührt ein Unternehmensvertrag eine Aktiengesellschaft in ihrer Existenz. Darüber hinaus entstehen bei der Konzernbildung typischerweise Interessengegensätze zwischen Minderheit und Mehrheit, die nur durch die Hauptversammlung und die dort vorhandenen Schutzmechanismen aufgelöst werden können[5]. Trotz der Regelungen zum Minderheitsschutz wird sich letztlich die Mehrheit durchsetzen, denn die Verantwortung für die gesamte Gesellschaft kann bei so weitreichenden Entscheidungen nicht in die Hände einer Minderheit gelegt werden. Zwar ist die Einführung eines Stimmverbots

---

3 *Altmeppen* in Münchener Kommentar Einl. §§ 291 ff. Rn 5; *Hüffer*, Aktiengesetz, § 291 Rn 3.

4 *Emmerich* in Emmerich/Habersack § 293 Rn 13; *Altmeppen* in Münchener Kommentar § 293 Rn 5; *Geßler*, Aktiengesetz, § 293 Rn 4.

5 *Sonnenschein* ZGR 1981, 429, 436.

für das über eine Stimmmehrheit verfügende herrschende Unternehmen diskutiert, doch ist davon schließlich bewusst abgesehen worden[6].

Zum Schutz der Minderheiten, insbesondere der Kleinaktionäre, sind andere Mechanismen entwickelt worden. Die Beteiligung an der Entscheidungsfindung stellt nur einen Teil der Minderheitsrechte dar. Auch nach Abschluss eines Unternehmensvertrages bleiben die Aktionäre nicht ohne Schutz. Ihnen stehen vermögensrechtliche Ansprüche zu, die die Risiken aus einem Unternehmensvertrag kompensieren sollen[7]. Welche Rechte im Einzelnen existieren, soll zunächst für den Beherrschungsvertrag und im Anschluss daran für den Gewinnabführungsvertrag dargelegt werden.

3.2 Der Beherrschungsvertrag

Zunächst sollen die Mechanismen dargestellt werden, die bei der Entscheidungsfindung selber eingreifen. Dabei stehen Mitverwaltungsrechte im Vordergrund. Anschließend soll dann auf die Regelungen eingegangen werden, die auch nach Abschluss des Unternehmensvertrages noch von Bedeutung sind. Diese beinhalten im Wesentlichen vermögensrechtliche Ansprüche.

3.2.1 Zustandekommen eines Beherrschungsvertrages

Ein Beherrschungsvertrag ist gem. § 291 Abs. 1 S. 1 ein Vertrag, in dem eine Gesellschaft die Leitung einer anderen Gesellschaft übernimmt. Das herrschende Unternehmen kann durch ein Weisungsrecht gem. § 308 die Geschicke der abhängigen Gesellschaft steuern. Das ist gerade für eine Aktiengesellschaft von großer Bedeutung, da deren Organisation darauf ausgerichtet ist, den Einfluss der Aktionäre auf die Geschäftsführung zu verhindern. Durch den Beherrschungsvertrag erhält ein Mehrheitsaktionär als Unternehmer die Möglichkeit, direkten Einfluss auf die Geschäftsführung der abhängigen Gesellschaft zu nehmen[8].

Dadurch, dass einem anderen Unternehmen die Leitungsmacht eingeräumt wird, wird in die Organisationsstruktur der Gesellschaft tief eingegriffen[9]. Dieser Eingriff ist von solch weitreichender Bedeutung, dass er letztlich einer Satzungs-

---

6 *Sonnenschein* ZGR 1981, 429, 440; *Emmerich/Sonnenschein* S. 216.

7 *Hüchting*, Abfindung und Ausgleich, S. 1.

8 *Bilda* in Münchener Kommentar § 308 Rn 2; *Kantzas*, Weisungsrecht im Vertragskonzern, S. 12.

9 *Kantzas*, Weisungsrecht im Vertragskonzern, S. 33 ff. (35); *Geßler*, Aktiengesetz, § 291 Rn 18.

änderung gleichkommt[10]. Deshalb sind die formalen Anforderungen an das Zustandekommen eines Beherrschungsvertrages hoch. Zuständig für die Entscheidung, einen Beherrschungsvertrag abzuschließen, sind entsprechend der normalen Zuständigkeitsverteilung in einer Aktiengesellschaft die Vorstände der beteiligten Gesellschaften gem. §§ 78, 278 Abs. 2[11]. Allerdings ist der Vertrag zunächst schwebend unwirksam, bis die Hauptversammlungen der beteiligten Gesellschaften mit qualifizierter Mehrheit zugestimmt haben (§ 293 Abs. 1 und Abs. 2). § 293 Abs. 1 setzt in S. 2 für den Zustimmungsbeschluss der abhängigen Gesellschaft eine qualifizierte Mehrheit von mindestens drei Viertel des in der Hauptversammlung vertretenen Grundkapitals voraus. Höhere Anforderungen können durch Satzung festgelegt werden. Dieses hohe Mehrheitserfordernis schützt das Unternehmen. Jedoch bleiben kleinere Minderheiten dabei unberücksichtigt[12]. Ihnen kommen die Informationspflichten des § 293 f Abs. 1 zugute. Danach können sie in der Hauptversammlung Einsicht in den Unternehmensvertrag, die Jahresabschlüsse der vertragsschließenden Unternehmen und in den vom Vorstand zu erstattenden Bericht über den Unternehmensvertrag (§ 293 a) nehmen.

Direkte Einflussnahme räumt das Gesetz nur Minderheiten von mehr als 25% des Grundkapitals ein[13]. Nur sie können die Entscheidung inhaltlich beeinflussen. Kleinaktionäre sind auf Informationsrechte und auf die Überwachung der Einhaltung der Verfahrensregeln beschränkt.

3.2.2 Die vermögensrechtlichen Ansprüche der §§ 304, 305

Auch die strengen Mehrheitserfordernisse für das Zustandekommen von Beherrschungsverträgen ermöglichen es nicht, Kleinaktionären ein Instrument an die Hand zu geben, ihre Interessen bei Abschluss eines Beherrschungsvertrages durchzusetzen. Vielmehr werden die mitgliedschaftlichen Rechte der außenstehenden Aktionäre beeinträchtigt. Denn der Beherrschungsvertrag ermöglicht es dem herrschenden Unternehmen, sich das abhängige Unternehmen dienstbar zu machen[14]. Es kann bestimmen, ob ein Bilanzgewinn anfällt und wie hoch er sein soll. Außerdem ermöglicht die Weisungsmacht des § 308, direkt in die Ge-

10 *Emmerich/Sonnenschein* S. 162; *Mülbert*, Aktiengesellschaft, S. 163; *Kantzas*, Weisungsrecht im Vertragskonzern, S. 35.

11 *Emmerich* in Emmerich/Habersack § 293, 13; *Altmeppen* in Münchener Kommentar § 293 Rn5.

12 *Mülbert*, Aktiengesellschaft, S. 348 ff.

13 *Mülbert*, Aktiengesellschaft, S. 348 ff.

14 *Säcker* DB 1988, 271; *Rodloff* DB 1999, 1149; *Kantzas*, Weisungsrecht im Vertragskonzern, S. 35 ff.

schäftsführung der abhängigen Gesellschaft einzugreifen und statt des Wohls dieser Gesellschaft das des Gesamtkonzerns zu verfolgen. Damit kann der Gewinnanfall auch über einen längeren Zeitraum verhindert werden. Um den Kleinaktionären einen wirksamen Schutz zukommen zu lassen, sieht das Gesetz Regelungen vor, die die Interessen der Kleinaktionäre auch nach Abschluss des Beherrschungsvertrages wahren[15]. Daher bestimmt es, dass die außenstehenden Aktionäre finanziell für die Beeinträchtigung ihrer mitgliedschaftlichen Rechte voll entschädigt werden müssen (§§ 304, 305)[16], um den intensiven Eingriff in das Eigentum des Aktionärs auszugleichen[17]. Nur durch die Entschädigungsregelung wird der Entzug der Mitverwaltungs- und Vermögensrechte der Aktionäre rechtmäßig[18]. Diese Entschädigung soll ein „Aushungern" der außenstehenden Aktionäre verhindern und ist der „Preis", den das herrschende Unternehmen für seine Einflussnahme zahlen muss[19]. Damit soll vermieden werden, dass die Aktionäre durch den Unternehmensvertrag um ihre Dividende gebracht werden[20]. Die Entschädigung wird entweder in Form einer Ausgleichszahlung für entgangene Gewinne oder als Abfindung gewährt. Zwischen diesen Rechtsinstituten hat der Aktionär ein Wahlrecht[21].

3.2.3 Die Ausgleichspflicht gem. § 304

Die Ausgleichspflicht ist in § 304 geregelt. Sie soll sicherstellen, dass die Vermögensrechte der außenstehenden Aktionäre nicht durch den Beherrschungsvertrag nachteilig betroffen werden[22]. Für die Ausgleichszahlung kommen zwei Berechnungsmethoden in Betracht: eine feste und eine variable Dividendengarantie[23].

---

15 *Forst* AG 1994, 321.

16 BGHZ 138, 136/139 ; *Bilda* in Münchener Kommentar § 304 Rn 7, 9; *ders.* NZG 2000, 296.

17 *Bentheim* JuS 1970, 53/54; *Emmerich* in Emmerich/Habersack § 304 Rn 3; BGHZ 138, 136/139; *Forst* AG 1994, 321; *Bilda* NZG 2000, 296.

18 *Emmerich/Sonnenschein*, Konzenrrecht, S. 304 ff.; *Emmerich* in Emmerich/Habersack § 304 Rn 4.

19 *Hommelhoff*, FS Claussen S. 129/132; *Beyerle* BB 1978, 784; *Kropff* ZGR 1984, 112/122; a.A. *Kort* ZGR 1999, 402/407 ff.

20 *Lutter/Drygala* AG 1995, 49/50; *Hommelhoff*, FS Claussen S.129/131; *Forst* AG 1994, 321.

21 *Säcker* DB 1988, 271, *Rodloff* DB 1999, 1149.

22 *Bentheim* JuS 1970, 53/54; *Stimpel* AG 1998, 259; *Forst* AG 1994, 321; *Kort* ZGR 1999, 402/409.

23 *Lutter/Drygala* AG 1995, 49; *Biedenkopf/Koppensteiner* in Kölner Kommentar § 304 Rn 12; *Emmerich* in Emmerich/Habersack § 304 Rn 24; *Forst* AG 1994, 321; *Säcker* DB 1998, 271.

Bei der festen Dividendengarantie wird der außenstehende Aktionär so gestellt, als sei der Vertrag nicht zustande gekommen[24]. Für die Ausgleichszahlung ist also der hypothetische Fall zu bilden, die Gesellschaft sei weiterhin unabhängig und werfe Gewinne in Form von Dividenden ab[25]. Durch eine Prognose wird der in der abhängigen Gesellschaft zu erwartende Gewinn bestimmt. Dabei wird auf die bisherige Ertragslage dieser Gesellschaft zum Zeitpunkt der Beschlussfassung abgestellt[26]. Die künftigen Ertragsaussichten unter Berücksichtigung notwendiger Abschreibungen, aber ohne Bildung freier Rücklagen, werden dabei einbezogen[27] und der aus diesem Gewinn resultierende Gewinnanteil je Aktie ermittelt[28]. Jeder außenstehende Aktionär erhält einen Anspruch gegen das herrschende Unternehmen in Höhe dieses hypothetischen Gewinnanteils[29].

Die Berechnungsmethode der variablen Dividendengarantie bietet sich an, wenn auch das herrschende Unternehmen eine Aktiengesellschaft oder eine KGaA ist. Die variable Dividendengarantie stellt anders als die feste auf das herrschende Unternehmen ab[30]. Der abhängige Aktionär wird an dem Ertrag des herrschenden Unternehmens beteiligt. Es ist der Betrag als Ausgleich zu zahlen, der „unter Herstellung eines angemessenen Umrechnungsverhältnisses auf Aktien der anderen Gesellschaft jeweils als Gewinnanteil entfällt" (§ 304 Abs. 2 S. 2). Um einen angemessenen Umrechnungskurs zwischen den Aktien festlegen zu können, verweist Satz 3 auf das Umwandlungsrecht. Das bedeutet, dass die außenstehenden Aktionäre so gestellt werden, als ob es zu einer Verschmelzung der beiden Gesellschaften gekommen wäre[31]. Damit partizipiert der außenstehende Aktionär an der Gewinnentwicklung im herrschenden Unternehmen mit den Chancen und Risiken, denen das herrschende Unternehmen durch die wirtschaftliche Entwicklung ausgesetzt ist[32]. Die Umrechnung der Aktien der abhängigen und der herrschenden Gesellschaft erfolgt entsprechend dem inneren Wert beider Unternehmen[33]. Der Börsenkurs wird bei der Wertberechnung beachtet[34].

---

24 *Emmerich*/Sonnenschein, Konzernrecht, S. 305; *Hüffer*, Aktiengesetz, § 304 Rn 8.

25 *Kort* ZGR 1999, 402/416.

26 *Hommelhoff*, FS Claussen S. 129/132; *Hüffer*, Aktiengesetz, § 304 Rn 10; BGHZ 138, 136/139.

27 *Lutter/Drygala* AG 1994, 49/50; *Emmerich* in Emmerich/Habersack § 304 Rn 29; *Forst* AG 1994, 321.

28 *Bentheim* JuS 1970, 53/54.

29 *Bentheim* JuS 1970, 53/54.

30 *Hüffer*, Aktiengesetz, § 304 Rn 15; *Bilda* in Münchener Kommentar § 304 Rn 38; *Lutter/Drygala* AG 1994, 49/50; *Vetter* ZIP 2000, 561/563.

31 *Emmerich* in Emmerich/Habersack § 304 Rn 43.

32 *Emmerich/Sonnenschein*, Konzernrecht, S. 314 ff.; *Hüffer*, Aktiengesetz, § 304 Rn 15; *Bilda* in Münchener Kommentar § 304 Rn 38; *Vetter* ZIP 2000, 561/563.

33 *Emmerich/Sonnenschein*, Konzernrecht, S. 315; *Hüffer*, Aktiengesetz, § 304 Rn 16.

3.2.4 Die Abfindung gem. § 305

Der Schutz des § 305 geht über den Schutz durch den Ausgleichsanspruch hinaus. Während § 304 die Beeinträchtigung der vermögensrechtlichen Stellung der außenstehenden Aktionäre verhindern soll, stellt § 305 auf die Verluste der Herrschaftsrechte ab[35]. Den Aktionären wird als Alternative angeboten, gegen eine Abfindung aus der abhängigen Gesellschaft auszuscheiden[36]. Sie müssen sich nicht dem Risiko aussetzen, dass das nunmehr beherrschte Unternehmen dem Willen des herrschenden Unternehmens unterworfen ist und nicht mehr selbstständig seine eigenen Interessen wahrnehmen kann[37]. Der Aktionär kann damit verhindern, an einem Unternehmen beteiligt zu sein, bei dem nicht nur die Gewinnausschüttung, sondern die Substanz selbst gefährdet ist[38]. Denn im Vertragskonzern werden die Konzerninteressen gegenüber den Interessen der einzelnen Gesellschaften in den Vordergrund gestellt[39]. Es besteht die Gefahr, dass dem Unternehmen fortwährend Kapital entzogen wird, um kurzfristige Interessen zu bedienen, die langfristig die Ertragslage beeinträchtigen. Darüber hinaus bedeutet der Abschluss eines Beherrschungsvertrages auch den weitgehenden Verlust der Mitverwaltungsrechte[40]. Denn an die Stelle der Entscheidungsfindung innerhalb der Gesellschaft durch ihre Organe, an der der Aktionär beteiligt ist, tritt die Weisung durch ein anderes Unternehmen. Um diesen Umständen Rechnung zu tragen, bietet das Gesetz dem Minderheitsaktionär die Möglichkeit, gegen eine Abfindung das beherrschte Unternehmen zu verlassen, um zu verhindern, dass dem außenstehenden Aktionär diese Nachteile aufgezwungen werden[41].

Gem. § 305 erhält der Aktionär grundsätzlich Aktien des herrschenden Unternehmens. Jedoch ist auch eine Barabfindung unter den Voraussetzungen der Ziffer 2 möglich. Das Verfahren für die Berechnung der Abfindung gegen Aktien

---

34 *Bilda* NZG 2000, 296; *Emmerich/Sonnenschein*, Konzernecht, S. 315; *Hüffer*, Aktiengesetz, § 304 Rn 16.

35 BGHZ 138, 136/139; *Bilda* in Münchener Kommentar 304 Rn 9; *Busch* AG 1993, 1; *ders.* NZG 2000, 296; *Lutter/Drygala* AG 1995, 49/52; *Kort* ZGR 1999, 402/409.

36 *Säcker* DB 1988, 271; *Emmerich* in Emmerich/Habersack § 305 Rn 1; *Rodloff* DB 1999, 1149.

37 *Hommelhoff* FS Claussen S. 129/132.

38 *Lutter/Drygala* AG 1995, 49/50.

39 *Hommelhoff* FS Claussen S. 129/132; *Sonnenschein* ZGR 1981, 429/440; *Bälz* FS Raiser S.287/306; *Kantzas*, Weisungsrecht im Vertragskonzern, S. 37.

40 *Emmerich/Sonnenschein*, Konzernrecht, S. 325; BGHZ 138, 136/139; *Hüffer*, Aktiengesetz, § 305 Rn 1.

41 *Emmerich/Sonnenschein*, Konzernrecht, S. 325; *Emmerich* in Emmerich/Habersack § 305 Rn 1.

ist vom Prinzip relativ einfach[42]. Der außenstehende Aktionär erhält so viele Aktien des herrschenden Unternehmens, dass der Wert des Unternehmensanteils mit dem Wert seines bisherigen Unternehmensanteils korrespondiert[43]. Allerdings liegt die Schwierigkeit darin, den Wert der beiden Unternehmen zu bestimmen[44]. Die Höhe der Abfindung ist nach der sogenannten Verschmelzungswertrelation zu berechnen[45]. Dabei muss die Abfindung für die außenstehenden Aktionäre zu einer vollen Entschädigung führen und dem anteiligen Wert des abhängigen Unternehmens entsprechen[46]. Die aktuelle Rechtsprechung stützt sich zur Unternehmenswertberechnung auf betriebswirtschaftliche Verfahren[47], die nur mit Gutachten von Wirtschaftsprüfern durchgeführt werden können[48]. Diese Methode führt zu hohen Kosten, langandauernden Verfahren[49] und zu erheblichen Unsicherheiten, da verschiedene Berechnungsmethoden möglich sind. Grundsätzlich stellt die Rechtsprechung auf die Ertragswertmethode ab[50]. Dabei werden die künftigen Erträge des Unternehmens geschätzt und daraus der Unternehmenswert berechnet[51]. In der neueren Rechtsprechung wird der Kurswert der Aktie in die Berechnung des Unternehmenswertes einbezogen[52]. Dieser Ansatz ist durch ein Urteil des BVerfG nach langem Widerstand der Rechtsprechung eingeführt worden[53]. Der Kurswert stellt nun die Untergrenze für die Bewertung von Anteilen

42 *Lutter/Bezzenberger* AG 2000, 433/436.

43 *Stimpel* AG 1998, 259/260; *Säcker* DB 1988, 271; *Lutter* FS Mestmäcker S. 943.

44 *Säcker* DB 1988, 271; *Piltz* ZGR 2001, 185/ 192; *Lutter* FS Mestmäcker S. 943; *Steinhauer* AG 1999, 299.

45 *Emmerich/Sonnenschein*, Konzernrecht, S. 332.

46 *Emmerich* in Emmerich/Habersack § 305 Rn 3; *Bachelin*, konzernrechtlicher Minderheitenschutz S. 31; BGHZ 71, 40/51 ff. (Kali & Salz); *Luttermann* ZIP 1999, 45/46; *Steinhauer* AG 1999, 299; *Rodloff* DB 1999, 1149/1150.

47 *Emmerich/Sonnenschein*, Konzernrecht, S. 338 ff.; BGHZ 71, 40/52; OLG Düsseldorf WM 1988, 1052/1054; *Fleischer* ZGR 1997, 368/369; *Mertens* AG 1992, 321/322; Säcker DB 1988, 271; *Luttermann* ZIP 2001, 869/870.

48 *Säcker* DB 1988, 271; *Mertens* AG 1992, 321/322; *Steinhauer* AG 1999, 299/300.

49 *Emmerich* in Emmerich/Habersack § 305 Rn 38; *Säcker* DB 1988, 271; *Meilicke* AG 1999, 103/105; *Rühland* WM 2000, 1884/1885; *Steinhauer* AG 1999, 299/301.

50 *Emmerich* in Emmerich/Habersack § 305 Rn 40; *Fleischer* ZGR 1997, 368/369; OLG Düsseldorf WM 1988, 1052/1054 ff.; *Rühland* WM 2000, 1884/1885; *Piltz* ZGR 165 (2001), 185/195; *Luttermann* ZIP 1999, 45/46; *Steinhauer* AG 1999, 299/300; *Hommelhoff/Hopt/Lutter*, Konzernrecht und Kapitalmarktrecht, S. 66.

51 *Emmerich* in Emmerich/Habersack § 305 Rn 44.

52 Bay ObLG ZIP 1998, 1872; LG Nürnberg-Fürth AG 2000, 89; *Bilda* NZG 2000, 296 ff.; *Emmerich* in Emmerich/Habersack § 305 Rn 44 ff. m.w.N.

53 BVerfGE 100, 289/305 (DAT/Altena); *Steinhauer* AG 1999, 299 ff.; *Rodloff* DB 1999, 1149/1150; *Erb* DB 2001, 523; *Luttermann* ZIP 2001, 869 ff.; *ders.* ZIP 1999, 45 ff.

dar[54]. Stimmen in der Literatur gehen darüber hinaus und sehen den Börsenkurs sowohl bei dem abhängigen Unternehmen als auch bei der herrschenden Gesellschaft als alleinige Grundlage für die Unternehmenswertberechnung, da bei Vorliegen eines real zu erzielenden Kaufpreises andere Kriterien nur Hilfscharakter haben können[55]. Doch diese weitgehende Berücksichtigung des Börsenkurses findet in der Rechtsprechung noch keine Beachtung.

Sowohl die Abfindung als auch die Ausgleichszahlung müssen im Unternehmensvertrag geregelt sein. Fehlt die Regelung des Ausgleichsanspruchs, so ist der Unternehmensvertrag nichtig (§ 304 Abs. 3 S. 1). Für den Abfindungsanspruch existiert diese Rechtsfolge nicht. Ist die Ausgleichszahlung zu niedrig festgesetzt oder ist die Abfindung zu niedrig oder sollte sie ganz fehlen, steht dem außenstehenden Aktionär das Spruchverfahren offen. Allerdings fehlt eine Anfechtungsmöglichkeit des Hauptversammlungsbeschlusses gem. § 243[56].

3.3 Der Gewinnabführungsvertrag

Neben dem Beherrschungsvertrag kennt das Gesetz den Gewinnabführungsvertrag. In einem Gewinnabführungsvertrag verpflichtet sich ein Unternehmen, den gesamten Gewinn an das herrschende Unternehmen abzuführen. Dafür muss das herrschende Unternehmen auch mögliche Verluste der abhängigen Gesellschaft tragen. Es ist so gesehen eine Ergebnisübernahme. Die Gefahren bei diesem Unternehmensvertrag ähneln denen des Beherrschungsvertrages. Zwar fehlt ohne den Beherrschungsvertrag die Möglichkeit, über § 308 auf das beherrschte Unternehmen Einfluss zu nehmen, jedoch fallen regelmäßig für die außenstehenden Aktionäre keine Dividende an. Denn durch die Gewinnabführung entsteht rechnerisch kein Bilanzgewinn und eine Verteilung dieses Gewinns durch Dividenden an die Aktionäre ist nicht mehr möglich[57]. Um diesen Nachteil auszugleichen, sieht das Gesetz dieselben Schutzmechanismen wie bei dem Beherrschungsvertrag vor. Gemäß § 293 werden hohe Anforderungen an die Beschlussfassung gestellt. Es finden jedoch auch die Regelungen über finanzielle Ausgleichsansprüche Anwendung (§§ 304 ff).

---

54 *Piltz* ZGR 2001, 185/195; *Rodloff* DB 1999, 1149/1150; OLG Frankfurt a.M. ZIP 2001, 730; *Hommelhoff/Hopt/Lutter,* Konzernrecht und Kapitalmarktrecht, S. 66.

55 *Emmerich/Sonnenschein,* Konzernrecht S. 335 ff.; *Piltz* ZGR 2001, 185/195; *Rodloff* DB 1999, 1149/1150 ff.; *Steinhauer* AG 1999, 299/300; *Erb* DB 2001, 523 ff.; a.A. *Kort* ZGR 1999, 402/414 ff.

56 *Emmerich/Sonnenschein,* Konzernrecht, S. 323.

57 *Biedenkopf/Koppensteiner* in Kölner Kommentar § 304 Rn 9; *Emmerich* in Emmerich/Habersack § 291 Rn 47 ff.

3.4 *Die Eingliederung*

Die Eingliederung wird grundsätzlich ohne Beteiligung der außenstehenden Aktionäre durchgeführt. Sie setzt gem. § 319 Abs. 1 voraus, dass sich alle Aktien der Zielgesellschaft in der Hand der zukünftigen Hauptgesellschaft befinden. Allerdings ist die Eingliederung gem. § 320 Abs. 1 auch möglich, wenn der Hauptgesellschafter mindestens 95% der Aktien hält. Zum Schutz der außenstehenden Aktionäre sieht das Gesetz eine Abfindung nach § 320 b vor. Die zukünftige Hauptgesellschaft muss den außenstehenden Aktionären zwingend ein Abfindungsangebot unterbreiten. Dieses Angebot geht gem. § 320 b auf eine Abfindung durch Aktien der Hauptgesellschaft. Geld erhält der außenstehende Aktionär nur ausnahmsweise[58]. Die Entscheidung über eine Eingliederung ist durch die Hauptversammlung zu treffen. Um diese in die Lage zu versetzen, die Entscheidung verantwortungsbewusst wahrzunehmen, steht ihr gem. § 320 Abs. 4 S. 3 i.V.m. § 319 Abs. 3 S. 4 neben dem normalen Informationsrecht ein Auskunftsanspruch gegenüber der zukünftigen Hauptgesellschaft zu[59].

3.5 *Zwischenergebnis*

Das gesetzliche Schutzinstrumentarium für Minderheitsaktionäre beinhaltet folgende Möglichkeiten:

1. Sie haben das Recht der Beteiligung an der Hauptversammlung mit qualifizierten Mehrheitserfordernissen. Die Bedeutung dieses Ansatzes ist für Kleinaktionäre regelmäßig gering, da sie mit ihren marginalen Stimmrechten trotz qualifizierter Mehrheitserfordernisse nur selten in der Lage sind, eine Entscheidung zu beeinflussen[60].

2. Ihnen stehen Informationsrechte zu, die sie in die Lage versetzen sollen, eine eigenständige Entscheidung über den Sinn der Konzernierung treffen zu können.

3. Sie haben Ansprüche auf Abfindungs- bzw. Ausgleichszahlungen, die die Nachteile des Unternehmensvertrages kompensieren sollen. Der Minderheitsschutz im Vertragskonzern greift nicht präventiv in den Konzernbildungsprozess

58 *Habersack* in Emmerich/Habersack § 320b Rn 5; *Fleischer* ZGR 1997, 368 ff.; *Henn*, Aktienrecht, Rn 390.
59 *Henn*, Aktienrecht, Rn 397.
60 *Mülbert*, Aktiengesellschaft, S. 348 ff.

ein[61], sondern er versucht im Nachhinein, die Nachteile, die den außenstehenden Aktionären entstanden sind, auszugleichen[62].

Dadurch zeigt sich, dass der Minderheitsschutz im Vertragskonzern darauf ausgerichtet ist, erst nach der Konzernbildung einzugreifen und nicht schon präventiv. Außerdem stehen keine Mitverwaltungsrechte im Vordergrund, sondern Vermögensrechte[63].

4. Der faktische Konzern

4.1 Einführung

Das AktG von 1965 hat bezüglich der Kodifizierung des Konzernrechts Neuland betreten[64]. Zum ersten Mal sind im Aktiengesetz Regelungen aufgenommen worden, die nicht die Aktiengesellschaft unmittelbar betreffen, sondern sich auf die Verbindung verschiedener Gesellschaften zueinander beziehen[65]. Die §§ 311-317 regeln einen wichtigen Komplex dieses Konzernrechts. Sie werden oft als Regelung des faktischen Konzerns bezeichnet, was ungenau ist[66]. Die §§ 311 ff. umfassen neben dem faktischen Konzern, der sich gem. § 18 durch eine einheitliche Leitungsmacht auszeichnet, auch die einfache Abhängigkeit gem. § 17. Diese Vorschriften sind immer wieder Ziel heftiger Kritik gewesen[67]. *Hommelhoff* ist sogar so weit gegangen zu behaupten, dass diese Bestimmungen weitgehend leer laufen[68]. Die Kritik an diesen Regelungen hat an vielen Punkten angesetzt. Schon über den Sinn und Zweck der §§ 311 ff. ist keine Einigkeit erzielt worden [69]. Einige haben in ihnen ein Verbot des faktischen Konzerns gesehen[70]. Es fehlen je-

61 *Houben* WM 2000, 1783/1785.
62 *Mülbert*, Aktiengesellschaft, S. 355.
63 *Mülbert*, Aktiengesellschaft, S. 259, 294.
64 *Timm* NJW 1992, 2185; *Niemann* S. 21; *Hüchting*, Abfindung und Ausgleich, S. 1.
65 *Binnewies*, Konzerneingangskontrolle, S. 1; *Bälz* FS Raiser S.287.
66 *Kropff* in AktG Komm. Vor§311 Rn 51; *Rehbinder* ZGR 1977, 581/592; *Bälz* FS Raiser S.287/307; *Houben* WM 2000, 1783/1785.
67 *Schmidt* ZGR 1981, 455/460 ff.; *Hommelhoff* FS Fleck S. 124/130; *Koppensteiner* FS Steindorff S. 79/80 ff.; *Surer* ZHR 145 (1981), 432/434; *Brüggemann* AG 1988, 93/98; *Götz* AG 2000, 498; *Zöllner* AG 1994, 336/338; *Bälz* FS Raiser S.287/302; *Kropff* FS Kastner S. 279/283.
68 *Hommelhoff* FS Fleck S. 124/130.
69 *Geßler* FS Westermann S. 145/146.
70 *Timm* NJW 1987, 977; siehe auch *Schmidt* ZGR 1981, 455/456; *Mülbert* ZHR 163 (1999), 1/22; ders. S. 285 ff.; *Emmerich/Sonnenschein*, Konzernrecht, S. 393 m.w.N.

doch Vorschriften, die auf solch ein Verbot hinweisen, so dass von dieser Intention der §§ 311 ff. nach heute allgemeiner Meinung nicht ausgegangen werden kann[71]. Andere Stimmen in der Literatur[72] bringen vor, dass die §§ 311 ff. die Unternehmen dazu bringen wollen, auf den faktischen Konzern zu verzichten. Als Argument wird angeführt, dass die Haftungsregeln und Kontrollmechanismen dieser Vorschriften den faktischen Konzern unattraktiv machten. Dieser Ansicht kann jedoch nicht gefolgt werden, da es den §§ 311 ff. an der notwendigen Schärfe fehlt[73]. Ihre Haftungsfolgen sind nicht strenger als die des Vertragskonzerns. De lege lata kann kaum davon gesprochen werden, dass die Regelungen der §§ 311 ff. den Vertragskonzern privilegieren.

Der Zweck des faktischen Konzerns liegt vielmehr im Schutz der abhängigen Gesellschaft, ihrer Gläubiger und der außenstehenden Aktionäre[74]. Die Akzeptanz des faktischen Konzerns ist im Laufe der Zeit gewachsen. Seit Ende der achtziger Jahre des vorigen Jahrhunderts finden sich vermehrt Stimmen, die die Regelung der §§ 311 ff. befürworten[75]. Heute wird der faktische Konzern als eigene Konzernform anerkannt, die gegenüber dem Vertragskonzern auch Vorteile bietet, da die Konzernintegration weniger weit fortgeschritten ist und regelmäßig eine dezentrale Leitung den einzelnen Konzernunternehmen mehr Freiheiten lässt[76]. Ein direktes Weisungsrecht des herrschenden Unternehmens gegenüber der beherrschten Gesellschaft fehlt, da es nur gem. § 308 durch einen Beherrschungsvertrag begründet werden kann[77]. Daraus folgt, dass die faktische Leitungsmacht für das herrschende Unternehmen weniger sicher ist, als es im Vertragskonzern der Fall ist. Ihr fehlt es an der rechtlichen Durchsetzbarkeit. Der

71 *Würdinger* in AktG Großkommentar Vor § 311 Rn 130; *Timm* NJW 1992, 2185/2186; *Geßler* ZHR 145 (1981), 457/459; *Habersack* FS *Peltzer* S. 139 ff.; *Schmidt* JZ 1992, 857/858. *Biedenkopf* FS Raiser S. 345; *Surer* ZHR 145 (1981), 343; OLG Düsseldorf AG 2000, 567; *Mülbert*, Aktiengesellschaft, S. 285; *Lutter* FS Stimpel S. 825/831.

72 *Timm* NJW 1992, 2185/2186; *ders.* ZGR 1987, 403/426; *Binnewies*, Konzerneingangskontrolle, S. 10.

73 *Schmidt* ZGR 1981, 455/457; *Emmerich/Sonnenschein*, Konzernrecht, S. 393, *Mülbert* ZHR 163 (1999), 1/23 und *Habersack* FS *Peltzer* S. 139/141 sprechen sogar von einer Privilegierung des faktischen Konzerns.

74 *Emmerich/Sonnenschein*, Konzernrecht, S. 392; *Kropff* in AktG Komm. § 311 Rn 1.

75 *Lutter* ZHR 151 (1987), 444/460; *Hommelhoff/Kleindiek* AG 1990, 106/110; *Rittner* ZGR 1990, 214/218; *Kropff* GS Goerdeller S. 265; *Habersack* FS *Peltzer* S. 139/141; *Altmeppen* ZIP 1996, 693; *ders.* ZIP 2001, 1073/1082; *Kropff* FS Kastner S. 279/284.

76 *Henn*, Aktienrecht, Rn 272; *Schmidt* ZGR 1981, 455/460; *Kropff* FS Kastner S. 279/284.

77 *Lutter* FS *Peltzer* S. 241/242; *Altmeppen* ZIP 1996, 693/694; *Geßler* FS Westermann S. 145/146; *Jaecks/Schönborn* RIW 2003, 254/258.

Vorstand der abhängigen Gesellschaft bleibt immer dem Wohl seiner Gesellschaft verpflichtet[78]. Im Rahmen der Konzernierung kann es nicht zu einem Entweder-Oder zwischen faktischem Konzern und Vertragskonzern kommen, da es sich nicht um austauschbare Konstruktionen handelt, sondern um verschiedene Stufen eines dynamischen Prozesses[79]. Der faktische Konzern geht dem Vertragskonzern regelmäßig zeitlich und im Hinblick auf die Intensität der Konzernierung voran[80].

Die Schutzmechanismen im faktischen Konzern für die außenstehenden Aktionäre unterscheiden sich grundsätzlich von denen im Vertragskonzern. Im Vertragskonzern besteht durch § 308 ein Weisungsrecht der herrschenden Gesellschaft, das mit dem Abfindungs- und Ausgleichsrecht der außenstehenden Aktionäre korrespondiert. Dem faktischen Konzern fehlt diese enge Bindung zwischen der herrschenden und der beherrschten Gesellschaft. Der Einfluss der herrschenden Gesellschaft auf die abhängige Gesellschaft ist weitaus geringer. Dadurch fehlt jedoch auch die Verantwortung der herrschenden Gesellschaft für die außenstehenden Aktionäre. Denn grundsätzlich sind die Organe der abhängigen, faktisch konzernierten Aktiengesellschaft nach wie vor dem Wohl ihrer eigenen Gesellschaft verpflichtet. Deshalb greifen primär die aktienrechtlichen Schutzmechanismen, die die Aktionäre vor dem Machtmissbrauch durch ihre eigene Verwaltung schützen sollen. Trotzdem entstehen durch die Abhängigkeit und stärker noch durch die Leitungsmacht auch im faktischen Konzern Möglichkeiten, auf die abhängige Gesellschaft Einfluss zu nehmen. Diese Leitungsmacht muss durch Regelungen begrenzt werden, die der herrschenden Gesellschaft nicht nur Rechte einräumen, sondern auch Pflichten gegenüber den außenstehenden Aktionären auferlegen. Der Zuwachs an Macht über die andere Gesellschaft muss durch einen Zuwachs an Verantwortung kompensiert werden. Welche Regelungen das Gesetz dabei für den faktischen Konzern bereithält, soll im Folgenden herausgearbeitet werden. Dabei werden zunächst die Leitungsmacht im faktischen Konzern und die Möglichkeiten der Einflussnahme der Konzernobergesellschaft auf die abhängige Gesellschaft dargestellt. Auf dieser Grundlage soll die Schutzrichtung des faktischen Konzerns ermittelt werden, um schließlich die Schutzmechanismen zugunsten der außenstehenden Aktionäre analysieren zu können.

---

78 *Altmeppen* ZIP 1996, 693/694; *Geßler* FS Westermann S. 145/151.

79 *Binnewies*, Konzerneingangskontrolle, S. 11; *Kropff* FS Goerdeler S. 259/261; *Timm* ZGR 1987, 403/423.

80 *Timm* ZGR 1987, 403/423; *Binnewies*, Konzerneingangskontrolle S. 11.

4.2 Die Leitungsmacht im faktischen Konzern

Die einheitliche Leitungsmacht des § 18 ist das konstitutive Tatbestandsmerkmal für die Gründung eines Konzerns. Dabei ist die Grundform der einheitlichen Leitungsmacht das in § 308 vorgesehene Weisungsrecht. Beim faktischen Konzern fehlt jedoch ein gesetzliches Weisungsrecht. Umstritten ist, ob dennoch ein Weisungsrecht für den faktischen Konzern angenommen werden kann[81]. Der Grund für diese Unsicherheit liegt darin, dass die Regelungen der §§ 311 ff. nur als bloßes Anhängsel des Vertragskonzerns erscheinen[82]. Eine Gesamtregelung, wie sie für den Vertragskonzern besteht, fehlt jedoch beim faktischen Konzern. Einige Stimmen in der Literatur gehen deshalb davon aus, dass es ohne Beherrschungsvertrag keine Weisungsmöglichkeit gibt, da § 308 nicht anwendbar ist[83]. Diese Ansicht widerspricht jedoch der Praxis. Dort ist es regelmäßig so, dass ein herrschendes Unternehmen auf die Geschicke einer abhängigen Gesellschaft weitreichende Einflussmöglichkeiten hat[84], auch wenn ein gesetzlich vorgesehenes Weisungsrecht nicht besteht. Ausgangspunkt für die Begründung solch einer Einflussnahme im faktischen Konzern ist regelmäßig die Abhängigkeit. Denn die Mehrheitsbeteiligung und der damit verbundene Einfluss auf die Besetzung der Verwaltungsorgane führen zu einer Rücksichtnahme der Verwaltung gegenüber den Interessen des Mehrheitsaktionärs und des herrschenden Unternehmens[85]. Diese faktische Leitungsmacht reicht in der Regel aus, das abhängige Unternehmen für die Konzerninteressen dienstbar zu machen[86]. Diese faktische Leitungsmacht ist nicht Ausfluss der §§ 311 ff., die sie weder erwähnen noch ermöglichen, sondern wird lediglich als bestehend akzeptiert[87]. Die Einflussnahme kann daher nicht über ein gesetzliches Weisungsrecht begründet werden, sondern bedarf einer faktischen Einflussmöglichkeit. Schon darin liegt die Gefahr einer Stö-

---

81 *Geßler* FS Westermann S. 145/150.

82 *Schmidt* JZ 1992, 856/857; *Mülbert* ZHR 163 (1999), 23.

83 *Säcker* ZHR 151 (1987), 59/62; *Timm* NJW 1992, 2185/2186 (der Vorstand der abhängigen Gesellschaft „kann" folgen, „muss" jedoch nicht; *Zöllner* FS Kropff S. 333/345; *Altmeppen* ZIP 1996, 693; *Geßler* FS Westermann S. 145/148; *Jaecks/Schönborn* RIW 2003, 254/258.

84 *Lutter* FS *Peltzer* S. 241/243; *ders.* FS Stimpel S. 825/831; *Biedenkopf* FS Raiser S. 342/344; *Surer* ZHR 145 (1981), 432; *Binnewies*, Konzerneingangskontrolle, S. 287 ff.

85 *Koppensteiner* FS Steindorff S. 79; *Surer* ZHR 145 (1981), 432/436; *Timm* ZGR 1987, 403/424.

86 *Lutter* FS *Peltzer* S. 241/242; *Altmeppen* ZIP 1996, 693/694; *Timm* ZGR 1987, 403/424; *Binnewies*, Konzerneingangskontrolle S. 287; *Lieb* FS Lutter S. 1051/1056.

87 *Geßler* FS Westermann S. 145/147 ff.

rung des Gleichaufs von Gesellschafter- und Gesellschaftsinteresse begründet[88]. Ein Gleichauf der Gesellschafter- und Gesellschaftsinteressen ist nur dann gegeben, wenn sowohl die Gesellschafter als auch die Verwaltung der Gesellschaft ihr Verhalten am Wohl der Gesellschaft ausgerichtet haben. Der Gleichauf der Interessen ist innerhalb der Gesellschaft von großer Bedeutung, da er regelmäßig die Richtigkeitsgewähr für die gesellschaftsinterne Willensbildung darstellt[89]. Nur wenn alle an den Entscheidungsprozessen innerhalb der Gesellschaft Beteiligten das Wohl dieser Gesellschaft anstreben, werden diese Entscheidungen auch im Interesse der Gesellschaft getroffen. Sobald diese Richtigkeitsgewähr außer Funktion gesetzt wird, besteht die Gefahr, dass ein Gesellschafter Einfluss auf die Geschäftsführung zu nehmen sucht, um der Gesellschaft seinen Willen aufzuerlegen[90]. Trotzdem kann und will das Aktienrecht die reine Abhängigkeit nicht verbieten[91]. Es unterwirft sie jedoch denselben Regelungen, denen der faktische Konzern unterworfen ist[92]. Denn in beiden Fällen besteht die Gefahr, dass nicht allein der Vorteil der abhängigen Gesellschaft bei der Entscheidungsfindung ihrer Organe im Vordergrund steht. Eine solche, das Unternehmenswohl gefährdende Abhängigkeit, ist dann gegeben, wenn das herrschende Unternehmen über Mittel verfügt, die es ihm ermöglichen, das andere Unternehmen seinem Willen zu unterwerfen, und diese auch einsetzt[93]. Solche Einflussmöglichkeiten ergeben sich aus verschiedenen Gründen; sie können als Empfehlungen, Richtlinien oder Ratschläge ausgestaltet sein[94].

Die Akzeptanz der §§ 311 ff. gegenüber der faktischen Leitungsmacht ist jedoch nicht unbegrenzt. Denn § 311 schränkt diese ein[95], auch wenn sie bewusst kein völliges Verbot der Einflussnahmen beinhaltet[96]. Die §§ 311 ff. sehen keine Entbindung des Vorstandes der abhängigen Gesellschaft von der Verpflichtung vor, allein den Interessen seines Unternehmens zu dienen. Im Gegenteil: Der Vorstand der abhängigen Gesellschaft bleibt weiterhin an den Unternehmensge-

88 *Habersack* in Emmerich/Habersack vor § 311 Rn 1; *Binnewies*, Konzerneingangskontrolle, S. 3.

89 *Habersack* in Emmerich/Habersack vor § 311 Rn 1; *Binnewies*, Konzerneingangskontrolle, S. 2 ff.

90 *Kropff* FS Goerdeler S. 259/262; *Timm* ZGR 1987, 403/424; *Binnewies*, Konzerneingangskontrolle S. 289.

91 *Schmidt* ZGR 1981, 455/458; *Geßler* FS Westermann S. 145/148.

92 *Zöllner* FS Kropff S. 333/345; *Geßler* ZHR 145 (1981), 457/459.

93 *Henn*, Aktienrecht, Rn 234; *Zöllner* FS Kropff S.333/336; *Emmerich/Sonnenschein*, Konzernrecht, S. 394.

94 *Emmerich/Sonnenschein*, Konzernrecht, S. 402.

95 *Zöllner* FS Kropff S. 348; *Lutter* FS *Peltzer* S. 241/242; *Geßler* FS Westermann S. 145/148; *Bälz* FS Raiser S.287/307.

96 *Geßler* FS Westermann S. 145/148.

genstand „seiner" Gesellschaft gebunden und ist ihr gegenüber verantwortlich[97]. Seine Pflicht zur Geschäftsleitung wird weiterhin an § 76 gemessen und das Konzerninteresse tritt anders als bei § 308 hinter dem Eigeninteresse der abhängigen Gesellschaft zurück[98]. Maßnahmen oder Rechtsgeschäfte, die diese Grenze überschreiten, sind von vornherein rechtswidrig[99]. Das bedeutet, dass im Rahmen der faktischen Abhängigkeit keine Einflussnahmen zulässig sind, die zu einer Schädigung des abhängigen Unternehmens führen[100]. Allerdings gibt § 311 dem Vorstand der abhängigen Gesellschaft einen erweiterten Handlungsspielraum für die Befolgung der Weisung eigentlich nachteiliger Rechtsgeschäfte oder Maßnahmen. Der Vorstand kann auch nachteilige Anweisungen befolgen, sofern der Nachteil innerhalb der Grenzen des § 311 ausgeglichen wird[101].

Die Beherrschungsinstrumente im faktischen Konzern sind durch das Fehlen eines festen Weisungsrechts gekennzeichnet. Trotzdem bestehen durch personelle Verflechtungen oder durch die Mehrheitsmacht in der Hauptversammlung faktische Einflussmöglichkeiten, die die Verwaltung der abhängigen Gesellschaft regelmäßig empfänglich für die Wünsche der herrschenden Gesellschaft macht. Diese Einflussmöglichkeiten gehen jedoch nicht soweit, dass sie es der Konzernobergesellschaft ermöglichen, das Konzerninteresse auf Kosten der abhängigen Gesellschaft durchzusetzen. § 311 setzt diesem Anliegen Grenzen. Die Bindung der Verwaltung der abhängigen Gesellschaft an das Wohl ihrer Gesellschaft bleibt bestehen. Nachteilige Weisungen können nur befolgt werden, soweit diese ausgeglichen werden. Anders als beim Vertragskonzern greifen die Schutzregelungen also nicht erst auf der Ebene der Aktionäre, sondern versuchen, die abhängige Gesellschaft als juristische Person zu schützen.

4.3 Die Schutzrichtung des faktischen Konzerns

Der zentrale Begriff im Schutzsystem der §§ 311 ff. lautet „Nachteil". Während der Vertragskonzern auf einen Verlustausgleich setzt, wird der Schutz im faktischen Konzern durch den Nachteilsausgleich gewährleistet. Anders als im Vertragskonzern soll durch die §§ 311 ff. das abhängige Unternehmen so gestellt

97 *Emmerich/Sonnenschein*, Konzernrecht, S. 395; *Brüggemeier* AG 1988, 93/98; *Timm* NJW 1992, 2185; *Altmeppen* ZIP 1996, 693/694.
98 *Lutter* FS *Peltzer* S. 241/243; *Timm* NJW 1992, 2185/2186; *Kropff* AG 1993, 485/487.
99 *Brüggemeier* AG 1988, 93/98; *Kropff* AG 1993, 485/487
100 *Zöllner* FS Kropff S. 333/345; *Bälz* FS Raiser S.287/307.
101 *Zöllner* FS Kropff S. 333/345.

werden, als sei es weiterhin unabhängig[102]. Damit wird dieser Gesellschaft nicht jegliches finanzielle Risiko abgenommen, sondern nur die Gefahr, dass die faktisch abhängige Gesellschaft im Konzerninteresse finanziell benachteiligt wird[103]. Dadurch wird gewährleistet, dass weiterhin trotz der Konzernierung nicht das Konzerninteresse, sondern die Interessen der abhängigen Gesellschaft im Vordergrund stehen[104]. Das bedeutet, dass das Gesetz zwar die faktische Abhängigkeit akzeptiert, dass es jedoch die Funktionsfähigkeit des abhängigen Unternehmens erhalten will. Schutzobjekt ist also anders als im Vertragskonzern nicht der abhängige Aktionär, sondern die Gesellschaft[105]. Sie steht im Vordergrund und soll durch den Nachteilsausgleich vor einer Aufzehrung ihrer Substanz geschützt werden. Mittelbar wird dadurch auch der Minderheitsaktionär geschützt[106]. Dadurch, dass ein Schaden von der abhängigen Gesellschaft abgehalten wird, wird auch eine Benachteiligung der Anteilseigner verhindert. Das Instrumentarium, das der Gesetzgeber zu diesem Zweck zur Verfügung stellt, ist vielfältig. Kombiniert werden Publizitäts- und Haftungsregeln[107]. Der Sinn und Zweck ist dabei, eine nachteilige Ausübung des beherrschenden Einflusses durch die §§ 311 ff. zu verhindern[108]. Es handelt sich allerdings fast ausschließlich um Regelungen zugunsten der Gesellschaft. Vorschriften, die parallel dazu den Schutz der außenstehenden Aktionäre in den Vordergrund stellen, fehlen fast völlig.

4.4 Die Schutzmechanismen des einfachen faktischen Konzerns

In diesem Abschnitt soll dargelegt werden, in welchem Umfang die faktisch konzernierte Aktiengesellschaft durch die §§ 311 ff. geschützt wird und wo Lücken bestehen. Dabei soll ein besonderes Augenmerk auf den Schutz der Minderheitsaktionäre gelegt werden.

Im Mittelpunkt steht die Regelung des § 311, der besagt, dass ein herrschendes Unternehmen eine abhängige Gesellschaft nicht zu nachteiligen Rechtsgeschäften veranlassen darf, wenn die Nachteile nicht ausgeglichen werden[109]. Da-

---

102 *Altmeppen* ZIP 1996, 693/697.

103 *Säcker* ZHR 151 (1987), 59/61.

104 *Timm* NJW 1992, 2185/2186.

105 *Bälz* FS Raiser S.287/310, auch Druey *betont*, dass der Schutz der abhängigen Unternehmen im Vordergrund steht *Druey* FS Lutter S. 1069/1077; *Mülbert*, Aktiengesellschaft, S. 272.

106 *Mülbert*, Aktiengesellschaft S. 272.

107 siehe §§ 312-316; *Kropff* in Münchener Kommentar Vor § 311 Rn 5.

108 *Kropff* in Münchener Kommentar, Vor § 311, Rn 4.

109 *Würdinger* in Aktiengesetz Großkommentar, Vor § 311, S. 130; *Emmerich/Sonnenschein*, Konzernrecht, S. 401.

bei wird anders als bei einem Vertragskonzern nicht auf einen Gesamtausgleich durch eine Verlustübernahme abgestellt. Jede einzelne Maßnahme, zu der ein abhängiges Unternehmen veranlasst wird, wird einzeln überprüft und gegebenenfalls auch einzeln ausgeglichen[110]. Daher wird von einem Einzelausgleich gesprochen[111]. „Veranlassen" bedeutet in diesem Sinne, dass das herrschende Unternehmen das Verhalten der abhängigen Gesellschaft bestimmt[112]. Die Wirkung entspricht dem Weisungsrecht des § 308. Der entscheidende Unterschied liegt jedoch in der Tatsache, dass nur im Vertragskonzern die Befolgung der Weisung durchgesetzt werden kann[113]. Dieses Veranlassen ist gem. § 311 von konzernrechtlicher Bedeutung, wenn es die abhängige Gesellschaft zur Vornahme einer nachteiligen Maßnahme oder eines nachteiligen Rechtsgeschäfts bewegt. Es muss demnach eine Minderung oder eine konkrete Gefährdung der Vermögensinteressen oder der Ertragslage vorliegen, die in der Abhängigkeit begründet liegt, da sich ein ordentlicher und gewissenhafter Geschäftsführer einer unabhängigen Gesellschaft anders verhalten hätte[114]. § 311 setzt eine Sorgfaltspflicht für den Vorstand der abhängigen Gesellschaft voraus, die auf die Wahrung der Vermögensinteressen der abhängigen Gesellschaft gerichtet ist[115]. Eine Veranlassung zu einer nachteiligen Handlung ist grundsätzlich rechtswidrig und darf von dem an das Unternehmensinteresse der abhängigen Gesellschaft gebundenen Vorstand nicht befolgt werden[116]. Zulässig ist die Veranlassung gem. § 311 aber dann, wenn der Nachteil innerhalb eines Jahres ausgeglichen wird. § 311 schreibt einen Nachteilsausgleich zwingend vor. Er stellt jedoch keine Anspruchsgrundlage dar, sondern verlangt zur Rechtfertigung der nachteiligen Veranlassung eine vertragliche Vereinbarung, die dann wiederum als entsprechende Anspruchsgrundlage dient[117]. Das bedeutet, dass sich die abhängige und die herrschende Gesellschaft über die Ausgleichszahlung nach Art und Höhe einigen müssen[118]. Erst dadurch entsteht der Entschädigungsanspruch. Damit wird die Gesellschaft vermögensrechtlich so gestellt, wie sie stehen würde, wenn sie noch unabhängig wäre und die nachteilige Veranlassung nicht bestanden hätte[119].

---

110 *Kropff* in Münchener Kommentar, Vor § 311, Rn 5; *Emmerich/Sonnenschein*, Konzernrecht, S. 401.
111 *Kropff* FS Kastner S. 279/284.
112 *Emmerich/Sonnenschein*, Konzernrecht, S. 394.
113 *Lutter* FS *Peltzer* S. 241/243.
114 *Lutter* FS Perltzer S. 241/243; *Emmerich/Sonnenschein*, Konzernrecht, S. 402.
115 *Lutter* FS *Peltzer* S. 241/246; *Altmeppen* ZIP 1996, 693/698.
116 *Geßler* FS Westermann S. 145/155ff.; so auch *Mülbert*, Aktiengesellschaft, S. 280 ff. (281).
117 *Emmerich/Sonnenschein*, Konzernrecht, S. 415; *Geßler* FS Westermann S. 145/161.
118 *Geßler* FS Westermann S. 145/161; *Kropff* FS Kastner S. 279/287.
119 *Kropff* FS Kastner S. 279/287.

Der Nachteilsausgleich kann nur effektiv umgesetzt werden, wenn nachteilige Einflussnahmen als solche erkennbar sind. Grundlage dafür ist der Abhängigkeitsbericht (§ 312). Er soll eine Kontrolle der Unternehmensverbindungen durch den Aufsichtsrat (§ 314 Abs. 1) und mittelbar auch durch die Hauptversammlung ermöglichen (§ 314 Abs. 2). Der Abhängigkeitsbericht wird vom Vorstand der abhängigen Gesellschaft erstellt (§ 312) und den Abschlussprüfern vorgelegt (§ 313), die ihn mit einem Prüfungsbericht an den Aufsichtsrat weiterleiten (§ 314). Dieser Ansatz ist ein weiterer wesentlicher Kritikpunkt an den §§ 311 ff., da das Verfahren kostenintensiv und umständlich ist[120]. Der Bericht soll alle gem. § 312 Abs. 1 S.1 relevanten Vorgänge im Hinblick auf ihre Nachteiligkeit enthalten. Das bedeutet, dass alle mit verbundenen Unternehmen geschlossenen Geschäfte mit Leistung und Gegenleistung sowie alle auf Veranlassung oder im Interesse dieser Unternehmen getroffenen Maßnahmen mit Vor- und Nachteilen dokumentiert werden sollen[121]. Als wesentliches Manko wird die Tatsache bezeichnet, dass die Aktionäre keine Möglichkeit haben, den Abhängigkeitsbericht einzusehen[122], und damit die Leitungsdichte nicht einschätzen können[123] und von Organen abhängen, die von dem herrschenden Unternehmen zumindest beeinflussbar sind[124]. Die Rolle der Aktionäre ist insoweit durch den Gesetzgeber stark beschränkt worden. Der Abhängigkeitsbericht soll allein durch seine Existenz die Verwaltung zur Einhaltung der gesetzlichen Pflichten zwingen. Zu einer öffentlichen Überprüfung des Verwaltungshandelns führt er hingegen regelmäßig nicht. Um dennoch eine Kontrolle des Abhängigkeitsberichts gewährleisten zu können, beinhaltet § 315 für Aktionäre die Möglichkeit tätig zu werden. § 315 Abs. 2 ist dabei als klassisches Minderheitsrecht ausgestaltet. Wenn sonstige Tatsachen vorliegen, die den Verdacht einer pflichtwidrigen Nachteilszufügung rechtfertigen, können Minderheitsaktionäre mit 5% des Grundkapitals den Antrag stellen, dass vom zuständigen Gericht ein Sonderprüfer bestellt wird. In § 315 Abs. 1 ist die Sonderprüfung zusätzlich als Individualrecht ausgestaltet. Danach kann jeder Einzelaktionär eine Sonderprüfung verlangen, sofern die Voraussetzungen der Nr. 1-3 dieser Vorschrift gegeben sind. Erst wenn der Abschlussprüfer seinen Bestätigungsvermerk einschränkt oder versagt, der Aufsichtsrat Einwendungen erklärt oder der Vorstand mitteilt, dass nachteilige Maßnahmen nicht ausgeglichen worden sind, kann der Kleinaktionär Einfluss nehmen. Seine Möglichkeiten sind durch das Gesetz sehr restriktiv angelegt worden. Dadurch wird deutlich,

120 *J. Götz* AG 2000, 499; *Hommelhoff* ZHR 156 (1992), 295/296.
121 *Kropff* ZGR 1988, 558/561.
122 *Zöllner* FS Kropff, S. 333/338; *Martens* AG 1974, 9/10.
123 *Zöllner* FS Kropff S. 333/338; *Martens* AG 1974, 9/10.
124 für Aufsichtsrat: *Surer* ZHR 145 (1981), 432/437ff; *Hommelhoff* ZHR 156 (1992), 295/303; allg. *Götz* AG 2000, 499.

dass im Vordergrund des Schutzkonzeptes der §§ 311 ff. die abhängige Aktiengesellschaft und nicht der einzelne Aktionär steht. Der Gesetzgeber vertraut im Wesentlichen auf die Schutzmechanismen, die das Aktienrecht zur Verfügung stellt, ohne für den internen Interessenkonflikt zusätzliche konzernrechtliche Instrumente zur Verfügung zu stellen.

Ergänzt wird das System des § 311 durch die Haftungsvorschriften der §§ 317 ff. Gem. § 317 Abs. 1 und Abs. 3 haften sowohl die herrschende Gesellschaft als auch deren Vorstand für Schäden der abhängigen Gesellschaft. Eine wichtige Rolle spielt bei der Geltendmachung von Schadensersatz der Abhängigkeitsbericht, der es den Aktionären erleichtern soll, ihre Rechte durchzusetzen[125]. Klagebefugt sind die Aktionäre (§§ 317 Abs. 4 und 318 Abs. 4 i.V.m. § 309 Abs. 4). Sie können jedoch mangels Schadens regelmäßig nur Zahlung an die Gesellschaft verlangen. Denn der Schadensersatz soll den Schaden ersetzen, der wegen nachteiliger Weisung durch den fehlenden Nachteilsausgleich entstanden ist[126]. Dieser Schaden entsteht in erster Linie bei der abhängigen Gesellschaft, die Handlungen vorgenommen hat, die nicht in ihrem eigenen, sondern im Konzerninteresse lagen[127]. Ein direkter Schaden der Aktionäre kommt gem. § 317 Abs. 1 S. 2 nur in Betracht, soweit dieser den Reflexschaden übersteigt. Reflexschaden ist der Schaden, der durch den Wertverlust der gehaltenen Aktien entsteht[128]. Die Haftung wird nicht auf die herrschende Gesellschaft und ihre Verwaltung beschränkt. Da die Gefährdung durch sorgfaltswidriges Handeln der Verwaltung der abhängigen Gesellschaft entsteht, haftet gem. § 318 Abs. 1 und Abs. 2 auch der Vorstand der abhängigen Gesellschaft und ihr Aufsichtsrat. Es wird im Schutzsystem der §§ 311 ff. deutlich, dass die abhängige Aktiengesellschaft im Zentrum der gesetzgeberischen Interessen steht. Der außenstehende Aktionär ist nur mittelbares Subjekt der Regelungen im faktischen Konzern. Dadurch ist das Schutzniveau für den Minderheitsaktionär weitaus geringer als im Vertragskonzern[129].

Zusammenfassend kann gesagt werden, dass das Schutzsystem in erster Linie aus dem Nachteilsausgleich, dem Abhängigkeitsbericht und der Haftung der herrschenden Gesellschaft, ihrer Verwaltung und der Verwaltung der beherrschten Gesellschaft zugunsten des abhängigen Unternehmens besteht. Die Schutzmechanismen des faktischen Konzerns sollen gewährleisten, dass das abhängige Un-

125 *Emmerich/Sonnenschein*, Konzernrecht, S. 419.
126 *Brüggemeier* AG 1988, 93/98; *Martens* AG 1974, 9/10.
127 *Emmerich/Sonnenschein*, Konzernrecht, S. 99.
128 *Kuhlmann/Ahnis, Konzernrecht, S. 94; Emmerich/Sonnenschein*, Konzernrecht, S. 435.
129 *Timm* ZGR 1987, 403/426.

ternehmen finanziell so steht, als sei es weiterhin unabhängig[130]. Der Aktionär hingegen kann nur in wenigen Fällen selber Einfluss nehmen und direkt seine Interessen durchsetzen. Wie oben dargestellt, wird das in Bezug auf den Abhängigkeitsbericht deutlich, da Minderheiten von zumindest 5% des Grundkapitals die Bestellung eines Sonderprüfers verlangen können. Der einzelne Aktionär kann dies jedoch nur in den Ausnahmefällen des § 315 Abs. 1. Ein weiteres Beispiel ist der Anspruch auf Schadensersatz. Zwar kann in diesem Fall auch ein Kleinaktionär tätig werden, jedoch besteht dieses Recht in erster Linie darin, den Schaden der Gesellschaft geltend zu machen und auf Zahlung an sie zu klagen.

4.5 Zwischenergebnis

Auch für den faktischen Konzern sieht das Gesetz keine Vorschriften vor, durch die ein Kleinaktionär Einfluss auf die Konzernbildung nehmen könnte. Anders als im Recht des Vertragskonzerns greifen die gesetzlichen Regelungen erst ein, wenn die Konzernbildung abgeschlossen ist. Auch dann stehen den Kleinaktionären nur wenige Möglichkeiten zur Verfügung: eingeschränkte Informationsrechte und eingeschränkte Schadensersatzklagen. Die Informationsrechte, die im Zusammenhang mit dem Abhängigkeitsbericht stehen, sind sehr begrenzt. Denn der Abhängigkeitsbericht kann von den Aktionären nicht eingesehen werden. Schadensersatzklagen können zwar auch von einzelnen Aktionären erhoben werden, doch sehen diese regelmäßig nur eine Zahlung an die Gesellschaft vor. Der außenstehende Aktionär muss das Risiko tragen, ohne unmittelbare Vorteile zu haben. Damit sind gerade im Bereich des faktischen Konzerns die Rechte der Kleinaktionäre nur rudimentär ausgebaut. Die Erklärung dafür liegt darin, dass das Schutzobjekt des faktischen Konzerns die abhängige Aktiengesellschaft ist. Der Anteilseigner kommt nur mittelbar in den Genuss der im faktischen Konzern bestehenden Schutzmechanismen[131]. Das Recht des faktischen Konzerns beschränkt sich auf die wirtschaftlichen Interessen und bietet dem Aktionär keine Möglichkeiten, Einfluss auf die Konzernbildung zu nehmen.

---

130 *Bälz* FS Raiser S.287/316; siehe auch *Mülbert*, Aktiengesellschaft, S. 274 ff.
131 *Lieb* FS Lutter S. 1051/1054; *Kropff* FS Kastner S. 279/283.

5. Der qualifiziert faktische Konzern

5.1 Einführung

Neben dem faktischen Konzern wird in Literatur und Rechtsprechung außerdem die Rechtsfigur des qualifiziert faktischen Konzerns immer wieder angesprochen[132]. Während es sich bei dem einfachen faktischen Konzern um einen dezentralen Konzern mit isolierbaren Einzeleingriffen handeln soll, wird der qualifiziert faktische Konzern als zentralistisch geführtes Unternehmen gesehen, in dem die Konzernobergesellschaft mit weitreichenden Befugnissen Einfluss auf die Geschäftsführung des abhängigen Unternehmens nehmen kann[133]. Obwohl dieser Begriff seit nunmehr 30 Jahren diskutiert wird[134], sind Voraussetzungen und Rechtsfolgen im Aktienkonzernrecht noch stark umstritten[135]. Seit der Entscheidung des BGH in Sachen Bremer Vulkan[136] stellt sich erneut die Frage, ob überhaupt von der Existenz dieser Rechtsfigur ausgegangen werden kann[137]. Ein Grund liegt darin, dass höchstrichterliche Entscheidungen zu diesem Problem für das Aktienrecht nicht existieren. Dies hat dazu geführt, dass die Notwendigkeit dieser Rechtsfigur im Aktienrecht teilweise bestritten worden ist[138]. Der Verzicht auf den qualifiziert faktischen Aktienkonzern würde jedoch eine wesentliche Schwäche des einfach faktischen Konzerns hervortreten lassen. Denn der Ansatzpunkt für die Einführung eines qualifiziert faktischen Konzerns liegt im Schutzsystem der §§ 311 ff. begründet. Sie etablieren als Grundprinzip für den faktischen Konzern den Einzelausgleich. Jede Maßnahme, zu der das herrschende Unternehmen die abhängige Gesellschaft veranlasst hat, wird einzeln erfasst und finanziell ausgeglichen. Das System des Einzelausgleichs stößt jedoch dann

---

132 siehe *Lieb* FS Lutter S. 1051 ff.; *Henn*, Aktienrecht, Rn 275; neuerdings wieder kritisch *Lehmann* FS Beusch S. 479 ff., OLG Düsseldorf AG 2000, 567; *Emmerich/Sonnenschein*, Konzernrecht, S. 437; *Schmidt*, Gesellschaftsrecht, S. 958 m.w.N.

133 *Lutter* AG 1990, 179/180; *Ebenroth* AG 1990, 188/189; *Habersack* FS *Peltzer* S. 139.

134 *Lutter* AG 1990, 179; *Timm* NJW 1992, 2185 ff; *Emmerich/Sonnenschein*, Konzernrecht, S. 437.

135 *Decker* DB 1990, 2005; *Ebenroth* AG 1990, 188; *Henn*, Aktienrecht, Rn 276; *Luttermann* BB 2001, 2433; *Pellens*, Aktionärsschutz, S. 17; *Mülbert*, Aktiengesellschaft, S. 1.

136 BGHZ 149, 10 (Bremer Vulkan).

137 *Altmeppen* NJW 2002, 321; *Decher* ZInsO 2002, 113; *Ulmer* ZIP 2001, 2221/2222; *Hoffmann* NZG 2002, 68.

138 *Kropff* in Münchener Kommentar § 317 Anh. Rn 20; OLG Düsseldorf AG 2000, 567/569; *Lieb* FS Lutter S. 1051.

an seine Grenzen, wenn die Konzernbeziehungen so intensiv sind, dass eine isolierte Betrachtung der einzelnen Einflussnahmen und ihrer Folgen unmöglich wird[139], oder wenn eine einzelne nachteilige Maßnahme oder ein einzelnes nachteiliges Rechtsgeschäft wegen seiner Unkalkulierbarkeit einem Nachteilsausgleich nicht zugänglich ist[140]. Diese Problemstellung ist vor allem im GmbH-Recht diskutiert und dort von der BGH-Rechtsprechung wiederholt entschieden worden[141]. Obwohl in der höchstrichterlichen Rechtsprechung derartige Fälle nicht bekannt geworden sind, hat auch im Aktienrecht die Diskussion über den qualifiziert faktischen Konzern breiten Raum eingenommen[142]. Aufgrund der Bedeutung dieser Stimmen soll in dieser Arbeit der qualifiziert faktische Konzern dargestellt werden.

Gerade in Bezug auf die Minderheitsrechte ist diese Rechtsfigur von großer Bedeutung. Die Unterschiede zwischen dem qualifiziert faktischem Konzern und dem einfachen faktischen Konzern machen sich, auch wenn die Einzelheiten nach wie vor sehr umstritten sind, im Bereich des Minderheitenschutzes bemerkbar. Dabei handelt es sich im Aktienrecht um ein Konstrukt, das seine Entstehung der Rechsprechung zum faktischen GmbH-Konzern und der Übertragung dieser Grundsätze auf das Aktienrecht durch die Literatur verdankt. Da es jedoch das erst 1965 geschaffene Aktienkonzernrecht ergänzt, ist es immer wieder starker Kritik begegnet. Deshalb soll zunächst die Notwendigkeit dieser Rechtsfigur herausgearbeitet und anschließend sollen ihre Voraussetzungen und Rechtsfolgen dargestellt werden.

5.2 Die Notwendigkeit der Rechtsfigur des qualifiziert faktischen Konzerns im Aktienrecht

Die Regelungen zum Schutz der Minderheitsaktionäre sind im Vertragskonzern besser ausgebaut als im faktischen Konzern. Dies erklärt sich daraus, dass der Vertragskonzern das gesetzliche Grundmodell ist, während der faktische Konzern

139 *Kropff* in Münchener Kommentar § 317 Anh. Rn 1; *Krieger* ZGR 1994, 375/379; *Hommelhoff* ZGR 1994, 395/406; *Bälz* AG 1992, 277, 283; *Emmerich/Sonnenschein*, Konzernrecht, S. 438.

140 *Emmerich/Sonnenschein*, Konzernrecht, S. 459; OLG Düsseldorf AG 2000, 567/568; *Cahn* ZIP 2001, 2159/2160.

141 BGHZ 95, 330 (Autokran); BGHZ 107, 7 (Tiefbau); BGHZ 115, 187 (Video); BGHZ 122, 123 (TBB).; zum qualifizierten faktischen Aktienkonzern: OLG Hamm AG 1987, 38 (Anmerkung *Mertens*); Überblick in *Kohl* MDR 1992, 204 ff.; *Emmerich/Sonnenschein*, Konzernrecht, S. 437; *Lieb* FS Lutter S. 1051.

142 *Kropff* in Münchener Kommentar § 317 Anh. Rn 4; *Kropff* AG 1993, 483, 487; *Gabelein* AG 1990, 185/188 ff.; *Lieb* FS Lutter S. 1051.

nur als Anhängsel betrachtet wird. Der Vertragskonzern bietet für die Konzernobergesellschaft über § 308 starke Einflussmöglichkeiten auf die Geschäftsführung der abhängigen Gesellschaft um den „Preis“ des Minderheitenschutzes. Im qualifiziert faktischen Konzern droht jedoch eine Aushöhlung der gesetzlichen Systematik. Denn der qualifiziert faktische Konzern bietet die Vorteile des Vertragskonzerns ohne die für die Konzernobergesellschaft nachteiligen Regelungen zum Schutz der Minderheiten[143]. Um zu verhindern, dass dadurch das gesetzliche Modell umgangen werden kann, wird eine gesonderte Behandlung dieses Konzerntyps immer wieder gefordert[144]. Die Vorteile des qualifiziert faktischen Konzerns gehen soweit, dass in der Literatur von der Privilegierung durch die §§ 311 ff. gesprochen wird[145]. Um nicht die Unternehmen zu benachteiligen, die sich entsprechend den gesetzgeberischen Vorstellungen verhalten, sollen auch die qualifiziert faktischen Konzerne demselben Haftungsregime unterzogen werden. Daher wird beim qualifiziert faktischen Aktienkonzern immer wieder ein Rückgriff auf die Vorschrift des § 302 vorgenommen[146]. Damit soll der Gefahr vorgebeugt werden, dass die rechtliche Selbständigkeit des abhängigen Unternehmens nur noch formell besteht, und tatsächlich einer völligen Abhängigkeit Platz gemacht hat, in der die wirtschaftlichen Interessen der abhängigen Gesellschaft gegenüber den Konzerninteressen nicht mehr durchgesetzt werden können[147]. Denn wenn die eigenen Interessen der abhängigen Gesellschaft nicht mehr durchgesetzt werden können, sind weder der Einzelausgleich noch der subsidiär eingreifende Schadensersatz gem. § 317 funktionsfähig[148]. Beide Schutzmechanismen setzen soviel Eigenständigkeit voraus, dass das abhängige Unternehmen nachteilige Einflussnahmen feststellen und gegen den Willen des herrschenden Unternehmens geltend machen kann. Gelingt dies nicht, können die §§ 311 ff. den Vermögensschutz der abhängigen Gesellschaft nicht mehr gewährleisten und liefern diese Gesellschaft dem herrschenden Unternehmen aus. Die Grenzen des für den einfachen faktischen Konzern bereitgestellten Schutzsystems sind erreicht. Auch die rechtfertigende Wirkung des § 311 für nachteilige Einflussnahmen besteht nicht mehr, da sie nur in den Grenzen des Nachteilsausgleiches funktioniert.

143 *Timm* NJW 1992, 2185/2190.
144 *Habersack* in Emmerich/Habersack Vor § 311, Rn 20.
145 *Habersack* FS *Peltzer* S. 139/141; *Emmerich/Sonnenschein*, Konzernrecht, S. 393.
146 *Habersack* in Emmerich/Habersack, Vor § 311 Rn 20; *Timm* NJW 1992, 2185/2194; *Lutter* AG 1990, 179.
147 *Ebenroth* AG 1990, 188; *Röhricht* ZGR 1999, 445/465.
148 *Emmerich/Sonnenschein*, Konzernrecht, S. 438.

5.3 Die Voraussetzungen des qualifiziert faktischen Konzerns

Die Voraussetzungen des Qualifizierungstatbestandes sind lange Zeit umstritten gewesen[149], so dass der Qualifizierungstatbestand schon als eine der umstrittensten Fragestellungen des Konzernrechts bezeichnet worden ist[150]. Seit dem TBB-Urteil[151] hat sich jedoch eine Vereinheitlichung der verschiedenen Ansichten ergeben[152]. Eine gewisse Unsicherheit bleibt trotzdem bestehen, zumal die Rechtsprechung durch die Bremer Vulkan-Entscheidung[153] den qualifiziert faktischen GmbH-Konzern praktisch aufgegeben hat[154]. Dabei hat die Existenz des qualifiziert faktischen Aktienkonzerns für die Behandlung von Minderheitsaktionären eine große Bedeutung, da sie zu wesentlichen Abweichungen vom System der §§ 311 ff. führt[155]. Es sollen zunächst die Voraussetzungen des qualifiziert faktischen Konzerns dargestellt und anschließend die Rechtsfolgen herausgearbeitet und im Hinblick auf die Minderheitsrechte analysiert werden.

Ursprünglich sind in Bezug auf die Tatbestandsvoraussetzungen für den faktischen Konzern drei Ansätze vertreten worden.

Eine Ansicht hat die Qualifikation als gegeben angesehen, wenn das Eigeninteresse der abhängigen Gesellschaft nachhaltig durch umfassende und andauernde Einflussnahme des herrschenden Unternehmens beeinträchtigt worden ist[156]. Diese Ansicht stützt sich auf die ältere Rechtsprechung zum qualifiziert faktischen GmbH-Konzern[157]. Sie sah den Zustand der dauernden und umfassenden Leitung als gefährdendes Moment an, an das die erweiterte Haftung anknüpfen sollte. Damit ist eine Zustandshaftung geschaffen worden, die weitreichende Folgen hatte. Die Haftungsbeschränkung, die die Gesellschafter vor einer persönlichen Haftung schützt, ist damit in großem Umfang durchbrochen worden[158]. Deshalb kann diese Ansicht nicht überzeugen. Außerdem ist nicht erkennbar, warum allein eine dauernde und umfassende Leitungsmacht eine Abweichung vom

149 *Assmann* JZ 1986, 928/930; *Ebenroth* AG 1990, 188/190; *Gäbelein* AG 1990, 185; *Kohl* MDR 1992, 204/208; *Kropff* in Münchener Kommentar § 317 Anh Rn 7 ff.
150 *Cahn* ZIP 2001, 2159.
151 BGHZ 122, 123 (TBB).
152 OLG Düsseldorf AG 2000, 567/568; *Krieger* ZGR 1994, 375/376; *Hommelhoff* ZGR 1994, 395/406; *Burgard* WM 1993, 925/926.
153 BGHZ 149, 10 (Bremer Vulkan).
154 *Hoffmann* NZG 2002, 68/71; *Decher* ZinsO 2002, 113.
155 *Lehmann* FS Beusch S. 479/480.
156 *Assmann* JZ 1986, 928/930; *Ebenroth* AG 1990, 182/190.
157 BGHZ 95, 330 (Autokran); BGHZ 115, 187 (Video)
158 *Röhricht* ZGR 1999, 445/465; *Kohl* MDR 1992, 204/206 ff.

System der §§ 311 ff. rechtfertigen soll. Damit ist der Umfang der Haftung weit überdehnt worden[159]. Nicht zu Unrecht wurde dieser Ansatz stark kritisiert[160].

Andere nehmen eine Qualifizierung an, wenn die Tochtergesellschaft wie eine Betriebsabteilung geführt wird[161]. In diesem Zustand soll die Eigenständigkeit einer Gesellschaft soweit eingeschränkt sein, dass die Leitung des abhängigen Unternehmens vollständig auf die Konzernobergesellschaft übergegangen und der Schutz der §§ 311 ff. allein nicht mehr ausreichend ist. Doch auch dieser Ansatz vermag nicht zu überzeugen, da auch bei einer engen Anbindung der abhängigen Gesellschaft an das herrschende Unternehmen die Funktionsfähigkeit der §§ 311 ff. nicht in jedem Fall beeinträchtigt sein muss. Viele Unternehmensteile werden in modernen Unternehmen als Profit-Center geführt, bei denen es gerade auf eigenständiges Handeln und Gewinnerzielung in jeder Betriebsabteilung ankommt. Außerdem fehlt es dem Begriff „Führen wie eine Betriebsabteilung" an der für eine solch wichtige Abgrenzung notwendigen Präzision[162].

Eine dritte Ansicht stellt auf die Kontrollierbarkeit der Einwirkung des herrschenden Unternehmens ab. Die Einwirkung soll dann die Grenze zum qualifiziert faktischen Konzern überschritten haben, wenn sie durch ihre Breite und Häufigkeit das System der §§ 311 ff. außer Funktion gesetzt und dadurch einen Einzelausgleich unmöglich gemacht hat[163]. Damit wird im Ansatz auf eine Verhaltenshaftung abgestellt, die die Grundlage für die neue höchstrichterliche Rechtsprechung gegeben hat.

Durch das TBB-Urteil[164] ist es dem BGH gelungen, zwei kumulativ[165] anzuwendende Abgrenzungskriterien zu entwickeln, die breite Akzeptanz gefunden haben[166]. Zwar handelt es sich bei dieser Entscheidung um einen Fall aus dem GmbH-Konzernrecht, doch ist der Grundsatz auf das Aktienrecht anwendbar[167].

---

159 *Röhricht* ZGR 1999, 445/465; *Kohl* MDR 1992, 204/206 ff.; *Kropff* AG 1993, 485/487.

160 *Timm* NJW 1992, 2185/2187; *Lutter* AG 1990, 179/181 m.w.N.

161 *Lehmann* FS Beusch S. 479, 484; *Lutter/Timm* NJW 1982, 409/412; *Rehbinder* AG 1986, 85/89; OLG Düsseldorf AG 2000, 567/568 m.w.N.

162 *Lehmann* FS Beusch S. 479/484.

163 *Lutter* AG 1990, 179/182; *Kropff* FS Goerdeller S. 259/264; *Säcker* ZHR 151 (1987), 59/63 ff.; *Gäbelein* AG 1990, 185.

164 BGHZ 122,123 (TBB).

165 *Habersack* in Emmerich/Habersack Vor § 311 Rn 33; *Kiethe/Groeschke* NZG 2000, 1151/1152.

166 *Kropff* in Münchener Kommentar § 317 Anh. Rn 15; ders. in AG 1993, 485; *Burgard* WM 1993, 925.

167 *Emmerich/Sonnenschein*, Konzernrecht, S. 438 ff.; *Habesack* in Emmerich/Habersack, Vor § 311 Rn 26; *Lieb* FS *Lutter* S. 1051/1053; wohl auch zustimmend *Kropff* in Münchener Kommentar § 317 Anh. Rn 20 ff. (spricht zumindest von

Denn im Aktienrecht fehlt eine Regelung für den Fall, dass das Schutzsystem der §§ 311 ff. versagt[168]. Haftungsgrund ist nach der höchstrichterlichen Rechtsprechung der Missbrauch der Leitungsmacht[169]. Missbrauch bedeutet, dass das herrschende Unternehmen keine angemessene Rücksicht auf die Belange des beherrschten Unternehmens nimmt, ohne dass sich der ihm insgesamt zugefügte Nachteil durch Einzelausgleichsmaßnahmen kompensieren ließe[170]. Die vorher von der Rechtsprechung vertretene Zustandshaftung ist zugunsten einer Verhaltenshaftung aufgegeben worden[171]. Der Missbauch der Leitungsmacht reicht im Aktienkonzernrecht allein jedoch nicht aus. Deshalb ist als weiteres Kriterium erforderlich, dass der Nachteil, der der abhängigen Gesellschaft zugefügt worden ist, sich nicht durch einen Einzelausgleich ausgleichen lässt[172]. Eine Abweichung vom Haftungssystem der §§ 311 ff. und der Weg zur entsprechenden Anwendung der §§ 302 ff. sind erst zulässig, wenn eine Kompensation der Nachteile über einen Einzelausgleich nicht möglich ist. Sonst fehlt es an einer Regelungslücke, die den Weg zu einer analogen Anwendung der Regeln über den Vertragskonzern erst eröffnet[173]. Grundsätzlich hat der gesetzlich geregelte Einzelausgleich des § 311 gegenüber einer analogen Anwendung der §§ 302 ff. Vorrang[174]. Da die Haftung nach den Regelungen des qualifiziert faktischen Konzerns im Aktienkonzern nur eingreift, wenn die §§ 311 ff. nicht mehr funktionsfähig sind, kann es jedoch zu keinen Überschneidungen mit den gesetzlichen Bestimmungen kommen. Insoweit ist der Weg zu einer Anwendung der Grundsätze des qualifiziert faktischen Konzerns offen.

Die Unmöglichkeit des Einzelausgleichs ist in zwei Fallkonstellationen denkbar:

1. Es bestehen Konstellationen, in denen die nachteiligen Auswirkungen nicht erfasst werden und ihr Ausmaß nicht mehr nachträglich bewertet werden kann[175]. Dies ist auch dann der Fall, wenn die Kontakte der herrschenden Gesellschaft zu

---

theoretischer Möglichkeit der Übertragung); a.A. *ders.* in AG 1993, 485/487; OLG Düsseldorf AG 2000, 567/569.

168 *Cahn* ZIP 2001, 2159/2160.

169 *Kropff* in Münchener Kommentar § 317 Anh. Rn 34 ff.

170 *Habesack* in Emmerich/Habersack, Vor § 311 Rn 27.

171 *Habersack* in Emmerich/Habersack, Vor § 311 Rn 25, *Hoffmann* NZG 2002, 68.

172 BGHZ 122, 123 (TBB); OLG Düsseldorf AG 2000, 567/568; *Cahn* ZIP 2001, 2159/2160.

173 *Habersack* in Emmerich/Habersack, Vor § 311, Rn 20; *Kropff* in Münchener Kommentar, § 317 Anh. Rn 42; *Krieger* ZGR 1994, 375/383; OLG Düsseldorf AG 2000, 567; *Lieb* FS Lutter S. 1051/1052.

174 *Kropff* in Münchener Kommentar § 317 Anh. Rn 15.

175 *Kropff* AG 1993, 483, 493; *Cahn* ZIP 2001, 2159/2160.

dem abhängigen Unternehmen so intensiv sind, dass einzelne Maßnahmen aufgrund des Umfangs nicht mehr isoliert betrachtet werden können.

2. Die Art der Einwirkung kann es unmöglich machen, den Nachteil, der der abhängigen Gesellschaft entstanden ist, zu erfassen, da die Risiken weder im Vorfeld noch im Nachhinein eingeschätzt werden können[176].

Mit dem Missbrauch der Leitungsmacht ist von der Rechtsprechung ein Kriterium entwickelt worden, das breite Zustimmung gefunden hat. Es fügt den qualifiziert faktischen Konzern homogen in das Aktienkonzernrecht ein. Dabei ergänzt es die gesetzlichen Regelungen auf sinnvolle Weise und knüpft an eine bestehende Regelunglücke an. Damit sind die Voraussetzungen des qualifiziert faktischen Konzerns zumindest im Aktienkonzern handhabbar geworden.

5.4 Rechtsfolgen

Ebenso wie die Voraussetzungen sind die Rechtsfolgen dieser Rechtsfigur umstritten. Im Hinblick auf § 311 wird man den qualifiziert faktischen Aktienkonzern wohl als rechtswidrig ansehen müssen[177], da diese Rechtsfigur mit § 76 Abs. 1 unvereinbar ist[178]. Der Missbrauch der Leitungsmacht liegt nur bei einer Sorgfaltspflichtverletzung des Vorstandes der abhängigen Gesellschaft vor, da er nachteiligen Weisungen im Interesse seiner Gesellschaft aufgrund seiner Geschäftsleitungspflicht nicht nachkommen darf[179]. Dabei bleibt jedoch offen, welche Auswirkungen diese Rechtswidrigkeit hat. Regelmäßig soll dann das strengere Haftungsregime des § 302 angewandt werden, das den funktionell nicht durchführbaren Einzelausgleich ersetzen soll[180]. Das herrschende Unternehmen muss sämtliche Verluste der abhängigen Gesellschaft tragen, da sich die Ursache für die Verluste nicht mehr bestimmen lässt, diese aber durch den Missbrauch der Leitungsmacht dem abhängigen Unternehmen zugerechnet werden[181]. Bei der Anwendung des § 302 handelt es sich, wie auch bei den §§ 311 ff., in erster Linie um einen Anspruch der abhängigen Gesellschaft. Daneben existieren gegen den

---

176 *Lutter* FS *Peltzer* S. 241/254; *Zöllner* FS Kropff S. 333/346; *Kropff* AG 1993, 483, 493; *Cahn* ZIP 2001, 2159/2160.

177 *Emmerich/Sonnenschein*, Konzernrecht, S. 439; OLG Hamm AG 1987, 38; a.A. *Ebenroth* AG 1990, 188.

178 *Schmidt*, Gesellschaftsrecht, S. 964.

179 *Geßler* FS Westermann S. 145/156; *Säcker* ZHR 151 (1987), 59/62; *Altmeppen* ZIP 1996, 693/694 ff.

180 *Lutter* AG 1990, 179/180; *Ebenroth* AG 90, 188/189; *Säcker* ZHR 151 (1987), 59/64; ähnlich auch *Kropff* in Münchener Kommentar § 317 Anh. Rn 54; *Luttermann* BB 2001, 2433; *Jaecks/Schönborn* RIW 2003, 254/258.

181 *Emmerich/Sonnenschein*, Konzernrecht, S. 473.

rechtswidrigen Zustand der faktischen Konzernierung Abwehr- und Beseitigungsansprüche[182]. Auch die Minderheitsaktionäre bleiben nicht ohne Schutz. Auch sie können die Unterlassungs- und Beseitigungsansprüche geltend machen. Umstritten ist allerdings, ob neben diesen Ansprüchen den Aktionären auch ein Abfindungsanspruch gem. § 305 analog zusteht[183]. Als Argument für die Anwendung des § 305 auch auf den qualifiziert faktischen Konzern wird die vergleichbare Ausgangslage zwischen Vertragskonzern und qualifiziert faktischem Konzern genannt. Dem stehen jedoch dogmatische Bedenken gegenüber. § 305 fordert als Anspruchsgrundlage einen Unternehmensvertrag, der bei einem qualifiziert faktischen Konzern per definitionem fehlt[184]. Dennoch ist es sachgerecht, auch diese Vorschrift analog anzuwenden, da sonst die Vermögensinteressen der außenstehenden Aktionäre kaum durchgesetzt werden können[185]. Letztlich ändert jedoch auch das Rechtsinstitut des qualifiziert faktischen Konzerns wenig an der Tatsache, dass im faktischen Konzern generell die abhängige Gesellschaft und nicht der Aktionär im Vordergrund steht. Die wichtigste Rechtsfolge für den qualifiziert faktischen Konzern stellt der § 302 dar, der allerdings in erster Linie die Interessen der abhängigen Gesellschaft und nicht die der Anteilseigner schützen soll. Auch wenn die analoge Anwendung des § 305 auf den qualifiziert faktischen Konzern bejaht wird, bleiben die Kleinaktionäre nur rudimentär geschützt[186].

5.5 Die Bremer Vulkan-Entscheidung

In dem Leitsatz der Entscheidung in Sachen Bremer Vulkan hat der BGH ausgeführt, dass der Schutz einer abhängigen GmbH gegen Eingriffe ihres Alleingesellschafters nicht dem Haftungssystem des Aktienkonzernrechts (§§ 291 ff., 31 ff.) folgt, sondern sich auf die Erhaltung des Stammkapitals und die Gewährleistung ihres Bestandsschutzes beschränkt[187]. Damit hat der BGH das Ende des qualifiziert faktischen GmbH-Konzerns eingeleitet[188]. Die Verhaltenshaftung, die auf

182 *Kropff* in Münchener Kommentar § 317 Anh. Rn 105; *Habersack*, Vor § 311 Rn 43; *Emmerich/Sonnenschein*, Konzernecht, S. 476.

183 *Decker* DB 1990, 2005, 2007; *Lieb* FS Lutter S. 1051/1054; *Jaecks/Schönborn* RIW 2003, 254/258; *Lehmann* FS Beusch S. 480 m.w.N.

184 *Lieb* FS Lutter S. 1051/1055; *Kuhlmann/Ahnis*, Konzernecht, S. 230; anders BVerfG ZIP 2000 1670 (Moto Meter); *Lutter* AG 1990, 179/182.

185 *Lieb* FS Lutter S. 1051/1055.

186 *Lieb* FS Lutter S. 1051/1052.

187 BGHZ 149, 10 (Bremer Vulkan).

188 *Altmeppen* NJW 2002, 321; *Decher* ZInsO 2002, 113; *Ulmer* ZIP 2001, 2221/2222; *Hoffmann* NZG 2002, 68; *Wilken* DB 2001, 2383; *Luttermann* BB 2001, 2433/2434.

der TBB-Entscheidung beruht und die auf die aktienkonzernrechtlichen Regelungen zurückgegriffen hat, ist im GmbH-Recht nicht mehr anwendbar. Der BGH hat sich bei der Haftung des herrschenden Gesellschafters im GmbH-Recht von der konzernrechtlichen Grundlage verabschiedet[189] und stattdessen systematisch auf eine Durchgriffshaftung gesetzt[190]. Welche Anspruchsgrundlage zur Haftungsbegründung herangezogen werden soll, hat der BGH in seiner Entscheidung jedoch offen lassen können[191]. Auch wenn der BGH damit der Rechtsfigur des qualifiziert faktischen Konzerns im GmbH-Recht den Boden entzogen hat, sind die tatsächlichen Änderungen nur gering. Grundsätzlich wird es bei einer Haftung eines beherrschenden Gesellschafters für den Missbrauch von Leitungsmacht in einer Tochter-GmbH bleiben. Änderung der Haftungsvorschriften deuten sich nur in zweierlei Hinsicht an. Zum einen hat der BGH eine Begrenzung der Haftung auf existenzvernichtende Eingriffe vorgenommen[192]. Zum anderen hat er in personeller Hinsicht die Haftung ausgedehnt. Bisher hat es auf Grund der konzernrechtlichen Haftungsgrundlage nur eine Haftung von Unternehmensgesellschaftern gegeben. Die systematische Loslösung der Gesellschafterhaftung von dem Konzerntatbestand ermöglicht es, auch Privatgesellschafter für einen existenzvernichtenden Missbrauch der Leitungsmacht haftbar zu machen[193]. Die Ausführungen des BGH beziehen sich jedoch allein auf den GmbH-Konzern und zwar dort auf die Ein-Personengesellschaft. Welche Auswirkungen dieses Urteil auf den qualifiziert faktischen Aktienkonzern hat, sind noch nicht abzusehen[194]. Der Schutz von außenstehenden Aktionären und die Besonderheiten des Aktienrechts machen eine unterschiedliche Behandlung des qualifiziert faktischen Aktienkonzerns erforderlich. Das Argument des BGH, dass sich die Probleme des qualifiziert faktischen GmbH-Konzerns auch ohne eine analoge Anwendung der Regelungen des Aktienrechts lösen lassen[195], ist nicht auf das Aktienrecht übertragbar. Dem Aktienrecht ist die Konzernhaftung der §§ 302 ff. nicht fremd. Die Rechtsfigur des qualifiziert faktischen Aktienkonzerns führt lediglich zu einer Ausweitung dieses Rechtsinstituts. Außerdem dient diese Rechtsfigur auch dem Schutz der außenstehenden Aktionäre. Eine Durchgriffshaftung hingegen kommt aus-

---

189 *Hoffmann* NZG 2002, 68/71; *Decher* ZinsO 2002, 113; *Wilken* DB 2001, 2383; *Schmidt* NJW 2001, 3577.

190 *Hoffmann* NZG 2002, 68/71.

191 *Decher* ZinsO 2002, 113; *Wilken* DB 2001, 2383 ff.; *Schmidt* NJW 2001, 3577/3579.

192 *Hoffmann* NZG 2002, 68/69; *Decher* ZinsO 2002. 113.

193 *Decher* ZinsO 2002. 113/114; *Hoffmann* NZG 2002, 68/70; *Schmidt* NJW 2001, 3577/3579.

194 *Cahn* ZIP 2001, 2159/2160.

195 *Hoffmann* NZG 2002, 68/69.

schließlich den Gläubigern zugute. Deshalb kann von einer Abschaffung dieses Rechtsinstituts für den Aktienkonzern wohl nicht ausgegangen werden[196].

5.6 Zwischenergebnis

Die Rechtsfigur des qualifiziert faktischen Konzerns vermag nichts an dem Ergebnis zu ändern, dass das Aktienkonzernrecht in erster Linie vermögensrechtliche Instrumente zum Schutz von außenstehenden Aktionären zur Verfügung stellt. Auch die Tatsache, dass die Voraussetzungen und die Rechtsfolgen des qualifiziert faktischen Konzerns umstrittener sind als je zuvor, hat darauf keinen Einfluss. Selbst wenn im Zuge der Entwicklung im Zusammenhang mit der Bremer Vulkan-Entscheidung die Rechtsfigur des qualifiziert faktischen Aktienkonzerns aufgegeben werden sollte, würde weiterhin der vermögensrechtliche Ansatz des Minderheitenschutzes im Aktienkonzernrecht vorherrschen. Denn der qualifiziert faktische Konzern stellt keinen Fremdkörper im Aktienkonzernrecht dar, sondern bedient sich der in den §§ 302 ff. entwickelten Rechtsfolgen. Er schafft im Bereich des Aktienkonzernrechts kein Sonderrecht, sondern beeinflusst nur die Abgrenzung zwischen dem in § 311 festgelegten Einzelausgleich und der Verlustübernahme der §§ 302 ff. Im Vordergrund stehen bei dem qualifiziert faktischen Konzern die Interessen der abhängigen Gesellschaft nicht die der Aktionäre. Insgesamt existieren hier vor allem Vermögens- und Informationsrechte. Als Mitverwaltungsrechte kommen zwar Abwehr- und Beseitigungsansprüche in Betracht, allerdings stellen sie in Anbetracht der zahlreichen und vor allem variablen Möglichkeiten der Geschäftsführung, Einfluss auf die abhängige Gesellschaft zu nehmen, ein Mittel dar, das nur in Ausnahmefällen tatsächlich genutzt werden kann. Insgesamt sind die Einflussmöglichkeiten der Aktionäre, selbst die größerer Minderheiten, sehr begrenzt. Auch im qualifiziert faktischen Konzern stellen die Regelungen in erster Linie darauf ab, dass dem außenstehenden Aktionär kein Vermögensschaden entsteht. Der Einfluss auf Entscheidungen in der Aktiengesellschaft wird ihm weitgehend verwehrt.

6. Die Konzernbildungskontrolle

Die Konzernbildung wird häufig als Gefahr für die daran beteiligten Gesellschaften gesehen. Dabei entstehen Risiken sowohl für die abhängige Gesellschaft als auch für das herrschende Unternehmen. Um dieser Gefährdung vorzubeugen,

196 *Cahn* ZIP 2001, 2159/2160.

wird immer wieder gefordert, präventiv tätig zu werden. Welche Regelungen für solch einen Ansatz fruchtbar gemacht werden können, soll im vorliegenden Abschnitt untersucht werden.

Im Vorfeld einer Konzernierung lassen sich viele Risiken vermeiden, die im Nachhinein nur schwer ausgeglichen werden können. Ansätze für einen Präventivschutz sind im AktG von 1965 zu finden. Die bestehenden Regelungen sind in §§ 293, 320 zu finden. Diese Vorschriften fordern eine qualifizierte Hauptversammlungsmehrheit für die Bildung eines Vertragskonzerns bzw. für die eines Eingliederungskonzerns. Darin erschöpfen sich jedoch die gesetzlichen Regelungen. Das bedeutet, dass die Aktionäre einer von einer Übernahme betroffenen Gesellschaft nur in diesen beiden Fällen über die Zukunft ihrer Gesellschaft mitentscheiden können. Bei der Bildung eines faktischen Konzerns, sogar eines qualifiziert faktischen Konzerns, sind sie hingegen nicht an der Entscheidung beteiligt[197]. Die gesetzlichen Regelungen stellen daher ein Schutzsystem dar, das in erster Linie ex-post funktioniert[198]. Das ist vor allem dann problematisch, wenn die Konzernierung nicht als Ereignis, sondern als dynamischer Prozess aufgefasst wird. Denn in diesem Prozess beginnt die Konzernierung nicht erst mit Abschluss eines Beherrschungsvertrages, sondern zu einem deutlich früheren Zeitpunkt. Das Gesetz knüpft zwar an die einheitliche Leitung nach § 18 Abs. 1 als das konstitutive Merkmal für die Konzernbildung an, doch schon die einfache Abhängigkeit nach § 17 eröffnet der Obergesellschaft die Möglichkeit, einen beherrschenden Einfluss auszuüben und ihn zur Konzerneinbindung der abhängigen Gesellschaft zu nutzen[199]. Deshalb wird immer wieder ein Schutzinstrumentarium gefordert, das schon vor der Schaffung von Abhängigkeiten eingreift und diesen Prozess begleitet. Dabei handelt es sich um einen Schutz vor der Entstehung eines beherrschenden Einflusses[200]. Ein so weitreichender Präventivschutz besteht de lege lata jedoch nicht[201]. Denn das AktG ist konzernoffen ausgestaltet[202]. Ansätze, die eine Konzernierungserklärung der Gesellschaft fordern, sind bei der bestehenden Rechtslage nicht begründbar[203]. Die gesetzliche Systematik sieht solch einen

---

197 *Emmerich* AG 1991, 303/305

198 *Houben* WM 2000, 1783/1785; so auch *Jaecks/Schönborn* RIW 2003, 254/258.

199 *Timm* ZGR 1987, 403/423; *Kropff* in Münchener Kommentar Vor § 311 Rn 41; *Bälz* FS Raiser S.287/301.

200 *Kropff* in Münchener Kommentar, Vor § 311, Rn 41.

201 *Kropff* in Münchener Kommentar, Vor § 311, Rn 40; *Emmerich* AG 1991, 303/305; *Vollmer/Grupp* ZGR 459/463.

202 *Binnewies*, Konzerneingangskontrolle, S. 283; *Vollmer/Grupp* ZGR 459/462; *Kanzas*, Weisungsrecht im Vertragskonzern, S. 4; *Kropff* in Münchener Kommentar Vor §311 Rn 42 ff. m.w.N.

203 *Kropff* FS Goerdeller S. 262.

Vorgang weder auf der Ebene der abhängigen Gesellschaft noch auf der Ebene der Konzernobergesellschaft vor.

Allerdings hat der Gedanke eines Konzerneingangsschutzes in der Obergesellschaft Einzug gehalten. Als Ansatzpunkt dazu dient das Holzmüller-Urteil des BGH[204]. Danach muss bei schwerwiegenden Eingriffen in die Rechte und Interessen der Aktionäre der Vorstand die Zustimmung der Hauptversammlung einholen. Für solche Entscheidungen besteht eine ungeschriebene Zuständigkeit der Hauptversammlung[205]. Ähnlich ist die Rechtsprechung zur Inhaltskontrolle gesehen worden. Auch sie greift regelmäßig bei Konzernierungsentscheidungen ein. Die Kapitalerhöhung stellt eine Möglichkeit für die Verwaltung dar, Aktien der eigenen Aktiengesellschaft zu erwerben, um eine Übernahme eines anderen Unternehmens zu ermöglichen. Auch hier handelt es sich um eine Entwicklung aus der Rechtsprechung. Damit ist das AktG von 1965 verlassen und Richterrecht durch den BGH geschaffen worden.

7. Klagemöglichkeiten durch Kleinaktionäre

7.1 Die Anfechtungs- und Nichtigkeitsklage

Die Möglichkeit, eine Anfechtungs- oder Nichtigkeitsklage zu erheben, stellt eines der wichtigsten Rechte der Aktionäre dar. Das Klagerecht ist als Individualrecht ausgestaltet und steht somit allen Aktionären, auch den Kleinaktionären, offen. Dabei spiegelt es die Rolle des Aktionärs in der Gesellschaft wider. Der Aktionär ist bei den ihm zur Verfügung stehenden Klagearten im Wesentlichen auf eine Reaktion beschränkt[206]. Verpflichtungs- oder Unterlassungsklagen, durch die der Aktionär gestaltend tätig werden könnte, sind dem deutschen Aktienrecht weitgehend fremd[207]. Auch Klagen auf Schadensersatz spielen in der Praxis eine untergeordnete Rolle[208]. Darum sind die Anfechtungs- und die Nichtigkeitsklage die wichtigsten Klagen im Aktienrecht[209]. Damit ist die Funktion des Aktionärs auf die Kontrolle der Rechtsmäßigkeit[210] bereits ergangener Hauptversamm-

---

204 BGHZ 83, 122 (Holzmüller).

205 *Habersack* in Emmerich/Habersack Vor § 311 Rn 13 m.w.N.

206 *Lutter*, Der Aktionär in der Marktwirtschaft, S. 10.

207 *Krieger* ZHR 163 (1999), 343/353 ff.

208 *Hommelhoff/Mattheus* AG 1998, 249/258; *Hirte* FS Bezzenberger, S. 133/134; *Sünner* ZHR 163 (1999), 364/365.

209 *Hommelhoff/Timm* AG 1989, 168; *Hirte* FS Bezzenberger, S. 133.

210 *Henn*, Aktienrecht, Rn 910; *Hirte* BB 1988, 1469/1470; *Hüffer* FS Brandner S. 57/59.

lungsentscheidungen beschränkt[211]. Das Klagerecht stellt nicht nur sicher, dass Aktionäre die Einhaltung von Gesetzen durchsetzen können, sondern es ist darüber hinaus ein wichtiges Instrument zur Kontrolle der Mehrheitsmacht[212]. Seine Wirkung geht über eine Überprüfung der Rechtmäßigkeit und eine Sanktionierung von Rechtsverstößen hinaus, da es bezüglich eines Missbrauchs der Mehrheitsmacht auch vorbeugend wirkt[213]. Materiell setzt die Anfechtungsklage eine Verletzung von Gesetzen oder der Satzung der Aktiengesellschaft voraus[214]. Davon umfasst sind nicht nur materielle Gesetzesverstöße, sondern auch Verletzungen des Verfahrensrechts[215]. Eine Kausalität zwischen der Verletzung der Rechtsnorm und dem Zustandekommen des Hauptversammlungsbeschlusses ist zwar erforderlich, muss aber von dem Anfechtungskläger nicht nachgewiesen werden. Diese sog. „potentielle“ Kausalität stellt quasi ein negatives Tatbestandsmerkmal dar, das nicht vom Kläger vorgebracht werden muss, dessen Fehlen aber von der beklagten Aktiengesellschaft vorgetragen und nachgewiesen werden kann[216]. Die beklagte Aktiengesellschaft kann den Ursachenzusammenhang zwischen Normverletzung und Beschlussergebnis vor Gericht widerlegen.

Anfechtungsbefugt sind gem. § 245 grundsätzlich alle Aktionäre. Damit wird eine sehr weitgehende Anfechtungsbefugnis geschaffen, da jeder Aktionär, auch wenn er nur eine Aktie besitzt, Klage erheben[217] und damit die Entscheidung in einer Aktiengesellschaft aufhalten kann[218]. Damit ist, wie *Hommelhoff/Timm*[219] es ausdrücken, eine billig zu erwerbende „Popularklagebefugnis“ geschaffen worden. Ein individuelles Rechtsschutzbedürfnis ist neben der Anfechtungsbefugnis nicht erforderlich[220]. Die weite Anfechtungsbefugnis soll durch § 245 Nr. 1 – 3 eingeschränkt werden[221]. Dies geschieht dadurch, dass nur Aktionäre klagen können, die an der Hauptversammlung beteiligt waren und Widerspruch zur

---

211 *Hirte* BB 1988, 1469/1470; *Raiser*, Kapitalgesellschaften, S. 60

212 *Hüffer* in Münchener Kommentar § 243 Rn 6; *ders.* FS Brandner S. 57/59; *Raiser*, Kapitalgesellschaften, S. 187; *Hirte* BB 1988, 1469/1470; *Saenger* AG 2002, 536.

213 *Raiser*, Kapitalgesellschaften, S. 187; Götz DB 1989, 261.

214 *Henn*, Aktienrecht, Rn 912; *Hüffer*, Aktiengesetz, § 243 Rn 5; *Hüffer* in Münchener Kommentar § 243 Rn 16 ff.

215 *Raiser*, Kapitalgesellschaften, S. 193, 194; *Henn*, Aktienrecht, Rn 912.

216 BGHZ 59, 369/375; BGHZ 86, 1/3; *Henn*, Aktienrecht, Rn 912 ff.; *Hüffer*, Aktiengesetz, § 243 Rn 12; *Grüner* NZG 2000, 770/775.

217 *Hirte* FS Bezzenberger S. 133; *Hüffer*, Aktiengesetz, § 243 Rn 3; *ders.* FS Brandner S. 57; *Mertens* AG 1990, 49/50; *Heuer* WM 1989, 1401/1402.

218 *Krieger* ZHR 163 (1999), 343; *Mertens* AG 1990, 49/50.

219 *Hommelhoff/Timm* AG 1989, 168; ebenso *Hirte* BB 1988, 1469/1472.

220 BGHZ 79, 117, *Hommelhoff/Timm* AG 1989, 168; *Heuer* WM 1989, 1401/1402; *Martens* ZIP 1992, 1677/1689; *Künzel* FS Heinsius S. 425/429.

221 *Hüffer*, Aktienrecht, § 245 Rn 1; *Noack* AG 1989, 78/79.

Niederschrift erklärt haben. Darüber hinaus sind auch die klagebefugt, die nicht ordnungsgemäß zur Hauptversammlung geladen worden sind. Weitere von § 245 geforderte Voraussetzungen, insbesondere Quoren, bestehen nicht[222]. Diese geringen Anforderungen an das Klagerecht und die Bedeutung dieser Klagen für die gesamte Aktiengesellschaft haben dazu geführt, dass Klagen aus gesellschaftsfremden Motiven durchgeführt worden sind[223]. Deshalb sind in den letzten Jahren Schranken für dieses aktienrechtliche Grundrecht diskutiert worden[224]. Die Grenze des Anfechtungsrechts liegt dort, wo es rechtsmissbräuchlich verwendet wird. Anfechtungen, die keine sachlichen Interessen verfolgen, sondern lediglich die Handlungsfähigkeit der Aktiengesellschaft beschränken sollen, sind daher unzulässig[225]. Das ist der Fall, wenn der Kläger eine Anfechtungsklage mit dem Ziel erhebt, die Aktiengesellschaft in grob eigennütziger Weise zu einer Leistung zu veranlassen, auf die er keinen Anspruch hat. Dabei wird er sich im allgemeinen von der Vorstellung leiten lassen, die verklagte Gesellschaft werde die Leistung erbringen, weil sie hoffe, dass der Eintritt anfechtungsbedingter Nachteile und Schäden dadurch vermieden werden könne[226]. Mit der Möglichkeit, missbräuchliche Klagen abzuweisen, soll vermieden werden, dass Kläger gesellschaftsfremde Ziele durch eine Anfechtungsklage verwirklichen. Einen Prozess vermeiden, können sie hingegen nicht. Deshalb ist die Missbrauchskontrolle nur bedingt in der Lage, die Gefahr zu beseitigen, die von missbräuchlichen Anfechtungsklagen ausgeht[227]. Denn das Bedrohungspotential geht in erster Linie nicht von dem Risiko aus, eine Klage zu verlieren, sondern von der Tatsache, dass diese Prozesse aufgrund der komplizierten Sach- und Rechtslage Jahre dauern können[228]. Dadurch können wichtige unternehmerische Entscheidungen in ei-

---

222 *Hüffer*, Aktienrecht, § 245 Rn 1, 5; *ders.* FS Brandner S. 57/59; *Hommelhoff/Timm* AG 1989, 168; *Martens* ZIP 1992, 1677/1689.

223 *Heuer* WM 1989, 1401; *Mertens* AG 1990, 49 ff.; *Hüffer* FS Brandner S. 57/58; *Schlaus* AG 1988, 113; *Hirte* BB 1988, 1469/1473; *Ulmer* ZGR 1999, 751/765; *Hommelhoff* ZGR 1990, 447/449; *Künzel* FS Heinsius S. 425/430.

224 *Hommelhoff* ZGR 1990, 447/449; *Saenger* AG 2002, 536; *Joussen* AG 2000, 241/253 ff.; *Lüderssen* FS Heinsius S. 457.

225 *Ulmer* ZGR 1999, 751/766; *Künzel* FS Heinsius S. 425/431; OLG Stuttgart AG 2003, 165 ff.

226 BGHZ 107, 296; BGHZ 120, 141/144 (Bremer Bankverein); *Schlaus* AG 1988, 113; *Ulmer* ZGR 1999, 751/766.

227 *Schlaus* AG 1988, 113/115; *Ulmer* ZGR 1999, 751/766; *Joussen* AG 2000, 241/254.

228 *Baums/Vogel/Tacheva* ZIP 2000, 1649/1651; *Hirte* FS Bezzenberger S. 133/134; *Rohleder* AG 1989, 433/343; *Schlaus* AG 1988, 113/115; a.A. *Götz* DB 1989, 261; *Ulmer* ZGR 1999, 751/766; *Hommelhoff* ZGR 1990, 447/450.

ner Aktiengesellschaft blockiert werden[229]. Gerade für den wichtigen Fall der Konzernbildung ist die Gefahr sehr groß, dass die Umsetzung der Konzernierung durch eine Registersperre auf Jahre aufgeschoben wird[230]. Damit wird die Aktiengesellschaft erpressbar[231].

Dem Kleinaktionär wird durch die Anfechtungsklage ein wirksames Mittel an die Hand gegeben, seine Rechte in der Aktiengesellschaft geltend zu machen. Dabei handelt es sich in erster Linie um ein Mitverwaltungsrecht. Die Bedeutung der Mitverwaltung durch die Anfechtungsklage ist durch die Rechtsprechung noch erhöht worden. Die Ausweitung der Hauptversammlungszuständigkeiten und die Einführung einer Inhaltskontrolle haben die Möglichkeiten für Anfechtungskläger gerade im Bereich der Konzernbildung erheblich ausgeweitet. Wie diese Ausweitungen der Klagemöglichkeiten im Hinblick auf die Gesamtsystematik der Aktiengesellschaft zu bewerten sind, ist Aufgabe dieser Arbeit.

7.2 Das Spruchverfahren

Neben der Anfechtungsklage existiert eine weitere Klageart, die für die Konzernbildung eine große Bedeutung hat: das Spruchverfahren. Dieses Verfahren ist für den außenstehenden Aktionär kostenlos (§ 306 Abs. 7 S. 7)[232]. Der Anwendungsbereich dieses Verfahrens ist auf die Feststellung der Höhe des Ausgleichs nach § 304 bzw. der Abfindung nach § 305 beschränkt. Bei Bedarf kann ein angemessener Ausgleich von den Gerichten durch Beschluss festgesetzt werden. Die Aufhebung des Konzernierungsbeschlusses der Hauptversammlung kann durch das Spruchstellenverfahren hingegen nicht erreicht werden. Dadurch können Entscheidungen innerhalb der Aktiengesellschaft nicht verzögert werden und für die klagenden Aktionäre besteht kaum Erpressungspotential. Ausgestaltet ist dieses Verfahren als Verfahren der Freiwilligen Gerichtsbarkeit (§§ 306 Abs. 2,

229 *Joussen* AG 2000, 241/250; *Martens* ZIP 1992, 1677/1678; *Scheel* in Blättchen/Wegen, Übernahme börsennotierter Unternehmen, S. 215.

230 *Mertens* AG 1990, 49/50; *Rohleder* AG 1989, 433/434; *Hommelhoff* ZGR 1990, 447/450; *Hirte* FS Bezzenberger S. 133; *Heuer* WM 1989, 1401; *Zöllner* AG 1994, 336/338; *Saenger* AG 2002, 536; *Martens* ZIP 1992, 1677/1678.

231 *Groß* AG 1996, 111; *Schlaus* AG 1988, 113/114; *Hommelhoff* ZGR 1990, 447/449 ff.; *ders./Timm* AG 1989, 168; *v. Rechenberg* FS Bezzenberger S. 359/363; *Mertens* ZHR 154 (1990), 24/35; *ders.* AG 1990, 49 ff.; *Baums* 63. DJT Bd. I, F 5/56; *Hirte* FS Bezzenberger S. 133; *Hirte* BB 1988, 1469; *Saenger* AG 2002, 536.

232 *Hüffer*, Aktiengesetz, § 306 Rn 21; *Emmerich/Sonnenschein*, Konzernrecht, S. 323; *Beyerle* AG 1979, 306/307 ff.

99 Abs. 1)[233], weshalb grundsätzlich der Amtsermittlungsgrundsatz gilt (§ 12 FGG)[234]. Zuständig ist gem. § 306 Abs. 1 S. 1 das Landgericht, in dessen Bezirk die Gesellschaft ihren Sitz hat. Als Gesellschaft gilt das Unternehmen, das außenstehende Aktionäre besitzt, also die abhängige Gesellschaft[235]. Antragsberechtigt ist grundsätzlich jeder außenstehende Aktionär (§ 304 Abs. 4 S. 1), unabhängig von der Anzahl seiner Aktien[236]. Die Frist für die Antragsstellung ist in § 304 Abs. 4 S. 2 geregelt. Sie beträgt zwei Monate und ist als Ausschlussfrist ausgestaltet[237]. Die Antragsbefugnis des Spruchverfahrens unterliegt nicht wie die der Anfechtungsklage der Beschränkung des § 245. Deshalb spielt es keine Rolle, ob der Aktionär dem Vertrag zunächst zugestimmt hat oder gar der Hauptversammlung ferngeblieben ist[238]. Umstritten ist allerdings die Frage, zu welchem Zeitpunkt der Antragsberechtigte im Besitz seines Aktienpaketes gewesen sein muss. Drei verschiedene Möglichkeiten kommen dafür in Betracht. So wird die Auffassung vertreten, dass nur derjenige klagen kann, der seine Aktien zum Zeitpunkt des Hauptversammlungsbeschlusses schon besessen hat und immer noch besitzt[239]. Die wohl h.M. will ein Spruchverfahren hingegen auch dann noch zulassen, wenn der Antragsberechtigte seine Aktien zumindest bis zum Zeitpunkt der Bekanntmachung des Wirksamwerdens des Unternehmensvertrages erworben hat[240]. Sie stützt sich auf den Gedanken des § 15 HGB. Wer nach der Bekanntgabe des Unternehmensvertrages Aktien des abhängigen Unternehmens erwirbt, hat kein Schutzbedürfnis mehr, da er die Aktien in Kenntnis des Unternehmensvertrages erworben hat[241]. Noch weitergehender ist die Ansicht, die eine Antragsbefugnis auch dann noch als gegeben ansieht, wenn die Aktien erst un-

---

233 *Bilda* NZG 2000, 296; *Hüffer*, Aktiengesetz, § 306 Rn 4; *Emmerich/Sonnenschein*, Konzernrecht S. 348; *Emmerich* in Emmerich/Habersack § 306 Rn 1; *Lutter/Bezzenberger* AG 2000, 433/434.

234 *Bilda* NZG 2000, 296; *Emmerich/Sonnenschein*, Konzernrecht, S. 348; *Lutter/Bezzenberger* AG 2000, 433.

235 *Hüffer*, Aktiengesetz, § 306 Rn 2; *Emmerich* in Emmerich/Habersack § 306 Rn 7.

236 KG AG 1971, 158 ff.; *Emmerich* in Emmerich/Habersack § 304 Rn 84; *Emmerich/Sonnenschein*, Konzernrecht, S. 323; *Seetzen* WM 1999, 565.

237 *Emmerich* in Emmerich/Habersack § 304 Rn 88; *Emmerich/Sonnenschein*, Konzernrecht, S. 324.

238 *Emmerich* in Emmerich/Habersack § 304 Rn 84; *Emmerich/Sonnenschein*, Konzernrecht, S. 323.

239 KG AG 1971, 158 ff.; *van Aerssen* AG 1999, 249/250; *Emmerich* in Emmerich/Habersack § 304 Rn 85; *Schulenberg* AG 1998, 74/77; *Emmerich/Sonnenschein*, Konzernrecht, S. 323.

240 LG Köln AG 1998, 537; *Schulenberg* AG 1998, 74/77; *Emmerich/Sonnenschein*, Konzernrecht, S. 323; *Emmerich* in Emmerich/Habersack § 304 Rn 85; *van Aerssen* AG 1999, 249/251.

241 *Van Aerssen* AG 1999, 249/251 ff.

mittelbar vor Ablauf der Zweimonatsfrist (§ 304 Abs. 4 S. 2) erworben worden sind[242]. Der letzten Ansicht ist der Vorzug zu geben. Das Argument des § 15 HGB erscheint wenig überzeugend, da die Höhe der Abfindung keine im Handelsregister einzutragende Tatsache ist[243]. Außerdem ist im Spruchverfahren das Erpressungspotential nicht so stark wie bei der Anfechtungsklage[244], da nur bei der Anfechtungsklage wichtige Entscheidungen dauerhaft blockiert werden können. Ein Missbrauch hat daher in diesem Verfahren weniger Bedeutung[245]. Einen Aktienerwerb bis zum Ablauf der Antragsfrist zuzulassen, ist deshalb sinnvoll, weil der neue Eigentümer mit dem Aktienerwerb auch die Abfindungsansprüche erlangt. Die Ansprüche umfassen jedoch auch die Möglichkeit, sie gerichtlich geltend zu machen[246]. Insoweit käme es einer Verkürzung des Schutzbereichs gleich, spräche man denjenigen die Antragsbefugnis ab, die die Aktien erst unmittelbar vor Ablauf der Zweimonatsfrist erworben haben. Außerdem ist nicht zu verstehen, warum durch die Veräußerung der Aktien die Antragsbefugnis, die dem Eigentümer der Aktien zusteht, entfallen soll. Dies würde die Vertragsparteien einseitig bevorzugen. Ohne die Veräußerung müssten sie weiterhin mit einem Antrag rechnen. Deshalb ist es sinnvoll, die Antragsbefugnis auch dann noch zuzulassen, wenn Antragsberechtigte die Aktien unmittelbar vor Ablauf der Antragsfrist erworben haben.

Die Entscheidung des Gerichts ergeht durch Beschluss (§ 306 Abs. 2 i.V.m. 99 Abs. 3 S. 1, 2 AktG; § 22 FGG)[247]. Sie kann nur zur Abweisung des Antrags oder zur Erhöhung des Ausgleichs führen. Eine Herabsetzung durch das Gericht kann nicht erfolgen[248]. Mit Rechtskraft wirkt die Entscheidung für und gegen jedermann (§§ 306 Abs. 2, 99 Abs. 5 S. 2). Das bedeutet, dass sie rückwirkend eine Änderung des Unternehmensvertrages herbeiführt[249]. Die Abfindung wird auch für die außenstehenden Aktionäre heraufgesetzt, die sich nicht an dem Verfahren beteiligt haben[250]. Vorteile bietet dieses Verfahren nicht nur für den au-

242 *Emmerich* in Emmerich/Habersack § 304 Rn 85; *van Aerssen* AG 1999, 249/252; *Schulenberg* AG 1998, 74/77; *Emmerich/Sonnenschein*, Konzernrecht, S. 323.
243 *Van Aerssen* AG 1999, 249/252.
244 *Mertens* AG 1990, 49/50; *Rohleder* AG 1989, 433/434; *Hommelhoff* ZGR 1990, 447/449; *Hirte* FS Bezzenberger S. 133; *Heuer* WM 1989, 1401.
245 *Hüffer*, Aktiengesetz, § 306 Rn 7; *Lutter/Bezzenberger* AG 2000, 433 sehen die Mehrheitsgesellschafter sogar als bevorzugt an.
246 *Van Aerssen* AG 1999, 249/253.
247 *Emmerich* in Emmerich/Habersack § 304 Rn 92 und § 306 Rn 44 ff.; *Emmerich/Sonnenschein*, Konzernrecht, S. 324.
248 *Emmerich* in Emmerich/Habersack § 304 Rn 93; *Emmerich/Sonnenschein*, Konzernrecht, S. 324.
249 *Beyerle* BB 1978, 184/785; *Emmerich/Sonnenschein*, Konzernrecht, S. 352.
250 *Emmerich/Sonnenschein*, Konzernrecht, S. 352; *Seetzen* WM 1999, 565.

ßenstehenden Aktionär, sondern auch für die an dem Unternehmensvertrag beteiligten Unternehmen. Schließlich ersetzt das Spruchverfahren insoweit die weitaus gefährlichere Anfechtungsklage[251]. Eine Anfechtung des Zustimmungsbeschlusses der abhängigen Gesellschaft und die Nichtigkeit des Unternehmensvertrages können nicht mehr geltend gemacht werden[252].

Das Spruchverfahren hat auch Kritik erfahren. Die Vorwürfe konzentrieren sich dabei vor allem auf die Länge der Verfahren und auf die Tatsache, dass die Gerichte bei ihren Entscheidungen von Sachverständigen abhängig sind[253]. Dennoch hat der Gesetzgeber an dem Verfahren festgehalten[254], wenn er auch 1994 zahlreiche Regelungen geschaffen hat, die die Verzögerungen vermindern sollen[255]. Das Spruchverfahren ist ein wichtiges Instrument zum Schutze von Minderheitsaktionären[256]. Zwar stellt die Einführung des Spruchverfahrens auf Kosten der Anfechtungsklage eine Schwächung der Mitverwaltung dar, doch stellt sie die vermögensrechtliche Position der Aktionäre in den Vordergrund[257]. Die Möglichkeiten, sich gegen einen unrechtmäßigen Hauptversammlungsbeschluss zu wenden, werden zugunsten vermögensrechtlicher Ansprüche eingeschränkt [258]. Der Schutz der Minderheitsaktionäre durch das Spruchverfahren orientiert sich am Anlegergedanken. Daher stellt das Spruchverfahren eine zukunftszugewandte Lösung dar, da sie den Aktionär nicht mehr auf die Funktion des Gesellschafters beschränkt, sondern auch seine kapitalmarktrechtliche Bedeutung erfasst. Insoweit kann *Lutter/Bezzenberger* gefolgt werden, wenn sie davon ausgehen, dass die Anfechtungsklage in Zukunft auch in anderen Bereichen zurückgedrängt werden wird und die Bedeutung der Spruchverfahren durchaus noch zunehmen kann[259].

---

251 *Lutter/Bezzenberger* AG 2000, 433/435; *Emmerich* in Emmerich/Habersack § 304 Rn 83; *Emmerich/Sonnenschein*, Konzernrecht, S. 323; *Saenger* AG 2002, 536/539.

252 *Emmerich* in Emmerich/Habersack § 304 Rn 83; KG AG 1971, 158.

253 *Lutter/Bezzenberger* AG 2000, 433; *Beyerle* BB 1978, 784/785; *Emmerich/Sonnenschein*, Konzernrecht, S. 353 ff.; *Emmerich* in Emmerich/Habersack § 306 Rn 5 ff. und 60; *Bilda* NZG 2000; 296.

254 *Bilda* NZG 2000, 296/298; *Lutter/Bezzenberger* AG 2000, 433/434.

255 *Bilda* NZG 2000, 296/297.

256 *Beyerle* ZGR 1977, 650; *Lutter/Bezzenberger* AG 2000, 433/434.

257 *Schulenberg* AG 1998, 74/77.

258 *Schulenberg* AG 1998, 74/77; *Lutter/Bezzenberger* AG 2000, 433/434 ff.

259 *Lutter/Bezzenberger* AG 2000, 433/435 ff.; auch *Hüffer* FS Kropff S. 126/129 spricht von einer neuen Devise: „Vermögensschutz statt Beschlusskontrolle"; ebenso *Baums* 63. DJT F5 ff.

8. Zwischenergebnis

Die gesetzlichen Regelungen zum Schutz der Kleinaktionäre in börsennotierten Aktienkonzernen haben für die unterschiedlichen Konzerntypen verschiedene Ansätze, aber die Mechanismen sind sich ähnlich. In erster Linie existieren Rechtsinstitute, die die betroffene Gesellschaft schützen sollen. Darüber hinaus wird den Aktionären ein Vermögensschutz gewährt (§§ 304, 305). Die Beteiligung an der Entscheidung selber wird den Aktionären nur im Rahmen der §§ 293, 320 b zugestanden. Für den faktischen Konzern fehlen solche Regelungen völlig. Letztlich kommt es auf diese Beteiligung an der Entscheidungsfindung kaum an, da sie für den Kleinaktionär nur ein wenig wirksames Mittel darstellt. Denn lediglich Minderheiten mit mehr als 25 Prozent der Stimmen können tatsächlichen Einfluss ausüben. Einzelstimmen entfalten erst in Kombination mit der Anfechtungsklage ihre Wirkung. Dabei beinhaltet die Anfechtungsklage das Risiko weitreichender Blockaden bei wichtigen Entscheidungen. Die Gefahr für die gesamte Gesellschaft kann den Nutzen für den einzelnen Aktionär bei weitem übersteigen. Deshalb ist es zu verstehen, dass das AktG von 1965 die Zuständigkeiten der Hauptversammlung restriktiv ausgelegt hat. Die Bedeutung der Anfechtungsklage als das wirkungsvollste Mitverwaltungsrecht von Kleinaktionären wird noch durch eine weitere Entwicklung zurückgedrängt: durch die wachsende Bedeutung des Spruchverfahrens.

C. Die Holzmüller-Entscheidung

1. Einleitung

Die Rechtsprechung hat in vielen Entscheidungen den Schutz der Minderheitsaktionäre gestärkt[1]. Geschützt werden jedoch nicht die Minderheiten im engeren Sinne, sondern Aktionäre mit nur wenigen Aktien, die Kleinaktionäre. Schon mit einer Aktie kann ein Aktionär durch die von der Rechtsprechung entwickelten Rechtsinstitute in die Geschicke einer Aktiengesellschaft eingreifen. In diesem Kapitel soll die Holzmüller-Entscheidung und der daraus abgeleitete Grundsatz untersucht werden.

1.1 Die Bedeutung der Holzmüller-Entscheidung

Kaum eine andere Entscheidung hat für das Aktienkonzernrecht und darüber hinaus für das gesamte Aktienrecht eine solch große Bedeutung erlangt wie die Holzmüller-Entscheidung des BGH[2]. Obwohl die Entscheidung vor nunmehr 20 Jahren getroffen worden ist, machen sowohl die Quantität als auch die Qualität der Beiträge, die zu diesem Thema veröffentlicht worden sind[3] und auch noch in jüngerer Zeit veröffentlicht werden[4], deutlich, wie wichtig dieses Urteil ist. Dog-

1 beispielhaft: BGHZ 71, 40 (Kali & Salz); BGHZ 83, 122 (Holzmüller); BGHZ 103, 184 (Linotype).

2 BGHZ 83, 122 (Holzmüller).

3 *Westermann* ZGR 1984, 352; *Martens* ZHR 147 (1983), 377; *Heinsius* ZGR 1984, 383; *Sünner* AG 1983, 169; *Rehbinder* ZGR 1983, 92; *Götz* AG 1984, 85; *Lutter* ZHR 151 (1987), 444/452; *ders.* FS Stimpel S. 825 ff.; *Geßler* FS Stimpel 771; *Hübner* FS Stimpel S. 791; *Kropff* ZGR 1984, 112/123 ff.; *Semler* BB 1983, 1566/1567 geben einen Überblick über die direkt nach dem Holzmüller-Urteil erschienen Beiträge.

4 *Joost* ZHR 163 (1999), 164-186; *Priester* ZHR 163 (1999), 187-202; *v. Rechenberg* FS Bezzenberger S. 359; *Altmeppen* DB 1998, 49; *Groß* AG 1996, 111; *Lutter/Leinekugel* ZIP 1998, 225, *Binnewies*, Konzerneingangskontrolle, S. 17 ff.; *Ulmer* ZGR 1999, 751/765 ff., *Ekkenga* AG 2001, 567/576 ff.; *Kort* AG 2002, 369 ff.; *Schmidt* FS Heinsius S.715 ff.; *Mülbert*, Aktiengesellschaft, S. 1 ff. stehen beispielhaft für die Fülle von Literatur, die sich auch heute noch mit der Holzmüller-Doktrin beschäftigen, für einen vollständigeren Überblick vergleiche das Literaturverzeichnis dieser Arbeit.

matisch wirkt sich die „Holzmüller-Doktrin“ auf die gesamte Struktur der Aktiengesellschaft aus. Denn sie greift tief in die Gewaltenteilung der Organe der Aktiengesellschaft ein[5]. Die Holzmüller-Entscheidung hat die interne Zuständigkeitsverteilung der Aktiengesellschaft verändert und die Kompetenzen der Hauptversammlung über die enumerativ aufgezählten gesetzlichen Zuständigkeiten hinaus um sogenannte ungeschriebene Hauptversammlungskompetenzen ergänzt[6]. Solch ein Eingriff in die Machtbalance der Aktiengesellschaft zugunsten eines Organs bleibt nicht ohne Auswirkungen auf die anderen Organe der Aktiengesellschaft. Schließlich kann die Leitung eines so komplexen Gebildes nur im Zusammenspiel der verschiedenen Organe gelingen. Die Ausweitung der Hauptversammlungszuständigkeiten hat daher zu einer Schwächung der anderen Organe geführt. Direkt betroffen ist der Vorstand, da sein Kompetenzbereich, die Geschäftsführung, eingeschränkt wird[7]. Die extensive Auslegung des § 119 Abs. 2 und die ungeschriebenen Hauptversammlungszuständigkeiten führen zu sehr weitreichenden Veränderungen im Aufbau der Aktiengesellschaft. Auch wenn eine große Zahl an gerichtlichen Verfahren in der Folge ausgeblieben ist und sich die Vorstände weitgehend mit dieser Rechtsprechung arrangiert haben, indem sie alle in Betracht kommenden Sachverhalte der Hauptversammlung vorlegen[8], bleibt auch heute noch ein großes Maß an Unsicherheit bestehen[9]. Die Einflussmöglichkeiten einzelner Aktionäre, sich aktiv an der Entscheidungsfindung zu beteiligen, sind wegen der geringen Bedeutung der Stimme eines Einzelnen bei Abstimmungen in der Hauptversammlung und wegen der regelmäßig vorliegenden fest gefügten Mehrheitsstrukturen in den Aktiengesellschaften durch die „Holzmüller-Doktrin“ kaum erhöht worden[10]. Ein wesentlicher Aspekt dieser Entscheidung liegt darin, dass wichtige Prozesse innerhalb der Aktiengesellschaft

5 *Lutter* FS Stimpel S. 825/836; *Spindler* AG 1998, 53/56 spricht davon, dass das „klar geregelte Kompetenzgefüge der Aktiengesellschaft ... durcheinandergewirbelt worden (ist)“.

6 BGHZ 83, 122/131 (Holzmüller); *Lutter/Leinekugel* ZIP 1998, 225 ff.; *Raiser*, Kapitalgesellschaften, S. 159 ff.; *Lutter* FS Stimpel S. 825/836; *Wank* ZGR 1988, 314/369; *Kort* AG 2002, 369/372.

7 *Rehbinder* ZGR 1983, 92/98; *ders.* FS Coing Bd. 2 S. 423/431; *Werner* ZHR 147 (1983), 429/430; *Semler* BB 1983, 1566.

8 *Groß* AG 1996, 111; Heinsius ZGR 1984, 383/390; *v. Rechenberg* FS Bezzenberger S. 359.

9 *Lutter/Leinekugel* ZIP 1998, 225 ff.; *v. Rechenberg* FS Bezzenberger S. 359/360; *Altmeppen* DB 1998, 49/50; *Groß* AG 1996, 111ff.; *ders.* AG 1994, 266; *Ebenroth* AG 1988, 1/5; *Götz* AG 1984, 85/86; *Grunewald* AG 1990, 133; *Sünner* AG 1983. 169/170; *Wank* ZGR 1988, 314/373; *Joost* ZHR 163 (1999), 165/171; *Priester* ZHR 163 (1999), 187/195; *Habersack* in Emmerich/Habersack Vor § 311 Rn 13.

10 *Ebenroth* AG 1988, 1/5; *Bachmann* AG 2001, 635/636; *Spindler* AG 1998, 53/63; *v. Rechenberg* FS Bezzenberger S. 359; *Wank* ZGR 1988, 314/375.

durch eine Anfechtungsklage eines einzelnen Aktionärs mit nur einer Aktie aufgehalten werden können. Dadurch ist das „Erpressungspotential" erheblich angewachsen[11]. Wichtige Grundsatz- und Strukturentscheidungen können, wenn nicht verhindert, so doch um Jahre verzögert werden[12]. Solche Verzögerungen können enorme wirtschaftliche Schäden verursachen. Darüber hinaus hat diese Entscheidung das Aktienkonzernrecht um eine neue Dimension ergänzt[13]. Bis zum Zeitpunkt der Entscheidung ist der Schutz der abhängigen Gesellschaft in den Mittelpunkt des Konzernrechts gestellt worden[14]. Durch das Holzmüller-Urteil hat nun auch der Schutz der Minderheitsgesellschafter des herrschenden Unternehmens Eingang in die höchstrichterliche Rechtsprechung gefunden[15].

1.2 Gang der Untersuchung

Die Veränderung, die sich durch die Holzmüller-Entscheidung für die Struktur der Aktiengesellschaft ergeben hat, ist von solch großer Bedeutung, dass ein anderer Gesichtspunkt gelegentlich in den Hintergrund tritt, und zwar der Minderheitenschutz. Die Holzmüller-Entscheidung hat sich mit den Rechten eines Minderheitsaktionärs befasst, der etwa 7,8% der Aktien der beklagten Aktiengesellschaft gehalten hat. Das Urteil des BGH hat dessen Position in der Aktiengesellschaft und damit die von Minderheitsaktionären in konzerngebundenen Aktiengesellschaften insgesamt gestärkt[16]. Auch die Literatur sieht in der Holzmüller-Entscheidung eine Fortentwicklung des konzernrechtlichen Minderheitsschutzes[17]. An diesem Punkt möchte die vorliegende Arbeit ansetzen. Deshalb befasst sich der Schwerpunkt der Untersuchung mit der Frage, welchen Weg der BGH gegangen ist, den Minderheitenschutz auszubauen, und ob die Mittel, die er dazu

---

11 *Groß* AG 1996, 111; *Hommelhoff* ZGR 1990, 447/449 ff.; *v. Rechenberg* FS Bezzenberger S. 359/363; *Mertens* ZHR 154 (1990), 24/35; *ders.* AG 1990, 49 ff.; *Baums* 63. DJT Bd. I, F 5/56.

12 *Baums* 63. DJT Bd. I, F 5/56; *Zöllner* AG 1994, 336/338.

13 *Götz* AG 1984, 85; *Wank* ZGR 1988, 314/368; *Emmerich/Sonnenschein*, Konzernrecht, S. 100 ff.; *Altmeppen* in Münchener Kommentar Einl. §§ 291 ff. Rn 20.

14 *Götz* AG 1984, 85; *Timm* AG 1980, 172; *Schneider* ZHR 143 (1979), 485/488ff; *Rehbinder* ZGR 1977, 581/585; *ders.* FS Coing Bd. 2, S. 423; *Wank* ZGR 1988, 314/-364; *U.H. Schneider* ZHR 143 (1979), 485/488.

15 BGHZ 83, 122/137 (Holzmüller); *Fleck* WM 1986, 1205/1211.

16 *Wank* ZGR 1988, 314/360; *Rehbinder* ZGR 1983, 93 ff.

17 *Altmeppen* DB 1998, 49/50; *Ebenroth* AG 1988, 1/3 ff.; *Sünner* AG 1983, 169/172; *Wank* ZGR 1988, 314/364 ff.; *Rehbinder* ZGR 1983, 93 ff.; *Lutter/Leinekugel* ZIP 1998, 225; *Habersack* in Emmerich/Habersack, Vor § 311 Rn 14; *Timm* ZHR 153 (1989), 60/61; *Ekkenga* AG 2001, 567/577.

eingesetzt hat, den Ansprüchen, die an einen modernen Minderheitenschutz zu stellen sind, gerecht werden. Zu diesem Zweck soll die „Holzmüller-Doktrin“ überprüft und die Auswirkungen auf Minderheitsaktionäre analysiert werden. Dazu sollen die Bedürfnisse der Minderheitsaktionäre herausgearbeitet werden. Im Zentrum steht der Begriff des Anlegers, der den Maßstab für eine Überprüfung stellt. Dabei wird die Frage untersucht, ob die gesellschaftsrechtlichen Regelungen geeignet sind, den Kleinanleger wirksam zu schützen, oder ob in dieser Funktion nicht auf das Kapitalmarktrecht vertraut werden kann.

2. Der Sachverhalt der Holzmüller-Entscheidung

Zunächst gilt es darzulegen, welcher Sachverhalt dieser für das Aktienkonzernrecht so immens wichtigen Entscheidung zugrunde gelegen hat, um anschließend eine Analyse der rechtlichen Vorgehensweise des BGH durchführen zu können. Außerdem gilt es zu ergründen, welche Auswirkungen die Leitsätze im konkreten Fall gehabt haben, um so feststellen zu können, ob es primär um die Entscheidung des Einzelfall ging oder ob der BGH darüber hinaus Einfluss auf die konzernrechtliche Entwicklung nehmen wollte.

Der Entscheidung hat folgender Sachverhalt zugrunde gelegen:
Der Kläger war als Aktionär am Grundkapital der beklagten Aktiengesellschaft der I.F. Müller & Sohn AG in Höhe von nominal 3,2 Millionen DM mit 250.000 DM beteiligt. Die Firma wurde im Jahre 1795 gegründet, 1890 in eine OHG, 1913 in eine KG und 1916 in eine Aktiengesellschaft umgewandelt[18]. Seit Gründung des Unternehmens betrieb die Beklagte das Holzgeschäft. 1938 pachtete sie das Gelände Waltershof. Sie erhielt 1967 für dieses Gelände die vollen Umschlagsrechte und entwickelte einen Seehafen, den die Beklagte sachlich und persönlich vom Betrieb des Holzgeschäfts getrennt führte.

Der Unternehmensgegenstand der Beklagten war u.a. der Betrieb einer Umschlag- oder Lagerungsanlage von Holz und anderen Gütern sowie die Vermittlung, Durchführung und Finanzierung von Holzgeschäften. Ursprünglich gehörte gemäß § 2 Abs. 1 Nr. 3 der Satzung auch „die Beteiligung an anderen Unternehmen der Holz- und ähnlicher Branchen industrieller und/oder kommerzieller Art, ggf. auch Übernahme bzw. Erwerb solcher Unternehmungen“ zum Unternehmensgegenstand. In der ordentlichen Hauptversammlung vom 14.07.1972, an der auch der Kläger teilnahm, wurde der § 2 Abs. 1 Nr. 3 in § 2 Abs. 2 der Satzung mit folgendem Wortlaut neu gefasst:

18 *Beusch* FS Werner S. 1/2.

„Die Aktiengesellschaft ist ferner berechtigt, andere Unternehmen zu errichten und zu erwerben sowie sich an anderen Unternehmen zu beteiligen. Sie kann ihren Betrieb ganz oder teilweise solchen Gesellschaften überlassen."

Die Satzungsänderung wurde ohne Gegenstimmen mit 202 Enthaltungen und 2623 Ja-Stimmen, darunter auch die Stimme des Klägers, beschlossen. Zur Begründung dieser Satzungsänderung wurde vom Vorstand darauf hingewiesen, dass dadurch die Voraussetzungen für eine Ausgliederung des Hafenbetriebes aus der Aktiengesellschaft geschaffen werden, um sie als organisatorisch und rechtlich selbstständiges, von der Holzwirtschaft losgelöstes Unternehmen führen zu können. Die Aktiengesellschaft sollte als Holding das den Hafenbetrieb betreffende Anlagevermögen gegen ein entsprechendes Aktienpaket an einer neu zu gründenden KGaA eintauschen. Nachdem am 22. Juni 1972 die H. Hafenbetriebs-Beteiligungs GmbH gegründet worden war, errichtete diese zusammen mit der Beklagten und drei weiteren Gründern am 13. November 1972 die H. KGaA mit der vorgenannten GmbH als persönlich haftende Gesellschafterin und einem Grundkapital von 4,8 Millionen DM. Die Beklagte brachte satzungsgemäß den Seehafenbetrieb W. mit allen Aktiven und Passiven zum Buchwert gegen Übernahme von 95.997 Aktien im Nennbetrag von je 50 DM ein. Die H. hielt zum Zeitpunkt der Entscheidung sowohl alle Aktien als auch das gesamte Stammkapital der Komplementär-GmbH.

Der Sachverhalt, der den BGH dazu veranlasst hat, an den Grundprinzipien des Aktienrechtes zu rütteln, erscheint geradezu lehrbuchhaft[19]. Allerdings enthält er einen Schönheitsfehler: Die Anträge, die sich mit der Kompetenzverteilung in der Aktiengesellschaft befassen und die vom BGH mit großem dogmatischen Aufwand begründet werden, weist er letztlich ab, da die Entscheidung der Beklagten zwar unter Verletzung der internen Zuständigkeitsordnung zustande gekommen ist, dies die Wirksamkeit der Maßnahme nach außen aber nicht beeinträchtigt hat[20]. Auch eine Wiederherstellung des ursprünglichen Zustandes ist zwar grundsätzlich nicht auszuschließen, doch kann solch ein Verlangen nur ohne schuldhafte Verzögerung geltend gemacht werden[21]. Dies ist vom Kläger versäumt worden. Damit wirkt sich diese BGH-Entscheidung allein auf zukünftige Sachverhalte aus.

Im vorliegenden Fall bleibt der neuartige Ansatz ohne Konsequenzen[22]. Dies lässt sich dadurch erklären, dass das Interesse des BGH über den vorliegenden

---

19 *Heinsius* ZGR 1984, 383/388; *Martens* ZHR 147 (1983), 377/379.
20 BGHZ 83, 122/132 ff. (Holzmüller).
21 BGHZ 83, 122/135 ff. (Holzmüller).
22 *Werner* ZHR 147 (1983), 429/432.

Fall hinausging und dass grundsätzliche Fragen geklärt werden sollten[23]. Anders ist der enorme dogmatische Aufwand nicht zu verstehen, den der BGH bezüglich eines Antrages betrieben hat, den er letztlich abgewiesen hat.

3. Die Problemstellung der Holzmüller-Entscheidung und der Lösungsansatz der Rechtsprechung

Mit der Holzmüller-Entscheidung hat der BGH ein „obiter dictum“[24] aufgestellt[25], das zwar für den konkreten Fall keine Auswirkungen gehabt, das Aktienkonzernrecht jedoch revolutioniert hat. Die Gründe für diese Entscheidung mit einem derartig weitreichenden Leitsatz sind in der rechtlichen Entwicklung des Aktienkonzernrechts zu finden. In diesem Abschnitt soll nun herausgearbeitet werden, welche Gründe für den BGH von solch großer Bedeutung waren.

Auch wenn verschiedentlich behauptet wird, der BGH habe mit der Holzmüller-Entscheidung Neuland betreten[26], gibt es doch zahlreiche wissenschaftliche Abhandlungen, die den Weg für diese Entscheidung bereitet haben[27]. Die Kompetenzen der Hauptversammlung, die im Aktiengesetz von 1965 bewusst restriktiv angelegt[28] und die weitgehend akzeptiert worden sind[29], sind von bedeutenden Stimmen in der Literatur seit Mitte der siebziger Jahre des letzten Jahrhunderts

---

23 *Werner* ZHR 147 (1983), 429/432; *Heinsius* ZGR 1984, 383/390.

24 *Wank* ZGR 1988, 314/372.

25 BGHZ 83, 122 (Holzmüller): „ Bei schwerwiegenden Eingriffen in die Rechte und Interessen der Aktionäre, wie z.B. der Ausgliederung eines Betriebs, der den wertvollsten Teil des Gesellschaftsvermögens bildet, auf eine dazu gegründete Tochtergesellschaft, kann der Vorstand ausnahmsweise nicht nur berechtigt, sondern auch verpflichtet sein, gemäß § 119 Abs. 2 AktG eine Entscheidung der Hauptversammlung herbeizuführen“.

26 *Beusch* FS Werner S. 1; *Wank* ZGR 1988, 314/365 ff.; *Ulmer* ZGR 1999, 751/764; *Schmidt* FS Heinsius S. 715/718.

27 *Lutter* FS Westermann S. 343ff.; *Lutter* DB 1973 Beilage Nr. 21; *Timm* AG 1980, 172 ff.; *Mertens* AG 1978, 309/312; *Mertens* AG 1978, 309/312 fordert sogar ein Tätigwerden der Rechtsprechung; vergleiche *Rehbinder* FS Coing Bd. 2, S. 423/424; *ders.* ZGR 1983, 93/94 ff.

28 *Martens* ZHR 147 (1983), 377/378; *Mertens* FS Goerdeller S. 349/ 356ff.; *ders.* AG 1978, 309/311 ff.; *Wank* ZGR 1988, 314/364; *Heinsius* ZG 1984, 383/394; *Lutter* ZHR 151 (1987), 444/452 ff.; *ders.* FS Stimpel S. 825/841.

29 *Werner* ZHR 147 (1983), 429/439; *H. Werner* ZGR 1976, 447/453; *Beusch* FS Werner S. 1/6ff.; *Lutter* FS Barz, S. 199/209; ; *Heinsius* ZGR 1984, 383/394; *H. Werner* ZGR 1976, 447/462; *Timm* AG 1980, 172/173; *Duden* ZHR 141 (1977), 145/156.

zunehmend kritisiert worden[30]. Im Zentrum dieser Kritik haben Bestrebungen gestanden, die Gewichtung der Organe innerhalb der Aktiengesellschaft den Anforderungen, die sich aus der Konzernierung ergeben, anzupassen. Denn die Konzernierung birgt auch für die Konzernobergesellschaft Gefahren. Eine wesentliche Gefahr liegt darin begründet, dass es zu einer Machtverschiebung innerhalb der Aktiengesellschaft kommen kann. Der Einflussbereich des Vorstandes dehnt sich durch die Geschäftsführungsbefugnis auf alle konzerngebundenen Tochtergesellschaften aus, während die Hauptversammlung im selben Maße einen Machtverlust erleidet[31]. Die Wahrnehmung der Beteiligungen und die Ausübung des Stimmrechts in den abhängigen Gesellschaften stehen allein dem Vorstand zu. Letztlich handelt es sich bei der Ausübung von Beteiligungsrechten um eine Angelegenheit der Geschäftsführung. Der Vorstand der Konzernobergesellschaft erhält dadurch in den Tochtergesellschaften Befugnisse, die in einer unabhängigen Aktiengesellschaft der Hauptversammlung und damit den Anteilseignern zugewiesen sind[32]. Dies gilt auch dann, wenn ein Großteil der Unternehmenstätigkeit in den Tochtergesellschaften stattfindet, obwohl dort eine Kontrolle durch die Aktionäre nicht mehr erfolgt. Verstärkt wird diese Problematik in dem Fall, in dem ein Betriebsteil aus der Konzernobergesellschaft ausgegliedert und in eine Tochter eingebracht wird. Auf diesem Weg verliert die Hauptversammlung Mitverwaltungsrechte, die ihr zuvor zugestanden haben und die nun der Vorstand ausüben kann, ohne dass es zu einer Kompensation kommt. Dies bewirkt eine Machtverschiebung.

Lutter[33] hat diese Entwicklung früh aufgezeigt. Er sieht darin einen eklatanten Widerspruch zu der ursprünglichen Intention des Gesetzgebers, der durch das AktG von 1965 die Position der Aktionäre verbessern und sie nicht noch weiter einschränken wollte. Die Tatsache, dass den Interessen des Konzernaktionärs nicht Rechnung getragen worden sei, zeige, dass es sich um eine Regelungslücke handele. Um diesen Machtverlust der Aktionäre auszugleichen, sollten der Hauptversammlung der Konzernobergesellschaft neue Kompetenzen erwachsen, um nicht nur in der einfachen Aktiengesellschaft, sondern auch im Konzern ein

---

30 *Lutter* FS Westermann S. 343 ff.; *Lutter* DB 1973 Beilage Nr. 21; *Timm* AG 1980, 172 ff.; *Rehbinder* FS Coing Bd. 2, S. 423/424.

31 *Götz* AG 1984, 85; *Rehbinder* FS Coing Bd. 2 S. 423/424; *ders.* ZGR 1983, 93/94; *Lutter* FS Barz S. 199/211 ; ders. FS Stimpel S. 825 ff.; *Timm* ZHR 153 (1999), 60/61; *Mülbert*, Aktiengesellschaft, S. 371; *Pellens*, Aktionärsschutz, S.2.

32 *Lutter* FS Stimpel S. 825/832 ff.; *Pellens*, Aktionärsschutz, S. 2; *Mülbert*, Aktiengesellschaft, S. 363.

33 *Lutter* FS Westermann S. 347 ff.; *ders.* FS Barz S. 199 ff.; *ders.* FS Stimpel S. 825/834 ff.; vergl. *Mülbert*, Aktiengesellschaft, S. 384.

Kompetenzgleichgewicht zu erhalten[34]. Da spezielle Zuständigkeiten der Hauptversammlung im Aktiengesetz nicht vorgesehen waren, hat *Lutter* sogenannte „ungeschriebene“ Zuständigkeiten entwickelt[35]. Grundlage für diese Ausweitung der Hauptversammlungszuständigkeiten bildeten dabei vor allem die §§ 179a (§ 361 a. F.) und 179 Abs. 2[36].

Die Rechtsprechung ist dogmatisch einen anderen Weg gegangen[37]. Sie hat zwei verschiedene Ansätze gewählt, um die Rechte von Minderheitsaktionären in der Konzernobergesellschaft zu stärken. Sie hat die Zuständigkeit des Vorstandes zu Gunsten der Hauptversammlung durch eine extensive Auslegung des § 119 Abs. 2 eingeschränkt. Außerdem hat sie die Existenz von ungeschriebenen Hauptversammlungskompetenzen bestätigt, die für wichtige Entscheidungen in den Tochtergesellschaften zu einer Befassungskompetenz der Hauptversammlung der Konzernobergesellschaft führen. Ausgangspunkt der Überlegung des BGH ist § 119 Abs. 2. Diese Vorschrift soll bei Grundlagen- und Strukturentscheidungen von einer Kann- zu einer Mussvorschrift werden. Dieser Gedanke ist relativ neu gewesen und in der Literatur kaum diskutiert worden[38]. Damit hat der BGH das angestrebte Ziel einer Konzernbildungskontrolle durch die Hauptversammlung erreichen können, ohne die Grundlagen des geltenden Rechts vollständig zu verlassen. Denn letztlich handelt es sich lediglich um die Ausdehnung des Anwendungsbereiches einer bekannten Vorschrift. Daneben erkennt der BGH die sogenannten ungeschriebenen Hauptversammlungskompetenzen an[39]. Für Kapitalerhöhungen in Tochtergesellschaften muss der Vorstand die Zustimmung der Hauptversammlung einholen und zwar mit der Mehrheit, die für eine entsprechende Maßnahme in der Obergesellschaft notwendig wäre[40]. Die Rechtsstellung

---

34 *Lutter* FS Westermann S. 347ff.; *ders.* DB 1973 Beilage Nr. 21; *Timm* AG 1980, 172 ff.

35 *Rehbinder* ZGR 1983, 92/98ff.; *Lutter* FS Stimpel S. 825/837; zuerst wurde der Begriff der ungeschriebenen Mitwirkungsbefugnisse wohl von Ulmer AG 1975, 15 ff. gebraucht; siehe auch *Heinsius* ZGR 1984, 383/396 Fn. 55.

36 *Timm* AG 1980, 172 ff.; *Mertens* AG 1978, 309 ff.; *Rehbinder* FS Coing Bd. 2, S. 423/429 ff.

37 *Mülbert*, Aktiengesellschaft, S. 369.

38 *Rehbinder* FS Coing Bd. 2 S. 423/439; *Timm* AG 1980, 172, 184.

39 Die terminologische Unterscheidung des BGH zwischen der Vorlagepflicht des § 119 Abs. 2 (das bedeutet, dass es sich letztlich um eine gesetzliche Zuständigkeit handelt) und den ungeschriebenen Hauptversammlungskompetenzen (Mitwirkungsbefugnisse der Hauptversammlung der Konzernobergesellschaft) wird in der Literatur nicht durchgehalten, da häufig auch § 119 Abs. 2 als ungeschriebene Hauptversammlungskompetenz bezeichnet wird. Siehe *Heinsius* ZGR 1984, 383/393 ff.; *Werner* ZHR 147 (1983), 429/434; *Götz* AG 1984, 85; *Groß* AG 1994, 266/271.

40 BGHZ 83, 122 (Holzmüller).

des Aktionärs wird gewahrt, das Risiko eines Verlustes und die Verwendung seiner Erträge selber zu beeinflussen[41].

Durch die Kombination dieser beiden Ansätze hat der BGH den Einfluss der Aktionäre bei Fragen der Konzernierung deutlich erhöhen wollen, indem er die Mitverwaltungsrechte des einzelnen Aktionärs gestärkt hat. Damit hat der BGH Einfluss auf die Gewaltenteilung innerhalb der konzernierten Aktiengesellschaft zu Gunsten der Hauptversammlung genommen.

4. Die Entwicklung der ungeschriebenen Hauptversammlungszuständigkeiten über § 119 Abs. 2

4.1 Vorgehensweise des BGH

Der BGH hat sich mit dem Problem konfrontiert gesehen, dass der Einfluss der Aktionäre im Konzern zu Gunsten des Vorstands abgenommen hat. Um diesen Machtverlust kompensieren zu können, hat er die Konzernbildung der Kontrolle der Hauptversammlung unterwerfen wollen[42].

Eine Lösung, die in der Literatur diskutiert worden ist, ist es, die Konzernbildung als Änderung des Unternehmensgegenstandes anzusehen. Eine Änderung des Unternehmensgegenstandes erfordert eine Satzungsänderung gemäß § 179. Diese Vorschrift gewährt auch einen Schutz der Minderheiten, da sie für die Entscheidung der Hauptversammlung eine qualifizierte Mehrheit vorsieht. Dieser Weg ist für den Holzmüller-Sachverhalt jedoch nicht gangbar gewesen. Denn der Unternehmensgegenstand ist durch eine Satzungsänderung, deren Ziel es war, die besagte Ausgliederung vorzunehmen, im Vorfeld angepasst worden. Interessanterweise hat damals der Kläger dieser Satzungsänderung zugestimmt. Auch eine Anwendung des § 361 a.F. hat der BGH abgelehnt[43]. § 361 lässt eine Vermögensübertragung des gesamten Vermögens einer AG nur zu, wenn die Hauptversammlung zugestimmt hat. Im vorliegenden Fall ist jedoch lediglich ein Teil des Vermögens übertragen worden. Das Restvermögen ist nach der Ansicht des BGH auch insoweit von Bedeutung, da es der beklagten Aktiengesellschaft weiterhin die Möglichkeit gibt, ihre unternehmerischen Ziele, wenn auch in vermindertem Maße, zu verfolgen[44]. Das Holzgeschäft bildete unabhängig vom Seehafenbetrieb

41 BGHZ 83, 122/136 (Holzmüller); *Rehbinder* ZGR 1993, 92/100.

42 *Groß* AG 1994, 266/271; *Ebenroth* AG 1988, 1/5; *Götz* AG 1984, 85/86; *Sünner* AG 1983, 169/170; *Lutter/Leinekugel* ZIP 1998, 225/229; *Lutter* FS Stimpel S. 825/848; *Kort* AG 2002, 369/373 ff.; *Pellens*, Aktionärsschutz, S. 43.

43 BGHZ 83, 122/128 (Holzmüller).

44 BGHZ 83, 122/128 (Holzmüller).

eine eigenständige Unternehmenstätigkeit, die zum Zeitpunkt der Übertragung auch für sich allein noch Gewinne abgeworfen hat[45]. Der BGH hat ebenfalls eine analoge Anwendung des § 361 abgelehnt. § 361 bringt eine Einschränkung der Vertretungsmacht des Vorstandes mit sich, die bei einer analogen Anwendung des § 361 zu einer erheblichen Rechtsunsicherheit führen würde, da keine sicheren Abgrenzungskriterien existieren, die festlegen, in welchen Fällen bei einer Teilvermögensübertragung § 361 eingreift[46].

Der BGH hat einen anderen Weg gewählt. Die Rechtsprechung hat das Vorlagerecht des Vorstandes gem. § 119 Abs. 2 als Ausgangspunkt genommen. Dieses Vorlagerecht soll bei schwerwiegenden Eingriffen in die Rechte und Interessen der Aktionäre von einem Recht zu einer Pflicht werden[47]. Die gesetzliche Regelung sieht ein Auswahlermessen des Vorstandes vor, der entscheiden kann, ob er bestimmte Fragen, deren Entscheidung grundsätzlich in seiner Zuständigkeit liegt, der Hauptversammlung vorlegt oder nicht. Dabei kann es nach Ansicht des BGH im Rahmen dieses Ermessens zu einer Ermessensreduktion auf Null kommen, was letztlich zu einer Vorlagepflicht des Vorstandes führt[48]. Dabei bedient sich der BGH mit der Ermessensreduzierung eines Rechtsinstitutes, das im Verwaltungsrecht weit verbreitet ist[49]. Die Ermessensreduktion tritt bei Grundlagen- und Strukturentscheidungen ein und umfasst in erster Linie den Erwerb und die Veräußerung von bedeutenden Unternehmensteilen[50]. Sie gilt darüber hinaus jedoch für alle wesentlichen Entscheidungen der Aktiengesellschaft[51]. Dogmatisch gesehen handelt es sich daher nicht um eine eigene Kompetenz der Hauptversammlung, sondern um die Grenzen der Handlungskompetenz des Vorstandes[52]. Die Grenzen werden durch die Interessen der Anteilseigner gebildet, denen als wirtschaftliche Eigentümer die grundlegende Richtungsbestimmung obliegt.

---

45 BGHZ 83, 122/129 (Holzmüller).

46 BGHZ 83, 122/129 (Holzmüller).

47 BGHZ 83, 122 (Holzmüller).

48 *Groß* AG 1996, 111/112; *Lutter* FS Fleck S. 169/174.

49 *Kopp/Ramsauer*, VwVfG, § 40 Rn 30; *Lutter* FS Fleck S. 169/174; *ders.* ZHR 151 (1987), 444/453.

50 *Sünner* AG 1983, 169/170; *Groß* AG 1996, 111/112; *Altmeppen* DB 1998, 49/50 ff.

51 *Altmeppen* DB 1998, 49 ff.; *Habersack* in Emmerich/Habersack Vor § 311 Rn 14.

52 Damit folgt der BGH nicht den Lehrmeinungen, die eine Konzernbinnenverfassung fordern, siehe auch *Heinsius* ZGR 1984, 383/396 ff.; *Timm* AG 1980, 172/181 ff.; *Schmidt* FS Heinsius S. 715/718.

4.2 Die Methode des BGH

Nun gilt es zu untersuchen, welchen systematischen Weg der BGH gewählt hat, um zu einer erweiterten Anwendung des § 119 Abs. 2 zu gelangen. Ausgangspunkt seiner Argumentation ist die Feststellung, dass es tatsächlich für den vorliegenden Sachverhalt keine gesetzliche Regelung gibt. Sodann geht er auf die gesetzlich geregelten Hauptversammlungszuständigkeiten der §§ 293 und 361 (§ 361 a.F. entspricht § 179a neue Fassung) ein. Wesentlich für die Argumentation des BGH ist, dass beide Regelungen eine Hauptversammlungskompetenz für Konzernbildungsfragen vorsehen. Gerade § 293 macht dies deutlich. Denn er verlangt eine Zustimmung der Hauptversammlung zum Abschluss von Unternehmensverträgen. Eine direkte Anwendung dieser Vorschriften ist im vorliegenden Fall jedoch unmöglich, da die tatbestandlichen Voraussetzungen nicht gegeben sind.

Der entscheidende Schritt des BGH ist es, Parallelen zwischen den beiden Vorschriften und der vorliegenden Situation zu ziehen. Dazu führt er aus[53], dass auch dort, „... wo die Vorraussetzungen dieser Vorschriften (der §§ 293 oder 361) nicht voll erfüllt sind, aber ein ihnen nahekommender oder durch die Satzung nicht gedeckter Sachverhalt gegeben ist, ... für den Vorstand eine Vorlage an die Hauptversammlung ausnahmsweise zur Pflicht werden (kann) ...". Der BGH sieht also eine deutliche Nähe zwischen den §§ 293, 361 und dem vorliegenden Sachverhalt aufgrund der in allen Fallgestaltungen vorliegenden Konzernbildung. Diese Vergleichbarkeit der Ausgangssituation verlangt nach Ansicht des BGH auch eine ähnliche rechtliche Behandlung. Das bedeutet in allen drei Fällen eine Beteiligung der Hauptversammlung an der Entscheidungsfindung. Anstatt jedoch eine Analogie zu den oben genannten Vorschriften zu entwickeln, deutet er das Vorlagerecht des § 119 Abs. 2 in eine Vorlagepflicht um. Dabei erkennt der BGH an, dass die Vorschrift des § 119 Abs. 2 i.V.m. § 93 Abs. 4 S. 1 den Sinn hat, eine Haftungsbeschränkung für den Vorstand herbeizuführen[54]. Dies wird auch in der Literatur so gesehen[55].

Anders als die Literatur sieht der BGH die Bedeutung des § 119 Abs. 2 jedoch nicht auf diese Funktion begrenzt. Er führt vielmehr dazu aus:

„Bei grundlegenden Entscheidungen kann eine Handlung des Vorstandes von der Vertretungsbefugnis, Geschäftsführungsbefugnis und Satzung zwar formal gedeckt sein, doch können sie gleichwohl so tief in die Mitgliedschaftsrechte der

53 BGHZ 83, 122/131 (Holzmüller).
54 BGHZ 83, 122/131 (Holzmüller).
55 *Hübner* FS Stimpel S. 794/795; *Werner* ZHR 147 (1983), 429/438 ff.; *Heinsius* ZGR 1984, 383/394; *Martens* ZHR 147 (1983), 377/383.

Aktionäre und deren im Anteilseigentum verkörperten Vermögensinteresse eingreifen, dass der Vorstand vernünftigerweise nicht annehmen kann, er dürfe sie in ausschließlich eigener Verantwortung treffen, ohne die Hauptversammlung zu beteiligen[56]."

Der BGH stellt also auf eine Differenzierung zwischen formaler und materieller Kompetenzverteilung ab. Formal decken die Vertretungsbefugnis, die Geschäftsführungsbefugnis und die Satzung zwar die Handlungen des Vorstandes, doch die Bedeutung von Grundlagen- und Strukturentscheidungen für die Mitgliedschaftsrechte der Aktionäre und deren „im Anteilseigentum verkörpertem Vermögensinteresse"[57] führt zu einer Begrenzung des Handlungsspielraums des Vorstandes, und zwar im Innenverhältnis[58]. Der Vorstand kann vernünftigerweise nicht annehmen, er dürfe diese Entscheidungen in ausschließlich eigener Verantwortung treffen. Das bedeutet, dass solch eine Entscheidung des Vorstandes ohne Mitbeteiligung der Hauptversammlung in dem vom BGH zu entscheidenden Fall unter Verletzung einer Sorgfaltspflicht zustande gekommen ist. Denn die Abspaltung des Seehafenbetriebes hat den wertvollsten Betriebszweig der Beklagten und den Kernbereich der Unternehmenstätigkeit betroffen[59]. Die Änderung der Unternehmensstruktur geht über den gewöhnlichen Rahmen der Geschäftsführung hinaus. Die Geschäftsführung betrifft grundsätzlich auch die Gründung oder den Erwerb von Tochtergesellschaften[60].

4.3 Auswirkungen und Geltendmachung der Vorlagepflicht des § 119 Abs.2

Die Feststellung, dass eine Sorgfaltspflichtverletzung vorliegt, sagt nichts darüber aus, welche Bedeutung sie für die Aktiengesellschaft und darüber hinaus für den Konzern hat. Der BGH bemüht sich zu betonen, dass die Einschränkung der Geschäftsführungskompetenz des Vorstandes nur im Innenverhältnis wirkt und keine Auswirkungen im Außenverhältnis hat[61]. Schließlich war die Sicherheit des Rechtsverkehrs, die gegen eine Einschränkung der Vertretungsmacht spricht, ein wichtiges Argument für die Ablehnung einer analogen Anwendung des § 361[62].

56 BGHZ 83, 122/131 (Holzmüller).
57 BGHZ 83, 122/131 (Holzmüller).
58 BGHZ 83, 122/131 (Holzmüller).
59 BGHZ 83, 122/131 (Holzmüller).
60 BGHZ 83, 122/132 (Holzmüller).
61 BGHZ 83, 122/131ff. (Holzmüller); so auch *Keuk-Knobbe* FS Ballerstedt, S. 239 ff.; *Habersack* in Emmerich/Habersack Vor § 311 Rn 27; *Fleck* WM 1986, 1205/1211;*Kort* AG 2002, 369/374.
62 BGHZ 83, 122/129 (Holzmüller).

Das bedeutet, dass eine sorgfaltspflichtwidrige Ausgründung durch den Vorstand im Außenverhältnis grundsätzlich seine Wirkung entfaltet. Ein wirksamer Schutz der einzelnen Aktionäre kann daher nur im Innenverhältnis stattfinden. Als taugliches Instrument sieht der BGH einen Anspruch jedes einzelnen Aktionärs auf Unterlassung oder auf Wiederherstellung. Denn jeder Aktionär hat einen verbandsrechtlichen Anspruch darauf, dass die Gesellschaft seine Mitgliedschaftsrechte achtet und alles unterlässt, was über das gesetzliche und satzungsrechtliche Maß hinausgeht[63]. Diesen Anspruch kann der Aktionär auch gerichtlich geltend machen[64]. Dabei ist die Gesellschaft Anspruchsgegner, da sie für das Handeln ihrer Organe die Verantwortung trägt[65]. Dieser Widerrufs- und Unterlassungsanspruch gilt nicht bei gewöhnlichen Geschäftsführungsmaßnahmen, sondern nur soweit es sich um Grundlagen- und Strukturentscheidungen im Rahmen der Vorlagepflicht des § 119 Abs.2 handelt. Eine Verletzung der Rechte der Aktionärsmehrheit steht nicht zu befürchten, da sie durch einfachen Hauptversammlungsbeschluss die Rechtmäßigkeit der Entscheidung herstellen kann[66]. Die Grenze dieses Anspruches stellt die normale Missbrauchskontrolle dar. Besondere Mehrheitserfordernisse stellt der BGH nicht auf. Er geht wohl von der einfachen Mehrheit des § 133 aus[67].

5. Ungeschriebene Zuständigkeiten der Hauptversammlung der Konzernobergesellschaft für wesentliche Entscheidungen der Tochtergesellschaft

5.1 Der systematische Ansatz des BGH

Da der Hauptantrag des Klägers abgewiesen worden ist, hatte der BGH auch über die Hilfsanträge zu entscheiden. Bei diesen ist es um die Frage gegangen, ob die Hauptversammlung an bestimmten Konzernleitungsentscheidungen zu beteiligen ist. Mit anderen Worten: Der BGH hat untersucht, ob Entscheidungen in einer Untergesellschaft der Kontrolle der Anteileigner in der Konzernobergesellschaft unterstehen. Anders als beim Hauptantrag des Klägers hat nicht die Konzernbildungskontrolle im Mittelpunkt gestanden, sondern die Konzernleitungskompetenz. Daher ist neben der Auslegung des § 119 Abs. 2 ein weiterer systematischer Ansatz notwendig gewesen. Der BGH konnte nicht akzeptieren, dass bestimmte

63 BGHZ 83, 122/133 (Holzmüller); *Habersack* in Emmerich/Habersack Vor § 311 Rn 28; Emmerich/Sonnenschein S. 120.
64 *Keuk-Knobbe* FS Ballerstedt, S. 239 ff.
65 *Keuk-Knobbe* FS Ballerstedt, S. 239 ff.; a.A. *Mertens* AG 1978, 309.
66 BGHZ 83, 122/135 (Holzmüller).
67 BGHZ 83, 122/135 (Holzmüller).

im AktG den Aktionären zugewiesene Entscheidungen diesen dauerhaft entzogen werden können, indem das investierte Geld nicht innerhalb der Gesellschaft verwendet wird, sondern durch die Gründung von Tochtergesellschaften dem unmittelbaren Zugriff der Konzernobergesellschaft entzogen wird[68]. Denn sonst würde durch die Möglichkeit der Betriebsverlagerung ein Weg geschaffen, auf dem sich die Verwaltung einer Aktiengesellschaft der Kontrolle durch die Anteilseigner weitgehend entziehen und damit die gesetzliche Zuständigkeitsverteilung unterlaufen könnte[69]. Die Lösung des BGH hat genau an diesem Punkt angesetzt. Er wollte eine faktische Verschiebung der Kompetenzverteilung innerhalb der Aktiengesellschaft verhindern. Deshalb sind die Zuständigkeiten der Hauptversammlung nicht sachlich ausgeweitet, sondern lediglich auf die abhängige Gesellschaft verlängert worden.

5.2 Die Methode des BGH

Das Ziel des BGH ist es gewesen, Zuständigkeiten der Hauptversammlung der Konzernobergesellschaft bei Entscheidungsfindungen in der abhängigen Gesellschaft zu etablieren[70]. Dazu ist der BGH über die Regelungen des AktG hinausgegangen und hat neues Recht geschaffen. Sein Ziel hat der BGH auf klassische Weise verwirklicht. Zunächst hat er eine Regelungslücke konstatiert, ein Schutzbedürfnis für die Konzernaktionäre formuliert und dann die Lücke durch die von ihm erwünschte Regelung ausgefüllt. Die Regelungslücke besteht darin, dass der Vorstand die von ihm mit der Konzernierung geschaffene Lage dazu ausnutzen kann, grundlegende Entscheidungen in der Tochtergesellschaft zu treffen, die „die ohnehin schon durch die Ausgliederung verkürzten Aktionärsrechte mittelbar noch weiter (zu) schmälern“[71]. Das bedeutet, dass die Verwaltung der Aktiengesellschaft die eigene Machtposition durch die Konzernbildung stärkt und damit die gesetzlichen Rechte der Aktionäre aushöhlt[72]. Den Grund dafür, dass es im AktG zu einer solchen Regelungslücke gekommen ist, nennt der BGH in der Holzmüller-Entscheidung. Er führt dazu aus, dass die Schutzvorschriften des AktG sich in erster Linie auf die Rechte der außenstehenden Aktionäre beschrän-

68 BGHZ 83, 122/236 ff. (Holzmüller); *Rehbinder* ZGR 1983, 92/100 ff.

69 BGHZ 83, 122/139 (Holzmüller); *Lutter* FS Barz S. 199/211; *ders.* FS Westermann S. 347/350 ff.; *Rehbinder* FS Coing Bd. 2 S. 423/426; *Pellens*, Aktionärsschutz, S. 62 ff. (64)

70 *Rehbinder* ZGR 1983, 92/101.

71 BGHZ 83, 122/139 (Holzmüller); vergleiche dazu *Mülbert*, Aktiengesellschaft, S. 389 ff.; so auch *Rehbinder* ZGR 1983, 92/101.

72 BGHZ 83, 122/139 (Holzmüller); *Rehbinder* ZGR 1983, 92/101.

ken und die Rechte der Konzernaktionäre vernachlässigen[73]. Diese Lücke will der BGH in Anlehnung an die Systematik und Wertung des AktG schließen[74]. Dabei orientiert sich der BGH an der Tendenz des Aktienrechts, Minderheitsaktionäre vor der Entwertung ihrer Mitgliedschaft durch unmittelbare oder mittelbare Eingriffe der Mehrheit und einer von ihr beeinflussten Verwaltung gerade im Konzernverband zu schützen[75]. Dieses Ziel will der BGH durch eine Rechtsfortbildung verwirklichen. Dazu führt er aus, dass solch eine Änderung durch Rechtsfortbildung möglich ist und eine Gesetzesänderung oder weitere rechtswissenschaftliche Arbeiten nicht erfordert[76]. Dann begründet der BGH das Schutzbedürfnis der Konzernaktionäre. Es ist gegeben, weil die faktische Verschiebung der Zuständigkeits- und Vermögensordnung mit Hilfe der Konzernbildung die Minderheit weit stärker trifft als die Mehrheit[77]. Schließlich schildert er, wie er diese Regelunglücke auszufüllen gedenkt. Er gesteht den Konzernaktionären einen Anspruch darauf zu, an grundlegenden, für ihre Rechtsstellung bedeutenden Entscheidungen in der Tochtergesellschaft über ihre Hauptversammlung so beteiligt zu werden, als ob es sich um eine Angelegenheit der Obergesellschaft handele[78]. Tatbestandsmerkmal für eine ungeschriebene Hauptversammlungskompetenz der Konzernobergesellschaft ist damit das Vorliegen einer „grundlegenden, für die Rechtsstellung bedeutsamen Entscheidung in der Tochtergesellschaft". Obwohl der BGH ausgeführt hat, dass weitere rechtswissenschaftliche Abklärungen nicht mehr notwendig sind[79], verlässt ihn an dieser Stelle der Mut. Anstatt das Kriterium der „grundlegenden, für die Rechtsstellung bedeutsamen Entscheidung" zu präzisieren, zieht er sich auf den Einzelfall zurück[80]. Der erste Hilfsantrag des Klägers, alle Maßnahmen, die in der Tochtergesellschaft mit qualifizierter Mehrheit zu treffen sind, der Kontrolle der Hauptversammlung der Konzernobergesellschaft zu unterwerfen, geht dem BGH zu weit. Er führt aus, dass solche Hauptversammlungsbeschlüsse zwar regelmäßig Angelegenheiten von besonderer Bedeutung sind, doch gibt es durchaus Fälle, bei denen die besondere Bedeutung nicht vorliegt. Es existiert kein Automatismus, da es Beispiele gibt, in denen zwar eine Kapitalmehrheit erforderlich ist, der Beschluss jedoch keine Auswirkungen auf die Machtverhältnisse in der Aktiengesellschaft und dem Konzern

73 BGHZ 83, 122/137 (Holzmüller).
74 BGHZ 83, 122/139 (Holzmüller).
75 BGHZ 83, 122/139 (Holzmüller).
76 BGHZ 83, 122/139 (Holzmüller).
77 BGHZ 83, 122/139 (Holzmüller).
78 BGHZ 83, 122/140 (Holzmüller); *Heinsius* ZGR 1984, 383/396.
79 BGHZ 83, 122/139 (Holzmüller).
80 *Rehbinder* ZGR 1983, 92/101; *Heinsius* ZGR 1984, 383/396.

hat[81]. Damit statuiert der BGH trotz seiner Vorsicht ein Regel-Ausnahme-Verhältnis[82]. Die besondere Bedeutung ist also bei Entscheidungen mit Mehrheitserfordernissen die Regel. Lediglich in Ausnahmefällen fehlt es am Kriterium der grundlegenden Entscheidung. Dennoch gibt der BGH nur dem zweiten Hilfsantrag statt, der sich auf Kapitalerhöhungen in der Tochtergesellschaft bezieht. Denn in dieser Maßnahme sieht der BGH in besonderem Maße die Gefahr, dass die Mitgliedschaftsrechte der Aktionäre ausgehöhlt werden[83]. Der BGH nimmt hier eine Gratwanderung vor[84]. Er versucht einerseits weitreichende Regelungen für die Konzernleitung aufzustellen, andererseits orientiert er sich weiterhin am Einzelfall. Dies zeigt sich auch darin, dass der BGH offen lässt, ob Mitwirkungsbefugnisse der Hauptversammlung auch dann gegeben sind, wenn die Hauptversammlung der Konzernbildung mit der erforderlichen Mehrheit zugestimmt hat. Letztlich behält sich der BGH die Möglichkeit vor, die Wirkung der von ihm geschaffenen Regelungen wieder einzuschränken.

5.3 Bedeutung der ungeschriebenen Hauptversammlungskompetenzen

Der BGH hat betont, dass er nur über den vorliegenden Fall entscheiden will und nicht beabsichtigt, Stellung zu der Frage zu beziehen, inwieweit eine konzernspezifische Binnenordnung notwendig ist[85]. Trotzdem ist er in seiner Begründung über den Einzelfall hinausgegangen[86]. Er hat sich nämlich nicht auf die Statuierung einer ungeschriebenen Hauptversammlungskompetenz für Kapitalerhöhungen der Tochtergesellschaft beschränkt, sondern hat bewusst ein allgemeingültiges Kriterium geschaffen, mit dem eine Zuständigkeit der Hauptversammlung der Konzernobergesellschaft begründet wird: das Kriterium der grundlegenden Entscheidung in der Tochtergesellschaft. Damit wird deutlich, dass der BGH rechtsfortbildend tätig werden wollte. Dabei fällt jedoch auf, dass er sich anders als im ersten Teil der Entscheidung, wo er sich auf § 119 Abs. 2 stützt, keine Norm nennt, die Ausgangspunkt seiner Argumentation ist. Der BGH geht allgemein ohne weitere Präzisierung von einer Zuständigkeit der Hauptversammlung der Konzernobergesellschaft bei grundlegenden Entscheidungen in den Tochtergesell-

81 BGHZ 83, 122/140 (Holzmüller).
82 *Werner* ZHR 147 (1983), 429/449; *Heinsius* ZGR 1984, 396; a.A. *Rehbinder* ZGR 1983, 92/101.
83 BGHZ 83, 122/142 (Holzmüller).
84 *Heinsius* ZGR 1984, 383/396.
85 BGHZ 83, 122/138 (Holzmüller).
86 *Werner* ZHR 147 (1983), 429/449; *Heinsius* ZGR 1984, 383/396.

schaften aus[87]. Grund für diese Unterlassung ist wohl die Tatsache, dass keine materielle Ausweitung der Hauptversammlungskompetenz vorgenommen worden ist, sondern dass es sich lediglich um eine „Verlängerung"[88] bestehender Rechte auf Konzerntöchter handelt. Es muss also schon eine Zuständigkeitsregelung existieren[89]. Das bedeutet, dass eine Zuständigkeit der Hauptversammlung der Konzernobergesellschaft nur dort gegeben ist, wo die Systematik des Aktienrechts dies erfordert. Die Zuständigkeitsverteilung der Aktiengesellschaft wird zum Modell für die Kompetenzverteilung im Aktienkonzern. Die Bedeutung dieser Regelung liegt darin, dass die Zuständigkeitsverteilung der Aktiengesellschaft auf den Konzern ausgeweitet wird, auch wenn der BGH ausdrücklich sagt, dass er gerade keine Ausführungen zu einer konzernrechtlichen Binnenordnung machen will.

6. Ansätze der Literatur

6.1 Einleitung

Wie bereits dargelegt, hat die umfangreiche Literatur zu den ungeschriebenen Hauptversammlungskompetenzen den BGH in seiner Entscheidung beeinflusst. Auch wenn er sich nicht direkt auf eine der vorhandenen Ansichten gestützt hat, so haben diese Ansichten die Richtung der Holzmüller-Entscheidung doch geprägt. Sie haben ein Klima geschaffen, in dem eine Entscheidung zum konzernrechtlichen Aktionärsschutz reifen konnte und zum ersten Mal in der konzernrechtlichen Diskussion den Schutz der Konzernobergesellschaft und ihrer Aktionäre in den Mittelpunkt der Auseinandersetzung gestellt hat. Es sollte eine effektive Kontrolle der Verwaltung der Aktiengesellschaft durch die Beteiligung der Hauptversammlung an Grundlagen- und Strukturentscheidungen erreicht werden. Daher werden im vorliegenden Abschnitt die wichtigsten Ansichten zur Konzernbildungskontrolle und zur Konzernleitungskontrolle einschließlich der Gründe, warum ihnen der BGH nicht gefolgt ist, dargestellt.

---

87 *Werner* ZHR 147 (1983), 429/449; *Rehbinder* ZGR 1983, 92/103.

88 BGHZ 83, 122/138 (Holzmüller); *Rehbinder* ZGR 1983, 92/100; *Mülbert*, Aktiengesellschaft, S. 402.

89 *Rehbinder* ZGR 1983, 92/103.

6.2 § 361 a.F.[90] *Konzernbildung durch Vermögensübertragung*

In der Lehre ist der Versuch unternommen worden, die Ausgründung von Tochtergesellschaften durch Ausgliederung von Teilbetrieben unter § 361 a.F. zu fassen[91]. Diese Vorschrift sieht für eine Übertragung des ganzen Vermögens einer Aktiengesellschaft auf eine Tochtergesellschaft die Beteiligung der Hauptversammlung vor. Somit würde durch die Anwendung des § 361 a.F. eine geschriebene Hauptversammlungskompetenz vorliegen. Diese Ansicht soll zunächst dargestellt und dann evaluiert werden. Es soll herausgearbeitet werden, inwieweit dieser Weg für eine Beteiligung der Anteilseigner an Fragen der Konzernbildung gangbar ist.

Nach dem Wortlaut findet § 361 a.F. nur Anwendung, wenn das „ganze" Vermögen übertragen wird. Da regelmäßig nur Teilbetriebe ausgegliedert werden, kann § 361 a.F. nur als Konzernbildungskontrolle von Bedeutung sein, wenn er auch für diese Fallgestaltungen gilt. Auch bei der Holzmüller-Entscheidung hat nur eine Teilausgründung vorgelegen. Es stellt sich also die Frage, wie der Begriff der „Übertragung des ganzen Vermögens" zu verstehen ist. Grundsätzlich besteht Einigkeit darüber, dass die Anwendung des § 361 a.F. nicht ausgeschlossen ist, wenn einzelne, verhältnismäßig unbedeutende Gegenstände zurückbehalten werden[92]. Auch die Übertragung „wesentlicher" Teile des Vermögens ist im Sinne des Tatbestandsmerkmals „ganzes Vermögen" ausreichend[93]. Denn die Vorschrift soll zum Schutz der Anteilseigner verhindern, dass die Gesellschaft das Gesellschaftsvermögen ohne angemessene Gegenleistung verliert[94] und damit die Grundlage ihrer Unternehmenstätigkeit[95]. Im Rahmen des § 361 a.F. ist demnach jede Übertragung von Bedeutung, nach der die übertragende Gesellschaft nicht mehr in der Lage verbleibt, ihre in der Satzung dargelegten Ziele, wenn auch in eingeschränktem Umfang, selber zu verfolgen[96]. Die Entscheidung über das Gesellschaftsvermögen als Ganzes ist somit der Verwaltung entzogen und den Gesellschaftern zugewiesen[97]. Um festzustellen, ob nun eine Beteiligung der Haupt-

---

90 Nunmehr § 179a, trotz geringfügiger redaktioneller Änderungen wird § 179a noch im selben Zusammenhang zitiert: LG Hannover AG 2001, 159 ff.

91 *Timm* AG 1980, 172 ff.; kritisch dazu *Schmidt* FS Heinsius S. 715/724 ff.

92 *Schilling* in AktG Großkommentar § 361 Anm. 4; *Kraft* in Kölner Kommentar § 361 Rn 8; *Hüffer*, Aktiengesetz, § 179a Rn 5; *Rehbinder* ZGR 1883, 93/95.

93 *Rehbinder* ZGR 1983, 93/95.

94 *Kraft* in Kölner Kommentar § 361 Rn 2; *Hüffer*, Aktiengesetz, § 179a Rn 5.

95 BGHZ 83, 122/128 (Holzmüller); *Rehbinder* ZGR 1983, 92/95; *Mülbert*, Aktiengesellschaft, S. 175.

96 BGHZ 83, 122/128 (Holzmüller); *Schilling* in AktG Großkommentar § 361 Anm. 4; *Kraft* in Kölner Komm. § 361 Rn 8; *Hüffer*, Aktiengesetz, § 179a Rn 5.

97 *Timm* AG 1980, 172/175; BGHZ 83, 122/128 (Holzmüller).

versammlung erforderlich ist, muss ermittelt werden, ob mehr als unwesentliche Teile des Vermögens bei der übertragenden Gesellschaft verbleiben. Dabei kommt es nicht auf einen Wertvergleich, sondern auf die Frage an, ob die übertragende Gesellschaft weiterhin ihren Unternehmensgegenstand verfolgen kann[98]. Auch wenn bedeutende Vermögenswerte, z.B. in Form von Grundbesitz, bei der übertragenden Gesellschaft verbleiben, kann es sich um eine Übertragung des gesamten Vermögens handeln[99]. Umgekehrt bedeutet das allerdings, dass § 361 a.F. nicht unbedingt eingreift, wenn wirtschaftlich selbständige, erhebliche Teile des Gesellschaftsvermögens oder eines von mehreren Handelsgeschäften veräußert werden, sofern mit dem verbleibenden Vermögen das Unternehmensziel weiter verfolgt werden kann[100]. Denn es kommt darauf an, ob die übertragende Aktiengesellschaft ihr satzungsgemäßes Unternehmensziel zumindest teilweise weiter verfolgen kann[101]. Bei dieser Auslegung kommt eine Anwendung des § 361 im Holzmüller-Fall nicht in Betracht, wie der BGH zutreffend dargelegt hat[102]. In der Literatur ist insoweit eine andere Ansicht vertreten worden. *Timm* geht in seiner Auslegung des § 361 a.F. darüber hinaus. Schon den Sinn und Zweck dieser Vorschrift fasst er extensiv auf. Er sieht ihn nicht nur im Schutz des Minderheitsaktionärs vor einer unzureichenden Gegenleistung, sondern auch darin, dass der statuarisch festgelegte Tätigkeitsbereich der Gesellschaft eingeschränkt wird[103]. Bei dieser Auslegung ist es naheliegend, § 361 a.F. auch dann anzuwenden, wenn wesentliche Änderungen des statuarischen Tätigkeitsfeldes vorgenommen werden. Insoweit lässt es *Timm* auch nicht genügen, dass das Restunternehmen „lebensfähig“ ist, sondern verlangt eine Einbeziehung der Zukunftsaussichten des Unternehmens und der bisherigen Tätigkeit der Gesellschaft in ihrem historischen Gepräge[104]. Doch damit geht er über den Sinn des § 361 a.F. hinaus. Dieser soll vor dem Verlust der Unternehmenstätigkeit schützen, nicht vor einzelnen Änderungen[105]. Werden die Unternehmensziele fortgeführt, wenn auch in eingeschränktem Umfang, ist die Anwendung des § 361 a.F. ausgeschlossen[106]. Die

98 *Hüffer*, Aktiengesetz, § 179a Rn 5; *Rehbinder* ZGR 1983, 92/95; a.A. *Mülbert*, Aktiengesellschaft S. 179.
99 *Hüffer*, Aktiengesetz, § 179a Rn 5.
100 *Schilling* in AktG Großkommentar § 361 Anm. 4; *Rehbinder* ZGR 1983, 92/96; *Mülbert*, Aktiengesellschaft, S. 408.
101 *Hüffer*, Aktiengesetz, § 179a Rn 5; *Schilling* in AktG Großkommentar § 361 Anm. 4; *Kraft* in Kölner Komm. § 361 Rn 8.
102 BGHZ 83, 122/128 (Holzmüller); so auch *Rehbinder* ZGR 1883, 93/95.
103 *Timm* AG 1980, 172/175; *Mülbert*, Aktiengesellschaft, S. 175.
104 *Timm* AG 1980, 172/177.
105 *Rehbinder* ZGR 1983, 92/95.
106 BGHZ 83, 122/128 (Holzmüller); *Hüffer*, Aktiengesetz, § 179a Rn 5; *Schilling* in AktG Großkommentar § 361 Anm. 4; *Kraft* in Kölner Komm. § 361 Rn 8.

Vorschrift schützt den Anteilseigner nicht vor einer Veränderung in Bezug auf die Unternehmenstätigkeit, sondern vor dem völligen Verlust der gesamten Unternehmenstätigkeit.

Eine Anwendung des § 361 a.F. als Grundlage für eine auf die Mitbeteiligung der Hauptversammlung gestützte Konzernbildungskontrolle kommt zudem nicht in Betracht, weil es zu einer Überdehnung dieser Vorschrift führen würde, sie auf jede Änderung des Unternehmensgegenstandes anzuwenden. Das wäre jedoch Voraussetzung, um dieser Vorschrift für die Konzernbildung eine bedeutende Rolle zuzubilligen.

6.3 § 179 – Konzernbildung als Änderung des Unternehmensgegenstandes

Ein anderer Lösungsansatz, um die Ausgründung von Tochtergesellschaften der Kontrolle durch die Hauptversammlung zu unterziehen, ist es, sie als faktische Satzungsänderung anzusehen[107]. Jede Satzungsänderung unterliegt gem. § 179 der Zustimmung der Hauptversammlung. Diese Konstruktion soll nun dargestellt und im Hinblick auf ihre Anwendbarkeit für die Holzmüller-Entscheidung analysiert werden.

Die Vorschrift des § 179 zur Beteiligung der Hauptversammlung kann für die Konzernbildung nur eine Rolle spielen, wenn eine Konzernierung satzungsrelevant ist. Das ist dann der Fall, wenn die Ausgründung einer Tochtergesellschaft oder der Erwerb einer wesentlichen Beteiligung durch die Satzung gedeckt sein müssen. Den Ansatzpunkt dafür bildet § 23 Abs. 3 Nr. 2. Dort wird festgelegt, dass in der Satzung der Unternehmensgegenstand näher bezeichnet sein muss. Diese Vorschrift ist 1965 in das Aktiengesetz eingefügt worden, um eine weitreichende Individualisierung des Unternehmensgegenstandes zu erreichen[108] und so die Entscheidung über die Grundlage der unternehmerischen Tätigkeit in die Hände der Aktionäre zu legen[109]. Die Grundlage der unternehmerischen Tätigkeit und damit der Unternehmensgegenstand wird nicht nur durch die Tätigkeit in bestimmten Tätigkeitsbereichen, sondern ebenso stark durch die Struktur eines Unternehmens bestimmt. Nicht nur die Änderung der Produktion von einem Produkt zu einem anderen kann zu einer Änderung des Unternehmensgegenstandes führen, sondern auch die Ausgründung bedeutender Unternehmensbereiche in eine

107 *Rehbinder* ZGR 1983, 92/96; ders. FS Coing Bd. 2 S. 423 ff.; *Heinsius* ZGR 1984, 383 ff.; *Groß* AG 1994, 266ff.; *Mülbert*, Aktiengesellschaft, S. 374 ff.; *Mertens* AG 1978, 309 ff.

108 *Groß* AG 1994, 266/267.

109 *Mülbert*, Aktiengesellschaft, S. 165; *Rehbinder* ZGR 1983, 92/97.

eigenständige Tochtergesellschaft[110]. Die Tätigkeit als Holding mit nur mittelbarem Einfluss auf die Produktion unterscheidet sich wesentlich von der Tätigkeit einer unmittelbar produzierenden Gesellschaft[111]. Insofern muss auch die Konzernbildung vom Unternehmensgegenstand umfasst sein, weil nur dann sichergestellt ist, dass die Aktionäre dem Risiko der Konzernbildung zugestimmt haben, wie es die §§ 179, 23 Abs. 3 Nr. 2 fordern. Nur die Aktionäre können diese Entscheidung treffen, nicht hingegen der Vorstand[112]. Das bedeutet, dass eine Aktiengesellschaft, deren Unternehmensgegenstand sich auf die Produktion bestimmter Güter oder das Erbringen von bestimmten Dienstleistungen beschränkt, die Ausgliederung von Teilbereichen in eigene Gesellschaften ohne eine Änderung der Satzung nicht vornehmen kann[113]. Die Grundlagenentscheidung, ob eine Aktiengesellschaft eine Konzernbindung eingeht, obliegt somit den Aktionären[114].

Systematisch gesehen bedürfen Ausgründungen und andere Strukturentscheidungen der Zustimmung durch die Hauptversammlung, sofern es sich um Änderungen des Unternehmensgegenstandes handelt. Dieses Bedürfnis wirkt sich jedoch nicht auf die Wirksamkeit von Strukturentscheidungen aus, die ohne entsprechende Konkretisierungen des Unternehmensgegenstandes getroffen worden sind. Die Vertretungsbefugnis des Vorstandes ist gem. § 82 Abs. 1 unbeschränkt. Nur im Innenverhältnis wirkt sich eine fehlende Beteiligung der Hauptversammlung aus. Die Verpflichtung des Vorstandes, die Hauptversammlung zu beteiligen, kann jedoch wirksam durchgesetzt werden, da die Vorschriften zum Schadensersatz (§ 93) und die Möglichkeit, gegen die Gesellschaft auf Unterlassung zu klagen, wirksame Schutzvorschriften darstellen[115]. Noch nicht geklärt ist jedoch die Frage, wie präzise der Unternehmensgegenstand bezüglich der Konzernierung gefasst sein muss. Reicht eine Klausel aus, die den Erwerb oder die Ausgliederung gestattet, oder muss sie konkret den Einzelfall betreffen. Diese Frage ist von großer Bedeutung, da die Satzungen der meisten Aktiengesellschaften Klauseln enthalten, die eine Konzernbildung vorsehen[116]. Der BGH ist auf diese Problematik nicht eingegangen, da, unabhängig von der Entscheidung dieser Frage, die faktische Satzungsänderung für den vorliegenden Fall nicht eingreifen

---

110 *Lutter* FS Stimpel S. 825/847.

111 *Rehbinder* ZGR 1983, 92/96; *ders.* FS Coing Bd. 2 S. 423/433 (*Rehbinder* spricht sogar von einem „aliud" gegenüber der Produktion); *Groß* AG 1994, 266/268 ff.; *Heinsius* ZGR 1984, 383/ 405 ff.; *Lutter* FS Stimpel S. 825/847; einschränkend *Mülbert*, *Aktiengesellschaft*, S. 376.

112 *Mertens* AG 1978, 309/311.

113 *Groß* AG 1994, 266/268.

114 *Lutter* FS Stimpel S. 825/847.

115 BGHZ 82, 122/133 ff. (Holzmüller); *Heinsius* ZGR 1984, 393/405.

116 *Rehbinder* FS Coing Bd. 2 S. 423/434; *Lutter* FS Stimpel S. 825/847.

konnte. Die Satzung der beklagten Aktiengesellschaft wurde mit Zustimmung des Klägers bezüglich des Unternehmensgegenstandes im Hinblick auf die Ausgründung des Seehafenbetriebes geändert. Der Unternehmensgegenstand ist erweitert worden, um dem Vorstand die Möglichkeit zu geben, den Seehafen auszugliedern. Diese Absicht hat auch zur Begründung der Satzungsänderung gedient. Daher ist § 179 zumindest im vorliegenden Fall als Kompetenznorm für eine Beteiligung der Hauptversammlung ausgeschieden.

Eine Konzernbildungskontrolle über § 179 ist aufgrund der Eigenarten des Holzmüller-Sachverhaltes für den konkreten Fall nur schwer zu realisieren. Die Konzernierung als Änderung des Unternehmensgegenstandes anzusehen, erscheint als Ansatz überzeugend, hat sich allerdings nicht als gangbarer Weg für den BGH erwiesen. Daher ist es auch verständlich, dass der BGH diese Ansicht, die in der Literatur eine große Rolle spielt, in knappen Worten abgelehnt hat[117] und weshalb er einen dogmatisch anderen Weg gegangen ist.

6.4 § 121 Abs. 1 – Einberufung der Hauptversammlung zum Wohle der Gesellschaft

Ein dritter Ansatz zur Ausweitung der Hauptversammlungskompetenzen stammt von *Geßler*[118]. Er hat ein Bedürfnis für eine Erweiterung der Zuständigkeiten der Hauptversammlung gesehen. Die normative Grundlage für seinen Ansatz liegt in § 121 Abs. 1. Diese Vorschrift sieht eine Einberufung der Hauptversammlung in den Fällen vor, in denen es das Wohl der Gesellschaft erfordert. *Geßler* hat in dieser Vorschrift einen Auffangtatbestand gesehen, der in Einzelfällen eingreifen soll, bei denen aufgrund ihrer Struktur eine Aufzählung nicht möglich ist[119]. Diese Vorschrift weist eine historische Komponente auf, da sich ihr Charakter durch die Entwicklung der Aktiengesellschaft im 20. Jahrhundert gewandelt hat. Deshalb soll diese Regelung im Hinblick auf ihre historische Entwicklung untersucht werden. Dabei soll evaluiert werden, inwieweit diese Vorschrift die Grundlage für eine Ausweitung der Hauptversammlungszuständigkeiten sein kann.

Die Vorschrift des § 121 Abs. 1 beruht auf § 253 Abs. 3 HGB (a. F.). Sie sollte bei wichtigen, kostspieligen, riskanten und deshalb das Interesse der Aktionäre in besonderem Maße berührenden Unternehmungen eingreifen und bei solchen Entscheidungen die Mitverwaltung der Anteilseigner sicherstellen[120]. Diese

117 BGHZ 83, 122/130 (Holzmüller).
118 *Geßler* FS Stimpel S. 771/776.
119 *Geßler* FS Stimpel S. 771/777.
120 *Staub-Pinner* § 253 Rn 4.

extensive Auslegung hat jedoch bald Kritik erfahren. Schon 1933 haben *Staub-Pinner*[121] diese Auslegung als zu weitgehend angesehen. Die Stärkung der Mitverwaltungsrechte der Aktionäre ist mit einer Gefährdung der Gesellschaft erkauft worden. Denn durch das Eingreifen von Aktionären in die Geschäftsführung wird die Konkurrenzfähigkeit der Gesellschaften im Wettbewerbsdruck in Frage gestellt. Jede Beteiligung einer Hauptversammlung stellt einen bedeutenden Kostenfaktor für die Gesellschaft dar[122] und wirkt sich durch eine Verzögerung der Entscheidungsprozesse negativ auf die Flexibilität des Wirtschaftsunternehmens aus[123]. Die Einberufung einer Hauptversammlung stellt eine mühsame und langwierige Prozedur dar, die als Folge einer extensiven Auslegung des § 253 Abs. 3 HGB bei jeder bedeutenden Entscheidungen hätte angewendet werden müssen[124]. Außerdem könnten Konflikte mit Geheimhaltungsinteressen entstehen, da Geschäfte getätigt werden, die vorerst nicht bekannt gegeben werden sollen, um unnötige Spekulationen zu vermeiden. Auch *Geßler* hat sich diesen Argumenten nicht entziehen können. Um dennoch zu einer Anwendung des § 121 Abs. 1 zu gelangen, tritt er für eine vorsichtigere Auslegung dieser Vorschrift ein. *Geßler* will diese Vorschrift nur bei Strukturentscheidungen anwenden[125]. Damit sind die Bedenken gegen diese Vorschrift nur zum Teil ausgeräumt. Ein wichtiges Argument, das gegen die Ansicht von *Geßler* spricht, ist die Tatsache, dass das AktG von 1937 und darauf aufbauend das AktG von 1965 der Hauptversammlung weit weniger Kompetenzen zugebilligt hat, als es das Aktienrecht im alten HGB getan hat[126]. Heute ist die Hauptversammlung nicht mehr das Zentralorgan der Aktiengesellschaft, sondern nur eines von drei gleichberechtigten Organen[127]. Durch die Entwicklung der Aktiengesellschaft hat die Hauptversammlung deutlich an Einfluss innerhalb der Gesellschaft verloren. Die Allzuständigkeit der Gesellschafter ist zugunsten einer gesetzlich genau definierten Zuständigkeitsordnung aufgegeben worden[128]. Die Geschäftsführung ist ganz auf den

121 *Staub-Pinner*, Kommentar Handelsgesetzbuch, § 253 Rn 4.

122 *Adams* AG 1990, 243/244; *Großfeld* AG 1985, 1/3.

123 *Ebenroth* AG 1988, 1/5; *Lutter* FS Quack S. 301 ff.; *Beusch* FS Werner S. 1/14ff.; *Hommelhoff* ZGR 1990, 447/449 ff.; *Endres* ZHR 163 (1999), 441/457 ff.

124 *Staub-Pinner*, Kommentar Handelsgesetzbuch, § 253 Rn 4.

125 *Geßler* FS Stimpel S. 771/778.

126 *Großfeld* AG 1985, 1/2; *Beusch* FS Werner S. 1/11ff.; *Joost* ZHR 163 (1999), 164/175; *Priester* ZHR 163 (1999), 187/196.

127 *Großfeld* AG 1985, 1/2; *Beusch* FS Werner S. 1/11ff.; *Joost* ZHR 163 (1999), 164/175; *Priester* ZHR 163 (1999), 187/196; *Lutter* FS Westermann S. 347/348; *ders.* FS Barz S. 199/209.

128 Siehe § 119 Abs. 1; auch *Geßler* FS Stimpel S. 771/779; *Lutter* FS Westermann S. 347/348; *ders.* FS Barz S. 199/209.

Vorstand übertragen worden[129], der, besetzt mit professionellen Managern, in den Fragen der Unternehmensführung regelmäßig sachkundiger ist[130]. Diese Trennung von Aktienbesitz und Geschäftsführung geht soweit, dass die Einflussnahme der Anteilseigner auf die Geschäftsführung gänzlich unterbunden worden ist. Sogar die Wahl der Vorstandsmitglieder ist der Hauptversammlung entzogen und dem Aufsichtsrat zugewiesen worden (§ 84 AktG). Diese strikte Trennung gilt nicht nur für das Alltagsgeschäft, sondern auch oder vielleicht sogar gerade für Strukturentscheidungen. Deshalb ist es konsequent gewesen, die Vorschrift des § 253 Abs. 3 nicht in das AktG von 1937 zu übernehmen. Auch wenn die Vorschrift des § 253 Abs. 3 HGB in der Fassung des § 121 Abs. 1 wieder den Weg in das AktG von 1965 zurückgefunden hat, stellt dies kein Signal dar, die Hauptversammlung an Fragen der Geschäftsführung zu beteiligen[131]. Der Grund für die Wiedereinführung dieser Vorschrift ist die Tatsache gewesen, dass dem Vorstand eine Möglichkeit gefehlt hat, die Hauptversammlung einzuberufen, wenn er es für angemessen gehalten hat[132]. Im AktG von 1937 hat nur der Aufsichtsrat die Hauptversammlung einberufen können. Die Vorschrift des § 121 Abs. 1 dient also lediglich dazu, dem Vorstand die Möglichkeit zu geben, die Hauptversammlung einzuberufen. Ein Eingriff in die Kompetenzverteilung der Aktiengesellschaft ist damit nicht erfolgt[133]. Insoweit überzeugt der Ansatz von *Geßler* nicht, § 121 Abs. 1 als Ausgangspunkt für eine Ausweitung der Hauptversammlungskompetenzen zu nehmen.

6.5 Die Literatur und die Zuständigkeit der Hauptversammlung hinsichtlich der Konzernleitung

Lutter hat sich schon 1974 mit der Thematik der Binnenstruktur des Aktienkonzerns befasst[134] und damit eine Entwicklung in Gang gebracht, die in der Literatur starken Nachhall gefunden und sich letztlich in der Holzmüller-Entscheidung manifestiert hat[135]. Dabei hat sein Interesse nicht der Konzernbildung, sondern der Frage gegolten, wie sich die Konzernierung auf die Kompetenzverteilung in

---

129 *Mülbert*, Aktiengesellschaft, S. 5.

130 *Westermann* FS Pleyer S. 421/433; *Lutter* FS Westermann S. 347.

131 *Eckardt* in AktG Komm. § 121 Rn 8.

132 *Eckardt* in AktG Komm. § 121 Rn 8.

133 *Eckardt* in AktG Komm. § 121 Rn 8.

134 *Lutter* FS Westermann S. 437 ff.

135 *Timm* AG 1980, 172/173; *Sonnenschein* BB 1975, 1088/1090 ff.; *Rehbinder* FS Coing Bd. 2 S. 423/424.; *ders.* ZGR 1977, 581/586 ff.; *Kropff* ZGR 1984, 112/113 ff.; *Raiser-Wiesner* AG 1976, 266/270.

der Konzernobergesellschaft auswirkt[136]. Im Zentrum seiner Überlegungen hat die Frage gestanden, inwieweit die Konzernlenkung Einfluss auf die Struktur der Aktiengesellschaft hat[137]. Dieser Ansatz ist für die Holzmüller-Entscheidung von Bedeutung gewesen. Denn der BGH hat seine Ausführungen zu den ungeschriebenen Hauptversammlungszuständigkeiten auf das Fundament der Untersuchungen von *Lutter* gestellt[138]. Deshalb sollen die Ausführungen von *Lutter* nun dargestellt und analysiert werden.

Lutter hat sich intensiv mit der Struktur der Aktiengesellschaft auseinandergesetzt und darauf hingewiesen, dass die Struktur einer Aktiengesellschaft beeinflusst wird, wenn diese Gesellschaft durch die Schaffung abhängiger Unternehmen zu einer Konzernobergesellschaft wird. Es geht letztlich um die Frage, ob sich die Verwaltung einer Konzernobergesellschaft der Kontrolle durch die Anteilseigner dadurch entziehen kann, dass sie Teile der unternehmerischen Tätigkeit auf eine Tochtergesellschaft verlagert[139]. Für *Lutter* verwirklicht sich diese Gefahr der Entmachtung der Anteilseigner vor allem bei der Bildung von Unternehmensverträgen durch die Tochtergesellschaft und bei der Kapitalerhöhung mit Beteiligung Dritter[140]. Allerdings ist der Ansatz von *Lutter* weitaus vorsichtiger als der des BGH. *Lutter* unterscheidet zwischen einem Zuständigkeitsdurchgriff und der Möglichkeit im Korporationsrecht, den Organen gewisse Kompetenzen im Außenverhältnis zuzugestehen, sie aber einer internen Kontrolle durch die anderen Organe zu unterwerfen[141]. Der Durchgriff wird von *Lutter* als Aufhebung der regulären korporativen Organstruktur bezeichnet. Es handelt sich um eine Ausweitung der Zuständigkeiten der Organe der Konzernobergesellschaft auf das abhängige Unternehmen. Die Kompetenzen der Hauptversammlung werden in die Tochtergesellschaft hinein verlängert. Die aktienrechtlichen Regelungen werden über die Körperschaft Aktiengesellschaft hinaus angewandt. Diese Aufhebung der regulären Organstruktur darf nach der Ansicht *Lutters* nur die ultima ratio bleiben, da sie den Boden des Aktienrechts verlässt[142]. Der andere Ansatz erscheint ihm hingegen weit weniger eingriffsintensiv. Die Möglichkeit, einem Organ externe Kompetenzen zuzugestehen und sie intern zu begrenzen, ist eine Lö-

136 *Lutter* FS Westermann S. 347 ff.; *ders.* FS Barz S. 199 ff.; *Timm* AG 1980, 172; *Rehbinder* FS Coing Bd. 2 S. 423/424 ff.; *Kropff* ZGR 1984, 112/113; *Raiser-Wiesner* AG 1976, 266/270.

137 *Timm* AG 1980, 172/173; *Rehbinder* FS Coing Bd. 2 S. 423/424 ff.; *Kropff* ZGR 1984, 112/113.

138 BGHZ 83, 122/138 (Holzmüller).

139 *Lutter* FS Westermann S. 347 ff.; *ders.* FS Barz S. 199/211; BGHZ 83, 122/137 ff. (Holzmüller).

140 *Lutter* FS Westermann S. 358 ff.

141 *Lutter* FS Westermann S. 347/361; *Raiser-Wiesner* AG 1976, 266/270.

142 *Lutter* FS Westermann S. 347/361.

sung, die weniger stark in die Struktur der Aktiengesellschaft eingreift[143]. Hier wird die gesteigerte Macht der Verwaltung durch die Ausweitung ihrer Pflichten kompensiert. Dies ist eine Erscheinung, die dem Gesellschaftsrecht wohl vertraut ist. Nur wenn eine Lösung über diesen Ansatz nicht möglich ist, kommt ein Durchgriff, wie er vom BGH vorgenommen worden ist, in Betracht. Während der BGH bei grundlegenden Entscheidungen in der Tochtergesellschaft regelmäßig eine Zuständigkeit der Hauptversammlung der Konzernobergesellschaft annimmt, bildet sie bei *Lutter* nur die Ausnahme. Lediglich bei der Kapitalerhöhung in der Tochtergesellschaft verlangt er aufgrund der Bedeutung des § 186 eine Einbeziehung der Hauptversammlung der Konzernobergesellschaft. Doch auch dort will *Lutter* den Durchgriff nicht uneingeschränkt anwenden. Nur wenn die Änderung der Beteiligung in der Tochtergesellschaft für die Konzernobergesellschaft Einfluss auf die Machtstruktur hat, kann § 186 Anwendung finden[144]. *Lutter* nennt als Beispiel die Abgabe von 5% des Grundkapitals bei einer 80% Beteiligung[145]. Diese Erhöhung des Fremdkapitals beeinflusst die Machtstruktur nicht. Eine andere Situation ist gegeben, wenn erstmals Fremdgesellschafter aufgenommen werden oder wenn durch die Beteiligung Quoren erreicht werden, die den Minderheiten eine stärkere Einflussnahme auf die Entscheidungen der Tochtergesellschaft ermöglichen. *Lutter* nennt eine zweite Fallgruppe, die einen Durchgriff des § 186 nicht notwendig erscheinen lässt. Sie ist dann gegeben, wenn es sich bei der Untergesellschaft nur um einen kleinen Bereich der gesamten unternehmerischen Tätigkeit des Gesamtkonzerns handelt[146]. Denn dann wird der Rahmen der Geschäftsführung nicht überschritten, so dass die aktienrechtlichen Kontrollmechanismen der §§ 93, 116 als ausreichend betrachtet werden können.

Nach der Ansicht *Lutter*s wäre demnach der vorliegende Fall genauso zu entscheiden, wie es der BGH getan hat. Angesichts dieser Tatsache fällt es umso mehr auf, dass der BGH jegliche Vorsicht hat vermissen lassen und einen dogmatischen Ansatz gewählt hat, der in seinem Anwendungsbereich weit über das hinausgeht, was *Lutter* in seinem Beitrag gefordert hat[147]. Auch wenn der BGH betont hat, dass er zu einer Binnenordnung im Konzern keine Stellung beziehen will, hat er dafür durch seine sehr allgemeingehaltene Begründung die Grundlage gelegt.

---

143 *Lutter* FS Westermann S. 347/361 ff.; *ders.* FS Barz S. 199/213.

144 *Lutter* FS Westermann S. 347/366; so wohl auch *Rehbinder* FS Coing Bd. 2 S. 423/439.

145 *Lutter* FS Westermann S. 347/366.

146 *Lutter* FS Westermann S. 347/366.

147 So auch *Rehbinder* ZGR 1983, 92/102.

7. Zwischenergebnis

Der BGH hat durch die Holzmüller-Entscheidung neue Rechtssätze über die Zuständigkeit der Hauptversammlung bei der Konzernbildung aufgestellt. Diese gehen weit über das bis dahin geltende Verständnis der Gewaltenteilung in der Aktiengesellschaft hinaus. Grundlage für diese Entscheidung ist die Entwicklung des Aktienkonzernrechts in den späten siebziger Jahren des letzten Jahrhunderts. Das Ziel des BGH ist es gewesen, unabhängig von der vorliegenden Entscheidung die Stellung der Minderheitsaktionäre in der Konzernobergesellschaft zu stärken. Zu diesem Zweck hat der BGH eine neue Zuständigkeit der Hauptversammlung eingeführt. Die Hauptversammlung ist nunmehr auch bei Grundlagen- und Strukturentscheidungen zu beteiligen, was vor allem für Konzernbildungsfragen gilt. Dieses Ziel haben, wie oben dargelegt, verschiedene Ansichten in der Literatur verfolgt. Diese Ansichten aus dem Schrifttum haben jedoch aus unterschiedlichen Gründen keinen geeigneten Ansatzpunkt für den BGH dargestellt. Er hat sich vielmehr gezwungen gesehen, den bis dahin kaum diskutierten Weg über § 119 Abs. 2[148] zu gehen. Dies hat zu der Kritik geführt, dass er sich auf unbekanntes Terrain begeben hat und somit die Auswirkungen seiner Entscheidung nicht vorhersehbar waren[149]. Dies mag letztlich ein entscheidender Grund gewesen sein, warum es in der Anwendung der „Holzmüller-Doktrin" zu großen Unsicherheiten gekommen ist, die bis heute andauern[150]. Diese Unsicherheiten hat der BGH in Kauf genommen, um über die Bedeutung der Entscheidung hinaus das Aktienkonzernrecht zu prägen.

Neben der Hauptversammlungszuständigkeit für Grundlagen- und Strukturentscheidungen hat der BGH ein zweites Rechtsinstitut geschaffen: Hauptversammlungszuständigkeiten der Konzernobergesellschaft für Entscheidungen in der Tochtergesellschaft. Damit hat er den Bereich der Konzernbildung verlassen und ist auf die Konzernleitung eingegangen. Insgesamt hat dieses Rechtsinstitut jedoch weniger Resonanz gefunden, als die extensive Auslegung des § 119 Abs. 2.

---

148 *Priester* ZHR 163 (1999), 187/194; *Schmidt* FS Heinsius S. 715/718.
149 *Schmidt* FS Heinsius S. 715/718.
150 *Lutter/Leinekugel* ZIP 1998, 225 ff.; *v. Rechenberg* FS Bezzenberger S. 359/360; *Altmeppen* DB 1998, 49/50; *Groß* AG 1996, 111ff.; *ders.* AG 1994, 266; *Ebenroth* AG 1988, 1/5; *Götz* AG 1984, 85/86; *Grunewald* AG 1990, 133; *Sünner* AG 1983, 169/170; *Wank* ZGR 1988, 314/373; *Joost* ZHR 163 (1999), 165/171; *Priester* ZHR 163 (1999), 187/195.

8. Analyse der Zielsetzung des BGH und ihrer Umsetzung in der Holzmüller-Entscheidung

8.1 Einleitung

Der BGH hat in dem Holzmüller-Urteil in erster Linie eine Fortentwicklung des Aktienkonzernrechts betrieben und erst in zweiter Linie den vorliegenden Fall entschieden. Dies ist gerade bei der Anwendung des § 119 Abs. 2 deutlich geworden. Die Richtung dieser Regelung ist durch zahlreiche Beiträge in der Literatur vorgegeben worden. Der konkrete Ansatz ist hingegen kaum diskutiert worden. Der BGH hat mehr getan, als nur einer Literaturansicht zu folgen. Er hat entgegen der herrschenden Meinung Stellung in einem Meinungsstreit bezogen, in dem noch vieles ungeklärt gewesen ist. Daher stellt sich die Frage, welche Ziele der BGH mit dieser Entscheidung verfolgt hat. Diese Zielsetzung ist dem BGH so wichtig gewesen, dass er dafür den Boden der Rechtssicherheit verlassen hat und das Risiko eingegangen ist, zumindest vorübergehend Kriterien zu schaffen, denen es mangels rechtswissenschaftlicher Diskussion an Präzision fehlt[151]. Außerdem hat er dadurch einen bedeutenden Eingriff in den Aufbau der Aktiengesellschaft vorgenommen, der die gesamte Kompetenzverteilung zwischen den Organen beeinflusst hat. Dieser Eingriff in die Kompetenzverteilung der Aktiengesellschaft ist vom BGH auch bewusst vorgenommen worden. Er formuliert selber, dass er einer faktischen Verschiebung der Zuständigkeitsordnung durch die Konzernbildung entgegenwirken will[152]. Im folgenden Abschnitt soll analysiert werden, warum der BGH solch einen bedeutenden Eingriff in den Aufbau der Aktiengesellschaft vorgenommen hat.

8.2 Zielsetzung des BGH

Wie wiederholt in der Literatur betont worden ist[153], dient die Holzmüller-Entscheidung dem Minderheitenschutz. Der BGH will die Rechte der Anteilseig-

151 *Lutter/Leinekugel* ZIP 1998, 225 ff; *v. Rechenberg* FS Bezzenberger S. 359/360; *Altmeppen* DB 1998, 49/50; *Groß* AG 1996, 111ff.; *ders.* AG 1994, 266; *Ebenroth* AG 1988, 1/5; *Götz* AG 1984, 85/86; *Grunewald* AG 1990, 133; *Sünner* AG 1983. 169/170; *Wank* ZGR 1988, 314/373; *Joost* ZHR 163 (1999), 165/171; *Priester* ZHR 163 (1999), 187/195; *Kropff* ZGR 1984, 112/123.

152 BGHZ 83, 122/139 (Holzmüller).

153 *Altmeppen* DB 1998, 49/50; *Ebenroth* AG 1988, 1/3 ff.; *Sünner* AG 1983, 169/172; *H.P. Westermann*, FS Pleyer S. 421/424; *Emmerich/Sonnenschein*, Konzernrecht, S. 125; *Ekkenga* AG 2001, 567/577.

ner im Konzern wahren. Eine Gefahr sieht der BGH dann als gegeben, wenn die Verwaltung sich der Kontrolle der Anteilseigner entzieht und weitreichende Entscheidungen trifft, ohne dass sie von den Kapitalgebern unterstützt wird. Das geschieht zum einen durch die Konzernbildung selber, aber auch durch die Konzernleitung. Der BGH führt aus, dass Grundlagenentscheidungen so tief in die Mitgliedschaftsrechte von Aktionären eingreifen können, dass der Vorstand vernünftigerweise nicht annehmen könne, er dürfe sie in ausschließlich eigener Verantwortung treffen[154], und dass jeder Aktionär (also auch der Einzelne) einen Anspruch darauf habe, dass die Gesellschaft seine Mitgliedschaftsrechte achte[155]. Außerdem sieht der BGH die Rechtsstellung der Aktionäre als gefährdet an, wenn sie bei grundlegenden, für ihre Rechtsstellung bedeutsamen Entscheidungen in der Tochtergesellschaft nicht beteiligt sind[156]. Dem BGH kommt es also nicht abstrakt auf die Rechte der Hauptversammlung, sondern auf die der Aktionäre an, wobei er ausdrücklich die Rechte der Einzelaktionäre nennt. Der BGH gibt dem Minderheitsaktionär, und zwar insbesondere dem der Konzernobergesellschaft, Mittel an die Hand, mit denen er Einfluss auf die Geschicke der Aktiengesellschaft nehmen kann. Der Konzern stellt eine Bedrohung für den einzelnen Aktionär dar. Denn nach der Diktion des BGH muss dieser fürchten, dass tief in seine Mitgliedschaftsrechte eingegriffen wird und dass seine „im Anteilseigentum verkörperten Vermögensinteressen" verletzt werden. Die Gefahr realisiert sich in einer Ausweitung der Geschäftsführungsbefugnis des Vorstandes, wobei dem Zuwachs an Einfluss durch die Leitung der Tochtergesellschaften kein Machtzuwachs der Anteilseigner gegenüber steht. Wie *Beusch* in seinen Betrachtungen zum Holzmüller-Urteil dargestellt hat[157], geht der BGH davon aus, dass die Mitgliedschaftsrechte der Aktionäre verletzt werden, wenn einzelne Aktionäre nicht die Möglichkeit haben, bei entsprechenden Entscheidungen mitzuwirken. Die Mitwirkungsmöglichkeiten einzelner Aktionäre bei Konzernbildungsentscheidungen zu stärken, ist daher das Ziel des BGH. Die Entscheidung des BGH ist darauf jedoch nicht beschränkt, denn sie will die Mitverwaltungsrechte der Aktionäre auch nach der Konzernbildung ausbauen. Dazu dient die Beteiligung der Hauptversammlung der Konzernobergesellschaft an grundlegenden Entscheidungen der Tochtergesellschaft. Damit hat der BGH die Mitverwaltung auch bei der Konzernleitung gestärkt.

154 BGHZ 83, 122/131 (Holzmüller).
155 BGHZ 83, 122/133 (Holzmüller).
156 BGHZ 83, 122/139 (Holzmüller).
157 *Beusch* FS Werner, 1/3.

8.3 *Analyse der Umsetzung dieser Zielsetzung*

Nun stellt sich die Frage, welche unmittelbaren Folgen die Holzmüller-Entscheidung für den Aktionär und die Stellung der Hauptversammlung nach sich zieht. Der BGH hat eine Stärkung der Mitverwaltungsrechte angestrebt und dem einzelnen Aktionär größeren Einfluss auf „seine" Gesellschaft einräumen wollen. Inwieweit er diese Ziele erreicht hat, soll nun dargelegt werden. Dabei soll auch der Nutzen ermittelt werden, den die Aktionäre durch die Holzmüller-Doktrin erlangt haben. Mitverwaltung der Aktionäre einer Aktiengesellschaft bedeutet in diesem Zusammenhang nicht aktives Handeln der Aktionäre, sondern in erster Linie die Ausübung von Kontrollbefugnissen. Der BGH hat diese in starkem Maße auf die Hauptversammlung verlagert, und zwar vor allem bei Fragen der Konzernbildung und der Konzernleitung. Die Aktionäre werden durch eine Beteiligung der Hauptversammlung an konzernrelevanten Entscheidungsprozessen in die Lage versetzt, direkten Einfluss auf die Konzernbildung zu nehmen. Dadurch schränkt der BGH die Eigenverantwortlichkeit des Vorstandes ein[158] und erhöht den Einfluss der Aktionäre auf Fragen der Geschäftsführung. Denn sowohl die Konzernbildung als auch die Konzernleitung sind nach traditionellem Verständnis für die Konzernobergesellschaft Fragen der Geschäftsführung[159]. Die letztlich gefährdete wirtschaftliche Stellung der Aktionäre[160] wird durch ein Mehr an Mitverwaltung kompensiert. Die Organkompetenzen in der Aktiengesellschaft werden neu abgegrenzt. Damit erreicht der BGH eine Verlagerung der Kontrolle innerhalb der Aktiengesellschaft. Die Bedeutung des Aufsichtsrates als Kontrollinstanz wird zu Gunsten der Hauptversammlung eingeschränkt. Letztlich wird die Rolle der Hauptversammlung auf Kosten der beiden anderen Organe gestärkt: Der Aufsichtsrat verliert an Bedeutung bezüglich der Unternehmenskontrolle und der Vorstand seine Alleinentscheidungskompetenz in Fragen der Geschäftsführung[161]. Der BGH hat somit sein Ziel, den Minderheitsschutz zu stärken, umgesetzt, indem er die direkten Kontrollmöglichkeiten der Hauptversammlung ausgeweitet hat. Damit hat er sich über die im Aktiengesetz festgelegte Gewaltenteilung hinweg gesetzt und durch die „Holzmüller-Doktrin" die Hauptversammlung wieder zu dem Grundorgan in der Aktiengesellschaft gemacht[162]. Der BGH bestätigt in diesem Urteil auch explizit, dass er die Hauptversammlung, den Auf-

158 *Rehbinder* ZGR 1983, 92/98; *Werner* ZHR 147 (1983), 429/430; *Semler* BB 1983, 1566.

159 *Rehbinder* FS Coing S. 423/436.

160 *Beusch* FS Werner S. 1/5.

161 BGHZ 83, 122/131 ff. (Holzmüller); *Groß* AG 1996, 111/112; *Priester* ZHR (1999), 187/195; *Groß* AG 1996, 111/112; *Vollmer/Grupp* ZGR 459/463.

162 *Joost* ZHR 163 (1999), 164/175.

sichtsrat und den Vorstand nicht als gleichberechtigte Organe sieht[163], sondern dass er die Hauptversammlung als oberstes Beschlussorgan versteht[164]. Insoweit stellt die Entscheidung eine Korrektur des AktG von 1965 dar[165] und setzt sich über die Trennung von Anteilseigentum und Geschäftsführung hinweg[166]. Der BGH setzt sich auch über die Systematik des AktG hinweg. Wie oben dargelegt worden ist, besteht eine Mitverwaltung lediglich in bestimmten Fragen der Konzernbildung. Als Ausgleich für die Verletzung der Rechtsstellung der Aktionäre während der Konzernierung stehen jedoch vermögensrechtliche Ansprüche im Vordergrund. Letztendlich kehrt der BGH damit auf einen Weg zurück, der durch die AktG von 1937 und 1965 aufgegeben worden ist: Der Aktionär wird als aktiver Gesellschafter gesehen[167] und als Konsequenz dieser Sichtweise hat der BGH die Unternehmerfunktion der Aktionäre gestärkt[168].

8.4 Das Aktionärsbild des BGH

Nun gilt es zu analysieren, was den BGH dazu bewogen hat, Ziele zu verfolgen, deren Umsetzung dem AktG 1965 zuwiderlaufen oder dort zumindest nicht in dieser Form angelegt sind. Die Antwort ist in dem Bild zu suchen, das der BGH von den Aktionären hat. Seine Entscheidung interpretiert die Rolle des Aktionärs neu. Der BGH stellt die Handlungsfähigkeit der Aktionäre in den Vordergrund. Ihm schwebt ein aktiver Aktionär vor, der seine Interessen selber wahrnimmt und sich für „seine" Aktiengesellschaft engagiert[169]. Dabei benutzt der BGH zum Schutze der Aktionäre Mechanismen, die aus dem Personengesellschaftsrecht bekannt sind: Eigenverantwortung der Gesellschafter und Kontrolle der Geschäftsführung durch die Aktionäre[170]. Wie in anderen Gesellschaften auch steht für den BGH die Rolle des Aktionärs als Gesellschafter im Vordergrund. Das bedeutet, dass der Aktionär Geld in eine Gesellschaft einbringt und sich damit an

163 *Priester* ZHR 163 (1999), 187/195 ff.; *Großfeld* AG 1985, 1/2; *Joost* ZHR 163 (1999), 167/175.

164 BGHZ, 83, 122/143 (Holzmüller).

165 *Joost* ZHR 163 (1999), 164/178.

166 *Großfeld* AG 1985, 1/3; *Zöllner* AG 1994, 336/337; *Lutter* ZHR 151 (1987), 444/453.

167 *Großfeld* AG 1985, 1/2; *Röhricht* ZGR 1999, 445/474; *Beusch* FS Werner 1/11; *Priester* ZHR 163 (1999), 187/195 ff.

168 *Röhricht* ZGR 1999, 445/474ff.; *Beusch* FS Werner S. 1/9 ff.

169 *Beusch* FS Werner S. 1/9; siehe auch *Joost* ZHR 163 (1999), 164/167.

170 so auch *Beusch* FS Werner S. 1 ff. – schon der Titel des Beitrages deutet darauf hin „Die Aktiengesellschaft – eine Kommanditgesellschaft in der Gestalt einer juristischen Person?"; BGHZ 83, 122/138 (Holzmüller).

der Unternehmung beteiligt. Der Aktionär ist nicht in erster Linie Geldgeber, sondern er ist mitverantwortlich für den wirtschaftlichen Erfolg. Diesen Ansatz wendet der BGH nicht nur auf kleine Gesellschaften an, sondern auch auf börsennotierte Aktiengesellschaften. Das führt zu der für den Aktionär schwierigen Situation, dass er als Gesellschafter die Verantwortung für die gesamte Gesellschaft mitsamt den Tochtergesellschaften trägt. Dadurch wird der Aktionär häufig überfordert sein, denn die Zahl der Tochtergesellschaften bei großen Konzernen kann durchaus mehrere 1000 betragen[171]. Das Aktionärsbild des BGH ist in erster Linie durch gesellschaftsrechtliche Vorstellungen geprägt. Eine Differenzierung zwischen dem Aktionär und den Gesellschaftern anderer Gesellschaften findet kaum statt. Deshalb entwickelt der BGH zum Schutz der Aktionäre Instrumente, die denen anderer Gesellschaftsformen entsprechen, die aber nur bedingt den Erfordernissen des Aktiengesetzes entsprechen.

9. Kritik am Ansatz des BGH

9.1 Einleitung

Der BGH hat weitreichende Eingriffe in das Aktiengesetz vorgenommen, um den Minderheitsschutz auszubauen. Dabei hat er in Kauf genommen, die Organstruktur der Aktiengesellschaft stark zu verändern. Um die Auswirkungen dieser Entscheidung aufzeigen zu können, soll deutlich gemacht werden, wie die Gewaltenteilung in der Aktiengesellschaft ausgestaltet worden ist und welche Gründe der Entscheidung des Gesetzgebers zugrunde liegen. Mit Hilfe dieser Erkenntnisse soll die Rechtsprechung des BGH im Folgenden kritisch betrachtet werden.

9.2 Die Gewaltenteilung in der Aktiengesellschaft

Die Rechte der Hauptversammlung und damit mittelbar die Rechte der Aktionäre sind im AktG von 1937 und im neuen AktG von 1965 restriktiv angelegt worden[172]. Diesem Ansatz haben folgende Überlegungen zugrunde gelegen: Eine Aktiengesellschaft hat eine Vielzahl von häufig wechselnden Aktionären, die sel-

171 Siehe http://www.daimlerchrysler.de, Übersicht über die Unternehmensbeteiligungen; auch *Endres* ZHR 163 (1999), 441/444 geht von einer Zunahme der Tochtergesellschaften aus; siehe auch *Beusch* FS Werner S. 1/7.

172 *Martens* ZHR 147 (1983), 377/378; *Beusch* FS Werner S. 1/12 ff.; *Zöllner* AG 1994, 336/337; *Lutter* ZHR 151 (1987), 444/452; *ders.* FS Stimpel S. 825/841; *Mülbert*, Aktiengesellschaft, S. 397; *Pellens*, Aktionärsschutz, S. 47.

ten in der Lage sind, kompetente Entscheidungen in Fragen der Geschäftsführung zu treffen[173]. Daher ist in der Aktiengesellschaft keine basisdemokratische, sondern eine zentralistische Entscheidungsgewalt begründet worden[174]. Dabei sind die drei Gewalten – Vorstand, Hauptversammlung und Aufsichtsrat – miteinander verzahnt worden, um eine effektive und schnelle Entscheidungsfindung in unternehmerischen Dingen zu gewährleisten, ohne einer wirkungsvolle Kontrolle entbehren zu müssen[175]. Die Vorherrschaft der Hauptversammlung ist aufgegeben worden[176]. Die drei Organe sind gleichberechtigt und mit verschiedenen Aufgaben versehen nebeneinander gestellt worden[177]. Dem Vorstand ist die Geschäftsführung und dem Aufsichtsrat die Kontrolle des Vorstands zugeteilt worden. Die Zuständigkeit der Hauptversammlung ist auf enumerativ aufgeführte Grundlagenentscheidungen beschränkt worden[178]. Der Vorstand ist nicht nur der Gewinnmaximierung verpflichtet, sondern ihm ist eine eigenständige Unternehmerfunktion zugewiesen worden[179]. Er soll die Aktiengesellschaft gem. § 76 Abs. 1 in eigener Verantwortung leiten. Der Aktionär und vor allem der Minderheitsaktionär muss die unternehmerische Entscheidung des Vorstandes grundsätzlich hinnehmen[180]. Nur in wenigen Fällen ist die Entscheidungskompetenz bei der Hauptversammlung verblieben. Grundsatzfragen, wie die Änderung der Satzung, des Unternehmensziels oder die Entscheidung über die Verwendung des Bilanzgewinns, sind ihr gesetzlich zugewiesen. Die Geschäftsführung liegt allein beim Vorstand. Damit ist die Rolle der Aktionäre in den AktG von 1937 und von 1965 neu definiert worden. Die Aktienrechtsreform von 1884 hatte die Rechte und Pflichten des Aktionärs noch an der aktiven Wahrnehmung der Aufgaben eines Unternehmers und eines Gesellschafters ausgerichtet[181]. Nun aber steht die Tren-

173 *Martens* ZHR 147 (1983), 377/378; *Beusch* FS Werner S. 1/12 ff.

174 *Martens* ZHR 147 (1983), 377/384; *Liebscher* ZIP 2001, 853/868.

175 *Schmidt*, Gesellschaftsrecht, S. 875; *Semler* in Hb. Gesellschaftsrechts § 34 Rn 5; *Nirk/Reuter/Bächle*, Aktiengesellschaft, I Rn 18 ff.

176 *Priester* ZHR 163 (1999), 187/195 ff.; *Großfeld* AG 1985, 1/2; *Joost* ZHR 163 (1999), 167/175; *Zöllner* AG 1994, 336/337; *Lutter* ZHR 151 (1987), 444/452 ff.; *Mülbert*, Aktiengesellschaft, S. 397; *Liebscher* ZIP 2001, 853/868.

177 *Pellens*, Aktionärsschutz, S. 46.

178 *Raiser*, Kapitalgesellschaften, S. 157; *Henn*, Aktienrecht, S. 349; *Priester* ZHR 163 (1999), 187/195 ff.; *Großfeld* AG 1985, 1/2; *Joost* ZHR 163 (1999), 167/175; *Mülbert*, Aktiengesellschaft, S. 160, 395; *Lutter* ZHR 151 (1987), 444/452 ff.; *ders.* FS Stimpel S. 825/841.

179 *Mertens* FS Goerdeller S. 349/355; *Priester* ZHR 163 (1999), 187/195; *Mertens* Kölner Kommentar § 76 Rn 4.

180 *Lutter* FS Stimpel S. 825/834; *Lutter/Leinkugel* ZIP 1998, 225/226.

181 *Großfeld* AG 1985, 1/2.

nung von Kapital und Geschäftsführung im Vordergrund[182]. Die Aufgabenteilung hat zu einer Spezialisierung geführt, die sich die Aktiengesellschaft zu Nutze macht.

9.3 Die Holzmüller-Entscheidung im Lichte der Gewaltenteilung in der Aktiengesellschaft

Das Ziel des BGH ist es gewesen, durch das Holzmüller-Urteil einen Präventivschutz für Konzernbildungsentscheidungen zu schaffen, der gerade den Kleinaktionären zugute kommen sollte[183]. Doch damit wird der Gedanke des Schutzes von Kleinaktionären im Konzern über die Gewaltenteilung gestellt. Dieser Ansatz überzeugt aus drei Gründen nicht:

Zum einen wird eine Regelung geschaffen, die ihrem Ziel nicht gerecht wird. Eine wirksame Einflussnahme der Kleinaktionäre auf die Konzernierung kann nicht erreicht werden, da sie kaum die Möglichkeit haben, sich gegen eine Mehrheit durchzusetzen[184]. Die Mitentscheidungskompetenz führt nur zu einem stärkeren Einfluss der Hauptversammlungsmehrheit, nicht jedoch zu dem der Kleinaktionäre. Ihnen steht zwar die Möglichkeit des Rechtsweges offen, doch kann damit nur destruktiver Einfluss ausgeübt werden[185], da die Zeiträume, die bis zu einer gerichtlichen Entscheidung vergehen, für Unternehmen unangemessen lang sind[186]. Doch selbst ohne die Verzögerung durch eine gerichtliche Entscheidung führt die Beteiligung der Hauptversammlung mit ihren langwierigen Verfahren zu einer Verlängerung der Entscheidungsverfahren[187].

Zum anderen wird die Kontrolle von weitreichenden unternehmenspolitischen Entscheidungen einem Organ zugewiesen, dass dazu funktionell nicht in der Lage ist. Denn wie sollen einzelne Aktionäre die Tragweite von Entscheidungen im Konzern absehen können, wenn sie schon in der ungebundenen Aktiengesellschaft weder die Zeit noch die Übersicht haben, Geschäftsführungsentscheidungen unter Würdigung aller wesentlichen Gesichtspunkte treffen oder zumindest

182 *Bälz* FS Raiser S.287/327 ff.; *Lutter* AcP 180 (1980) 84/106 ; *Hoffmann-Becking* in Hb. Gesellschaftsrechts § 2 Rn 6; *Fleischer* ZGR 2001, 1/17.

183 *Rehbinder* ZGR 1983, 92/99; *Altmeppen* DB 1998, 49/50; *Ebenroth* AG 1988, 1/3 ff.; *Sünner* AG 1983, 169/172; *Kort* AG 2002, 369/373.

184 *Mertens* FS Goerdeller S. 349/359; *Mülbert*, Aktiengesellschaft, S. 395; *Westermann* ZGR 1984, 352/379.

185 *Hüffer* FS Kropff S. 126/142.

186 *Hommelhoff* ZGR 1990, 447/449 ff.

187 *Ebenroth AG 1988, 1/5; Lutter FS Quack S. 301 ff.; Beusch* FS Werner S. 1/14 ff.; *Hommelhoff* ZGR 1990, 447/449 ff.; *Endres* ZHR 163 (1999), 441/457 ff.

überprüfen zu können[188]. Dies ist auch aus betriebswirtschaftlicher Sicht nicht unbedenklich. Der wachsende Konkurrenzdruck durch die Globalisierung und durch steigende Investitionen erfordert oft rasche Entscheidungen, auch im Bereich der Konzernierung. Dies kann jedoch durch eine Beteiligung der Hauptversammlung mit ihren komplizierten und schwerfälligen Regelungen nur selten gewährleistet werden[189]. Außerdem können die Informationspflichten des Vorstandes gegenüber der Hauptversammlung in solchen Fällen zu einer Verbreitung von Betriebsinterna führen, da bei einer Publikumsaktiengesellschaft der Kreis der Anteilseigner kaum zu überschauen ist[190]. Die Kosten für die Ausübung von Kontrollrechten können bei großen Gesellschaften die zu erwartenden Gewinne aufzehren[191]. Außerdem steigen durch die Teilnahme an den Entscheidungsprozessen in den Aktiengesellschaften die Kosten für die Portofolioverwaltung der einzelnen Aktionäre[192]. Letztlich stellt sich dadurch die Frage nach der Verhältnismäßigkeit der Einflussnahme einzelner Aktionäre auf die Geschäftsführung.

Schließlich wird durch die Verlagerung der Letztentscheidungskompetenz auf die Hauptversammlung das Organ übergangen, das für die Überwachung der Unternehmensleitung zuständig ist: der Aufsichtsrat. Seine Hauptaufgabe ist die Kontrolle der Geschäftsleitung[193]. Dieser Aufgabe ist er aufgrund seiner Größe und seiner im Vergleich zur Hauptversammlung häufig stattfindenden Sitzungen eher als diese gewachsen[194]. Auch gehen seine Informationsrechte weiter als die der Hauptversammlung und vermitteln ihm so einen weitaus besseren Überblick über die Notwendigkeiten einer Entscheidung als ihn die Aktionäre besitzen. Auch kann der Aufsichtsrat im Gegensatz zu den Aktionären gem. § 111 Abs. 2 (anders § 131 für die Aktionäre) die Bücher der Gesellschaft einsehen.

Insgesamt erscheint es daher wenig überzeugend, die in der Aktiengesellschaft wohl durchdachte Gewaltenteilung für ein System aufzugeben, das nicht erfolgversprechend ist.

---

188 *Martens* ZHR 147 (1983), 377/378; *Beusch* FS Werner S. 1/14.

189 *Ebenroth* AG 1988, 1/5; *Lutter* FS Quack S. 301 ff.; *Beusch* FS Werner S. 1/14 ff.; *Hommelhoff* ZGR 1990, 447/449 ff.; siehe auch BGHZ 83, 319/322 (Holzmann).

190 *Henze* ZHR 162 (1998), 185, 190; *Ebenroth* AG 1988, 1/5.

191 *Adams* AG 1990, 243/244; *Großfeld* AG 1985, 1/3.

192 *Bachmann* AG 2001, 635/637; *Spindler* AG 1998, 53/63.

193 *Schmidt*, Gesellschaftsrecht, S. 825 ff.; *Lutter* FS Stimpel S. 825/832; *Luttermann* BB 2003, 745/747.

194 *Schmidt*, Gesellschaftsrecht, S. 841.

9.4 Überforderung des Aktionärs durch das Aktionärsbild des BGH

Der BGH hat die Zuständigkeiten der Hauptversammlung durch das Holzmüller-Urteil ausgeweitet, um den einzelnen Aktionären die Chance zu geben, wesentliche Entscheidungen der Geschäftsführung kontrollieren zu können. Zu diesem Zweck hat der BGH die im AktG 1965 angelegte Gewaltenteilung verändert. Doch damit ist er den Bedürfnissen der Kleinaktionäre nicht gerecht geworden. Er hat ihnen Aufgaben aufgebürdet, die ihre Fähigkeiten und finanziellen Mittel überfordern, und ohne Not das Organ geschwächt, das vom Gesetz zur Wahrnehmung der Unternehmenskontrolle vorgesehen war. Der Grund für dieses Vorgehen ist in dem Aktionärsbild des BGH zu suchen. Der BGH sieht den Aktionär als Unternehmer. Dieser Ansatz vermag jedoch nicht zu überzeugen, da er sich zu den Erfahrungen mit den Aktiengesetzen von 1937 und 1965 in Widerspruch setzt.

10. Ergebnis

Die Holzmüller-Doktrin ist das Ergebnis einer Entwicklung eines konzernrechtlichen Schutzes von Kleinaktionären, dessen Ansätze vor allem in der Literatur entwickelt worden sind. Das Ziel, dem Kleinaktionär weitreichende Kontrollmöglichkeiten in Fragen der Konzernbildung einzuräumen, ist der Ausgangspunkt dieser Gedanken gewesen. Der BGH hat versucht, diese Ideen umzusetzen. Er hat dabei keinen dogmatischen Ansatz genommen, der schon in der Literatur diskutiert worden ist, sondern eine eigene Systematik entwickelt. Er hat auf keine bestehende Vorschrift zurückgegriffen, sondern durch eine extensive Auslegung des § 119 Abs. 2 eine ungeschriebene Kompetenz der Hauptversammlung entwickelt, die bei Grund- und Strukturentscheidungen eingreift. Die Einflussmöglichkeiten der Anteilseigner sind ausgeweitet worden. Dieser Ansatz erweist sich nur dann als sinnvoll, wenn der Kleinaktionär in der Lage ist, die Entscheidungen in einer Aktiengesellschaft nachzuvollziehen. Diesem Gedanken kann nicht gefolgt werden, da er den historischen Erfahrungen widerspricht und von einem Aktionärsbild ausgeht, das in dieser Form nicht zu halten ist. Der BGH sieht den Aktionär in der Aktiengesellschaft allein unter gesellschaftsrechtlichen Gesichtspunkten. Durch diesen Ansatz entsteht ein Widerspruch zwischen der höchstrichterlichen Rechtsprechung und zentralen Wertungen, die durch die Regelungen der Aktiengesetze von 1937 und 1965 vorgegeben worden sind. Aktuelle Wertungen sind aufgegeben und durch Grundsätze, die im Aktienrecht von 1884 gegolten haben, ersetzt worden. Dabei hat der BGH jedoch verkannt, dass die Gewaltenteilung in dem AktG von 1965 bewußt anders angelegt worden ist. Die Rolle der

Hauptversammlung ist nicht als Zentralorgan, sondern als eines von drei gleichberechtigten Organen ausgestaltet. Damit ist der Gesetzgeber über den reinen gesellschaftsrechtlichen Ansatz hinausgegangen. Deshalb ist der aktienrechtliche Schutz von Kleinanlegern an dem Gedanken des Anlegers zu orientieren. Der Kleinaktionär ist auch innerhalb der gesellschaftsrechtlichen Ordnung der Aktiengesellschaft als Anleger zu sehen und als solcher zu behandeln.

D. Inhaltskontrolle: Bestandsaufnahme und Kritik

1. Einleitung

1.1 Problemstellung

Die Holzmüller-Entscheidung ist nicht das einzige Urteil gewesen, das für die Konzernierung von Aktiengesellschaften von großer Bedeutung gewesen ist. Eine Reihe von Urteilen hat sich mit der Inhaltskontrolle von Mehrheitsentscheidungen befasst. Ihnen kommt dieselbe innovatorische Kraft zu[1]. Der BGH hat ein Rechtsinstitut entwickelt, das der bis dahin herrschenden Meinung diametral gegenüber steht[2]. Er hat die tatbestandlichen Anforderungen an die Kapitalerhöhung mit Bezugsrechtsausschluss erhöht und damit Neuland für die Rechtsprechung betreten[3]. Bis zu diesem Zeitpunkt hat sich die gerichtliche Kontrolle von Hauptversammlungsentscheidungen auf eine Rechtskontrolle beschränkt[4]. Das bedeutet, dass die Rechtsprechung die formellen Voraussetzungen der Entscheidungsfindung nachgeprüft hat[5]. Darüber hinaus konnten die Gerichte nur bei Sittenwidrigkeit und bei einem Verstoß gegen Treu und Glauben eingreifen[6]. Damit hat sich der BGH jedoch nicht zufrieden gegeben. Er hat außerdem das ungeschriebene Tatbestandsmerkmal der „sachlichen Rechtfertigung" entwickelt[7]. Damit wurde das Prinzip der Mehrheitsherrschaft in seinen Grundsätzen erschüt-

---

1 BGHZ 71, 40 (Kali & Salz); BGHZ 83, 319 (Holzmann); BGHZ 120, 141; BGHZ 136, 133 (Siemens/Nold);*Timm* ZGR 1987, 403/406 m.w.N.

2 *Semler* BB 1983, 1566/1568; *Mülbert*, Aktiengesellschaft, S. 214 ff.; *Kindler* ZGR 1998, 35/39; *Wank* ZGR 1988, 314/362.

3 BGHZ 71, 40 ff. (Kali & Salz); *Semler* BB 1983, 1566/1568; *Ekkenga* AG 2001, 567/572; *Wank* ZGR 1988, 314/366; *Mülbert*, Aktiengesellschaft, S. 149.

4 *Mülbert*, Aktiengesellschaft, S. 214 ff.

5 BGHZ 71, 40/44 (Kali & Salz); BGHZ 70, 117/121 (Mannesmann); *Füchsel* BB 1972, 1533/1534; *Semler* BB 1983, 1566/1568; *Mestmäcker* BB 1961, 945/946; *Becker* BB 1981, 394.

6 *Semler* BB 1983, 1566/1568; *Mestmäcker* BB 1961, 945/946.

7 BGHZ 71, 40 ff. (Kali & Salz); *Zöllner* AG 1994, 336/341; *Ulmer* ZGR 1999, 751/763; *Lutter* BB 1981, 861 ff.; *ders.* ZGR 1981, 171/172; *Vollmer/Lorch* DB 1991, 1313; *Mülbert*, Aktiengesellschaft, S. 214 ff.; *Timm* ZGR 1987, 403/407; *Ekkenga* AG 2001, 567/572; *Becker* BB 1981, 394 ff.

tert[8] und, wie schon in der Holzmüller-Entscheidung, tief in die aktienrechtliche Ordnung eingegriffen[9]. Das Machtverhältnis zwischen Mehrheit und Minderheit hat damit eine grundlegende Wandlung erfahren[10]. Die Rechte der Minderheitsaktionäre sind auf Kosten der Mehrheit der Anteilseigner ausgebaut worden[11]. Der BGH hat erkannt, dass das Stimmrecht von Kleinaktionären in großen Aktiengesellschaften nur marginalen Einfluss ermöglicht. Deshalb hat er die Kontrolle der Hauptversammlungszuständigkeiten nicht allein auf die Stimmentscheidungen in der Hauptversammlung gestützt, sondern auch den Gerichten die inhaltliche Überprüfung ermöglicht und sie so an der Entscheidungsfindung beteiligt. Die Tür zur verstärkten Kontrolle wirtschaftlicher Vorgänge durch die Rechtsprechung ist weit aufgestoßen worden[12]. Im Zuge dieser Rechtsprechung ist den Gerichten auferlegt worden, den Sinn und Zweck wirtschaftlicher Entscheidungen in letzter Instanz zu überprüfen. Allerdings wird die Inhaltskontrolle auf solche Entscheidungen beschränkt, die für die Aktionäre einen schweren Eingriff in deren Mitgliedschafts- und Vermögensrechte darstellen[13]. Dies ist bei Kapitalerhöhungen mit Bezugsrechtsausschluss der Fall[14]. Dadurch ist die Rechtsprechung jedoch an die Grenzen ihrer Prüfungskompetenz gestoßen[15], da sie nicht ihre Meinung an die Stelle des Mitgliederwillens stellen darf[16]. Die Gerichte müssen komplexe unternehmerische Entscheidungen nachvollziehen, die häufig auf Prognosen und hypothetischen Geschehensabläufen beruhen und in erster Linie betriebswirtschaftliche und nicht juristische Kenntnisse verlangen[17].

Der BGH hat die Gefahren erkannt, die durch solch eine weitreichende Prüfungskompetenz gegeben sind und ist besonnen mit diesem Rechtsinstitut umgegangen. Eine Ausweitung des Anwendungsbereiches ist bis heute nicht erfolgt[18]. Besondere Bedeutung hat die Inhaltskontrolle bei dem Rechtsinstitut des geneh-

8 *Hüffer* FS Kropff S. 126/140.
9 *Röhricht* ZGR 1994, 445/470.
10 *Timm* ZGR 1987, 403/404 ff.
11 *Lutter* BB 1981, 861; *Hüffer* FS Kropff S. 126/140; *Volhard* AG 1996, 397/403.
12 Hüffer FS Kropff S. 126/140; *Lutter* ZGR 1981, 171/174 ff.; *Vollmer/Lorch* DB 1991, 1313; *Timm* ZGR 1987, 403 ff.; *Wirth* DB 1996, 867/871.
13 BGHZ 129, 141/145; BGHZ 71, 40/45 (Kali & Salz); *Krieger* ZGR 2000, 885/887; *Lutter* ZGR 1981, 171/174 ff.; *Vollmer/Lorch* DB 1991, 1313; *Timm* ZGR 1987, 403/415; *Ekkenga* AG 2001, 567/572; *Wirth* DB 1996, 867/870 ff.
14 BGHZ 71, 40 (Kali & Salz); BGHZ 83, 319 (Holzmann).
15 *Martens* ZIP 1992, 1677/1682; *ders.* FS Fischer S. 437/446; *Wirth* DB 1996, 867/871.
16 *Schmidt*, Gesellschaftsrecht, S. 467; *Martens* FS Fischer S. 437/446.
17 *Cahn* ZHR 163 (1999), 554/578; *Bayer* ZHR 163 (1999), 506/509; *Vollmer/Lorch* DB 1991, 1313; *Wirth* DB 1996, 867/871.
18 BGHZ 120, 141 ff. (Bremer Bankverein); BGHZ 138, 71 (Sachsenmilch).

migten Kapitals erlangt. Durch das Erfordernis einer konkreten Rechtfertigung[19] ist diese Konstruktion aus der Unternehmenspraxis quasi eliminiert worden[20]. Schließlich hat der BGH erkannt, dass diese Rechtsprechung den Unternehmen ein großes Maß an Flexibilität genommen hat[21]. Deshalb hat er die Anforderungen an die Kapitalerhöhung mit Bezugsrechtsausschluss bei genehmigtem Kapital wieder eingeschränkt[22]. Darin zeigt sich eine vorsichtige Abkehr von dieser Rechtsprechung[23]. Gerade deshalb muss sich der BGH fragen lassen, mit welchem Ziel diese Rechtsprechung entwickelt worden ist und ob sie diesem Ziel gerecht geworden ist. Dazu sollen die Auswirkungen der Rechtsprechung auf das Mehrheitsprinzip und auf die Struktur der Aktiengesellschaft dargestellt werden. Dabei soll untersucht werden, ob sich in dieser Rechtsprechung nicht dasselbe Aktionärsbild manifestiert, wie es bei der Holzmüller – Entscheidung der Fall ist.

1.2 Gang der Untersuchung

Zunächst sollen die Urteile dargestellt werden, die für das Rechtsinstitut der Inhaltskontrolle von Mehrheitsentscheidungen von Bedeutung sind. Dabei sind zuerst die Kali & Salz- und die Holzmann-Entscheidung zu nennen[24]. Sie bilden die Grundlage für diese Rechtsprechung. Durch diese beiden Urteile ist die Inhaltskontrolle geschaffen und ausgebaut worden. Schon in der Bremer Bankverein-Entscheidung[25] hat sich erste Skepsis in Bezug auf diese Rechtsprechung gezeigt. Es ist eine Eingrenzung vorgenommen worden, die sich durch weitere Urteile wie der Siemens/Nold-Entscheidung[26] zu einer vorsichtigen Abkehr von dieser Rechtsprechung entwickelt hat. Die Siemens/Nold-Entscheidung hat die Anforderungen an die Inhaltskontrolle für den Bezugsrechtsausschluss bei der Rechtsfigur des genehmigten Kapitals deutlich eingeschränkt und dabei die Holzmann-Entscheidung in diesem Punkt aufgehoben[27]. Damit hat der BGH deutlich ge-

---

19 BGHZ 83, 319 ff. (Holzmann); *Volhard* AG 1998, 397/402; *Martens* ZIP 1992, 1677/1682.

20 *Volhard* AG 1998, 397/402; *Ulmer* ZGR 1999, 751/764; BGHZ 136, 133/138 (Siemens/Nold); *Martens* ZIP 1992, 1677/1680; *Hofmeister* NZG 2000, 713.

21 *Ulmer* ZGR 1999, 751/764.

22 BGHZ 136, 133 (Siemens/Nold); *Ulmer* ZGR 1999, 751/764; *Volhard* AG 1998, 397/402; *Wolf* AG 1998, 212 ff.; *Kindler* ZGR 1998, 35/49.

23 *Wolf* AG 1998, 212; *Lutter* JZ 1998, 50 ff.; *Bungert* NJW 1998, 488 ff.; a.A. *Ulmer* ZGR 1999, 751/764; *Krieger* ZGR 2000, 885 ff.

24 BGHZ 71, 40 (Kali & Salz); BGHZ 83, 319 (Holzmann).

25 BGHZ 120, 141 (Bremer Bankverein).

26 BGHZ 136, 133 (Siemens/Nold).

27 *Wolf* AG 1998, 212.

macht, dass er der Entwicklung einer Inhaltskontrolle mittlerweile kritisch gegenüber steht. Ihren bisherigen Abschluss hat diese Entwicklung in der Sachsenmilch-Entscheidung gefunden[28]. Dort hat der BGH gezeigt, dass er die Grenzen für eine Inhaltskontrolle sehr eng setzt und die Frage aufgeworfen, ob an diesem Rechtsinstitut überhaupt festgehalten werden soll[29]. Diese Untersuchung soll durch eine Analyse der Literatur abgeschlossen werden, um die Entstehung des Rechtsinstitutes der Inhaltskontrolle in seinem gesamten Kontext nachvollziehen zu können. Es wird jedoch eine Beschränkung auf die wesentlichen Ansichten vorgenommen. Gerade die Stimmen in der Literatur, die im Vorfeld dieser Entscheidung eine Rolle gespielt und dadurch ihre Entstehung beeinflusst haben, sollen dargestellt werden. Anschließend wird die Zielsetzung, die der BGH mit dieser Rechtsprechung verfolgt hat, herausgearbeitet und untersucht werden. Dabei soll im Hinblick auf das Thema der Arbeit analysiert werden, welches Aktionärsverständnis den Entscheidungen des BGH zu Grunde gelegen hat. Dieses Aktionärsbild soll im nächsten Kapitel mit dem Anlegergedanken verglichen werden.

2. Die Entwicklung der Rechtsprechung

2.1 Einführung

In diesem Absatz sollen die Grundlagen für eine eingehende Analyse der Rechtsprechung des BGH geschaffen werden. Dazu sollen die Kali & Salz-[30], die Bremer Bankverein-[31], die Siemens/Nold-[32] und die Sachsenmilch-Entscheidung[33] einer Bestandsaufnahme unterzogen werden. Zunächst sollen deren Sachverhalte und anschließend die rechtlichen Gründe dargestellt werden. Dabei soll besonders auf die Problemstellungen eingegangen werden, die den BGH dazu veranlasst haben, diese Urteile in der vorliegenden Form zu fällen. Außerdem soll herausgearbeitet werden, wie die ersten Urteile zu einem Ausbau der Inhaltskontrolle geführt haben und wie es anschließend zu einer vorsichtigen Eingrenzung dieses Rechtsinstituts gekommen ist.

---

28 BGHZ 138, 71 (Sachsenmilch).

29 *Lutter* JZ 1998, 50; *Bayer* ZHR 163 (1999), 404/514; *Kindler* ZGR 1998, 35/65; *Bungert* NJW 1998, 488 ff.; a.A. *Ulmer* ZGR 1999, 751/764; *Krieger* ZGR 2000, 885 ff.

30 BGHZ 71, 40 (Kali & Salz).

31 BGHZ 83, 319 (Holzmann); BGHZ 120, 141 (Bremer Bankverein).

32 BGHZ 136, 133 (Siemens/Nold).

33 BGHZ 138, 71 (Sachsenmilch).

2.2 Die Kali & Salz-Entscheidung

2.2.1 Der Sachverhalt

Der Kläger ist Aktionär der beklagten Aktiengesellschaft, der „Salzdetfurth Aktiengesellschaft (SAG), gewesen [34]. Diese Gesellschaft hat ein Grundkapital von 125 Mio. DM besessen. Die SAG ist eine Holdinggesellschaft gewesen, die neben einer 50%igen Beteiligung an der Kali und Salz AG (K & S alt) noch weitere ausländische Beteiligungen gehalten hat. Diese ausländischen Beteiligungen haben im Jahre 1971 einen Jahresfehlbetrag von rund 82 Mio. DM verursacht. Dieser Fehlbetrag hat nach Auflösung einer freien Rücklage von 36 Mio. DM einen Verlustausweis von rund 46 Mio. DM ergeben. Dieser Umstand hat zu einer Gefährdung der Liquidität, vielleicht sogar der Existenz der SAG geführt und sollte daher durch eine Kapitalerhöhung ausgeglichen werden. Das Kapital der SAG, sollte unter Ausschluss des Bezugsrechts der Aktionäre um 107.112.500 DM auf 232.112.500 DM erhöht werden. Außerdem sollte der Vorstand zu einer weiteren Erhöhung um 17.887.500 DM auf 250 Mio. DM ermächtigt werden. Zur Übernahme der neuen Aktien sind nur die Wintershall AG und deren Tochtergesellschaft, die Burbach-Kaliwerke AG, zugelassen worden. Diese hatten als Sacheinlage ihre insgesamt 50%ige Beteiligung an der K & S alt einzubringen. Die Wintershall AG hat für die von ihr eingebrachten K & S alt Aktien im Nennbetrag von 85.690.000 DM Aktien der SAG im Nennbetrag von 107.112.500 DM erhalten. Dabei ist ein Umtauschverhältnis von 4 zu 5 zugrunde gelegt worden. Grundlage für dieses Umtauschverhältnis ist der Bericht einer Bewertungskommission gewesen. Diese Kommission hat aus je zwei Vertretern der SAG und der K & S alt und der beiderseitigen Wirtschaftsprüfungsgesellschaften bestanden. Sie sollte die Unternehmenswerte der SAG und der K & S alt ermitteln. In diesem Bericht ist ein Wertverhältnis von 7,89 K & S alt Aktien zu 10 SAG Aktien ermittelt worden. Die beteiligten Wirtschaftsprüfungsgesellschaften haben bestätigt, dass die von der Kommission angewandten Bewertungsgrundsätze betriebswirtschaftlich anerkannten Regeln entsprechen und diese eingehalten worden sind und dass die Wertrelation von 7,89 zu 10 angemessen ist. Im Anschluss an die notwendigen Eintragungen in das Handelsregister ist das Vermögen der K & S alt nach § 15 Abs. 1 UmwG auf die SAG übertragen worden. Die Burbach-Kaliwerke AG ist als Aktionär der K & S ausgeschieden. Ihre Beteiligung von nominell 14.310.000 DM ist gesetzlich abgefunden worden. Die Abfindung ist als Sacheinlage in die SAG eingebracht worden. Sie hat dafür neue Aktien im Nennbetrag

---

34 BGHZ 71, 40 ff. (Kali & Salz); OLG Frankfurt AG 1976, 298 ff.

von 17.887.500 DM erhalten. Dies entspricht einem Umtauschverhältnis von 4 zu 5.

Der Kläger hat die Hauptversammlungsbeschlüsse der SAG angefochten, in denen mit mehr als der dreiviertel Mehrheit des vertretenen Grundkapitals die Kapitalerhöhung unter Bezugsrechtsausschluss beschlossen worden ist. Die Instanzgerichte haben die Klage abgewiesen[35]. Auch die Revision des Klägers hatte keinen Erfolg.

2.2.2 Die Problemstellung der Kali & Salz Entscheidung und der Lösungsansatz der Rechtsprechung

Bei dieser Entscheidung fällt zunächst auf, dass wie bei der Holzmüller – Entscheidung zwar ein rechtlich bedeutsames Urteil gefällt worden ist, das weitreichende Auswirkungen für das gesamte Aktienrecht hat, dass jedoch die rechtlichen Neuerungen für den konkreten Fall ohne jeden Einfluss geblieben sind[36]. Der BGH nimmt den Sachverhalt zum Anlass, ein neues Rechtsinstitut zu begründen, ohne dass es dabei auf den Einzelfall ankommt[37]. Der Kläger kann für sich in Anspruch nehmen, durch seine Klage das Aktienrecht fortentwickelt zu haben. Seinen Prozess hat er dennoch verloren. Für den BGH hat also die Schaffung neuen Rechts im Vordergrund gestanden. Es soll daher untersucht werden, welches Problem den BGH dazu veranlasst hat, über den Einzellfall hinauszugehen und warum er eine so weitreichende Rechtsfortbildung erneut in einem „obiter dictum" vorgenommen hat.

Die Erhöhung des Grundkapitals bei der Aktiengesellschaft ist ganz anderen Schwierigkeiten unterworfen, als es bei den Personengesellschaften der Fall ist. Die körperschaftliche Struktur verhindert, dass die Aktiengesellschaft eine Nachschusspflicht der Gesellschafter kennt. Das bedeutet, dass die Aktionäre bei einer Kapitalerhöhung nicht gezwungen sind, der Gesellschaft Kapital zuzuführen. Deshalb ist es gerade bei der Aktiengesellschaft von Bedeutung, auf Fremdkapital zurückgreifen zu können. Dabei kommt es der Aktiengesellschaft zugute, dass das Konzept dieser Gesellschaft nicht auf einen geschlossenen Gesellschafterkreis, sondern als Großunternehmen auf den Zugang zur Börse ausgelegt ist [38]. Dort kann sie das Kapital für bedeutende Investitionen erwerben. Diese Möglichkeit von Aktiengesellschaften, ihren Kapitalbedarf durch die Börse zu de-

35 OLG Frankfurt AG 1976, 298 ff.; LG Kassel AG 1975, 163.

36 *Volhard* AG 1998, 397.

37 Kritisch dazu *Röhricht* ZGR 1999, 445/453

38 *Vollmer/Lorch* DB 1991, 1313/1314; *Röhricht* ZGR 1999, 445/469; *Binnewies*, Konzerneingangskontrolle, S. 284; *Lutter* FS Zöllner S. 363/379; *Hoffmann-Becking* in Hb. Gesellschaftsrechts, § 2 Rn 4.

cken, ist jedoch für die Aktionäre dieser Gesellschaft ein zweischneidiges Schwert[39]. Die Kapitalerhöhung beinhaltet für die Anteilseigner die Gefahr, dass es zu einer Verletzung ihrer mitgliedschafts- und vermögensrechtlichen Stellung kommt[40]. Denn durch die Ausgabe neuer Aktien wird die Stellung der bisherigen Aktionäre verwässert, sofern sie nicht ihren Aktienbesitz erhöhen[41]. Diese Verwässerung ergibt sich aus der Tatsache, dass sich der Anteilsbesitz durch die Ausgabe neuer Aktien im Verhältnis zum gesamten Grundkapital verringert. Außerdem sinkt auch der relative Gewinnanspruch entsprechend dem verringerten Aktienanteil[42]. Dieses Problemes ist sich der BGH wohl bewusst gewesen. Denn er hat in der Kali & Salz-Entscheidung ausgeführt, dass eine Kapitalerhöhung ohne Aktienbezug der bisherigen Anteilseigner dazu führt, dass der Anteil der betroffenen Aktionäre am Gesellschaftsvermögen mit dem entsprechenden Gewinn- und Liquidationsanteil mindestens relativ absinkt und sich zugleich die Stimmrechtsquoten zu Lasten der Altaktionäre verschieben[43]. Paradoxerweise kann jedoch trotz Absinkens der relativen Beteiligungsquote die absolute Beteiligung am Grundkapital konstant bleiben[44] oder gar anwachsen, da die durch die Kapitalerhöhung ausgegebenen Aktien der Gesellschaft frisches Kapital zuführen. Dennoch kann die Veränderung der Stimmrechtsquoten für den einzelnen Aktionär weitreichende Folgen haben. Sie kann dazu führen, dass Minderheitsaktionäre die Quoren für bestimmte Minderheitsrechte nicht mehr erreichen oder sie kann durch den Erwerb der Aktien durch einen Großaktionär zu der Abhängigkeit der Gesellschaft führen[45]. Dieser Gefahr ist sich auch der Gesetzgeber bewusst gewesen. Deshalb statuiert das Aktienrecht in § 186 ein Bezugsrecht für die Aktionäre[46]. Dieses stellt für jeden Aktionär ein Grundrecht dar[47]. Das bedeutet, dass jeder Aktionär auf sein Verlangen einen seinem Anteil an dem bisherigen Grundkapital entsprechenden Teil der neuen Aktien zugeteilt bekommen muss. Der BGH hat jedoch die Gefahr gesehen, dass dieses Bezugsrecht unter-

---

39 *Ekkenga* AG 2001, 567/568; *Bayer* ZHR 163 (1999), 505/506; *Martens* ZIP 1992, 1677 ff.; *Zöllner* AG 2002, 585.

40 BGHZ 71, 40/45 (Kali & Salz); *Zöllner* AG 1994, 336/341; *Füchsel* BB 1972, 1533; *Lutter* JZ 1998, 50; *van Venrooy* DB 1982, 735.

41 BGHZ 71, 40/45 (Kali & Salz); *Füchsel* BB 1972, 1533/1534; *Bayer* ZHR 163 (1999), 505/508; *Mestmäcker* BB 1961, 945; *Zöllner* AG 2002, 585.

42 *Füchsel* BB 1972, 1533/1534.

43 BGHZ 71, 40/45 (Kali & Salz); *Mülbert*, Aktiengesellschaft, S. 191; *Mestmäcker* BB 1961, 945.

44 *Mülbert*, Aktiengesellschaft, S. 194.

45 BGHZ 71, 40/45 (Kali & Salz); *Zöllner* AG 1994, 336/341; *Cahn* ZHR 163 (1999), 554/579; *Lutter* JZ 1998, 50/51.

46 *van Venrooy* DB 1982, 735; *Zöllner* AG 2002, 585.

47 *Zöllner* AG 1994, 336/341; *Bayer* ZHR 163 (1999), 505/508; *Becker* BB 1981, 394.

laufen werden kann. Die Möglichkeit dafür hat der Gesetzgeber durch die Öffnungsklausel des § 186 Abs. 3 geschaffen. Diese ist erforderlich, weil die Kapitalerhöhung mit Bezugsrechtsausschluss zum Erwerb von Sacheinlagen, wie die Beteiligung an anderen Gesellschaften, aus unternehmerischer Sicht notwendig sein kann[48]. Auf Grund dieser Vorschrift kann das Bezugsrecht ausgeschlossen werden, wenn die Hauptversammlung dies beschließt. Dieser Beschluss muss zumindest mit einer Mehrheit von drei Viertel des in der Hauptversammlung vertretenen Grundkapitals gefasst werden. Mit dieser Öffnungsklausel hat sich der BGH in seiner Kali & Salz Entscheidung befasst. Der BGH hat das Erfordernis einer dreiviertel Mehrheit für nicht ausreichend angesehen, um die Minderheitsaktionäre zu schützen. Er hat trotz dieses Mehrheitserfordernisses die Gefahr gesehen, dass Kleinaktionäre dem Willen von Mehrheitsaktionären ausgeliefert sind. Deshalb hat der BGH die Anforderungen an den Bezugsrechtsausschluss erhöht.

Wie er dabei dogmatisch vorgegangen ist, soll im nächsten Abschnitt erläutert werden.

2.2.3 Die Vorgehensweise des BGH

Die Vorschrift des § 186 Abs. 3, die den Bezugsrechtsausschluss regelt, ist eindeutig. Sie verlangt eine dreiviertel Mehrheit. Weitere Tatbestandsmerkmale, insbesondere materielle Voraussetzungen, werden ausdrücklich nicht genannt[49]. Der BGH hat es jedoch darüber hinaus für erforderlich erachtet, den Bezugsrechtsausschluss einer gerichtlichen Kontrolle zu unterwerfen. Diese Kontrolle ermöglicht es der Rechtsprechung, auch in Einzelfällen korrigierend einzugreifen[50]. Um diese Einzelfallkontrolle einzuführen, hat der BGH sachliche Anforderungen an die Hauptversammlungsentscheidung gestellt[51]. Der BGH verlangt materielle Gründe, die den Bezugsrechtsausschluss im Interesse der Gesellschaft rechtfertigen, und nimmt zu diesem Zweck eine Abwägung der Interessen und der Verhältnismäßigkeit von Mittel und Zweck vor[52]. Es liegt also nicht mehr in der alleinigen Entscheidungsgewalt der Aktiengesellschaft, ob sie eine Kapitaler-

48 *van Venrooy* DB 1982, 735; *Lutter* JZ 1998, 50; *ders.* BB 1981, 861; *Bungert* NJW 1998, 488/489; *Bayer* ZHR 163 (1999), 505/507.

49 *Wank* ZGR 1988, 314/359; *Cahn* ZHR 163 (1999), 554/555; *Bungert* NJW 1998, 488; van *Venrooy* DB 1982, 735; BGHZ 70, 40/44 (Kali & Salz).

50 BGHZ 71, 40/46 (Kali & Salz).

51 BGHZ 71, 40/46 ff. (Kali & Salz).

52 BGHZ 71, 40/46 ff. Kali & Salz); BGHZ 83, 319/321 (Holzmann); *Zöllner* AG 1994, 336/341; *Lutter* BB 1981, 861; *van Venrooy* DB 1982, 735/736; *Cahn* ZHR 163 (1999), 554/570 ff.

höhung mit Bezugsrechtsausschluss vornimmt, sondern die Entscheidung kann von den Gerichten auch inhaltlich überprüft werden[53]. Mit diesem vom BGH als ungeschriebene Voraussetzung bezeichneten Tatbestandsmerkmal bezieht sich der BGH ausdrücklich auf zum damaligen Zeitpunkt neuere Ansichten in der Literatur, die auch im Aktienrecht bei Entscheidungen der Hauptversammlung eine Interessenabwägung fordern[54]. Wie die Voraussetzungen im einzelnen vom BGH gehandhabt werden und wie er sie dogmatisch begründet hat, soll im nächsten Abschnitt dargelegt werden.

2.2.4 Die Methode des BGH

Der BGH knüpft in seiner Begründung an die Vorschrift des § 186 Abs. 3 an. In einem Satz stellt er fest, dass dessen formelle Voraussetzungen unstreitig erfüllt sind[55]. Genauso offensichtlich erscheint dem BGH, dass dessen Anforderungen nicht ausreichen. Er führt dazu u.a. aus, dass die Vorschrift des § 186 Abs. 3 nicht so zu verstehen ist, dass es im freien Ermessen der Mehrheit liegt, einen Bezugsrechtsauschluss zu beschließen, und dieser allenfalls durch die guten Sitten begrenzt ist[56]. Der BGH verlangt als weiteres „ungeschriebenes" Kriterium die sachliche Rechtfertigung. Er fügt dieses Kriterium ein, ohne festzustellen, ob überhaupt eine Regelungslücke besteht und ob eine Lückenschließung notwendig ist[57]. Dies wäre jedoch bei einer Rechtsfortbildung, wie im vorliegenden Fall, notwendig gewesen[58]. Inhaltlich fordert der BGH nunmehr, dass die Entscheidung der Hauptversammlung nicht nur formell rechtmäßig zustande gekommen, sondern dass sie auch sachlich berechtigt ist. Zum ersten Mal stellt der BGH so weitreichende inhaltliche Anforderungen an eine Mehrheitsentscheidung der Hauptversammlung. Darin besteht der innovative Gehalt dieser Entscheidung. Das Erfordernis einer sachlichen Berechtigung ist von dem BGH in einem anderen Zusammenhang bereits angewandt worden. In einer älteren Entscheidung hat er sich dieses Kriteriums bedient[59]. Obwohl sich der BGH explizit auf diese Entscheidung beruft, sind die Unterschiede im tatsächlichen Bereich jedoch so groß, dass eine Übertragung dieses Kriteriums kaum möglich erscheint. In der damali-

---

53 BGHZ 71, 40/45 ff. (Kali & Salz); *Semler* BB 1983, 1566/1568; *Röhricht* ZGR 1999, 445/471.
54 BGHZ 71, 40/46 (Kali & Salz); *Füchsel* BB 1972, 1533 ff.
55 BGHZ 70, 40/43 (Kali & Salz).
56 BGHZ 71, 40/44 (Kali & Salz).
57 BGHZ 71, 40/44 (Kali & Salz); *Wank* ZGR 1988, 314/368.
58 *Wank* ZGR 1988, 314/368.
59 BGHZ 33, 175/186.

gen Entscheidung[60] hatte der BGH über die Rechtmäßigkeit eines Vorstandsbeschlusses zu entscheiden. Die formellen Anforderungen an diese Beschlüsse sind nicht mit denen zu vergleichen, die an Hauptversammlungsentscheidungen gestellt werden. Außerdem ist die Anzahl der Vorstandsmitglieder deutlich geringer als die der Aktionäre, so dass ganz andere Anforderungen an den Prozess der Entscheidungsfindung zu stellen sind. In BGHZ 33, 175 ff. ist es um die Frage gegangen, ob der Grundsatz der gleichmäßigen Behandlung der Aktionäre verletzt worden ist[61]. Es hat sich um einen Konflikt zwischen Verwaltung und Anteilseignern gehandelt: also um eine Streitigkeit zwischen verschiedenen Organen der Aktiengesellschaft. Der BGH hat die Frage zu klären gehabt, ob das Vorgehen der Verwaltung zulässig gewesen ist oder ob der Grundsatz der gleichmäßigen Behandlung dem Vorgehen der Verwaltung entgegen gestanden hat. In dieser Situation hat sich der BGH des Kriteriums der sachlichen Berechtigung bedient. Mit diesem Argument hat der BGH den Grundsatz der gleichmäßigen Verwaltung eingeschränkt und eine Ausnahmeregelung eingeführt. Er hat entschieden, dass eine ungleiche Behandlung der Aktionäre dann zulässig ist, wenn sie sachlich berechtigt ist und damit nicht den Charakter der Willkür trägt[62]. Diese Ausnahme erscheint dem Grundsatz der gleichmäßigen Behandlung geradezu immanent zu sein. Denn dieser Grundsatz ist Ausfluss von Treu und Glauben und wird seinerseits durch Treu und Glauben begrenzt. Die Situation in der Kali & Salz-Entscheidung ist hingegen davon grundsätzlich zu unterscheiden. Dort hat es sich nicht um eine Vorstandsentscheidung, sondern um einen Hauptversammlungsbeschluss gehandelt. Außerdem ist hier nicht eine Verhaltensregel des Vorstandes eingeschränkt, sondern eine eindeutige gesetzliche Regelung ergänzt worden. In beiden Fällen mag sich der BGH desselben Kriteriums bedient haben. Die Voraussetzungen und die Auswirkungen sind jedoch völlig unterschiedlich gewesen. Trotz dieser Widersprüchlichkeit führt der BGH aus, dass er diese Entscheidung als Maßstab für die Überprüfung des Bezugsrechtsausschlusses verwenden will. Auch in dem vorliegenden Fall verlangt er eine Rechtfertigung der Entscheidung durch das Gesellschaftsinteresse[63]. Damit setzt er einen Hauptversammlungsbeschluss mit einer Vorstandsentscheidung gleich. Eine systematische Einbindung dieses ungeschriebenen Tatbestandsmerkmals wird vom BGH nicht vorgenommen. Mit großem Aufwand begründet der BGH, welche Gesichtspunkte bei der Rechtfertigung in Betracht zu ziehen sind[64]. Zentrales Argument ist, dass der Bezugsrechtsausschluss einen schweren Eingriff in die Mitgliedschaftsrechte der

60 BGHZ 33, 175/186.
61 BGHZ 33, 175/186.
62 BGHZ 33, 175.
63 BGHZ 71, 40/44 (Kali & Salz).
64 BGHZ 71, 40/44 (Kali & Salz).

Aktionäre darstellt. Es ist das Recht jedes Aktionärs, Kapital in „sein" Unternehmen investieren zu können. Daraus schließt der BGH, dass solch ein Eingriff nur möglich ist, wenn das mit der Kapitalerhöhung angestrebte Ziel ohne Bezugsrechtsausschluss nicht erreichbar ist[65]. Den Grund sieht der BGH in der doppelten Verletzung der mitgliedschaftlichen Stellung der Aktionäre. Es sind sowohl die Mitverwaltungsrechte als auch die Vermögensrechte betroffen. In seiner Entscheidung stellt der BGH ausdrücklich klar, dass die sachliche Rechtfertigung die in der Literatur geforderte Interessenabwägung und Verhältnismäßigkeitsprüfung umfasst[66]. Das bedeutet, dass bei der Prüfung eines Bezugsrechtsausschlusses ermittelt werden muss, ob dieser auch bei gebührender Berücksichtigung der Folgen für die ausgeschlossenen Aktionäre durch sachliche Gründe im Interesse der Gesellschaft gerechtfertigt ist. Maßgeblicher Beurteilungszeitpunkt ist dabei der Zeitpunkt der Beschlussfassung. Der BGH verlangt explizit, dass die Verhältnismäßigkeit von Mittel und Zweck geprüft werden muss. Nach diesen rein rechtlichen Ausführungen kehrt der BGH zum vorliegenden Fall zurück. Nun führt er aus, dass die von ihm geforderten Voraussetzungen gegeben sind und verzichtet insoweit auf weitere Ausführungen zur konkreten Ausgestaltung der inhaltlichen Anforderungen, die für die Entscheidung zum Bezugsrechtsausschluss erforderlich sind.

2.2.5 Die Auswirkungen der Kali & Salz-Entscheidung

Der BGH führt durch die Kali & Salz Entscheidung eine neue Anforderung für die Kapitalerhöhung mit Bezugsrechtsausschluss ein. Diese Anforderung revolutioniert das Kontrollprogramm der Rechtsprechung. Statt wie bisher auf eine formelle Überprüfung begrenzt zu sein, stehen den Gerichten nun materielle Prüfungskompetenzen zu. Dabei begibt sich die Rechtsprechung auf Neuland. Sie beruft sich dabei zwar explizit auf BGHZ 33, 175, jedoch sind die beiden Fälle aufgrund des Sachverhalts und auch der systematischen Grundlagen nicht vergleichbar. Das Prüfungsprogramm gibt der BGH dabei nur in seinen Grundsätzen vor. In der Kali & Salz Entscheidung ist eine konkrete Stellungnahme nicht erforderlich gewesen, da der Bezugsrechtsausschluss im vorliegenden Fall eindeutig rechtmäßig gewesen ist.

Diese Rechtsprechung ist bis heute weitgehend akzeptiert worden. Sowohl die Literatur[67] als auch die Rechtsprechung[68] haben sich wiederholt zu dem Erfor-

---

65 BGHZ 71, 40/44 (Kali & Salz).

66 BGHZ 71, 40/46 (Kali & Salz).

67 *Vollmer/Lorch* DB 1991, 1313; *Lutter* ZGR 1981, 171/173, *ders.* BB 1981, 861; *ders.* ZGR 1998, 397/401; *Timm* DB 1982, 211/213; *ders.* ZGR 1987, 403; *Wolf* AG 1998, 212/213; *Wank* ZGR 1988, 314/358 ff.; *Mülbert*, Aktiengesellschaft, S. 219;

dernis einer materiellen Inhaltskontrolle bekannt und sie bis heute nicht aufgegeben[69]. Sie stellt eine der bedeutendsten Entscheidungen im Bereich der Konzernbildung dar. Denn gerade für die Konzernbildung wird die Kapitalerhöhung mit Bezugsrechtsausschluss regelmäßig eingesetzt[70]. Zum einen bei dem Erwerb fremder Unternehmen, da Aktien des eigenen Unternehmens die Währung darstellen, mit der bezahlt wird, und zum anderen auch bei dem Schutz vor einer Übernahme, da durch eine Kapitalerhöhung der Erwerb von Mehrheiten verhindert werden kann[71]. Dabei kann der Erfolg der Maßnahme jedoch nur eintreten, wenn das Bezugsrecht der Altaktionäre ausgeschlossen wird und dadurch neue Aktionäre gewonnen werden können[72]. Damit handelt es sich letztlich nicht um einen Konflikt zwischen Minderheit und Mehrheit, sondern um einen Konflikt zwischen Anteilseignern und der Gesellschaft[73]. In diesem Konflikt hat sich der BGH zugunsten der Anteilseigner ausgesprochen.

Die Kali & Salz-Entscheidung ist nur ein erster Schritt gewesen, die Konzernbildung zu erschweren. Weitaus wichtiger für die Konzernbildung ist die Kapitalerhöhung durch das genehmigte Kapital[74]. Diese ist von der Kali & Salz-Entscheidung nur wenig betroffen. Die Rechtsprechung hat sich damit schwer getan, die Kali & Salz Rechtsprechung auf diese Rechtsfigur zu übertragen, da die Hauptversammlung bei dem genehmigten Kapital nur eine Ermächtigung ausspricht, die dann der Vorstand umsetzt. Die eigentliche Entscheidung über ein Bezugsrecht fällt damit die Verwaltung, allerdings nur durch Ermächtigung[75]. Dadurch ist für die Gerichte nicht ganz ersichtlich gewesen, wie sie die sachliche Kontrolle auf das genehmigte Kapital anwenden soll. Wie dieses Problem von der Rechtsprechung gelöst worden ist, soll im nächsten Abschnitt dargelegt werden.

Cahn ZHR 163 (1999), 554/569; *Bayer* ZHR 163 (1999), 505/509; *Martens* ZIP 1992, 1677/1687; *ders.* FS Fischer S. 437/443.

68 BGHZ 83, 319 (Holzmann); BGHZ 136, 133/136 (Siemens/Nold); BGHZ 138, 71 (Sachsenmilch).

69 *Kindler* ZGR 1998, 35/39; *Bayer* ZHR 163 (1999), 504/509; a.A. *Cahn* ZHR 163 (1999), 554/593.

70 *Timm* ZGR 1987, 403/422; *Ekkenga* AG 2001, 567/568; *van Venrooy* DB 1982, 735/739; *Cahn* ZHR 163 (1999), 554/555.

71 *Timm* DB 1981, 211/212; *van Venrooy* DB 1982, 735 ff.; *Wolf* AG 1998, 212.

72 *Timm* DB 1981, 211/212 ff.; *Cahn* ZHR 163 (1999), 554/555.

73 *Volhard* AG 1996, 397/403; ähnlich auch *Mülbert*, Aktiengesellschaft, S. 331.

74 *Ekkenga* AG 2001, 567/568; *Cahn* ZHR 163 (1999), 554/555.

75 *Kindler* ZGR 1998, 35/56; *Marsch* AG 1981, 211.

2.3 *Die Holzmann-Entscheidung*

Der Holzmann-Entscheidung kommt für die Rechtsfigur der Inhaltskontrolle nach der Kali & Salz Entscheidung große Bedeutung zu. Sie hat die Rechtsprechung zur Inhaltskontrolle bestätigt und ihren Anwendungsbereich ausgeweitet. Damit stellt sie einen weiteren Schritt dar, den Aktionären, und dabei vor allem den Minderheitsaktionären, zusätzliche Kompetenzen auf dem Gebiet der Geschäftsführung zuzugestehen[76]. Die Kompetenz, die bei dem Bezugsrechtsausschluss für genehmigtes Kapital bisher sowohl der Hauptversammlung als auch dem Vorstand zugestanden worden ist, letzterem kraft Ermächtigung[77], ist nun auf die Hauptversammlung beschränkt worden[78]. Darüber hinaus sind aber auch die Entscheidungskompetenzen der Hauptversammlung eingeschränkt worden, da diese nun nicht mehr in der Lage ist, Kompetenzen auf die Verwaltung zu verlagern, um im Interesse des eigenen Unternehmens schnell auf wirtschaftliche Anforderungen reagieren zu können[79].

Ein interessantes Detail dieser Entscheidung ist die Tatsache, dass sie in demselben Band wie die Holzmüller-Entscheidung veröffentlicht worden ist. Bei der Holzmüller-Entscheidung hat es sich um das erste Urteil gehandelt, bei dem in die gesetzliche Zuständigkeitsordnung der Aktiengesellschaft eingegriffen worden ist. Diese Tendenz ist mit der Holzmann-Entscheidung ausgebaut worden[80], in der eine ähnliche Geisteshaltung zum Ausdruck kommt. Bei der Holzmann-Entscheidung handelt es sich rechtlich nicht nur um eine Fortführung der Kali & Salz-Entscheidung, sondern sie knüpft auch direkt an die Holzmüller-Entscheidung an, da sie genau wie diese die Mitverwaltungsrechte der Anteilseigner stärkt. Beide Entscheidungen sind für die Frage der Konzernierung von entscheidender Bedeutung[81]. Denn die Aktien stellen die Währung dar, mit der die Verwaltung für die Beteiligung an weiteren Unternehmen in der Praxis zahlt[82]. Das genehmigte Kapital stellt dabei für die Verwaltung die einfachste und flexibelste Möglichkeit dar, Aktien am eigenen Unternehmen zu erwerben[83]. Diese Ent-

76 *Lutter* BB 1981, 861/864.
77 *Kindler* ZGR 1998, 35/56; *Marsch* AG 1981, 211.
78 *Kindler* ZGR 1998, 35/56.
79 *Ekkenga* AG 2001, 615/617; *Röhricht* ZGR 1999, 445/470.
80 *Lutter* BB 1981, 861/864, so wohl auch *Ekkenga* AG 2001, 567/575 ff.
81 *Wolf* AG 1998, 212 ff.; *Cahn* ZHR 163 (1999), 554/555; *van Venrooy* DB 1982, 735/739.
82 *Timm* DB 1981, 211; *Cahn* ZHR 163 (1999), 554/555; *van Venrooy* DB 1982, 735/739.
83 *Timm* DB 1981, 211.

scheidung soll nun mit Sachverhalt und Entscheidungsgründen dargestellt werden.

2.3.1 Der Sachverhalt

Die Klägerin besitzt 4.584 Aktien im Nennwert von je 50 DM von der beklagten Aktiengesellschaft. In der ordentlichen Hauptversammlung vom 10. Juli 1980 ist beschlossen worden, das Grundkapital der beklagten Aktiengesellschaft von 60 Mio. DM auf 75 Mio. DM zu erhöhen. Außerdem hat die Hauptversammlung einem Vorschlag der Verwaltung zugestimmt, der diese ermächtigt, das Grundkapital um bis zu weitere 25 Mio. DM zu erhöhen. Besondere Bedeutung hat die Tatsache gehabt, dass damit dem Vorstand genehmigtes Kapital von einem Drittel des Grundkapitals zur Verfügung gestellt werden sollte[84]. Der Verwaltung ist die Möglichkeit eingeräumt worden, das Bezugsrecht der Altaktionäre einzuschränken. In der Einladung zur Hauptversammlung ist dabei durch den Vorstand ausgeführt worden:

„Grundsätzlich geht der Vorstand in Übereinstimmung mit dem Aufsichtsrat davon aus, den Aktionären zu gegebener Zeit ein Bezugsrecht einzuräumen.“

Allerdings hat der Vorstand dargelegt, dass es gerade im Zusammenhang mit einer Expansion im Ausland notwendig sein könnte, das Bezugsrecht zumindest teilweise auszuschließen. Dabei hat der Vorstand mitgeteilt, dass er bei Inanspruchnahme von genehmigtem Kapital die Hauptversammlung über einen möglichen Bezugsrechtsausschluss informieren werde. Daraufhin hat die Hauptversammlung mit 1.003.471 gegen 4.633 Stimmen beschlossen, dem Antrag zuzustimmen. Die Klägerin hat gegen diesen Beschluss Widerspruch zur Niederschrift erklärt. Sie hat beantragt, den beanstandeten Beschluss für nichtig zu erklären. Dieser Antrag ist vom Landgericht in erster Instanz abgewiesen worden. Daraufhin hat die Klägerin Sprungrevision eingelegt. Der BGH hat den Beschluss für nichtig erklärt, soweit er den Vorstand zum Ausschluss des Bezugsrechts ermächtigt hat.

Anders als bei der Kali & Salz-Entscheidung hat der BGH dem Antrag des Klägers entsprochen. Die Bedeutung dieses Urteils ist nicht auf den Einzelfall beschränkt. Zum einen ist die Kali & Salz-Entscheidung bestätigt worden. Zum anderen ist ihr Anwendungsbereich ausgedehnt worden. Hatte sich die Kali & Salz-Entscheidung auf den Anwendungsbereich des § 186 beschränkt, ist nun auch das genehmigte Kapital gem. §§ 202 ff. von der Inhaltskontrolle umfasst. Die rechtliche Vorgehensweise des BGH bei diesem Urteil soll nun zunächst dargestellt und dann analysiert werden.

---

84 *Zöllner* AG 2002, 585/586.

2.3.2 *Die Problemstellung der Holzmann-Entscheidung*

Die Rechtsprechung zur materiellen Inhaltskontrolle ist auf positive Resonanz gestoßen und schon Anfang der achtziger Jahre des vorigen Jahrhunderts trotz ihrer weitreichenden Folgen weitgehend akzeptiert worden[85]. Ein Grund dafür mag gewesen sein, dass der BGH Untersuchungen aus der Literatur aufgegriffen hat und die Forderungen der Literatur, den Schutz von Minderheitsaktionären auszubauen, auf fruchtbaren Boden gefallen sind[86]. Dieser Ansatz der Rechtsprechung ist nur als erster Schritt gesehen worden, der zu einer umfassenden Kontrolle der Aktiengesellschaften durch die Gerichte führen sollte. Die besondere Aufmerksamkeit hat dabei der Rechtsfigur des genehmigten Kapitals gegolten. Bei dem genehmigten Kapital trifft nicht die Hauptversammlung die Entscheidung über die Kapitalerhöhung und gegebenenfalls auch über den Bezugsrechtsausschluss, sondern die Verwaltung. Diese ist vorher von der Hauptversammlung dazu ermächtigt worden. Dadurch kann es gerade dort durch den Bezugsrechtsausschluss zu einer Gefährdung der Vermögens- und Mitgliedschaftsrechte der Aktionäre kommen. Da das genehmigte Kapital regelmäßig von der Verwaltung umgesetzt worden ist, hat eine effektive inhaltliche Kontrolle bisher nicht stattgefunden[87]. Deshalb ist es aus der Sicht des BGH gerade dort notwendig gewesen, die Kali & Salz-Entscheidung weiterzuentwickeln. Es geht nicht um die Existenz der Inhaltskontrolle, sondern um ihre Anwendung bei der Rechtsfigur des genehmigten Kapitals. Insofern finden sich auch keine Bemerkungen des BGH, die sich mit der grundsätzlichen Notwendigkeit eines sachlichen Kriteriums befassen. Auch die Ausdehnung der Inhaltskontrolle auf die §§ 202 ff. stellt der BGH in einem Satz fest[88]. Genau an dieser Stelle betritt der BGH jedoch für die Rechtsprechung Neuland. Allerdings liegen auch diesmal umfangreiche Untersuchungen der Literatur vor[89]. *Lutter* und *Timm* haben in ihren Arbeiten darauf hingewiesen, dass das genehmigte Kapital für die Verwaltung einer Aktiengesellschaft die Möglichkeit bietet, die inhaltlichen Anforderungen an einen Bezugsrechtsausschluss zu umgehen, wenn sie nicht auf diese Rechtsfigur angewendet werden. Durch die Holzmüller-Entscheidung hat der BGH die Möglichkeit gehabt, zu dieser Problematik Stellung zu nehmen.

---

85 *Timm* DB 1982, 211; *Lutter* BB 1981, 861; *ders.* ZGR 191, 171/173; *Martens* ZIP 1992, 1677/1687.

86 *Martens* ZIP 1992, 1677/1680; *ders.* FS Fischer S. 437/443.

87 *Timm* DB 1982, 211; *Lutter* BB 1981, 861; *Marsch* AG 1981, 211.

88 BGHZ 83, 319/321 (Holzmann).

89 *Lutter* BB 1981, 861; *Timm* DB 1981, 211; a.A. *Marsch* AG 1982, 211 ff.

2.3.3 Lösungsansatz des BGH

Das genehmigte Kapital hat aus der Sicht des BGH ein Schlupfloch dargestellt, durch das sich die Inhaltskontrolle bei Entscheidungen über den Bezugsrechtsausschluss umgehen lässt. Insoweit vermag es nicht zu verwundern, wenn der BGH in der Holzmann-Entscheidung dieses Schlupfloch geschlossen und auch die Rechtsfigur des genehmigten Kapitals einer Inhaltskontrolle unterworfen hat. Dafür haben sich zwei Möglichkeiten geboten. Entweder hätte er die Entscheidung der Verwaltung oder den im Vorfeld stattfindenden Ermächtigungsbeschluss der Hauptversammlung einer inhaltlichen Prüfung unterziehen können. Der BGH hat sich für die zweite Variante entschieden. Schon die Entscheidung der Hauptversammlung bedarf einer sachlichen Rechtfertigung und damit einer Begründung für den Bezugsrechtsausschluss. Dabei hat der BGH bei seinen Ausführungen besonderes Gewicht auf die Frage gelegt, wie konkret die Begründung der genehmigten Kapitalerhöhung zum Zeitpunkt des Hauptversammlungsbeschlusses sein muss[90]. Er musste die Frage entscheiden, ob es notwendig ist, dass der Grund für die Kapitalerhöhung sich schon zu diesem Zeitpunkt konkretisiert hat oder ob es ausreicht, dass eine weitere Kapitalerhöhung ohne erneute Anfrage an die Hauptversammlung lediglich plausibel erscheint. Bei Bejahung der zweiten Möglichkeit hätte die Hauptversammlung einen Teil ihrer Verantwortung verloren, da die konkrete Entscheidung von der Verwaltung getroffen würde. In diesem Absatz sollen die Grundlagen für eine eingehende Analyse der Rechtsprechung des BGH geschaffen werden.[91]. Entgegen dem Wortlaut der Vorschrift des § 203 Abs. 2 S. 1, die konkret vorsieht, dass der Vorstand über den Ausschluss des Bezugsrechts entscheidet, hat der BGH diese Möglichkeit eingeschränkt. Er hat sich also insoweit über die eindeutige Regelung des Gesetzes hinweggesetzt[92]. Die Möglichkeit, dem Vorstand eine Ermächtigung zu erteilen, wird nicht nur den Aktionären verwehrt, sondern es wird damit der Aktiengesellschaft unmöglich gemacht, kurzfristige Kapitalerhöhungen durchzuführen. Die Rechtsprechung misstraut den Organen der Aktiengesellschaft. Das drückt sich darin aus, dass der BGH ihnen nicht zutraut, den Bezugsrechtsausschluss bei genehmigtem Kapital ohne die direkte Kontrolle der Gerichte durchzuführen. Der Vorstand wird zugunsten der Hauptversammlung in seinen Rechten beschränkt und die Hauptversammlung verliert ihre Entscheidungskompetenz durch die Inhaltskontrolle von Mehrheitsentscheidungen zugunsten der Rechtsprechung[93].

---

90 *Bungert* NJW 1998, 488; *Hofmeister* NZG 2000, 713.

91 BGHZ 83, 319/321 ff. (Holzmann); *Lutter* BB 1981, 861.

92 *Lutter* BB 1981, 861; *Kindler* ZGR 1998, 35/38; *Cahn* ZHR 163 (1999), 554/555.

93 *Lutter* BB 1981, 861/863; *Röhricht* ZGR 1999, 445/470.

Der Gefahr des Machtmissbrauchs innerhalb der Gesellschaft begegnet der BGH durch eine Verstärkung der Kontrolle und eine Einschränkung der Entscheidungsbefugnisse innerhalb der Gesellschaft. Kein Organ der Gesellschaft ist nun noch in der Lage, über einen Bezugsrechtsausschluss bei dem genehmigten Kapital zu entscheiden, bei dem die Umsetzung nicht unmittelbar bevorsteht, aber schon konkrete Formen angenommen hat. Auf den ersten Blick werden die Kompetenzen der Hauptversammlung gestärkt. Tatsächlich jedoch werden alle Organe der Aktiengesellschaft geschwächt. Im folgenden soll nun die systematische Vorgehensweise des BGH erläutert werden.

2.3.4 Die Vorgehensweise

Argumentativ baut die Holzmann-Entscheidung auf die Kali & Salz-Entscheidung auf. Das entscheidende Argument wird vom BGH gleich zu Anfang genannt[94]: Das Erfordernis der sachlichen Rechtfertigung findet nicht nur bei der Kapitalerhöhung gem. den §§ 182 ff. Anwendung, sondern auch bei der Kapitalerhöhung durch genehmigtes Kapital gem. den §§ 202 ff. Damit macht der BGH deutlich, dass jede Entscheidung über eine Kapitalerhöhung mit Bezugsrechtsausschluss auch inhaltlich durch Gerichte überprüfbar ist. Die eigentliche Bedeutung dieser Entscheidung liegt jedoch darin, dass der BGH sehr strenge Anforderungen an diese inhaltliche Rechtfertigung stellt. Der BGH führt in seinen Leitsätzen aus, dass ein Hauptversammlungsbeschluss, der den Vorstand im Rahmen des genehmigten Kapitals auch zum Ausschluss des Bezugsrechts ermächtigt, nur zulässig ist, wenn nach der Lage der Gesellschaft und dem Stand der Pläne für ihre Zukunft konkrete Anhaltspunkte dafür gegeben sind, es könnte sich innerhalb der dem Vorstand eingeräumten Frist als notwendig und auch im Hinblick auf die Interessen der betroffenen Aktionäre als vertretbar erweisen, bei der Ausgabe neuer Aktien das Bezugsrecht auszuschließen. Es reicht nicht aus, wenn der Vorstand die inhaltlichen Anforderungen nach einer pflichtgemäßen kaufmännischen Prüfung feststellt, sondern es ist vielmehr erforderlich, dass schon zum Zeitpunkt der Hauptversammlungsentscheidung konkrete Anhaltspunkte dafür vorliegen, dass der Bezugsrechtsausschluss notwendig ist[95]. Jede Ermächtigung des Vorstandes zur Kapitalerhöhung mit Bezugsrechtsausschluss durch die Hauptversammlung bedarf eines konkreten Anlasses und eines aktuellen triftigen Grundes. Eine Blankoermächtigung, quasi auf Vorrat, genügt diesem Erfordernis nicht[96]. Der Grund für diese Entscheidung hat darin gelegen, dass der

94 BGHZ 83, 319/321 (Holzmann).
95 BGHZ 83, 319/321 ff. (Holzmann); a.A. *Marsch* AG 1981, 211/213.
96 BGHZ 83, 319/322 (Holzmann); so schon *Timm* DB 1981, 211/212 ff.

BGH die Gefahr gesehen hat, dass die Aktionäre die Tragweite dieser Entscheidung nicht erkennen[97]. Durch die zeitliche Verzögerung, mit der der Bezugsrechtsausschluss wirksam wird, ist den Aktionären die Bedeutung dieser Entscheidung nicht in gleichem Maße bewusst, wie es sonst der Fall ist. Deshalb hat es der BGH für die Hauptversammlung quasi unmöglich gemacht, sich der endgültigen Entscheidung zu entledigen[98]. Konkret bedeutet das, dass die sachliche Rechtfertigung nicht erst zum Zeitpunkt der Kapitalerhöhung gegeben sein muss, sondern schon für den zeitlich vorausgehenden Hauptversammlungsbeschluss vorliegen muss[99]. Mit diesem Erfordernis schafft der BGH die Entscheidungszuständigkeit des Vorstandes für das genehmigte Kapital mit Bezugsrechtsausschluss nicht völlig ab, aber er schränkt sie in starkem Maße ein. Die Gefahren, die durch diese Entscheidung des Vorstandes entstehen können, sind nach Ansicht des BGH nur dann gerechtfertigt, wenn schon zu dem Zeitpunkt, in dem die Hauptversammlung darüber beschließt, eine sorgfältige sachliche Prüfung stattgefunden hat[100]. Dazu führt der BGH aus, dass schon in diesem Augenblick tatsächliche Anzeichen dafür vorliegen müssen, dass der Vorstand während der Dauer seiner Ermächtigung im Gesellschaftsinteresse genötigt sein könnte, die Kapitalerhöhung mit einem Bezugsrechtsausschluss durchzuführen. Das bedeutet für den BGH, dass auch der Hauptversammlungsbeschluss einer sachlichen Rechtfertigung bedarf und dass diese sachliche Rechtfertigung, das heißt die Begründung für die Entscheidung, in der Hauptversammlung darzulegen ist. Damit schließt der BGH die Begründung für die Ausweitung der Inhaltskontrolle ab.

In seiner Entscheidung führt der BGH anschließend aus, dass das Rechtsinstitut des genehmigten Kapitals nicht beseitigt werden soll. Den Hauptanwendungsbereich für das genehmigte Kapital sieht der BGH in der Zukunft allerdings für die Kapitalerhöhungen ohne Bezugsrecht gegeben. Es entspricht ganz seiner Intention, wenn der Bezugsrechtsausschluss lediglich die Ausnahme bildet[101]. Der BGH will den Bezugsrechtsausschluss für das genehmigte Kapital auf die Fälle beschränken, in denen sich die Planungen bereits so weit verdichtet haben, dass es möglich ist, dem Vorstand eine von vornherein auf bestimmte Tatbestände begrenzte Ermächtigung zu erteilen[102]. Nur in diesen Fällen wird es gelingen, eine sachliche Rechtfertigung schon zum Zeitpunkt der Hauptversammlungsentscheidung zu geben. Darunter fallen nach Ansicht des BGH zwei Fallgruppen. Die ers-

97 BGHZ 83, 319/322 (Holzmann).

98 Ekkenga AG 2001, 567/572.

99 BGHZ 83, 319 ff. (Holzmann); so auch *Lutter* BB 1981, 861/862; *Timm* DB 1981, 211/213; *Cahn* ZHR 163 (1999), 554/555; *Bungert* NJW 1998, 488.

100 BGHZ 83, 319/321 ff. (Holzmann).

101 BGHZ 83, 319/323 (Holzmann).

102 BGHZ 83, 319/323 ff. (Holzmann).

te Fallgruppe liegt dann vor, wenn für das genehmigte Kapital mit Bezugsrechtsausschluss schon im Zeitpunkt der Hauptversammlungsentscheidung mit einiger Wahrscheinlichkeit vorauszusehen ist, dass der Bezugsrechtsausschluss notwendig sein wird und nur noch die Wahl des günstigsten Zeitpunkts und der näheren Bedingungen offen sind. Daneben sieht der BGH den Bezugsrechtsausschluss beim genehmigten Kapital auch dann noch als möglich an, wenn die Verwaltung in pflichtgemäßer Sorge für das Unternehmen bestimmte Maßnahmen anstrebt, deren nähere Einzelheiten noch nicht geklärt sind oder geheimgehalten werden sollen. In solchen Fällen wird es nicht möglich sein, bereits zum Zeitpunkt der Hauptversammlungsentscheidung die sachlichen Gründe für den Bezugsrechtsausschluss vorzustellen[103]. Dennoch ist es in diesen Fällen notwendig, dem Vorstand eine schnelle Reaktion auf die Geschäftslage zu ermöglichen. In diesen Fällen ist es ausreichend, dass bei Erteilung der Ermächtigung durch die Hauptversammlung unter Berücksichtigung der Lage der Gesellschaft und nach dem Stand der Pläne konkrete Anhaltspunkte dafür gegeben sind, dass sich der Bezugsrechtsausschluss durch den Vorstand innerhalb der eingeräumten Frist als notwendig und auch im Hinblick auf die Interessen der Aktionäre als vertretbar erweist[104]. Das bedeutet, dass schon die Ermächtigung des Vorstandes, den Bezugsrechtsausschluss vorzunehmen, durch sachliche Gründe zu rechtfertigen ist[105]. Die sachlichen Gründe müssen dabei durch einen eingehenden Bericht des Vorstandes an die Hauptversammlung dargelegt werden[106]. Dabei genügt es nicht, die Gründe nur abstrakt zu nennen, sondern es ist erforderlich, auch Tatsachen anzuführen, die es der Hauptversammlung ermöglichen, sich ein Bild von der Stichhaltigkeit des Wunsches der Verwaltung zu machen[107]. Ein Bezugsrechtsausschluss bei genehmigtem Kapital ist dann nicht möglich, wenn noch keine konkreten Anhaltspunkte vorliegen, die eine solch einschneidende Maßnahme rechtfertigen.

2.3.5 Die Auswirkungen der Holzmann-Entscheidung

Mit dieser Rechtsprechung hat der BGH erreicht, dass die Kontrolle von Entscheidungen einer Aktiengesellschaft in großem Maße von der Hauptversammlung auf die Gerichte übertragen worden ist. Während der Gesetzgeber die Entscheidung den Anteilseignern anvertraut und ihnen zugetraut hat, sie zum Wohle der Gesellschaft zu treffen, kennzeichnet den BGH ein profundes Misstrauen.

---

103 BGHZ 83, 319/324 (Holzmann).
104 BGHZ 83, 319/325 (Holzmann).
105 BGHZ 83, 319/325 (Holzmann).
106 BGHZ 83, 319/326 (Holzmann).
107 BGHZ 83, 319/327 (Holzmann).

Selbst das Mehrheitserfordernis von drei Vierteln reicht ihm nicht aus. Gerichtliche Kontrolle ersetzt unternehmerische Selbstbestimmung. Insoweit ist es nicht verwunderlich, wenn in Folge dieser Rechtsprechung die Rechtsfigur der Kapitalerhöhung mit Bezugsrechtsausschluss fast völlig verschwunden ist[108]. Die Holzmann-Entscheidung hat sich stärker als ihre systematischen Vorgängerentscheidungen Holzmüller und Kali & Salz auf die Rechtswirklichkeit der Aktiengesellschaften ausgewirkt. Während sich die Aktiengesellschaften mit der Holzmüller-Entscheidung arrangiert haben[109] und die Kali & Salz-Entscheidung den Spielraum der Verwaltung trotz ihrer weitreichenden rechtlichen Auswirkungen lediglich eingeschränkt hat, hat die Holzmann-Entscheidung das Rechtsinstitut des genehmigten Kapitals mit Bezugsrechtsausschluss aus der unternehmerischen Praxis quasi eliminiert[110]. Dies liegt daran, dass die Anforderungen, die der BGH für den Bezugsrechtsausschluss aufgestellt hat, nur in seltenen Fällen gegeben sind. Außerdem hat diese Rechtsprechung dazu geführt, dass die überwiegende Anzahl der Kapitalerhöhungen mit Bezugsrechtsausschluss mit der Folge angefochten worden sind, dass das genehmigte Kapital durch die lange Prozessdauer für das Unternehmen kaum nutzbar gewesen ist[111]. Dies hat unabhängig davon gegolten, ob die Anfechtungsklage begründet gewesen ist oder nicht, da allein die zeitliche Verzögerung die Anwendung dieses Rechtsinstituts ausgeschlossen hat[112]. Diese Schwierigkeit ist dadurch verstärkt worden, dass sich die sachliche Rechtfertigung kaum mit der von dem BGH geforderten Präzision für Vorratsbeschlüsse darlegen lässt[113]. Vorratsbeschlüsse sind dabei die Regel. Denn die Rechtsfigur des genehmigten Kapitals ist für zukünftige Fälle entwickelt worden, die sich zum Zeitpunkt des Hauptversammlungsbeschlusses gerade nicht vorhersehen lassen. Bei diesen fehlt regelmäßig die Konkretisierung des sachlichen Grundes für den Bezugsrechtsausschluss[114]. Diese fehlende Konkretisierung führt regelmäßig dazu, dass der Hauptversammlungsbeschluss, der die Ermächtigung

---

108 *Ulmer* ZGR 1999, 751/764; BGHZ 136, 133/136 (Siemens/Nold).

109 *Groß* AG 1996, 111; *Heinsius* ZGR 1984, 383/390; *v. Rechenberg* FS Bezzenberger S. 359.

110 *Ulmer* ZGR 1999, 751/764; *Volhard* AG 1996, 397; *Kindler* ZGR 1998, 35/40; so auch BGHZ 136, 133/136 (Siemens/Nold); *Röhricht* ZGR 1999, 445/470 ff.; *Martens* ZIP 1992, 1677/1680; *Hofmeister* NZG 2000, 713.

111 *Volhard* AG 1996, 397/399; *Kindler* ZGR 1998, 35/49; *Ekkenga* AG 2001, 567/568; *Röhricht* ZGR 1999, 445/470 ff.

112 *Volhard* AG 1996, 397/399; *Ekkenga* AG 2001, 567/568; *Martens* ZIP 1992, 1677/1678.

113 *Ulmer* ZGR 1999, 751/764; *Röhricht* ZGR 1999, 445/470; *van Venrooy* DB 1982, 735/736.

114 *Ulmer* ZGR 1999, 751/764; *Röhricht* ZGR 1999, 445/470; *Becker* BB 1981, 394/395.

für den Vorstand enthält, eine Kapitalerhöhung unter Ausschluss des Bezugsrechts für die Altaktionäre durchzuführen, rechtswidrig ist. Um diesen Misstand zu beseitigen, hat der BGH die Holzmann-Entscheidung schließlich aufgegeben und die Anforderungen an den Bezugsrechtsausschluss beim genehmigten Kapital herabgesetzt[115]. Letztlich ist die Holzmann-Entscheidung von großer praktischer Bedeutung für die Konzernbildung von Aktiengesellschaften. Allerdings hat sie die in sie gesetzten Erwartungen nicht erfüllen können. Den Unternehmen ist die Möglichkeit genommen worden, ohne ein langwieriges und umständliches Einschalten der Hauptversammlung auf wirtschaftliche Gegebenheiten schnell reagieren zu können[116]. Insoweit hat zunächst der Gesetzgeber durch die Neufassung des § 186 Abs. 3 S. 4 reagiert und schließlich auch der BGH[117]. Die Nachteile der Holzmann-Entscheidung für die Unternehmen haben 1996 in der Siemens/Nold-Entscheidung zur Abkehr von dieser Rechtsprechung geführt.

2.4 Die Bremer Bankverein-Entscheidung

Die Bremer Bankverein-Entscheidung stellt die erste Entscheidung dar, in der sich der BGH restriktiv gegenüber der Rechtsfigur der Inhaltskontrolle von Mehrheitsentscheidungen gezeigt hat. In dem Fall ist es um die Frage gegangen, ob die sachliche Rechtfertigung auch bei einer Entscheidung, die den Bezug von Genussrechten nach § 221 Abs. 4 betrifft, anwendbar ist. Solch eine Ausdehnung seiner Rechtsprechung hat der BGH eindeutig abgelehnt. Damit hat der BGH der Ausdehnung der richterlichen Kontrollbefugnisse im Minderheitsrecht erstmalig eine Abfuhr erteilt. Deshalb spielt diese Entscheidung für die Inhaltskontrolle von Mehrheitsentscheidungen und für die Fortentwicklung des Minderheitsrechts eine wesentliche Rolle.

Zunächst soll der Sachverhalt dargestellt werden, der dieser Entscheidung zugrunde liegt. Damit wird die Grundlage für die weitere Analyse dieser Entscheidung gelegt. Darüber hinaus soll ermittelt werden, wie stark sich die Entscheidung auf den Einzelfall auswirkt.

2.4.1 Der Sachverhalt

Die beklagte Bank hat in ihrer Hauptversammlung dem Abschluss von zwei Genussrechtsverträgen über je 15 Mio. DM mit der erforderlichen Mehrheit zuge-

115 BGHZ 136, 133 (Siemens/Nold); *Cahn* ZHR 163 (1999), 554/556.
116 *Kindler* ZGR 1998, 35/40.
117 *Mülbert*, Aktiengesellschaft, S. 266; *Hofmeister* NZG 2000, 713/714.

stimmt. Diese Genussrechtsverträge sind zwischen der Beklagten und ihrer Mehrheitsaktionärin unter Ausschluss des Bezugsrechts der außenstehenden Aktionäre geschlossen worden[118]. Die Genussrechte sind zum Nennbetrag zurückzuzahlen. Sie nehmen am Verlust der Gesellschaft teil, sind jedoch aus Jahresüberschüssen der Folgejahre wieder auf den Nennbetrag aufzufüllen. Gegenüber anderen Gläubigerrechten treten sie zurück. Im Falle der Liquidation sind sie nach den Rechten der Gläubiger und vor denen der Aktionäre zu bedienen. Eine Beteiligung am Liquidationserlös erfolgt nicht. Außerdem gewähren sie einen jährlichen Ausschüttungsanspruch von 7,5 %, der dem Gewinnanteil, den die Mehrheitsaktionärin den außenstehenden Aktionären aufgrund eines Beherrschungsvertrages garantiert, nachrangig ist und der entfällt, soweit durch seine Auszahlung ein Bilanzverlust entstehen würde. Ein Nachzahlungsanspruch für die Folgejahre besteht nicht. Die Verträge laufen bis Ende 1999. Sie können aber von beiden Seiten vorher gekündigt werden.

2.4.2 Die Problemstellung der Entscheidung Bremer Bankverein und der Lösungsansatz der Rechtsprechung

Der Sachverhalt offenbart einen klassischen Konflikt zwischen Minderheit und Mehrheit. Der Mehrheitsaktionär hat durch seine Hauptversammlungsmehrheit Verträge über die Einräumung von Genussrechten mit der beklagten Aktiengesellschaft abgeschlossen. Diese Genussrechte sind den außenstehenden Aktionäre verwehrt worden. Es steht daher die Frage im Raum, ob er mit seiner Mehrheitsmacht den anderen Aktionären geschadet hat. Sollte das der Fall sein, könnte eine inhaltliche Überprüfung der Hauptversammlungsentscheidung notwendig sein. Dies würde sich vor allem deshalb anbieten, weil die Genussrechte in ihrer Bedeutung einem Mitgliedschaftsrecht angenähert sind und zumindest die vermögensrechtliche Stellung der Anteilseigner beeinflussen. Trotz dieser Gründe, die für eine Anwendung der Inhaltskontrolle gesprochen haben, hat der BGH die Klage abgewiesen und eine Ausweitung der Rechtsprechung zur Inhaltskontrolle von Mehrheitsentscheidungen abgelehnt. In diesem Fall ist der BGH sehr behutsam mit den Kompetenzen des Mehrheitsaktionärs umgegangen und hat dem Einfluss der Minderheitsaktionäre Grenzen aufgezeigt. Dabei kann eine Rolle gespielt haben, dass der Kläger Anfechtungsklagen gegen Hauptversammlungsbeschlüsse nach Ansicht des Berufungsgerichts geradezu gewohnheitsmäßig durchgeführt hat[119]. Dadurch ist deutlich geworden, dass ein Machtmissbrauch nicht nur durch den Mehrheitsaktionär droht, sondern auch durch Minderheitsaktionäre

118 BGHZ 120, 141 ff. (Bremer Bankverein); *Hirte* ZBB 1992, 50.
119 BGHZ 120, 141/143 (Bremer Bankverein).

denkbar ist. Dieser Machtmissbrauch mag zwar nicht so offensichtlich sein, wie der der Aktionärsmehrheit, kann aber trotzdem weitreichende Auswirkungen haben. Der in diesem Urteil erwähnte erhebliche Mehraufwand an Verwaltung ist sicherlich ein Beispiel dafür[120]. Diesem Begehren des Minderheitsaktionärs hat der BGH nun Grenzen gesetzt. Wie er dieses Bestreben rechtlich umgesetzt hat und weshalb er dieses Ziel angestrebt hat, soll im weiteren Verlauf dargelegt werden.

Der Kläger hat in der Revision geltend gemacht, dass der Hauptversammlungsbeschluss der Beklagten rechtswidrig gewesen ist, da in dem Beschluss ein Bezugsrechtsausschluss für Genussrechte enthalten gewesen ist. Dieser Bezugsrechtsausschluss hätte einer sachlichen Rechtfertigung bedurft. Die Argumentation des Klägers ist dabei überzeugend. Der BGH hat mit seinen Urteilen „Kali & Salz" und „Holzmann" entschieden, dass § 186 neben den formellen Voraussetzungen noch ein ungeschriebenes materielles Tatbestandsmerkmal enthält, und zwar das des sachlichen Grundes. Nun wird in § 221 Abs. 4 für den Bezugsrechtsausschluss bei Genussrechten auf § 186 verwiesen. Da erscheint es naheliegend, den § 186 in der Form anzuwenden, wie er von der Rechtsprechung ausgestaltet worden ist[121]. Der BGH hat sich mit der Anwendung seiner Rechtsprechung in einem Fall konfrontiert gesehen, in dem deutlich zu erkennen gewesen ist, dass der Minderheitsaktionär nicht das Wohl der Gesellschaft, sondern primär seine eigenen Interessen verfolgt hat.

Insofern ist es für den BGH nicht leicht gewesen, die Revision zurückzuweisen. Sollten wirklich sachliche Gründe für die Rechtfertigung des Hauptversammlungsbeschlusses erforderlich sein, wäre eine Verweisung an die Vorinstanzen und eine weitere Aufklärung des Sachverhaltes kaum zu vermeiden gewesen. Deshalb hat der BGH eine Eingrenzung seiner eigenen Rechtsprechung vorgenommen. Dies führt zu dem merkwürdigen Ergebnis, dass der § 186 je nach Anwendungsbereich verschiedene Tatbestandsmerkmale hat. Für den Bezugsrechtsausschluss bei einer Kapitalerhöhung und für das genehmigte Kapital hat § 186 neben den formellen Voraussetzungen noch das ungeschriebene Tatbestandsmerkmal des sachlichen Grundes. Findet § 186 hingegen über § 221 Abs. 4 Anwendung, entfällt das Merkmal des sachlichen Grundes. Wie der BGH dieses Anliegen systematisch umgesetzt hat, soll im nächsten Abschnitt dargelegt werden.

---

120 BGHZ 120, 141/144 (Bremer Bankverein).

121 *Vollmer/Lorch* DB 1991, 1313; *Hirte* ZBB 1992, 50/53.

2.4.3 *Vorgehensweise des BGH*

Um die Revision zu verwerfen, hat der BGH dogmatisch weit ausholen müssen. Er hat die Begründung der Inhaltskontrolle wiedergegeben und genau dargelegt, weshalb bei einer Kapitalerhöhung mit Bezugsrechtsausschluss eine Rechtfertigung für diese Entscheidung notwendig ist. Auf dieser Grundlage hat der BGH dann die Unterschiede zur Ausgabe von Genussrechten herausgearbeitet.

Der BGH hat ausgeführt, dass die Zulässigkeit des Bezugsrechtsausschlusses bei Kapitalerhöhungen davon abhängt, dass neben den formellen Voraussetzungen des § 186 Abs. 3 auch sachliche Gründe vorliegen, die diese Entscheidung, die zu Lasten der Aktionäre geht, im Interesse der Gesellschaft rechtfertigen[122]. Der Grund für dieses Erfordernis liegt darin, dass durch diese Entscheidung den Aktionären das Vorrecht zur Investition in ihrem Unternehmen entzogen wird[123]. Dieser Entzug stellt einen schweren Eingriff in das Mitgliedschaftsrecht des Aktionärs dar, da er sowohl die Mitverwaltungsrechte als auch die Vermögensrechte betrifft[124]. Die Mitverwaltungsrechte werden dadurch eingeschränkt, dass die Stimmrechtsquoten sich zu Lasten der Altaktionäre verschieben. Das Vermögensrecht ist dadurch betroffen, dass sich der Gewinn- und der Liquidationsanspruch relativ absenkt[125]. Dieser schwerwiegende doppelte Eingriff in das Mitgliedschaftsrecht der Aktionäre ist der Grund dafür, dass der BGH eine inhaltliche Überprüfung von Mehrheitsentscheidungen eingeführt hat. Das bedeutet aber auch, dass die sachlichen Gründe für eine Mehrheitsentscheidung nur dann erforderlich sind, wenn auch tatsächlich ein so weitreichender Eingriff in die Mitgliedschaftsrechte vorliegt. Daher ist die Bedeutung des Eingriffs in die Rechte der Aktionäre durch einen Bezugsrechtsausschluss bei Genussscheinen auch der Maßstab für eine Prüfung des BGH[126]. Die zusätzliche Anwendung eines materiell-rechtlichen Kriteriums liegt also nicht in der Anwendung des § 186 begründet, sondern in der Tatsache, dass diese Hauptversammlungsentscheidung tief in die Rechte der Aktionäre eingreift[127]. Wenn dieser Grundsatz zu Grunde gelegt wird, erscheint eine unterschiedliche Behandlung des Bezugsrechtsausschlusses bei Kapitalerhöhungen und bei Genussrechten möglich. Denn die Beeinträchtigung der Mitgliedschaftsrechte hat bei den Genussrechten ein deutlich geringeres

122 BGHZ 120, 141/145 ff. (Bremer Bankverein).
123 BGHZ 120, 141/146 (Bremer Bankverein).
124 *Hirte* ZIP 1988, 477/486.
125 BGHZ 120, 141/146 (Bremer Bankverein); *Timm* DB 1982, 211/213; *Bayer* ZHR 163 (1999), 505/508.
126 BGHZ 120, 141/146 (Bremer Bankverein).
127 *Hirte* ZIP 1988, 477/485 ff.

Ausmaß als bei der Kapitalerhöhung[128]. Wie der BGH selber ausführt, fehlt eine Verletzung der Mitverwaltungsrechte völlig. Eine Verschiebung der Stimmquoten wird durch die Einführung von Genussrechte nicht bewirkt[129]. Dies gilt nicht nur, wenn das Genussrecht obligationsähnlich, sondern auch dann, wenn es aktienähnlich ausgestaltet worden ist[130]. Die Annäherung der Genussrechte bezieht sich nur auf die vermögensrechtlichen Aspekte. Mitverwaltungsrechte können sie hingegen nicht enthalten. Einen doppelten Eingriff in die Rechte der Aktionäre, wie es bei der Kapitalerhöhung der Fall ist, kann es also durch die Einführung von Genussrechten nicht geben.

Der BGH hat ein weiteres Argument gefunden, das gegen die Anwendung der Inhaltskontrolle im vorliegenden Fall spricht. Während das erste Argument rein dogmatischer Natur gewesen ist, geht er nun auf die Einzelheiten des Sachverhalts ein. Zwischen der Beklagten und dem Mehrheitsaktionär sind die Genussrechte so ausgestaltet worden, dass der Gewinn und der Liquidationserlös der außenstehenden Aktionäre nicht beeinträchtigt ist. Es besteht ein sogenannter Verwässerungsschutz[131]. Die Genussrechte erhalten nach der konkreten Ausgestaltung keinen vom Bilanzgewinn der Beklagten abhängigen Dividendenanspruch, sondern lediglich eine jährliche Ausschüttung von 7,5 % auf den Nennbetrag. Das bedeutet, dass die Genussrechte insoweit obligationsähnlich ausgestaltet worden sind.

Im Anschluss daran geht der BGH noch darauf ein, dass durch Wertverlagerung auf die Genussscheine, als Folge eines zu niedrigen Ausgabekurses, die Aktien einen Vermögensverlust erleiden könnten. Diese Ansicht wird vor allem in der Literatur vertreten[132]. Allerdings vermeidet der BGH zu dieser Ansicht Stellung zu nehmen und zu langen dogmatischen Begründungen auszuholen, da es ihm der Sachverhalt ermöglicht, die Frage offen zu lassen. Der Ausgabekurs der Genussscheine beeinträchtigt den Substanzwert der Aktien nicht, da die Ausgabe zum Nennwert erfolgt ist und die Rückzahlung ebenfalls auf den Nennwert abstellt. Insoweit kommt es auf die Klärung der Frage, ob durch einen niedrigen Ausgabekurs die Aktien einen Vermögensverlust erleiden können, nicht an. Als letztes Argument hat der Kläger vorgetragen, dass die Aktien einen Kursverlust erleiden können, weil die Genussrechte mit dem Höchstausschüttungsbetrag von 7,5 % eine bessere Rendite erbringen als die Aktien, die lediglich mit 4 % bis 4,5 % verzinst werden. Aber auch diese Regelung führt zu keinem tatsächlichen Vermögensverlust der Aktionäre, der eine inhaltliche Beschlusskontrolle recht-

128 *Hirte* ZIP 1988, 477/486; a.A. *Vollmer/Lorch* DB 1991, 1313/1314 ff.
129 BGHZ 120, 141/146 (Bremer Bankverein).
130 BGHZ 120, 141/147 (Bremer Bankverein).
131 *Vollmer/Lorch* DB 1991, 1313/1315; BGHZ 120, 141/147 (Bremer Bankverein).
132 *Hirte* ZBB 1991, 50/53 ff.

fertigen würde, da der Zinssatz von 7,5 % dem üblichen Zinssatz bei der Aufnahme von Fremdkapital entspricht.

Der BGH lehnt die Ausdehnung der Inhaltskontrolle auf den Bezugsrechtsausschluss bei Genussrechten in erster Linie aus dogmatischen Gründen ab. Dadurch gelingt es ihm, eine Ausdehnung dieses Rechtsinstituts nicht nur für den Einzelfall abzulehnen, sondern deutlich zu machen, dass es grundsätzlich in diesem Fall keine Anwendung findet. Aber der BGH beschränkt sich nicht auf diese systematischen Ausführungen, sondern nimmt auch auf den konkreten Einzelfall Bezug. Auch gibt der vorliegende Fall dem BGH genügend Argumente, weshalb eine Inhaltskontrolle in diesem konkreten Fall entbehrlich ist. Wie schon bei der Holzmüller-Entscheidung nutzt der BGH auch diesen Fall dazu, die richterliche Rechtsfortbildung voranzutreiben. Statt nur auf die Argumente des Einzelfalls zu setzen, stellt er der Entscheidung dogmatische Leitsätze voran, die weitreichende Konsequenzen haben. Dabei ist die Bremer Bankverein-Entscheidung jedoch in sich weniger widersprüchlich als es die Holzmüller-Entscheidung war. Denn diesmal stellen die Leitsätze dieser Entscheidung kein „obiter dictum" dar, sondern tragen die Entscheidung.

2.4.4 Auswirkungen der Bremer Bankverein-Entscheidung

Diese Entscheidung stellt also eine Abkehr von der Rechtsprechung dar, die vor allem durch die Holzmüller- und Kali & Salz-, aber auch durch die Holzmann-Entscheidung vorangetrieben worden ist. In diesen Urteilen hat sich der BGH über den Einzelfall hinweg gesetzt und Lösungen gesucht, die durch systematische Stärke hervorgetreten sind. Diesen Entscheidungen kann jedoch vorgehalten werden, dass sie einen wichtigen Aspekt der Rechtsprechung vernachlässigt haben, nämlich die Entscheidung des Einzelfalls. Durch die Bremer Bankverein-Entscheidung hat der BGH diesen Weg verlassen und setzt sich wieder in erster Linie mit dem Einzelfall auseinander, ohne allerdings die Auswirkungen auf die minderheitsrechtliche Systematik aus den Augen zu verlieren. Das ist unter mehreren Gesichtspunkten von Bedeutung. Zunächst handelt es sich um eine Eingrenzung der Rechtsprechung zur Inhaltskontrolle von Mehrheitsentscheidungen. Zum ersten Mal hat der BGH die Grenzen dieses Rechtsinstituts deutlich aufgezeigt und die Situation von David und Goliath anders bewertet, als er es zuvor getan hat. Auch wenn der Kleinaktionär gemeinhin als der David gilt, können seine Rechte nicht unbegrenzt ausgebaut werden, ohne dass das Gleichgewicht innerhalb der Aktiengesellschaft gestört wird. Insoweit stellt diese Entscheidung ein Signal dar, dass die Grenzen eines unkontrollierten Wachstums von Minderheitsrechten andeutet. Außerdem stellt die Entscheidung den Einstieg zu Siemens/Nold dar. Denn dieses erste vorsichtige Signal ermutigt Gerichte und streitende Parteien, über neue Lösungen nachzudenken, die über die Rechtsprechung hinausgehen, die sich seit Ende der siebziger Jahre des vorigen Jahrhunderts gefestigt hat. Ein wichtiger dogmatischer Aspekt ist die Tatsache, dass die Inhaltskontrolle nicht mehr direkt an § 186 Abs. 3 festgemacht wird, sondern an der Bedeutung des Bezugsrechtsausschlusses bei Kapitalerhöhungen. Denn der Grund für die Einführung eines ungeschriebenen Tatbestandsmerkmals liegt in dem Schutzbedürfnis der Hauptversammlung. Deshalb ist diese Entscheidung in vielerlei Hinsicht von Bedeutung.

2.5 Die Siemens/Nold-Entscheidung

Während die Entscheidung Bremer Bankverein ein erstes vorsichtiges Eingrenzen der Rechtsprechung zur Inhaltskontrolle war, stellt die Siemens/Nold-Entscheidung einen Wendepunkt in der Entwicklung dieses Rechtsinstituts dar[133]. Der BGH macht in seinem Leitsatz deutlich, dass durch dieses Urteil die stetige Rechtsprechung zum Bezugsrechtsausschluss bei genehmigtem Kapital aufgehoben wird[134]. Er spricht dabei von der Aufgabe der Holzmann-Entscheidung. Der BGH hat damit mehr getan, als ein Rechtsinstitut, das auszuufern drohte, einzugrenzen. Er hat damit nach dem ersten noch vorsichtigen Schritt durch die Entscheidung Bremer Bankverein eine neue Richtung in seiner Rechtsprechung vorgegeben. Um dieser neue Richtung feststellen zu können, soll die Siemens/Nold-Entscheidung nun dargestellt und analysiert werden.

2.5.1 Der Sachverhalt

Die Hauptversammlung der beklagten Aktiengesellschaft hat den Vorstand dieser Gesellschaft mit der erforderlichen Mehrheit dazu ermächtigt, das Grundkapital gegen Geldeinlagen um nominal bis zu 500 Mio. DM durch die Ausgabe von Stamm und Vorzugsaktien zu erhöhen[135]. In dem in der Hauptversammlung zur Kapitalerhöhung erstatteten Bericht hat der Vorstand dazu folgendes ausgeführt:

> „Die beantragte Ermächtigung zur Ausgabe des genehmigten Kapitals II – Punkt 7 der Tagesordnung – soll den Vorstand erneut in die Lage versetzen,

133 *Wolf* AG 1998, 212. ff.; *Kindler* ZGR 1998, 35/37 ff.; *Lutter* JZ 1998, 50 ff.; *ders.* FS Zöllner S. 363/373.

134 BGHZ 136, 133/134 (Siemens/Nold); *Volhard* AG 1998, 397/402; *Wolf* AG 1998, 212/213; *Kindler* ZGR 1998, 35/39; *Cahn* ZHR 163 (1999), 554/556; *Bayer* ZHR 163 (1999), 505/512; *Lutter* FS Zöllner S. 363/373; *Hofmeister* NZG 2000, 713/714.

135 BGHZ 136, 133/134 (Siemens/Nold).

ohne Beanspruchung der Börse eigene Aktien der Gesellschaft zur Verfügung zu haben. Die Ausnutzung des erbetenen genehmigten Kapitals II soll auf zwei Fälle beschränkt werden. Zunächst sollen Aktien den Arbeitnehmern wie in den vergangenen Jahren angeboten werden können. Ferner soll die Gesellschaft die Möglichkeit haben, in geeigneten Einzelfällen Beteiligungen gegen Überlassung von Stammaktien der Siemens AG erwerben zu können. Ihm trägt der vorgeschlagene Ausschluss des Bezugsrechts der Aktionäre Rechnung."

Gegen die getrennten Beschlüsse der Stamm- und Vorzugsaktionäre hat der Kläger Anfechtungsklage erhoben. Im Hinblick auf die Holzmann-Entscheidung haben das Landgericht und das Oberlandesgericht der Klage in Bezug auf die Anfechtung des Beschlusses zur Ausgabe des genehmigten Kapitals II stattgegeben. Dabei haben sie sich an die vom BGH entwickelte Rechtsprechung gehalten und die in der Holzmann-Entscheidung entwickelten Grundsätze auch auf diesen Fall angewendet. Der BGH hingegen hat sich über diese Regeln hinweggesetzt und die Klage abgewiesen. Weshalb er zu dieser Entscheidung gekommen ist und wie er sie umgesetzt hat, wird im nächsten Abschnitt dargestellt.

2.5.2 Die Problemstellung der Siemens/Nold-Entscheidung

Der BGH hat sich mit seiner eigenen Rechtsprechung auseinandersetzen müssen. Dabei hat er erkannt, dass seine Rechtsprechung für die wirtschaftliche Betätigung vieler Unternehmen hinderlich ist und ein flexibles Agieren der Aktiengesellschaften in erheblichem Maße stört[136]. Um eine Lösung zu finden, hat der BGH sogar eine Vorabentscheidung des EuGH eingeholt. Darin hat der BGH seine bisherige Rechtsprechung der Kontrolle durch den EuGH unterworfen[137]. Vielleicht hat in dieser Vorlage die Hoffnung gelegen, dass so die inzwischen ungeliebte Rechtsprechung aus der Welt geschafft werden könnte. Dies ist allerdings nicht geschehen. Der EuGH hat die Rechtsprechung des BGH zum Bezugsrechtsausschluss akzeptiert[138]. Damit hat sich der BGH gezwungen gesehen, selbst zu seiner Rechtsprechung Stellung zu nehmen. Der BGH hat nur durch eine Aufhebung der Holzmann-Entscheidung die Rechtsfigur des genehmigten Kapitals für die Unternehmen wieder nutzbar machen können. Zu diesem Schritt hat er sich auch gezwungen gesehen, da der Widerspruch zwischen seiner Rechtsprechung und den wirtschaftlichen Notwendigkeiten der Unternehmen evident ge-

136 BGHZ 136, 133/136 (Siemens/Nold); so auch *Volhard* AG 1998, 397/402; *Wolf* AG 1998, 212/213; *Kindler* ZGR 1998, 35/49; *Röhricht* ZGR 1999, 445/470; *Bungert* NJW 1998, 488/490; *Lutter* FS Zöllner S. 363/373; *Hofmeister* NZG 2000, 713.

137 *Kindler* ZGR 1998, 35/41; *Cahn* ZHR 163 (1999), 554/572.

138 BGHZ 136, 133/135 (Siemens/Nold); *Kindler* ZGR 1998, 35/43.

wesen ist[139]. Dass diese Argumente Eingang in das Wertesystem des BGH gefunden haben, zeigt auch ein neues Verständnis für die Bedeutung wirtschaftlicher Zusammenhänge. Während in seiner bisherigen Rechtsprechung die Minderheitsaktionäre im Vordergrund gestanden haben, sind in der Siemens/Nold-Entscheidung andere Aspekte relevant[140]. Der Begriff „unternehmerisches Interesse" taucht schon in den Leitsätzen dieser Entscheidung auf. Damit werden Aspekte berücksichtigt, die in den bisher genanten Entscheidungen keine Erwähnung gefunden haben. Die Gewichtung der verschiedenen Interessen im Gefüge der Aktiengesellschaft ist damit eine ganz andere geworden[141]. Deshalb hat es dem BGH auch nicht genügt, die Anwendung der Holzmann Rechtsprechung für den vorliegenden Fall abzulehnen, sondern er hat es als erforderlich angesehen, die ganze Rechtsprechung aufzugeben[142]. Im folgenden Abschnitt soll dargelegt werden, wie der BGH vorgegangen ist und welche Anforderungen an den Bezugsrechtsausschluss beim genehmigten Kapital gestellt werden.

2.5.3 Lösungsansatz des BGH

Zunächst stellt der BGH die Anforderungen vor, die sich für einen Bezugsrechtsausschluss bei genehmigtem Kapital aus seiner Rechtsprechung ergeben. Dazu führt er aus, dass nach der bisherigen Rechtsprechung an die Entscheidung der Hauptversammlung nach den §§ 202, 203 Abs. 1 dieselben inhaltlichen Anforderungen zu stellen sind, wie an die Kapitalerhöhung gem. den §§ 182 ff.[143]. Das bedeutet, dass die Entscheidung durch sachliche Gründe im Interesse der Gesellschaft gerechtfertigt sein muss. Dabei sind die Interessen der Gesellschaft und die der Aktionäre abzuwägen und die Verhältnismäßigkeit von Mittel und Zweck festzustellen[144]. Die eigentliche Schwierigkeit, die zur Elimination des genehmigten Kapitals mit Bezugsrechtsausschluss geführt hat, nennt der BGH im Anschluss. Sie hat darin gelegen, dass die Voraussetzungen für den Bezugsrechtsausschluss zum Zeitpunkt des Hauptversammlungsbeschlusses so konkret festgestanden haben müssen, dass die Hauptversammlung sie endgültig beurteilen konnte[145]. Diese Voraussetzung hat regelmäßig bei dem genehmigten Kapital

139 *Kindler* ZGR 1998, 35/36; *Cahn* ZHR 163 (1999), 554/556.
140 *Kindler* ZGR 1998, 35/53; *Lutter* JZ 1998, 50/52.
141 *Kindler* ZGR 1998, 35/53; *Bungert* NJW 1998, 488/489.
142 *Lutter* JZ 1998, 50/51 ff.
143 BGHZ 136, 133/135 (Siemens/Nold).
144 BGHZ 136, 133/135 (Siemens/Nold).
145 BGHZ 136, 133/135 (Siemens/Nold); *Volhard* AG 1998, 397/402; *Wolf* AG 1998, 212/213; *Cahn* ZHR 163 (1999), 554/557 ff.

nicht vorgelegen[146]. Genauso ist es auch im vorliegenden Fall gewesen. Zwar ist die Kapitalerhöhung für die Ausgabe von Mitarbeiter-Aktien ausreichend konkret, es fehlt jedoch an der notwendigen Präzision, soweit als Grund für die Schaffung genehmigten Kapitals die Möglichkeit der Beteiligung an anderen Unternehmen genannt worden ist[147]. Hier hätte der Vorstand in seinem Bericht konkrete Projekte vorstellen müssen. Dieses Unterlassen wirkt sich auf den gesamten Beschluss aus und macht ihn rechtswidrig. Vielleicht wäre es möglich gewesen, die Holzmann-Rechtsprechung vorsichtig zu modifizieren und nur im vorliegenden Fall eine Ausnahme zu machen[148]. Der BGH hätte die Auslegung des Begriffs „konkret" behutsam anpassen können. Diesen vorsichtigen Weg ist der BGH jedoch nicht gegangen. Für ihn ist es wichtig gewesen, nicht nur in diesem Einzelfall eine sinnvolle Lösung aufzuzeigen, sondern für die Fallgruppe generell einen anderen Ansatz zu finden. Deshalb hat der BGH deutlich gemacht, dass dieses Ziel nur erreicht werden kann, wenn er nicht an seiner bisherigen Rechtsprechung festhält[149].

2.5.4 Vorgehensweise des BGH

Die Kritik an der Holzmann-Entscheidung lautet, dass die Entscheidung dazu geführt hat, dass der Bezugsrechtsausschluss bei genehmigtem Kapital aus der Unternehmenspraxis verschwunden ist und damit den Aktiengesellschaften die Möglichkeit genommen wird, flexibel auf die Anforderungen der nationalen und internationalen Märkte zu reagieren[150]. Diese Möglichkeit ist ihnen, entgegen der Annahme im Holzmann-Urteil, genommen worden. Der Ausschluss des Bezugsrechts direkt durch die Hauptversammlung und die dann zu diesem Zeitpunkt erforderliche sachliche Prüfung verhindern kurzfristige Entscheidungen. Aber auch die Möglichkeit der Ermächtigung des Vorstandes, gem. § 293 Abs. 2 S. 1 über den Bezugsrechtsausschluss zu entscheiden, hat durch das Holzmann-Urteil den Unternehmen die notwendige Flexibilität genommen[151]. Denn nur selten haben schon zum Zeitpunkt des Ermächtigungsbeschlusses tatsächliche Anzeichen dafür vorgelegen, dass der Vorstand während der Dauer seiner Ermächtigung im Interesse der Gesellschaft genötigt sein könnte, eine Kapitalerhöhung mit Bezugsrechtsausschluss durchzuführen[152]. Außerdem hat der BGH die Grenzziehung

146 *Volhard* AG 1998, 397/402; *Wolf* AG 1998, 212/213.
147 BGHZ 136, 133/136 (Siemens/Nold).
148 *Lutter* JZ 1998, 50/51 ff.
149 BGHZ 136, 133/136 (Siemens/Nold).
150 BGHZ 136, 133/136 (Siemens/Nold).
151 *Volhard* AG 1998, 397/402.
152 *Röhricht* ZGR 1999, 445/470.

zwischen der zulässigen Ermächtigung und den rechtswidrigen Vorratsbeschlüssen als sehr schwierig angesehen[153]. Diese Schwierigkeiten haben nach seiner Ansicht zu einer erheblichen Rechtsunsicherheit geführt[154]. Ein weiteres Argument, das der BGH anführt, zeugt von der neuen Diktion, die dabei von ihm benutzt wird. Der BGH spricht von einer Einschränkung des „unternehmerischen Spielraums“. Das zeigt, dass er bei der Interessenabwägung neue Ansätze zugunsten der Unternehmen mit in die Bewertung einfließen lässt.

Diese Kritik an seiner eigenen Rechtsprechung führt den BGH dazu, die Anforderungen neu festzulegen, unter denen die Hauptversammlung genehmigtes Kapital mit Bezugsrechtsausschluss oder mit der Ermächtigung des Vorstandes zum Bezugsrechtsausschluss beschließen kann. Grundsätzlich hält der BGH an dem Erfordernis eines sachlichen Grundes fest[155]. Allerdings sind die materiellen Anforderungen an diese Kontrolle abgesenkt worden. Nunmehr reicht es aus, wenn zum Zeitpunkt des Hauptversammlungsbeschlusses die Maßnahme, die durchgeführt werden soll, allgemein beschrieben und der Hauptversammlung bekannt gegeben wird und wenn diese Maßnahme im Interesse der Gesellschaft liegt[156]. Es bleibt also bei einer generellen Kontrolle durch die Hauptversammlung. Hinzu tritt allerdings die Eigenverantwortung des Vorstandes. Der BGH betont, dass der Vorstand die Entscheidung über den Bezugsrechtsausschluss bei einer gegebenen Ermächtigung in eigener Verantwortung treffen muss. Dabei obliegt es ihm, aus seiner unternehmerischen Sicht die Entscheidung zu treffen, die im Interesse der Gesellschaft liegt. Der Bezugsrechtsausschluss beim genehmigten Kapital gem. § 203 Abs. 2 S. 1 ist daher eine Entscheidung, die als Erfüllung der Geschäftsführungspflichten zu sehen ist[157]. Damit hebt der BGH nicht nur die Holzmann-Entscheidung auf, sondern er nimmt auch Stellung zum Holzmüller-Urteil. Hier wird, entgegen der dort eingeschlagenen Richtung, die Verantwortung der Hauptversammlung zugunsten einer stärkeren Kompetenz des Vorstandes eingeschränkt. Der Vorstand erhält jedoch keine originäre, sondern eine abgeleitete Zuständigkeit. Das führt zu einer Vereinfachung, da eine Beteiligung der Gerichte an der inhaltlichen Entscheidung nicht mehr notwendig ist. Nun kann die Aktiengesellschaft die sachlichen Entscheidungen treffen, ohne sich einer weitgehenden materiellen Kontrolle durch die Rechtsprechung unterwerfen zu müssen. Dieser Schritt drückt ein gestiegenes Vertrauen in die Fähigkeiten des

153 *Cahn* ZHR 163 (1999), 554/559; *Bungert* NJW 1998, 488/490.

154 BGHZ 136, 133/138 (Siemens/Nold).

155 *Wolf* AG 1998, 212/213; *Röhricht* ZGR 1999, 445/470; OLG München BB 2002, 1976.

156 BGHZ 136, 133/139 (Siemens/Nold); OLG München BB 2002, 1976 ff.; *Volhard* AG 1998, 397/402; *Wolf* AG 1998, 212/213; *Cahn* ZHR 163 (1999), 554/559.

157 BGHZ 136, 133/139 (Siemens/Nold).

Vorstandes aus, ohne dass es zu einer Entmachtung der Hauptversammlung gekommen wäre. Denn dieser obliegt nach wie vor die Entscheidung, ob dem Vorstand eine Ermächtigung zum Bezugsrechtsausschluss erteilt wird bzw. ob bei dem genehmigten Kapital das Bezugsrecht direkt ausgeschlossen wird. Trotz dieses gestiegenen Vertrauens hebt der BGH die bestehenden Kontrollinstrumente hervor. Der Vorstand kann auch nach der neuen Rechtsprechung nicht eigenmächtig entscheiden, sondern ist an das Wohl der Gesellschaft, an die Vorgaben des Ermächtigungsbeschlusses und an die Satzung gebunden[158]. Diese Vorgaben können auch kontrolliert werden. Zum einen bedarf die Entscheidung des Vorstandes über den Bezugsrechtsausschluss gem. § 204 S. 2 der Zustimmung des Aufsichtsrates. Damit wird das eigentliche Kontrollgremium[159] in die Entscheidungsfindung eingebunden. Zum anderen ist die Entscheidung im Nachhinein der Hauptversammlung vorzulegen und zu erläutern. Dabei muss sich der Vorstand vor der Hauptversammlung verantworten, die ihm gegebenenfalls die Entlastung verweigern oder die ihn gem. § 93 Abs. 2 zur Leistung von Schadensersatz in Anspruch nehmen kann[160]. Auch präventive Schutzmechanismen bestehen, da eine pflichtwidrige Entscheidung zu einer Unterlassungsklage führen kann[161]. Insoweit verbleiben auch nach der Lockerung der Rechtsprechung durch den BGH noch ausreichende Kontrollmechanismen, die die Aktiengesellschaft und auch die Aktionäre vor einem Missbrauch der Vorstandsmacht schützen.

2.5.5 Auswirkungen der Siemens/Nold-Entscheidung

Die Siemens/Nold-Entscheidung hat sich als innovativ in vielerlei Hinsicht gezeigt. Zum einen stellt sie die Aufgabe einer bedeutenden Rechtsprechung dar. Zum anderen nimmt sie Einfluss auf die Gewichtung der verschiedenen Organe und stellt einen Abschied von der Konzentration der wichtigsten Entscheidungsbefugnisse bei der Hauptversammlung dar. Damit verabschiedet sich der BGH von der alleinigen Verantwortung der Hauptversammlung und beschreitet den Weg zu einem Miteinander der verschiedenen Organe[162]. Die Siemens/Nold-Entscheidung kann von ihrer Bedeutung auf eine Ebene mit der Holzmann- und der Kali & Salz-Entscheidung gestellt werden. Anders als diese überzeugt sie jedoch nicht nur durch ihre innovative Kraft, sondern durch den Realitätssinn. Sie beendet eine Rechtsprechung, die für die Unternehmenspraxis von großer Bedeu-

---

158 BGHZ 136, 133/140 (Siemens/Nold).
159 *Lutter* FS Stimpel S. 825/832.
160 BGHZ 136, 133/140 ff. (Siemens/Nold).
161 BGHZ 136, 133/141 (Siemens/Nold).
162 *Kindler* ZGR 1998, 35/56.

tung gewesen ist: die Holzmann Rechtsprechung[163]. Damit hat der BGH der Rechtsfigur des genehmigten Kapitals eine Renaissance ermöglicht[164] und eine wichtige Korrektur in seiner Rechtsprechung herbeigeführt. Außerdem hat der BGH mit dieser Entscheidung seine Tendenz fortgesetzt, sich vorsichtig gegenüber der Rechtsfigur der Inhaltskontrolle zu zeigen und sich insgesamt gegen einen weiteren Ausbau von Minderheitsrechten auszusprechen[165]. Nach der Bremer Bankverein-Entscheidung hat der BGH in diesem Urteil allerdings nicht nur eine Ausweitung der materiellen Inhaltskontrolle abgelehnt, sondern diese Rechtsprechung in ihrem Kernbereich eingeschränkt. Es stellt auch eine Abkehr von einer allein an den Minderheitsrechten orientierten Rechtsprechung und eine Zuwendung zu den Gesamtinteressen der Gesellschaft dar[166]. Allerdings muss dabei darauf hingewiesen werden, dass die Rechtsprechung die Grundlage der Kali & Salz-Entscheidung nicht verlassen hat[167]. Der BGH hat auch in dieser Entscheidung betont, dass er an der materiellen Inhaltskontrolle festhalten will. Lediglich die Anforderungen an die Prüfung sind für das genehmigte Kapital gelockert worden[168]. Anstelle einer konkreten, auf einen Einzelfall bezogenen Ermächtigung reicht nun auch eine abstrakt-generelle Ermächtigung durch die Hauptversammlung aus[169]. Dadurch bekommen Hauptversammlung und Vorstand mehr Spielraum, das genehmigte Kapital einzusetzen. Die sachliche Kontrolle dieser Ermächtigungsentscheidung bleibt allerdings erhalten.

2.6 Die Sachsenmilch-Entscheidung

Die Sachsenmilch-Entscheidung setzt die Reihe der Urteile fort, in denen sich der BGH restriktiv gegenüber einer Anwendung der Inhaltskontrolle gezeigt hat[170]. Einer Ausdehnung dieses Rechtsinstituts auf eine weitere Fallgruppe wird von dem BGH abgelehnt. Der BGH hat, entgegen den Entscheidungen des Landgerichts und des Oberlandesgerichts Dresden, entschieden, dass die materielle Kon-

---

163 BGHZ 136, 133/134 (Siemens/Nold); *Volhard* AG 1998, 397/402; *Wolf* AG 1998, 212/213; *Kindler* ZGR 1998, 35/39; *Hofmeister* NZG 2000, 713/714.

164 *Kindler* ZGR 1998, 35/40; *Röhricht* ZGR 1999, 445/471; a.A. *Cahn* ZHR 163 (1999), 554/574; *Krieger* ZGR 2000, 885/889.

165 *Wiedemann* ZGR 1999, 857/858; OLG München BB 2002, 1977.

166 *Röhricht* ZGR 1999, 445/471; a.A. *Cahn* ZHR 163 (1999), 554/574; *Krieger* ZGR 2000, 885/889; *Wiedemann* ZGR 1999, 857/858.

167 *Zöllner* AG 2002, 585/587; OLG München BB 2002, 1976 ff.

168 *Kindler* ZGR 1998, 35/49; *Röhricht* ZGR 1999, 445/471; OLG München DB 2002, 1765; a.A. *Cahn* ZHR 163 (1999), 554/574; *Krieger* ZGR 2000, 885/889.

169 *Kindler* ZGR 1998, 35/56; OLG München DB 2002, 1765.

170 BGHZ 138, 71 (Sachsenmilch).

trolle von Mehrheitsentscheidung nicht auf den Fall der Kapitalherabsetzung anzuwenden ist. Eine Ansicht in der Literatur hingegen hat darauf abgestellt, dass die Kapitalherabsetzung mit dem völligen Verlust der Aktionärsstellung enden kann und deshalb eine Vergleichbarkeit mit dem Bezugsrechtsausschluss gesehen[171]. Dieser Tendenz zur Ausweitung der gerichtlichen Kontrolle der Entscheidungsfindung in der Aktiengesellschaft ist der BGH nicht gefolgt. Damit hat er sich endgültig von dem Ansatz verabschiedet, durch eine weitreichende Rechtsfortbildung die Aktiengesellschaft zu verändern, und deutlich einen Standpunkt eingenommen, der sich stärker an dem Einzelfall orientiert.

2.6.1 Der Sachverhalt der Sachsenmilch-Entscheidung

Die Hauptversammlung der beklagten Aktiengesellschaft hat mit der erforderlichen Mehrheit eine Kapitalherabsetzung beschlossen. Dadurch sollte das Grundkapital von 75 Mio. DM auf den Mindestnennbetrag von 100.000 DM herabgesetzt werden. Dazu sollten unter anderem die Namens- und Inhaberaktien auf je 10.000 Stück à 5 DM zusammengelegt werden. Die 75 Inhaberaktien sollten im Verhältnis 75 zu 1 zusammengelegt werden. Dieser Schritt ist nötig geworden, weil über das Vermögen der Beklagten ein Gesamtvollstreckungsverfahren eröffnet worden ist. In diesem Verfahren ist das Anlagevermögen der beklagten Aktiengesellschaft an eine Holding AG verkauft worden, die den laufenden Betrieb an die Molkerei M. GmbH & Co KG, die Muttergesellschaft der Holding, verpachtet hat. Durch die Kapitalherabsetzung sollte das Gesamtvollstreckungsverfahren beendet und die Fortführung der Gesellschaft ermöglicht werden. Als Investor ist die Molkerei M. GmbH & Co KG aufgetreten. Diese hatte sich bereit erklärt, die Aktienmehrheit an der Beklagten zu erwerben und in die Gesellschaft zu investieren. Ohne die Hilfe der Molkerei M. GmbH & Co KG hätte die Beklagte dem Konkurrenzdruck dieser Gesellschaft nicht widerstehen können, zumal die Molkerei M. GmbH & Co KG auch ohne die Beklagte in der Lage gewesen ist, die Milchverarbeitung über die ihr gehörende neu erstellte Molkerei L. vorzunehmen. Die Beklagte hätte hingegen nur ihre alten unverpachteten Betriebsanlagen einsetzen können[172].

Gegen diesen Kapitalherabsetzungsbeschluss hat der Kläger Anfechtungsklage erhoben. Dazu hat er vorgetragen, dass ein Kapitalherabsetzungsbeschluss genauso wie ein Bezugsrechtsausschluss durch sachliche Gründe im Interesse der Gesellschaft zu rechtfertigen sei. Dies ergebe sich aus der Tatsache, dass die Zusammenlegung der Aktien tief in die Rechte der Aktionäre eingegriffen habe, da

171 *Hüffer*, Aktiengesetz, § 222 Rn 14.
172 BGHZ 138, 71/73 (Sachsenmilch).

ihm die Mitgliedschaft völlig entzogen worden sei. Solche sachlichen Gründe seien im vorliegenden Fall jedoch nicht gegeben, so dass der Beschluss aufzuheben sei. Der Klage ist vom Landgericht und vom Oberlandesgericht stattgegeben worden. Der BGH hat den Instanzgerichten in diesem Punkt widersprochen.

2.6.2 Die Problemstellung der Sachsenmilch-Entscheidung und der Lösungsansatz der Rechtsprechung

Die Ausgangssituation hat dem klassischen Bild der konzernrechtlichen Anfechtungsklage entsprochen. Auf der einen Seite steht ein Mehrheitsaktionär, der die Herrschaft in einer Aktiengesellschaft anstrebt und dabei von der Verwaltung der abhängigen Gesellschaft unterstützt wird. Auf der anderen Seite stehen Kleinaktionäre, die einen Eingriff in ihre Rechte hinnehmen müssen und sich dagegen zur Wehr gesetzt haben. Im vorliegenden Fall ist der Eingriff in die Rechte der Kleinaktionäre besonders gravierend gewesen, da die Mitgliedschaftsrechte nicht nur eingeschränkt, sondern aufgehoben worden sind. Die Kapitalherabsetzung und die Zusammenlegung der Aktien haben zu einem Ausscheiden zahlreicher Gesellschafter geführt, die damit ihre Mitverwaltungs- und Vermögensrechte verloren haben[173]. Es hat also wieder ein Kräftemessen zwischen David und Goliath angestanden. In vielen Entscheidungen hat sich der BGH dabei auf die Seite von David geschlagen und durch seine Entscheidung dafür gesorgt, dass dieser David unbeschadet aus dem Vergleich herausgekommen ist[174]. Damit hat sich dieses Kräftemessen ganz im biblischen Sinne entwickelt. Selten nur ist der Goliath als Sieger heimgekehrt. Für solch ein Eingreifen sind auch im vorliegenden Fall genügend Argumente vorhanden gewesen. In der Kali & Salz-Entscheidung hat der BGH dargelegt, dass ein schwerer Eingriff in die Herrschaft- und Vermögensrechte der Aktionäre[175] nicht im freien Ermessen der Mehrheit steht, sondern sachlich berechtigt sein muss[176]. Diesen Ansatz hat der BGH in der Holzmann-Entscheidung bestätigt[177] und ist von ihm bis heute nicht abgerückt[178]. Außerdem hat der BGH in der Bremer Bankverein-Entscheidung dargelegt, dass der Grund für die Inhaltskontrolle der schwere Eingriff in die Herrschafts- und Vermögens-

173 BGHZ 138, 71/75 (Sachsenmilch); *Krieger* ZGR 2000, 885/886.
174 BGHZ 71, 40 (Kali & Salz); BGHZ 83, 122 (Holzmüller); BGHZ 83, 319 (Holzmann).
175 BGHZ 71, 40/45 (Kali & Salz).
176 BGHZ 71, 40/44 (Kali & Salz).
177 BGHZ 83, 319 ff. (Holzmann).
178 *Krieger* ZGR 2000, 885/888 ff.; BGHZ 120, 141 ff. (Bremer Bankverein); BGHZ 136, 133 ff. (Siemens/Nold).

rechte ist[179]. In Anbetracht dieser Rechtsprechung hat sich der Kläger durchaus berechtigte Hoffnung machen können, auch in diesem Rechtsstreit seine Interessen durchzusetzen. Insoweit ist es nicht überraschend gewesen, dass das Landgericht und das Oberlandesgericht der Klage stattgegeben haben. Denn der völlige Entzug der Mitverwaltungs- und Vermögensrechte ist der extremste Eingriff, der überhaupt vorstellbar ist. Es hat lediglich die Gefahr bestanden, dass der BGH eine ausreichende sachliche Berechtigung des Hauptversammlungsbeschlusses als gegeben ansieht. Der BGH hat jedoch die an diesem Streit beteiligten Parteien überrascht. Statt der Klage stattzugeben oder die Abweisung der Klage auf eine ausreichende sachliche Begründung zu stützen, hat er die Inhaltskontrolle für diese Fallgruppe für nicht anwendbar erklärt. Der BGH hat eindeutig gesagt, dass die Kapitalherabsetzungsbeschlüsse keines besonderen sachlichen Rechtfertigungsgrundes bedürfen. Allerdings zeigt sich, dass der BGH vorsichtig vorgegangen ist. Auch wenn er in den Leitsätzen eine Ausdehnung der Inhaltskontrolle auf die Kapitalherabsetzung ablehnt, lässt er in der Entscheidung offen, ob sie nicht zumindest auf einen Teilbereich Anwendung finden kann. Er vermeidet es, dazu Stellung zu nehmen, und orientiert sich in seiner Argumentation am Einzelfall. Trotzdem werden dadurch zwei Dinge deutlich: Zum einen setzt der BGH der Anwendung der Inhaltskontrolle von Mehrheitsentscheidungen enge Grenzen, indem er einen aussagekräftigen Einleitungssatz formuliert[180], zum anderen orientiert er sich sehr stark am Einzelfall[181] und vermeidet es, eine neue Rechtsprechung zu begründen, deren Auswirkungen sich noch nicht abschätzen lassen.

2.6.3 Vorgehensweise des BGH

Bereits am Anfang der rechtlichen Gründe der Sachsenmilch-Entscheidung macht der BGH deutlich, dass Kapitalherabsetzungsbeschlüsse keiner besonderen Rechtfertigung bedürfen[182]. Er stützt seine Entscheidung nicht darauf, dass ausreichende sachliche Gründe vorliegen, sondern explizit auf die Tatsache, dass diese Gründe nicht erforderlich sind. Damit hat er nicht nur die Richtung dieser Entscheidung vorgegeben, sondern darüber hinaus die Richtung für die Entwicklung des gesamten Rechtsinstituts der Inhaltskontrolle. Diese Entscheidung widerspricht der bisherigen Rechtsprechung. Das zeigt sich schon darin, dass sowohl das Landgericht als auch das Oberlandesgericht die Sache anders entschieden haben. Das Oberlandesgericht hat argumentativ richtig festgestellt, dass der

179 BGHZ 120, 141 ff. (Bremer Bankverein).
180 BGHZ 138, 71/74 (Sachsenmilch).
181 BGHZ 138, 71/78 (Sachsenmilch).
182 BGHZ 138, 71/74 (Sachsenmilch).

Kapitalherabsetzungsbeschluss tief in die Mitgliedschaftsrechte der Minderheitsaktionäre eingegriffen hat[183]. Denn durch das Verfahren haben viele Kleinaktionäre geradezu zwangsläufig ihre Anteile verloren. Dieser tiefe Eingriff hat zur Rechtswidrigkeit des Kapitalherabsetzungsbeschlusses geführt, da nicht ersichtlich ist, dass ein solcher - wie das Oberlandesgericht sagt - „krasser Eingriff" im Interesse der Gesellschaft erforderlich gewesen ist und die Beklagte nicht dargelegt hat, dass diese Maßnahme verhältnismäßig ist[184]. Das Oberlandesgericht hat besonders hervorgehoben, dass die Beklagte hätte deutlich machen müssen, dass eine weniger einschneidende Maßnahme nicht möglich gewesen sei. Dabei ist insbesondere die Möglichkeit in Betracht gekommen, die Kapitalherabsetzung mit einer Kapitalerhöhung unter Einbeziehung der vorhandenen Aktionäre zu verbinden. Diese Ausführungen sind auf der Grundlage der in der Kali & Salz-Entscheidung entwickelten Rechtsprechung berechtigt, werden aber trotzdem oder vielleicht gerade deshalb von dem BGH nicht gelten gelassen. Zunächst führt der BGH aus, dass die erste Stufe der Kapitalherabsetzung nicht in die Mitgliedschafts- und Vermögensrechte der Aktionäre eingegriffen hat[185]. In dieser Stufe ist der Nennbetrag auf den Mindestnennbetrag zurückgeführt worden. Dadurch ist lediglich die ziffernmäßige Beteiligung am Grundkapital geändert worden. Die Beteiligungsquote ist davon nicht betroffen worden[186]. Auch die Vermögensrechte werden von dieser Entscheidung nicht betroffen, da der Nennbetrag lediglich dem Anteilswert angepasst wird[187]. Die Minderung des Vermögens der Anteilseigner ist durch die vorangegangen Verluste entstanden, nicht durch die nur ziffernmäßige Anpassung des Nennbetrags der Aktien. Schwieriger ist die Situation allerdings bei der zweiten Stufe der Kapitalherabsetzung. In diesem Fall ist das Grundkapital durch die Zusammenlegung von Aktien im Verhältnis 75 zu 1 weiter herabgesetzt worden. Davon sind vor allem die Aktionäre betroffen, die nicht über die zur Zusammenlegung erforderlichen Aktien verfügen. Deshalb sieht das Gesetz in § 222 Abs. 4 vor, dass zunächst die Möglichkeit der Herabsetzung des Nennbetrages ausgeschöpft werden muss, bevor Aktien zusammengelegt werden. Denn nun müssen die Aktionäre einen völligen Verlust ihrer Mitgliedschaft in Kauf nehmen, soweit sie nicht in der Lage sind, zusätzliche Aktien zu erwerben, um ihre Beteiligung wahren zu können. Diese gesetzliche Abwägung sieht der BGH als ausreichend an[188]. Indem das Gesetz diese Stufenregelung geschaffen hat, hat es nach Ansicht des BGH eine weitere sachliche Recht-

183 BGHZ 138, 71/75 (Sachsenmilch).
184 BGHZ 138, 71/75 (Sachsenmilch).
185 BGHZ 138, 71/75 (Sachsenmilch), so auch *Krieger* ZGR 2000, 885/890.
186 *Wirth* DB 1996, 867/870.
187 BGHZ 138, 71/76 (Sachsenmilch).
188 BGHZ 138, 71/76 (Sachsenmilch).

fertigung überflüssig gemacht. Dadurch ist deutlich geworden, dass die Zusammenlegung die Ultima Ratio darstellt. Dabei sieht der BGH eine Parallele zu den Rechten der Aktionäre bei der Kapitalerhöhung[189]. Auch dort wirkt sich die Maßnahme auf die mitgliedschaftlichen Rechte der Aktionäre aus und auch dort können sie zwischen zwei Möglichkeiten wählen. Zum einen können sie durch den Zukauf weiterer Aktien ihr Beteiligungsverhältnis beibehalten und zum anderen können sie die relative Minderung ihres Aktienpaketes hinnehmen. Genauso stellt sich die Situation grundsätzlich bei der zweiten Stufe der Kapitalherabsetzung dar. Auch dort ist das Beteiligungsverhältnis der Anteilseigner gefährdet und die Aktionäre müssen zwischen dem Verlust ihrer Mitgliedschaftsrechte und der Möglichkeit, weitere Aktien zu erwerben, wählen. Deshalb sieht auch hier das Gesetz vor, dass den Aktionären sowohl bei der Kapitalerhöhung als auch bei der Kapitalherabsetzung beide Optionen offen stehen[190].

Ein Sonderfall wird von Teilen der Literatur[191] allerdings dann gesehen, wenn die Kapitalherabsetzung die Überschuldung nicht vollständig beseitigt und trotzdem auf eine Kapitalerhöhung unter Einbeziehung der Aktionäre verzichtet wird. In diesem Fall würde den Aktionären quasi das Bezugsrecht entzogen, so dass die Rechtsprechung zum Bezugsrechtsausschluss anwendbar sein müsste. Der BGH vermeidet es, zu dieser Frage Stellung zu beziehen. Er lässt sie in der vorliegenden Sache offen. Er zieht sich auf den Einzelfall zurück und führt aus, dass dies zumindest in der Sachsenmilch-Entscheidung nicht möglich gewesen ist. Denn im vorliegenden Fall ist eine Fortführung des Unternehmens ohne die Beteiligung der Molkerei M. GmbH & Co KG aussichtslos gewesen. Die Sanierung der Beklagten hätte nicht erfolgen können. Trotzdem wird auch dadurch deutlich, dass der BGH zumindest keinen Ausbau der Inhaltskontrolle zulassen möchte, da er an dieser Stelle auf einfache Art und Weise die Möglichkeit gehabt hätte, diese Absicht zum Ausdruck zu bringen.

Insgesamt ist das Vorgehen des BGH von Vorsicht geprägt. Die Inhaltskontrolle wird zwar in ihren Grundzügen nicht erschüttert, allerdings wird ebenso deutlich, dass eine Ausweitung dieser Rechtsprechung nicht mehr in Betracht kommt. Zu stark sind die Impulse, die von der Sachsenmilch-Entscheidung und auch den vorangegangenen Urteilen ausgehen. Der Kern bleibt erhalten, aber eine starke Skepsis ist hinzugekommen. Der BGH macht durch seinen Leitsatz deutlich, dass er einer Anwendung der Inhaltskontrolle auf die Kapitalherabsetzung eine Abfuhr erteilt. Lediglich für einen Sonderfall schließt er eine Anwen-

189 *Krieger* ZGR 2000, 885, 893.

190 *Krieger* ZGR 2000, 885, 892; BGHZ 138, 71/77 (Sachsenmilch); *Mennicke* NZG 1998, 549; *Wirth* DB 1996, 867/870.

191 *Mennicke* NZG 1998, 549/550.

dung nicht völlig aus. Trotzdem kann auch diese Entscheidung als weitere Einschränkung der Rechtsprechung zur Inhaltskontrolle gesehen werden.

2.6.4 Auswirkungen der Sachsenmilch-Entscheidung

Die Auswirkungen der Sachsenmilch-Entscheidung lassen sich noch nicht ganz absehen. Allerdings erscheint es nicht angebracht, sie als Fortführung der Rechtsprechung zur Inhaltskontrolle zu bezeichnen, wie *Krieger* das getan hat[192]. Gerade seine These, dass es sich bei der materiellen Inhaltskontrolle um ein allgemeines Prinzip handelt[193], findet in der Rechtsprechung keine Stütze. Zwar ist es richtig, dass ein solches Prinzip in der Kali & Salz-Entscheidung formuliert und nicht wieder aufgehoben worden ist. Die Entwicklung hat allerdings seitdem etwas anderes gezeigt. Die Rechtsprechung zur materiellen Inhaltskontrolle ist nicht in einem einzigen Fall ausgedehnt worden[194]. Alle Klagen, die sich mit einem solchen Antrag an den BGH gewandt haben, sind abgewiesen worden[195]. Zuletzt ist dies in der Sachsenmilch-Entscheidung geschehen. Insoweit ist es bezeichnend, dass *Krieger* überwiegend Literatur aus den siebziger und achtziger Jahren des vorigen Jahrhunderts zitiert[196]. Diese Ansichten stützen sich allein auf die Kali & Salz- und auf die Holzmann-Entscheidung und konnten die spätere Entwicklung der Rechtsprechung des BGH noch nicht absehen. Die Bedeutung der Sachsenmilch-Entscheidung ist insbesondere in der Einschränkung der Inhaltskontrolle zu sehen[197]. Dieses Rechtsinstitut wird vom BGH nunmehr mit äußerster Vorsicht angewandt und seit der Holzmann-Entscheidung in seinem Anwendungsbereich fortlaufend eingeschränkt. Ob diese restriktive Handhabung der materiellen Inhaltskontrolle allerdings in ihrem Kernbereich zu einer Aufhebung führt, ist eine andere Frage. Solch eine Aufhebung ist zu dem jetzigen Zeitpunkt nicht erkennbar.

---

192 *Krieger* ZGR 2000, 885/889.
193 *Krieger* ZGR 2000, 885/888.
194 *Wirth* DB 1996, 867/870.
195 BGHZ 138, 71 (Sachsenmilch); BGHZ 120, 141 (Bremer Bankverein).
196 *Krieger* ZGR 2000, 8857888, Fn 3: *Lutter* ZGR 1979, 401/411; *ders.* ZGR 1981, 171/176 ff.; *Bischhoff* BB 1987, 1055/1059ff.; *Wiedemann* ZGR 1980, 147/157; *Martens* FS Fischer 1979, S. 437/445; *Korth* BB 1988, 79/82.
197 *Mennicke* NZG 1998, 549/550.

3. Ansätze in der Literatur

3.1 Einleitung

Wie schon bei der Holzmüller-Entscheidung ist der BGH auch bei den Urteilen zur materiellen Inhaltskontrolle mit großer Innovationskraft ans Werk gegangen. Dabei ist bei der Kali & Salz-Entscheidung genauso wie vorher schon bei der Holzmüller-Entscheidung auffällig, dass die vom BGH neu entwickelten Grundsätze für den konkreten Fall ohne Bedeutung gewesen sind. Der BGH hat die Klage abgewiesen. Er hat jedoch den Fall unabhängig von seinem Ausgang dazu genutzt, die Rechtsprechung zur materiellen Inhaltskontrolle ins Leben zu rufen. Das bedeutet, dass es ihm nicht nur um die Entscheidung dieses Sachverhaltes gegangen ist, sondern auch um die Einführung neuer Rechtssätze. Der BGH ist bei dieser Entscheidung schöpferisch tätig geworden, um neues Richterrecht zu schaffen[198]. Dabei konnte er nicht, wie oben dargelegt worden ist, auf vorbereitende Entscheidungen zurückgreifen, sondern er hat für diese Rechtsprechung Neuland betreten. Allerdings haben umfangreiche Untersuchungen der Literatur vorgelegen, die den Weg bereitet haben[199].

Die Literatur hat sich zunächst mit der materiellen Inhaltskontrolle bei der Kapitalerhöhung mit Bezugsrechtausschluss befasst[200]. Nach dem Kali & Salz Urteil sind die Forderungen an die Rechtsprechung konkretisiert und die Ausweitung der Inhaltskontrolle für den Bezugsrechtsausschluss bei dem genehmigten Kapital gefordert worden. Der BGH hat den entscheidenden Schritt getan, diese Theorien zumindest teilweise umgesetzt und damit die wirtschaftliche und soziale Wirklichkeit für die Beteiligten verändert[201].

3.2 Der Bezugsrechtsausschluss in einer Untersuchung von Füchsel[202]

3.2.1 Einführung in die Untersuchung von Füchsel

Füchsel hat in seiner Arbeit schon im Jahre 1972 die Einführung einer sachlichen Rechtfertigung für Mehrheitsentscheidungen der Hauptversammlung zum Be-

198 *Kindler* ZGR 1998, 35/54.

199 *Füchsel* BB 1972, 1533; *Martens* FS Fischer S. 437/443; *Mestmäcker* BB 1961, 945 ff.; *Wiedemann* in AktG Großkommentar § 186 Anm. 3; *Lutter* BB 1981, 861; *Timm* DB 1982, 211; *Hofmeister* NZG 2000, 713.

200 *Füchsel* BB 1972, 1533.

201 *Röhricht* ZGR 1999, 445/563.

202 *Füchsel* BB 1972, 1533.

zugsrechtsausschluss verlangt. Diese Forderung hat er auf der Grundlage einer eingehenden Untersuchung der reichsgerichtlichen Rechtsprechung und dogmatischer Erwägungen erhoben, die sich mit der Struktur der Aktiengesellschaft und mit der verfassungsrechtlichen Eigentumsgarantie auseinandergesetzt haben. Dabei hat er auch die Gefahren, die durch einen Bezugsrechtsausschluss für die Aktionäre entstehen können, sorgfältig herausgearbeitet. Letztlich hat er damit schon 1972 wichtige Ansätze für die Kali & Salz-Entscheidung geliefert. In diesem Abschnitt soll nun untersucht werden, inwieweit diese Arbeiten wegbereitend für die Rechtsprechung zur materiellen Inhaltskontrolle gewesen ist. Der Ansatz von *Füchsel* soll zunächst einer Bestandsaufnahme unterzogen werden, um ihn anschließend im Hinblick auf die Auswirkungen auf die spätere Rechtsprechung zur materiellen Inhaltskontrolle untersuchen zu können.

3.2.2 Die systematischen Grundlagen

Füchsel hat in einer Untersuchung von 1972 sachliche Voraussetzungen für einen Bezugsrechtsausschluss gefordert und auch dargelegt, welche Gefahren dieser Beschluss für die Minderheitsaktionäre in sich birgt[203]. Dabei sieht er es als bedenklich an, dass es zu einer finanziellen Verwässerung der Beteiligung kommt und dass auch die Stimmrechte relativ gesehen absinken. Den Schutz der Aktionäre allein durch strenge Anforderungen an das Mehrheitsprinzip sicher zu stellen, reicht seiner Ansicht nach nicht aus. Die Gefahr liegt darin begründet, dass der Konflikt bei dem Bezugsrechtsausschluss zwischen drei verschiedenen Gruppen besteht[204]. Nicht immer gebietet dabei ein übergeordnetes Gesellschafterinteresse ein objektiv vorgegebenes Vorgehen. Zum einen sind die Mehrheitsaktionäre daran interessiert, ihre Position in der Aktiengesellschaft auszubauen. Zum anderen ist auch die Verwaltung regelmäßig bestrebt, ihre Unabhängigkeit gegenüber den Anteilseignern zu wahren und schließlich versuchen die Minderheitsaktionäre, einen Eingriff in ihre Mitgliedschaftsrechte abzuwehren. Gerade deshalb ist es von so großer Bedeutung, durch die Gerichte eine Instanz zu schaffen, die das Gesellschaftsinteresse objektiv überprüfen kann. Dieser Gedanke findet sich in der Argumentation des BGH in der Kali & Salz-Entscheidung wieder[205]. Dort wird vom BGH klargestellt, dass der Schutz von Minderheitsaktionären nicht in allen Fällen durch Quoren erreicht werden kann. Allein auf Mehrheitserfordernisse zu setzen, sieht *Füchsel* noch aus einem anderen Grunde als gefährlich an. Niedrige Hauptversammlungspräsenzen führen dazu, dass weit geringere Mehr-

203 *Füchsel* BB 1972, 1533/1534.
204 *Füchsel* BB 1972, 1533/1537.
205 BGHZ 71, 40/44 (Kali & Salz).

heiten als die vom Gesetzgeber vorgesehenen wichtige Entscheidungen treffen können. Denn die Mehrheitserfordernisse gelten nur in Bezug auf das an der Hauptversammlung anwesende Grundkapital. Da dort jedoch nur selten alle Aktionäre versammelt sind, reichen regelmäßig Beteiligungen von 50% des Grundkapitals aus, um in einer Hauptversammlung Entscheidungen zu treffen, die eine ¾ Mehrheit verlangen[206]. Dadurch wird die Gefahr eines Missbrauchs erhöht. *Füchsel* verlangt daher, das Mehrheitsprinzip einer stärkeren Kontrolle zu unterziehen. Das kann nach seiner Ansicht nur gelingen, wenn auch materielle Voraussetzungen an den Bezugsrechtsausschluss gestellt werden[207]. Nur dann kann sichergestellt werden, dass die Mehrheit ihre Stimmrechtsmacht nicht missbraucht, sondern die Interessen der Minderheiten zumindest auch berücksichtigt. Damit wird eine Entscheidungsfindung erreicht, die von den Anforderungen strenger ist als das klassische Mehrheitsprinzip, aber nicht die fehlende Flexibilität des Einstimmigkeitsprinzips aufweist[208]. Deshalb verlangt *Füchsel*, dass den Mehrheitsaktionären kein freies Ermessen zugestanden wird, wenn es um die Entscheidung geht, ob ein Bezugsrechtsausschluss durchgesetzt werden soll[209]. Die Rechte, die der Mehrheit durch ihre Stimmrechtsmacht zukommen, führen zu einer erhöhten Verantwortung, die sich in sachlichen Kriterien niederschlägt. Die Grundlage für diesen Ansatz bietet nach seiner Ansicht die Rechtsprechung des Reichsgerichts, welche zur Kontrolle der Mehrheitsmacht auch auf inhaltliche Kriterien abgestellt hat[210]. Das Tatbestandsmerkmal der Sittenwidrigkeit[211] und später der Grundsatz von Treu und Glauben[212] haben als Schranke gedient. Das freie Ermessen der Hauptversammlung hat jedoch selbst dann im Vordergrund gestanden, wenn es für die Minderheit nachteilig und schädigend erschienen ist[213]. Denn der Grundsatz, dass die Mehrheit in einer Aktiengesellschaft entscheiden kann, was im Interesse der Gesellschaft liegt, hat ohne größere Einschränkungen gegolten[214]. Dennoch hat das Tatbestandsmerkmal der Sittenwidrigkeit ein Kriterium gebildet, das zum ersten Mal sachliche Elemente in die Prüfung hat einfließen lassen. Durch dieses Kriterium ist es möglich gewesen, auch

206 *Füchsel* BB 1972, 1533/1534.
207 *Füchsel* BB 1972, 1533/1535.
208 *Timm* ZGR 1987, 403/421.
209 *Füchsel* BB 1972, 1533/1536.
210 *Füchsel* BB 1972, 1533/1534; *Timm* ZGR 1987, 403/404.
211 RGZ 105, 373/376; RGZ 107, 67/71; 107, 202/204; 132, 149/160 ff.; *Martens* FS Fischer S. 437/444.
212 RGZ 146,71/76; RGZ 146, 385/395.
213 *Füchsel* BB 1972, 1533/1534; RGZ 68, 235/244 (Hibernia).
214 *Füchsel* BB 1972, 1533/1534; *Lutter* ZGR 1981, 171/174; *Timm* ZGR 1987, 403/494.

das Merkmal der Erforderlichkeit zu prüfen[215]. Zwar sind die Ansätze der Rechtsprechung des Reichsgerichts vorsichtig geblieben, einen Einstieg in die inhaltliche Prüfung haben sie dennoch dargestellt[216]. Die Schranke von Treu und Glauben hat schließlich das Merkmal der Sittenwidrigkeit ersetzt, ohne dass sich die materiellen Anforderungen an die inhaltliche Prüfung verändert haben[217]. Auf Grundlage dieser reichsgerichtlichen Rechtsprechung hat *Füchsel* gefordert, die Hauptversammlungsentscheidung zum Bezugsrechtsausschluss von vornherein sachlichen Kriterien zu unterwerfen[218]. Damit würde allerdings das Verhältnis von Regel und Ausnahme umgekehrt. Die Gerichte würden nicht mehr prüfen, ob das freie Ermessen durch sittenwidriges Verhalten eingeschränkt ist, sondern ob die materiellen Voraussetzungen für einen Bezugsrechtsausschluss überhaupt gegeben sind. Damit hat *Füchsel* den Ansatz der Rechtsprechung aufgegriffen, ihn allerdings bis zu einem Punkt weiterentwickelt, der weit über das hinausgeht, was das Reichsgericht an inhaltlicher Kontrolle durchgeführt hat. Das Reichsgericht hat eine Missbrauchskontrolle von Mehrheitsentscheidungen durch inhaltliche Kriterien eingeführt, *Füchsel* hingegen fordert eine inhaltliche Begründung für Mehrheitsentscheidungen. Dabei geht er sogar soweit, explizit einen rechtfertigenden Grund für den Bezugsrechtsausschluss zu fordern und nimmt damit das Kriterium, das die Rechtsprechung in Kali & Salz entwickelt hat, vorweg[219].

Den Grund für das Erfordernis einer solch weitgehenden Kontrolle von Mehrheitsentscheidungen wirtschaftlicher Unternehmen sieht *Füchsel* in unserer Rechtsordnung gegeben. Diese schützt jedes Rechtssubjekt davor, einen Eingriff in eigene Rechte schutzlos hinnehmen zu müssen[220]. Das Gesetz stellt dem Betroffenen dabei vielerlei Hilfsmittel zur Verfügung, und zwar von Notwehrrechten über Unterlassungsansprüchen bis hin zu Schadensersatzansprüchen[221]. Dadurch ist ihm die Möglichkeit gegeben, sich auf vielfältige Weise zur Wehr zu setzen. Darüber hinaus ist auch die Eigentumsgarantie des Art. 14 GG zu beachten, die durch ihren Grundrechtscharakter auf das gesamte Zivilrecht ausstrahlt[222]. Diese Wertmaßstäbe unserer Rechtsordnung können nach der Ansicht von *Füchsel* nur durch einen besonderen Rechtfertigungsgrund überwunden werden[223]. Dieser Rechtfertigungsgrund ist nach seiner Ansicht auch grundsätzlich

215 *Füchsel* BB 1972, 1533/1535; RGZ 107, 72/75.
216 *Timm* ZGR 1987, 403/404.
217 *Füchsel* BB 1972, 1533/1535.
218 *Füchsel* BB 1972, 1533/1535.
219 *Füchsel* BB 1972, 1533/1536.
220 *Füchsel* BB 1972, 1533/1537.
221 *Füchsel* BB 1972, 1533/1537.
222 *Stern*, Staatsrecht, III/1 S. 486 ff.
223 *Füchsel* BB 1972, 1533/1537.

gegeben. Denn der Gesellschafter hat sich durch den Zusammenschluss zu einer wirtschaftlichen Gemeinschaft damit einverstanden erklärt, sich Mehrheitsentscheidungen zum Zwecke des gemeinsamen wirtschaftlichen Vorgehens zu beugen[224]. Allerdings betont *Füchsel*, dass dieses Einverständnis durch den Gesellschaftszweck begrenzt wird[225]. Das bedeutet, dass die Aktionäre Eingriffe in ihre Minderheitsrechte nur dann hinnehmen müssen, wenn sie im Interesse der Gesellschaft erfolgen. Dieses Gesellschaftsinteresse bildet dann die Grundlage für eine inhaltliche Überprüfung von Mehrheitsentscheidungen in der Aktiengesellschaft[226]. Als weiteres Argument führt er auf, dass auch das Eigentumsrecht aus Art. 14 GG einer freien Ermessensentscheidung der Mehrheitsmacht entgegensteht[227]. Denn durch den Bezugsrechtsausschluss wird nach seiner Ansicht Art. 14 GG verletzt, da er in seinem Schutzbereich auch subjektive Vermögensrechte umfasst. Ergänzt wird dieser Gesichtspunkt durch die Tatsache, dass es wegen des Gleichheitsgrundsatzes zu keiner sachlich nicht gerechtfertigten Differenzierung kommen darf[228]. Das bedeutet, dass es weder der Verwaltung noch dem Mehrheitsaktionär möglich sein darf, willkürlich in die Rechte anderer Aktionäre einzugreifen.

Insgesamt kann nach der Ansicht von *Füchsel* in diesem Dreiecks-Verhältnis von Mehrheitsaktionär, Verwaltung und Minderheitsaktionär ein effektiver Minderheitsschutz nur entwickelt werden, wenn die Gerichte in der Lage sind, inhaltlich die Entscheidung zu überprüfen. Nur dann können die im Gesellschaftsinteresse tatsächlich erforderlichen Entscheidungen von denen, die im Interesse eines Aktionärs oder der Verwaltung stehen, unterschieden werden. Als Rechtsfolge fordert *Füchsel* eine erweiterte Anfechtungsklage, die eine sachliche Überprüfung beinhaltet[229]. Darüber hinaus fordert er Schadensersatzklagen gegenüber der Verwaltung, sofern diese für den Bezugsrechtsausschluss verantwortlich gewesen ist. Zudem ist nach seiner Ansicht eine Beweislastumkehr zugunsten der klagenden Aktionäre erforderlich. Die beklagte Aktiengesellschaft muss darlegen, dass der Beschluss sachlich richtig getroffen worden ist[230]. Für den Kläger der Anfechtungsklage reicht der Vortrag aus, dass eine schlüssige Begründung für den Bezugsrechtsausschluss fehlt. Damit will *Füchsel* erreichen, dass in der Praxis die Hauptversammlungsbeschlüsse, die einen Bezugsrechtsausschluss enthalten, eingehend begründet werden, um so den Missbrauch dieser Rechtsfigur einzu-

224 *Füchsel* BB 1972, 1533/1537.
225 *Füchsel* BB 1972, 1533/1537.
226 *Füchsel* BB 1972, 1533/1537.
227 *Füchsel* BB 1972, 1533/1537.
228 *Füchsel* BB 1972, 1533/1537.
229 *Füchsel* BB 1972, 1533/1537.
230 *Füchsel* BB 1972, 1533/1537.

dämmen[231]. Auch in diesem Punkt bezieht sich der BGH explizit auf *Füchsel* und übernimmt dessen Forderung. Dazu führt der BGH aus, dass es angesichts der Schwierigkeit des Aktionärs, einen Beweis für einen sachlich-rechtlichen Mangel zu führen, sowie der Tatsache, dass die Gesellschaft über alle zur Klärung erforderlichen Unterlagen und Informationen verfügt, die Aufgabe der Aktiengesellschaft ist, die für die angefochtene Entscheidung maßgeblichen Gründe zu nennen[232].

3.2.3 Ergebnis

Die Arbeit von *Füchsel* kann im Hinblick auf die Einführung eines materiellen Tatbestandsmerkmals und auch im Hinblick auf die systematische Argumentation als Grundlage für die Kali & Salz-Entscheidung gesehen werden. Der BGH greift diese Argumentation und Untersuchung in vielen Punkten auf und nutzt sie für seine Entscheidung. Dabei strahlt dieser Aufsatz eine große Überzeugungskraft aus, die letztlich auch dem BGH die Einführung seiner Rechtsprechung nahe gelegt hat. Allerdings beschränkt sich die Untersuchung auf die Argumente, die für eine materielle Inhaltskontrolle sprechen. *Füchsel* ist hingegen nicht darauf eingegangen, sich mit den Auswirkungen dieser Rechtsfigur auseinander zu setzen. Gerade diese Auswirkungen sind jedoch in zweierlei Hinsicht von Bedeutung. Zum einen hat dieser Ansatz dogmatische Auswirkungen auf die Aktiengesellschaft und zum anderen beeinflusst er das Verhalten der Aktiengesellschaft als wirtschaftliches Unternehmen und ihren Erfolg am Markt. Diese beiden Aspekte sollen im Verlauf der eigenen Untersuchung dargestellt werden.

3.3 Der Bezugsrechtsausschluss beim genehmigten Kapital im Spiegel der Literatur vor der Holzmann-Entscheidung und ihre Auswirkungen auf die Rechtsprechung des BGH

3.3.1 Einleitung

Die Entwicklung der Inhaltskontrolle von Mehrheitsentscheidungen hat sich in zwei Schritten vollzogen. Zunächst hat der BGH in der Kali & Salz-Entscheidung die Grundsätze dieses Rechtsinstituts dargelegt und anschließend den Anwendungsbereich in der Holzmann-Entscheidung ausgebaut. Beide Ansätze sind von der Literatur vorbereitet und begleitet worden. Für die Kali & Salz-Entscheidung

---

231 *Füchsel* BB 1972, 1533/1537.
232 BGHZ 71, 40/48 (Kali & Salz).

hat die Arbeit von *Füchsel* eine große Bedeutung gehabt. Ähnlich wichtig sind Arbeiten von *Lutter* und *Timm* für die Holzmann-Entscheidung gewesen. Dort hat sich aus der Sicht der Literatur das Problem gestellt, dass die inhaltliche Kontrolle des Bezugsrechtsausschlusses durch das genehmigte Kapital umgangen werden konnte. Deshalb haben sich *Timm* und *Lutter* mit dieser Rechtsfigur im Hinblick auf die Kali & Salz-Rechtsprechung befasst[233]. Diese Untersuchungen haben zeitlich vor der Holzmann-Entscheidung stattgefunden und eine Ausweitung der materiellen Inhaltskontrolle gefordert. Sie haben dadurch in gewisser Weise den Weg für die Entscheidung geebnet. Welche Auswirkungen die Arbeiten von *Lutter* und *Timm* auf das Holzmann-Urteil haben, soll nun dargelegt werden.

3.3.2 Der Ansatz von Timm

Das genehmigte Kapital mit Bezugsrechtsausschluss ist ein wichtiges Instrument zur Konzernbildung[234]. Es gibt der Verwaltung die Möglichkeit, andere Unternehmen durch Aktientausch zu erwerben. Dabei geraten häufig die Interessen der Aktionäre, und zwar vor allem der Kleinaktionäre, in Gefahr, da sie den Interessen der Verwaltung geopfert werden[235]. Als Mittel, diesen Missbrauch einzudämmen, nennt *Timm* die Inhaltskontrolle, wie sie bei der Kapitalerhöhung mit Bezugsrechtsausschluss gem. § 186 von der Rechtsprechung angewandt wird. Ansatzpunkt ist dabei die Verweisung des § 203 Abs. 2 S. 2 auf den § 186 Abs. 4. Bei dieser Verweisung ist zu klären, ob sie auch die sachlichen, ungeschriebenen Anforderungen an die Entscheidung der Hauptversammlung umfasst oder ob sie sich, im Interesse einer flexiblen Handhabung dieses Rechtsinstituts, nur auf die geschriebenen, formellen Voraussetzungen beschränkt. Wie diese Frage zu beantworten ist, ist nach der Ansicht von *Timm* davon abhängig, ob die Hauptversammlung die Verwaltung zu einer Kapitalerhöhung mit Bezugsrechtsausschluss ermächtigen darf. Diese Entscheidung ist deshalb von großer Bedeutung, weil sie in der Mehrzahl der Fälle eine Entscheidung zur Konzernbildung beinhaltet[236]. Deshalb fragt *Timm* sehr provokant, ob die Verwaltung eine Konzernierungsentscheidung ohne positives Zutun der Hauptversammlung treffen darf[237]. Die Zuspitzung dieser Fragestellung ist vor allem vor dem Hintergrund verständlich, dass die Holzmüller-Entscheidung mit den ungeschriebenen Hauptversamm-

233 *Timm* DB 1982, 211; *Lutter* BB 1981, 861; *ders.* ZGR 191, 171/173.

234 *Timm* DB 1982, 211; *van Venrooy* DB 1982, 735/739; *Wolf* AG 1998, 212 ff.; *Cahn* ZHR 163 (1999), 554/555.

235 *Timm* DB 1982, 211.

236 *Timm* DB 1982, 211/213; *van Venrooy* DB 1982, 735/739; *Wolf* AG 1998, 212 ff.; *Cahn* ZHR 163 (1999), 554/555.

237 *Timm* DB 1982, 211/213.

lungszuständigkeiten noch nicht ergangen worden war. *Timm* stellt bei dem Bezugsrechtsausschluss des genehmigten Kapitals die Frage zur Diskussion, ob eine Konzernbildungsentscheidung einer Zustimmung der Hauptversammlung bedarf. Durch diese Fragestellung ist die Antwort in weiten Teilen schon vorgegeben. In seiner Begründung bezieht sich *Timm* auf die Kali & Salz-Entscheidung. Seit dieser Entscheidung steht fest, dass die Aktionäre nicht nur über das „ob" einer Kapitalerhöhung mit Bezugsrechtsausschluss, sondern auch über das „wie", das heißt über die Mittelverwendung, entscheiden[238]. Da die Kapitalverwendung der Kontrolle der Aktionäre unterliegt, muss dieser Beschluss sachlich begründet werden. Diesen Ansatz will *Timm* auch auf das genehmigte Kapital ausweiten. Als Argument nennt er dabei die Parallelen zur Verschmelzung und zum Unternehmensvertrag. Denn auch dort ist die Verwaltung gezwungen, den Bezugsrechtsausschluss zu begründen, so dass die Verwaltung über ihre Vorhaben Rechenschaft ablegen muss[239]. Daraus leitet *Timm* ein allgemeines Prinzip her, dass Rechtsgeschäfte des Vorstandes mit Auswirkungen auf Wert und Struktur der Beteiligung, insbesondere also Konzernbildungsentscheidungen, nur zulässig sind, wenn die Hauptversammlung auf der Grundlage ausreichender Informationen dem konkreten Vorhaben zugestimmt hat[240]. Besondere Bedeutung misst *Timm* dabei der Tatsache zu, dass eine konkrete Zustimmung erforderlich ist. Das bedeutet, dass schon auf Grund dieses systematischen Ansatzes eine unbestimmte Ermächtigung durch die Hauptversammlung ausscheidet, da sie insoweit systemwidrig wäre. Nach der Ansicht von *Timm* soll das genehmigte Kapital keinen unternehmerischen Freiraum der Verwaltung für Fragen der Konzernbildung schaffen, sondern dem Vorstand lediglich ermöglichen, die Kapitalerhöhung marktgerecht durchzuführen[241]. Die Warnfunktion, die in der Begründungspflicht des Vorstandes für den Bezugsrechtsausschluss liegt, soll durch das genehmigte Kapital nicht entfallen. Außerdem ermöglicht nur die inhaltliche Kontrolle der Entscheidung bezüglich des Bezugsrechtsausschlusses ein präventives Einschreiten durch die Gerichte. Schadensersatzklagen oder Informationspflichten nach Durchführung der Maßnahme können hingegen nur ex post eingreifen[242].

Eine Gefahr, dass der Zweck des genehmigten Kapitals durch die enge Bindung an den Hauptversammlungsbeschluss vereitelt würde, sieht *Timm* nicht[243]. Das genehmigte Kapital nach § 202 ohne Bezugsrechtsausschluss sei ohnehin kaum betroffen. Lediglich bei dem Bezugsrechtsausschluss gem. § 203 Abs. 2

238 *Timm* DB 1982, 211/213.
239 *Timm* DB 1982, 211/213.
240 *Timm* DB 1982, 211/213.
241 *Timm* DB 1982, 211/214.
242 *Timm* DB 1982, 211/214.
243 *Timm* DB 1982, 211/214.

bestehe überhaupt die Möglichkeit einer Verzögerung. Da es sich dabei aber regelmäßig um Konzernbildungsmaßnahmen handele, sei es nicht von Bedeutung, schnell zu reagieren. Solche Unternehmenszusammenschlüsse nehmen große Zeiträume in Anspruch, so dass auch die Befragung einer ordentlichen Hauptversammlung möglich ist.

Daraus ergibt sich nach *Timm* folgender Anwendungsbereich für eine materielle Inhaltskontrolle beim genehmigten Kapital: Schließt die Hauptversammlung das Bezugsrecht selber aus, findet die Kali & Salz Rechtsprechung ohne weiteres Anwendung. Soll die Hauptversammlung hingegen von der Ermächtigung des § 203 Abs. 2 Gebrauch machen und die Entscheidung über den Bezugsrechtsausschluss auf den Vorstand übertragen, ist die Ermächtigung selber inhaltlich zu überprüfen[244]. Dann bedarf diese Entscheidung einer sachlichen Rechtfertigung. Denn diese Entscheidung der Hauptversammlung beinhaltet dieselben Gefahren, wie der unmittelbare Ausschluss des Bezugsrechts[245]. Bei beiden Entscheidungen ist das Ausmaß der Vermögens- und Stimmrechtsgefährdung identisch. Außerdem würde sonst der gerichtliche Rechtsschutz erheblich verkürzt, da die Möglichkeit, eine präventiv wirkende Anfechtungsklage zu erheben, in der auch sachliche Erwägungen überprüft werden können, entfallen würde[246]. Die Anwendung der Inhaltskontrolle auch auf den Ermächtigungsbeschluss der Hauptversammlung schränkt die Anwendung des genehmigten Kapitals ein. Sie wird damit nach der Ansicht von *Timm* ihrer Rolle als Ausnahmevorschrift wieder mehr gerecht[247]. Nur wenn der Vorstand konkret darlegen kann, weshalb solch eine Ausnahme gegeben ist, kann der Ermächtigungsbeschluss im Interesse der Aktionäre Bestand haben. Als Anwendungsfälle bleiben eine Kapitalerhöhung, die mit Hilfe der Banken auf Grund eines gerade sehr niedrigen Aktienkurses über einen längeren Zeitraum durchgeführt werden soll, oder die Sanierung eines Unternehmens, wenn zum Zeitpunkt des Hauptversammlungsbeschlusses noch mit mehreren potentiellen Partnern verhandelt wird.

3.3.3 Der Ansatz von Lutter

Die Arbeiten von *Lutter* und *Timm* unterscheiden sich in wesentlichen Punkten. Während *Timm* die Inhaltskontrolle in eine Konzernbildungsentscheidung einbinden will und es für erforderlich hält, auch den Ermächtigungsbeschluss der Hauptversammlung bei dem genehmigten Kapital einer inhaltlichen Rechtferti-

244 *Timm* DB 1982, 211/215.
245 *Timm* DB 1982, 211/214.
246 *Timm* DB 1982, 211/214.
247 *Timm* DB 1982, 211/214.

gung zu unterziehen, erkennt *Lutter* an, dass die Notwendigkeit, schnelle Entscheidungen treffen zu müssen, es unmöglich machen kann, die Hauptversammlung in die Entscheidungsfindung einzubeziehen. Trotzdem ist auch nach seiner Ansicht das genehmigte Kapital nicht ganz unbedenklich. Es handelt sich um eine Rechtsfigur, die zu einer Zuständigkeitsverlagerung innerhalb der Aktiengesellschaft führt. Die Hauptversammlung kann durch eine Ermächtigung des Vorstandes die Entscheidung über eine Kapitalerhöhung auf die Verwaltung übertragen[248]. Eine besondere Gefahr sieht *Lutter* dann als gegeben, wenn dieses genehmigte Kapital mit einem Bezugsrechtsausschluss kombiniert wird[249]. Denn in diesem Fall steht die für die Aktionäre gefährliche Entscheidung über den Bezugsrechtsausschluss an, ohne dass die künftigen Ereignisse genau vorhergesehen werden könnten und daher eine interessengerechte Entscheidung sehr schwierig ist[250]. Diese Ungewissheit ergibt sich aus der Tatsache, dass die Hauptversammlung als Organ unflexibel ist und das genehmigte Kapital dem Unternehmen für Kapitalerhöhungen die wirtschaftlich notwendige Flexibilität verleihen soll. Trotzdem ist nach der Ansicht von *Lutter* die Einführung einer sachlichen Rechtfertigung auch für den Bezugsrechtsausschluss beim genehmigten Kapital erforderlich, da sonst ein Ungleichgewicht zwischen der normalen Kapitalerhöhung mit Bezugsrechtsausschluss und den §§ 202, 203 bestehen würde. Letztlich könnte die Aktionärsmehrheit wählen, ob ein inhaltliches Kriterium Anwendung findet oder nicht[251]. Gerade wenn die Ermächtigung zum Bezugsrechtsausschluss auf die Verwaltung übertragen wird, ohne dass die Hauptversammlung über die konkreten Umstände der Kapitalerhöhung und der Notwendigkeit des Bezugsrechtsausschlusses informiert worden ist, da zum Zeitpunkt der Beschlussfassung noch keine konkreten Informationen vorgelegen haben, besteht die Gefahr, dass es zu einer Verkürzung des Rechtsschutzes kommt. Eine Anfechtungsklage würde präventiv wirken, da sie einen bevorstehenden Bezugsrechtsausschluss verhindern könnte. Schadensersatzklagen greifen erst im Nachhinein ein. Zudem wird ein Verschulden nur schwer zu beweisen sein.

Da die Unterrichtung der Hauptversammlung jedoch zum Zeitpunkt des Ermächtigungsbeschlusses nach der Ansicht von *Lutter* regelmäßig nicht möglich ist, versucht er die inhaltliche Kontrolle des Bezugsrechtsausschlusses auf anderem Wege zu erreichen. Er möchte die Verwaltung an materielle Kriterien binden und sie darüber hinaus verpflichten, die Informationen, die sie zum Zeitpunkt ihrer Entscheidung über den Bezugsrechtsausschluss hat, zu veröffentlichen, sobald

---

248 *Ekkenga* AG 2001, 567/568; *Marsch* AG 1981, 211.
249 *Lutter* BB 1981, 861.
250 *Lutter* BB 1981, 861.
251 *Lutter* BB 1981, 861/862.

die Informationen in ausreichend konkreter Form vorliegen[252]. Dann ist die Kontrolle der Verwaltung durch die Aktionäre noch möglich, bevor die Entscheidung umgesetzt worden ist[253]. Diese Informationen müssen außerhalb einer Hauptversammlung stattfinden, da sich diese auf Grund der Eilbedürftigkeit nicht einberufen lässt. Das bedeutet, dass sich die Informationen direkt an die Anteilseigner zu richten haben[254]. Diese können über die Gesellschaftsblätter und die Aktionärsvereinigungen erreicht werden. Inhaltlich sind an die Informationspflicht die Anforderungen zu stellen, die durch die Kali & Salz-Entscheidung für einen Bezugsrechtsausschluss statuiert worden sind[255]. Diese vorherige Informationspflicht ermöglicht es, eine präventive Kontrolle der Verwaltung durch die Aktionäre durchzuführen. Die Aktionäre sind dabei auf die gerichtliche Überprüfung angewiesen, da eine Entscheidung der Hauptversammlung nicht stattfindet[256]. Als Kontrollinstrument scheidet allerdings die Anfechtungsklage aus, da es an dem erforderlichen Hauptversammlungsbeschluss fehlt. *Lutter* schlägt deshalb eine Unterlassungsklage oder eine Klage auf Feststellung der Rechtswidrigkeit der Vorstandsentscheidung vor, die von jedem Aktionär erhoben werden kann[257].

Lutter stellt in seiner Arbeit darauf ab, dass die Entscheidungskompetenz über einen Bezugsrechtsausschluss beim genehmigten Kapital bei der Verwaltung verbleibt. Er verlangt nicht, dass die Hauptversammlung schon zum Zeitpunkt des Ermächtigungsbeschlusses über das geplante Vorhaben informiert ist und zu diesem Zeitpunkt eine inhaltlich fundierte Entscheidung treffen kann. Allerdings will er die Kontrolle durch die Anteilseigner dann nachholen, wenn die Entscheidung durch die Verwaltung ansteht. Dabei verzichtet er auf eine Hauptversammlung und vertraut allein auf Informationspflichten, die den Aktionären die Möglichkeit geben, die angestrebte Maßnahme durch eine Unterlassungsklage gerichtlich überprüfen zu lassen.

3.3.4 Resümee

Der Ansatz von *Timm* stellt vor allem auf den Aspekt der Konzernbildung ab. Er sieht den Bezugsrechtsausschluss als Konzernbildungsmaßnahme und versucht daraus eine allgemeine Konzernbildungskontrolle durch die Hauptversammlung zu begründen. Als Parallelen zum Bezugsrechtsausschluss beim genehmigten Kapital führt er dazu die Verschmelzung und den Vertragskonzern auf. Daraus

252 *Lutter* BB 1981, 861/863.
253 *Lutter* BB 1981, 861/863.
254 *Lutter* BB 1981, 861/863.
255 *Lutter* BB 1981, 861/863.
256 *Lutter* BB 1981, 861/863.
257 *Lutter* BB 1981, 861/864.

leitet er ein allgemeines Prinzip her, dass eine Hauptversammlungskompetenz mit weitreichenden Informationspflichten des Vorstandes bei Konzernbildungsmaßnahmen besteht. Dabei fehlt jedoch der direkte Bezug zur Kali & Salz-Entscheidung. Es wird nicht deutlich, weshalb die Hauptversammlungskompetenz mit umfangreichen Publizitätspflichten zu einer materiellen Inhaltskontrolle führt. Letztlich überzeugend ist nur das Argument, dass der Eingriff in die Aktionärsrechte durch die Ermächtigung zum Bezugsrechtsausschluss dieselbe Intensität hat, wie der Bezugsrechtsausschluss selber. Dieser Gedanke ist vom BGH aufgegriffen worden, nicht jedoch der Ansatz, dass eine umfassende Konzernbildungskontrolle notwendig ist. Der BGH verzichtet darauf, eine konzernrechtliche Begründung für die Inhaltskontrolle bei dem genehmigten Kapital zu geben. Der BGH stellt die Holzmann-Entscheidung vor allem als Fortentwicklung des Kali & Salz-Urteils dar und dehnt lediglich die sachliche Prüfung auf die Ermächtigungsentscheidung aus[258]. Parallelen zwischen den Ausführungen von *Timm* und der Holzmann-Entscheidung werden nur in einem Punkt sichtbar. Sowohl *Timm* als auch der BGH haben keine Bedenken gehabt, dass die Inhaltskontrolle der Ermächtigungsentscheidung das genehmigte Kapital in seinem Anwendungsbereich erheblich einschränkt. Im Gegenteil: Der BGH hat gerade in Bezug auf die Anwendung des § 203 Abs. 2 ausgeführt, dass die Inhaltskontrolle das genehmigte Kapital wieder zu einer Ausnahmeregelung macht, die es durch die häufige Anwendung nicht mehr gewesen ist. Daher entspricht es ganz dem Sinn und Zweck dieser Vorschrift, dass sie nur selten zur Anwendung kommt[259].

Der Ansicht von *Lutter* ist der BGH auch in seiner Holzmann-Entscheidung nicht in vollem Umfang gefolgt. *Lutter* hat dem Rechtsinstitut des genehmigten Kapitals positiv gegenüber gestanden und das Bedürfnis nach einer flexiblen Durchführung einer Kapitalerhöhung mit Bezugsrechtsausschluss anerkannt. Trotzdem hat er an den sachlichen Kriterien aus der Kali & Salz-Entscheidung festhalten wollen. Das hat dazu geführt, dass er die Verwaltungsentscheidung diesen Anforderungen unterwerfen wollte. Diesen Ansatz hat er mit einer Unterlassungsklage gegen das Vorhaben der Verwaltung kombiniert. Der BGH teilt mit *Lutter* die Einschätzung der Situation und will genauso wie dieser verhindern, dass durch das genehmigte Kapital ein Schlupfloch entsteht, durch das sich eine Inhaltskontrolle bei einer Kapitalerhöhung umgehen lässt. Allerdings haben sie auf unterschiedlichen Wegen ans Ziel kommen wollen. Während der BGH als Ansatzpunkt für seine Kontrolle den Beschluss der Hauptversammlung auswählt, stellt *Lutter* auf die Entscheidung des Vorstandes ab und will diese Entscheidung einer Inhaltskontrolle unterwerfen.

258 BGHZ 83, 319/321 (Holzmann).
259 BGHZ 83, 319/323 (Holzmann).

Bei der Holzmann-Entscheidung ist der BGH mit seiner Begründung einen eigenen Weg gegangen. Wie schon bei der Holzmüller-Entscheidung hat der BGH eine eigene dogmatische Begründung erarbeitet und dabei die in der Literatur vertretenen Ansichten als Denkanstöße genutzt. Dabei mag eine Rolle gespielt haben, dass gerade in den Ansätze von *Timm* und *Lutter* der Bezugsrechtsausschluss als Einstieg in einen umfassenden Minderheitsschutz angesehen worden ist. Der BGH hingegen hat seine Inhaltskontrolle behutsam ausgebaut und entgegen allen Versuchungen allein auf den Bezugsrechtsausschluss beschränkt. Trotzdem hat der BGH letztlich Stellung in diesem Meinungsstreit bezogen[260]. Gerade bei der Kali & Salz-Entscheidung hat er die Ansicht von *Füchsel* in wesentlichen Punkten übernommen[261], während er den weiterführenden Arbeiten von *Timm* und *Lutter* nur in sehr geringem Umfang gefolgt ist. Letztlich hat der BGH weitgehend eine eigene Argumentation aufgebaut, deren Richtung allerdings durch die Entwicklung der Literatur vorgegeben gewesen sind[262].

4. Zwischenergebnis

Bei einer genauen Betrachtung fallen zwei unterschiedliche Tendenzen in der Rechtsprechung zur Inhaltskontrolle von Mehrheitsentscheidungen auf. Zunächst hat der BGH durch die Kali & Salz-Entscheidung und die Holzmann-Entscheidung dieses Rechtsinstitut geschaffen und gefestigt. Damit hat er die Einflussmöglichkeiten der Aktionäre gestärkt, indem er an die Darlegungspflichten des Vorstandes höhere Anforderungen gestellt und die Möglichkeit ausgebaut hat, diese Entscheidungen einer gerichtlichen Kontrolle zuzuführen. Eine Anfechtungsklage gegen einen Bezugsrechtsausschluss hat nicht nur dann Aussicht auf Erfolg, wenn diese Entscheidung den formellen Anforderungen nicht genügt oder wenn sie sittenwidrig ist, sondern die Klage wird auch dann erfolgreich sein, wenn die Entscheidung inhaltlich nicht ausreichend begründet ist[263]. Davon ist das gesamte Kompetenzgefüge innerhalb der Aktiengesellschaft betroffen. Mit der Kali & Salz-Entscheidung hat der BGH für die Rechtsprechung Neuland betreten und zum ersten Mal eine inhaltliche Überprüfung von Mehrheitsentscheidungen eingeführt, die über den Grundsatz von Treu und Glauben hinausgegangen ist[264]. Vorher ist das Tatbestandsmerkmal eines sachlichen Grundes für

260 Kritisch *Röhricht* ZGR 1999, 445/459.
261 *Timm* ZGR 1987, 403/407; *Wank* ZGR 1988, 314/366.
262 *Timm* ZGR 1987, 403/407; *Wank* ZGR 1988, 314/366.
263 BGHZ 71, 40/46 ff. (Kali & Salz).
264 BGHZ 71, 40 ff. (Kali & Salz); *Semler* BB 1983, 1566/1568; *Ekkenga* AG 2001, 567/572.

Mehrheitsentscheidungen von *Füchsel* allerdings schon explizit gefordert worden[265]. Er hat dargelegt, dass der Eingriff in die mitgliedschaftlichen Rechte von Minderheitsaktionären durch einen Bezugsrechtsausschluss für das Stimmrecht und das Vermögensrecht der Anteilseigner sehr weitreichende Folgen haben kann. Daher ist diese Entscheidung nach seinem Dafürhalten nur dann zu treffen, wenn sie im Sinne eines übergeordneten Gesellschaftsinteresses auch erforderlich ist. Dieser Ansatz ist von dem BGH aufgegriffen worden. Neben dieser Entscheidung gibt es weitere Urteile, deren Richtungen gegenläufig sind[266]. Die Entscheidungen Bremer Bankverein, Siemens/Nold und Sachsenmilch setzen neue Akzente. Zuerst wird die Rechtsprechung zur materiellen Inhaltskontrolle durch die Entscheidung Bremer Bankverein ganz behutsam eingegrenzt, indem eine Ausdehnung des Anwendungsbereichs dieses Rechtsinstituts ablehnt wird. Dann wird mit der Siemens/Nold-Entscheidung die alte Rechtsprechung aufgegeben und zumindest in dem Bereich des Bezugsrechtsausschluss bei genehmigtem Kapital ein Neuanfang gemacht[267]. Diese Entscheidung stellt einen Meilenstein für das genehmigte Kapital dar. Erst durch diese Entscheidung ist es den Aktiengesellschaften faktisch wieder ermöglicht worden, genehmigtes Kapital mit einem Bezugsrechtsausschluss zu kombinieren, um dem Unternehmen die notwendige Flexibilität zu geben, auf wirtschaftliche Veränderungen in einer angemessenen Zeit zu reagieren. Schließlich hat die Sachsenmilch-Entscheidung die Reihe ablehnender Urteile fortgesetzt. Dabei ist der BGH systematisch nicht dazu gezwungen gewesen, die Inhaltskontrolle von Mehrheitsentscheidungen weiter einzugrenzen. Im Gegenteil, der systematische Ansatz der Kali & Salz-Entscheidung hat vielmehr eine Anwendung dieser Grundsätze auch auf die Sachsenmilch-Entscheidung nahegelegt, was sich darin zeigt, dass beide vorherigen Instanzen einer Anwendung der materiellen Inhaltskontrolle zugestimmt hatten. Der BGH hat sich aber darüber hinweggesetzt und bewusst eine weitere Eingrenzung dieses Rechtsinstituts vorgenommen.

Vom Bremer Bankverein-Urteil bis hin zur Sachsenmilch-Entscheidung kann eine steigende Skepsis gegenüber dem Rechtsinstitut der materiellen Inhaltskontrolle festgestellt werden. Konnte in der Bremer Bankverein-Entscheidung noch eine Ausdehnung des Anwendungsbereiches der Inhaltskontrolle durch die systematischen Gründe innerhalb der Rechtsfigur verhindert werden[268], hat der BGH in der Sachsenmilch-Entscheidung über die dogmatische Begründung hinausgehen müssen, um eine Ausdehnung dieses Rechtsinstituts zu vermeiden. Nach der

265 *Füchsel* BB 1972, 1533 ff.
266 *Wolf* AG 1998, 212.
267 *Wolf* AG 1998, 212.
268 BGHZ 120, 141 ff. (Bremer Bankverein).

Kali & Salz-Entscheidung ist eine Inhaltskontrolle einer Hauptversammlungsentscheidung erforderlich, wenn sie einen schweren Eingriff in deren Mitgliedschafts- und Vermögensrechte darstellt[269]. In der Sachsenmilch-Entscheidung ist von der Hauptversammlung eine Kapitalherabsetzung beschlossen worden, die für zahlreiche Kleinaktionäre einen völligen Verlust der Mitgliedschaft bedeutet hat. Dennoch hat der BGH eine Anwendung der materiellen Inhaltskontrolle abgelehnt. Damit zeigt sich, dass das Vertrauen des BGH in dieses Rechtsinstitut gesunken und er nicht mehr bereit ist, auch für den Aktionär gefährliche Maßnahmen einer inhaltlichen Kontrolle von Unternehmensentscheidungen durch die Gerichte zu unterwerfen. Auch in anderen Entscheidungen zeigt der BGH, dass er anderen Rechtsinstituten den Vorrang gibt. In der Hilgers-Entscheidung[270] hat sich der BGH im Jahr 1999 erneut mit der Kapitalherabsetzung befasst. Auch in diesem Urteil hat er eine Anwendung der materiellen Inhaltskontrolle abgelehnt. Allerdings hat er den Minderheitsschutz über das Rechtsinstitut der Treuepflicht umgesetzt. Insgesamt hat sich also auch in neueren Urteilen die Abwendung von der materiellen Inhaltskontrolle fortgesetzt. Bei dem BGH hat sich die Erkenntnis durchgesetzt, dass eine sachliche Kontrolle von Mehrheitsentscheidungen auch Gefährdungspotential für die Aktiengesellschaft enthält und er hat sich daher in der weiteren Entwicklung restriktiv gegenüber diesem Rechtsinstitut verhalten.

5. Die Analyse der Zielsetzung des BGH und ihre Umsetzung in der Rechtsprechung zur materiellen Inhaltskontrolle

5.1 Einleitung

Wie schon bei der Holzmüller-Entscheidung hat der BGH auch bei der Rechtsprechung zur Inhaltskontrolle von Mehrheitsentscheidungen in erster Linie Richterrecht schaffen wollen[271]. Der Einzelfall ist hinter dieser Intention regelmäßig zurückgetreten. Besonders deutlich wird dies bei der Kali & Salz Entscheidung, bei der das Kriterium der sachlichen Rechtfertigung entwickelt worden ist, obwohl der Einzelfall zu diesem Ansatz keinen Anlass geliefert hat. Der Antrag des Klägers ist trotz des neuen ungeschriebenen Tatbestandsmerkmals abgelehnt worden, so dass die Frage, ob dieses Kriterium notwendig gewesen ist,

269 BGHZ 129, 141/145; BGHZ 71, 40/45 (Kali & Salz); *Krieger* ZGR 2000, 885/887; *Lutter* ZGR 1981, 171/174 ff.; *Vollmer/Lorch* DB 1991, 1313; *Timm* ZGR 1987, 403/415; *Ekkenga* AG 2001, 567/572.

270 BGH ZIP 1999, 1444/1445 (Hilgers).

271 *Wank* ZGR 1988, 314/358 ff.; *Röhricht* ZGR 1999, 445/469 ff.; *Kindler* ZGR 1998, 35/38 ff.

letztlich nicht zu entscheiden gewesen wäre. Die Schaffung dieses Tatbestandsmerkmals ist überflüssig gewesen[272]. Der konkrete Fall kann für den BGH nur der Anlass gewesen sein, neues Recht zu entwickeln. Deshalb wird untersucht, was den BGH dazu bewegt hat, in diesen Urteilen rechtliche Ausführungen zu machen, die für das Urteil selbst keine Bedeutung gehabt haben. Dazu sollen Zielsetzung und Umsetzung analysiert werden.

5.2 Die Zielsetzung des BGH

Durch die Kali & Salz-Entscheidung sollten die Minderheiten in ihren Rechten gestärkt werden[273]. Dabei findet der Schutz der Minderheiten nicht innerhalb der Aktiengesellschaft und nach Maßgabe des gesetzlichen Schutzsystems statt[274]. Es steht nicht mehr allein in der Macht der Hauptversammlung zu überprüfen, ob eine Entscheidung im Interesse des Unternehmens sinnvoll ist, sondern die Entscheidung wird darüber hinaus durch die Gerichte überprüft[275]. Nicht alle Aktionäre werden durch die Inhaltskontrolle geschützt, sondern allein Minderheitsaktionäre[276], und zwar insbesondere die, die von Martens als atomistisch beteiligte Kleinaktionäre bezeichnet werden[277]. Sie können sich vor einem Eingriff in ihr Stimm- und Vermögensrecht schützen, den die Aktionärsmehrheit beschlossen hat[278]. Die Mehrheitsaktionäre müssen hingegen hinnehmen, dass der Bestand ihrer Entscheidungen nicht nur von der Zustimmung der Hauptversammlung, sondern darüber hinaus auch von der Zustimmung der Gerichte abhängt. Ihr bis dahin bestehendes freies Ermessen wird eingeschränkt und durch eine gebundene Entscheidung ersetzt[279]. Letztlich wird damit die Hauptversammlung als Organ in der Aktiengesellschaft entmündigt[280]. Die Holzmann-Entscheidung hat diese Entmündigung noch verstärkt. Mit dieser Entscheidung hat der BGH verhindert, dass die Hauptversammlung ihre Zuständigkeit zur Kapitalerhöhung mit Bezugs-

272 *Röhricht* ZGR 1999, 445/460.
273 *Lutter* BB 1981, 861; *Hüffer* FS Kropff S. 126/140; *Volhard* AG 1996, 397/403; *Wank* ZGR 1988, 314/358; *Röhrich* ZGR 1999, 445/470.
274 *Röhrich* ZGR 1999, 445/472; *Martens* FS Fischer S. 437/446; *Joussen* AG 2000, 241/251.
275 BGHZ 71, 40/44 (Kali & Salz); *Röhrich* ZGR 1999, 445/472; *Martens* FS Fischer S. 437/446; *Joussen* AG 2000, 241/251.
276 *Lutter* BB 1981, 861; *Hüffer* FS Kropff S. 126/140; *Volhard* AG 1996, 397/403; *Wank* ZGR 1988, 314/358; *Röhrich* ZGR 1999, 445/470.
277 *Martens* ZIP 1992, 1677/1678.
278 *Volhard* AG 1998, 397/493; *Martens* ZIP 1992, 1677/1680,
279 BGHZ 71, 40/44 (Kali & Salz); *Martens* ZIP 1992, 1677/1681.
280 *Röhrich* ZGR 1999, 445/470.

rechtsausschluss, wie in den §§ 202, 203 vorgesehen, an den Vorstand delegieren kann[281]. Daraus folgt, dass der Vorstand bestimmte Aufgaben nicht mehr wahrnehmen kann. Damit ist neben die Entmündigung der Hauptversammlung, das heißt der Aktionärsmehrheit, noch die Entmündigung der Verwaltung der Aktiengesellschaft getreten. Gerade für das genehmigte Kapital ist diese Entwicklung verheerend gewesen[282]. Der BGH hat dies schließlich erkannt und sich in weiteren Urteilen restriktiv gegenüber der Inhaltskontrolle gezeigt[283]. Schließlich hat er in der Siemens/Nold-Entscheidung die Anforderungen für die Inhaltskontrolle bei Bezugsrechtsausschluss für genehmigtes Kapital deutlich herabgesetzt[284]. In der Sachsenmilch-Entscheidung wird deutlich, dass der BGH den Minderheitsschutz zugunsten der wirtschaftlichen Interessen des Unternehmens zurückgestellt hat. Trotzdem hält er an den Grundsätzen der Kali & Salz-Entscheidung fest.

Die Inhaltskontrolle ist also als Instrument entwickelt worden, die Minderheiten bei der Entscheidung zum Bezugsrechtsausschluss wirksam zu schützen. Mit welchen Mitteln der BGH dieses Ziel umgesetzt hat, soll im nächsten Abschnitt dargelegt werden.

5.3 Umsetzung dieser Zielsetzung

Der BGH hat versucht, einen besseren Minderheitsschutz zu erreichen, indem er die Kontrollbefugnisse der Gerichte ausgeweitet hat. Der Richter sollte nicht auf die Kontrolle formeller Voraussetzungen und der Sittenwidrigkeit beschränkt werden, sondern er sollte auch die Möglichkeit bekommen, Sinn und Zweck der Entscheidung nachzuprüfen und dabei unverhältnismäßige Eingriffe in die Rechte der Aktionäre zurückzuweisen[285]. Dadurch ist in das Kompetenzgefüge der Aktiengesellschaften eingegriffen worden. Die gerichtliche Überprüfung der Hauptversammlungsbeschlüsse wird damit quasi in die Entscheidungsfindungsprozesse einbezogen[286]. Diese zusätzliche Kontrolle soll die Entscheidung inner-

---

281 BGHZ 83, 319 ff. (Holzmann).

282 *Volhard* AG 1998, 397/402; *Ulmer* ZGR 1999, 751/764; BGHZ 136, 133/138 (Siemens/Nold); *Martens* ZIP 1992, 1677/1680.

283 BGHZ 120, 141 (Bremer Bankverein); BGHZ 136, 133/136 (Siemens/Nold); BGHZ 138, 71 (Sachsenmilch); *Kindler* ZGR 1998, 35/40 ff.; *Wolf* AG 1998, 212/214.

284 BGHZ 136, 133 (Siemens/Nold); *Ulmer* ZGR 1999, 751/764; *Volhard* AG 1998, 397/402; *Wolf* AG 1998, 212 ff.; *Kindler* ZGR 1998, 35/49.

285 BGHZ 71, 40/44 (Kali & Salz); *Vollmer/Lorch* DB 1991, 1313; *Semler* BB 1983, 1566/1568; *Krieger* ZGR 2000, 885/887 ff.

286 *Röhricht* ZGR 1999, 445/472; *Vollmer/Lorch* DB 1991, 1313; *Joussen* AG 2000, 241/251.

halb der Aktiengesellschaft ergänzen[287]. Mit dem Rechtsinstitut der Inhaltskontrolle werden materielle Fragen in einer zusätzliche Instanz diskutiert[288]. Ein Vertrauen in die Organe der Aktiengesellschaft besteht insoweit nicht. Besonders problematisch erscheint, dass damit die Entscheidungswege zusätzlich verlängert worden sind[289]. Häufig wird kritisiert, dass die Einberufung der Hauptversammlung unangemessen lange Zeit in Anspruch nimmt und überaus kompliziert ist[290]. Die Einbeziehung der Rechtsprechung in diesen Prozess hat diese Nachteile noch weiter verstärkt[291]. Das Anfechtungsrisiko ist durch die Rechtsprechung deutlich angestiegen[292], was letztlich in der Intention des BGH gelegen hat. Denn nur so wird die zusätzliche Kontrollinstanz auch in die Entscheidungsfindung einbezogen. Außerdem ist die grundsätzliche Geltung des Mehrheitsprinzips in der Aktiengesellschaft in Frage gestellt worden[293]. Die Inhaltskontrolle setzt der Aktionärsmehrheit bei ihrer Entscheidungsfindung enge Grenzen. Zum einen, weil sie gezwungen wird, alle Gründe, die für ihre Entscheidung sprechen, offen zu legen, und zum anderen, weil sie deutliche Verzögerungen durch eine inhaltlich begründete Anfechtung dieser Entscheidung hinnehmen muss. Denn nun steht es den Minderheitsaktionären offen, inhaltliche Auseinandersetzungen vor den Gerichten weiterzuführen[294]. Die Gefährdung ihrer Stimm- und Vermögensrechte wird damit für einen sehr hohen Preis eingeschränkt. Es ist fraglich, ob die inhaltliche Überprüfung von Mehrheitsentscheidungen durch die Rechtsprechung tatsächlich im Sinne der Aktionäre und des Aktiengesetzes ist[295]. Denn für die Aktiengesellschaft werden die Entscheidungskosten erhöht und für die Beteiligten ergibt sich eine wachsende Kompliziertheit, Undurchschaubarkeit und Schwerfälligkeit des Aktienrechts[296]. Die Überprüfung führt nicht immer dazu, dass sich die berechtigten Interessen durchsetzen. Häufig setzen sich die Beharrungskräfte gegenüber den Innovationen durch[297]. Die Entscheidung, keine Entscheidung zu

287 *Vollmer/Lorch* DB 1991, 1313; *Joussen* AG 2000, 241/251.

288 *Martens* ZIP 1677/1695.

289 *Vollmer/Lorch* DB 1991, 1313; *Röhricht* ZGR 1999, 445/472.

290 *Ebenroth* AG 1988, 1/5; *Lutter* FS Quack S. 301 ff.; *Beusch* FS Werner S. 1/14 ff.; *Hommelhoff* ZGR 1990, 447/449 ff.; *Endres* ZHR 163 (1999), 441/457 ff.; *Lutter* DB 1981, 861/862; *Martens* ZIP 1992, 1677/1681.

291 *Hommelhoff* ZGR 1990, 447/449 ff.; *Röhricht* ZGR 1999, 445/470.

292 *Volhard* AG 1998, 397/399; *Röhricht* ZGR 1999, 445/470; *Martens* ZIP 1992, 1677 ff.

293 *Vollmer/Lorch* DB 1991, 1313.

294 *Joussen* AG 2000, 241/251.

295 *Röhricht* ZGR 1999, 445/468; *Joussen* AG 2000, 241/253.

296 *Röhricht* ZGR 1999, 445/468; *Martens* ZIP 1992, 1677/1680; BT Druck 14/7034 S. 31.

297 *Martens* ZIP 1992, 1677/1680.

treffen, bedarf keiner besonderen Mehrheiten oder anderer Anforderungen. Trotzdem kann sie für ein Unternehmen gravierendere Auswirkungen haben als eine Kapitalerhöhung[298]. Die fehlende Entscheidungskraft, sich von einem unrentablen Unternehmensteil zu trennen, kann ein Unternehmen in seinem Bestand genauso gefährden, wie das Unterlassen einer erforderlichen Kapitalerhöhung[299]. Diese Entscheidungen betreffen mittelbar auch die Aktionäre. Zwar mögen die Vermögensrechte relativ dadurch nicht betroffen werden, es besteht jedoch die Gefahr, dass die Gewinnansprüche absolut deutlich absinken. Bei wirtschaftlichen Unternehmungen steht das Erwirtschaften eines Gewinns im Mittelpunkt. Dabei müssen gewisse Risiken in Kauf genommen werden. Keine wirtschaftliche Unternehmung ist frei von Risiken. Diese Tatsache kann auch nicht durch die stärkere Einbindung der Aktionäre in die Entscheidungsfindung geändert werden. Schließlich kommt es in erster Linie auf den tatsächlich erzielten Gewinn an, nicht auf die Höhe relativer Ansprüche gegenüber bestimmten Unternehmen[300]. Daher kann es für einen Aktionär durchaus sinnvoll sein, einen relativ kleineren Gewinnanteil zu realisieren, sofern der ausgeschüttete Betrag insgesamt angewachsen ist[301]. Auch die Stimmrechtsanteile von Kleinaktionären sind nur von geringer Bedeutung[302]. Sie ermöglichen zwar eine Beteiligung an der Entscheidungsfindung, das Ergebnis können sie jedoch regelmäßig kaum beeinflussen.

Der BGH nutzt auch bei der Rechtsprechung zur Inhaltskontrolle letztlich dieselben Mechanismen, um die Minderheitsaktionäre zu stärken, wie er es schon bei der Holzmüller-Entscheidung getan hat. Er stärkt die Mitverwaltungsrechte der Einzelnen, indem er ihnen eine zusätzliche Kontrollinstanz zur Verfügung stellt. Damit wird einerseits das Mehrheitsprinzip deutlich eingeschränkt und andererseits werden die Kompetenzen aller Organe in der Aktiengesellschaft betroffen. Die Hauptversammlung wird in ihrer Entscheidungsfreiheit eingeschränkt. Der Vorstand verliert die Möglichkeit, bestimmte Kompetenzen übertragen zu bekommen. Der Aufsichtsrat wird als Kontrollgremium vollständig übergangen und durch die Gerichte ersetzt.

5.4 Das Aktionärsbild des BGH

Wie in der bisherigen Untersuchung deutlich geworden ist, hat der BGH durch die Rechtsprechung zur Inhaltskontrolle neues Recht geschaffen und das Aktien-

298 *Joussen* AG 2000, 241/251.
299 *Martens* ZIP 1992, 1677/1678.
300 *Martens* ZIP 1992, 1677/1690 ff.
301 *Röhricht* ZGR 1999, 445/475.
302 *Martens* ZIP 1992, 1677/1681; *Mülbert*, Aktiengesellschaft, S. 253.

gesetz in einem wichtigen Punkt ergänzt. Die Aktiengesetze von 1937 und 1965 haben die Gesellschafterrolle des Aktionärs durch verschiedene Mechanismen eingeschränkt[303], um die wirtschaftliche Kompetenz in den Unternehmen zu stärken und auch so großen Verbänden wie der Aktiengesellschaft ausreichende Beweglichkeit zu ermöglichen, um als Unternehmen Bestand haben zu können. Eines dieser Element ist die Einführung des Mehrheitsprinzips, das das personennahe Einstimmigkeitsprinzip ersetzt[304]. Der BGH hat jedoch diese Entwicklung wieder eingeschränkt. Der BGH hat das Aktienrecht vom reinen Mehrheitssystem entfernt und dem Einstimmigkeitsprinzip angenähert. Denn durch die Möglichkeit der inhaltlichen Anfechtung von Mehrheitsentscheidungen ist von den einzelnen Aktionären ein bedeutend größeres Maß an Zustimmung erforderlich. Die Anfechtungsklage stellt ein wirksames Mittel dar, sich einer mehrheitlich getroffenen Entscheidung zu widersetzen[305]. Inhaltliche Entscheidungen können durch einzelne Aktionäre in weitaus größerem Umfang als bisher mitgestaltet werden. Das bedeutet, dass der Einfluss des Einzelnen, aktiv als Gesellschafter in das Geschehen der Aktiengesellschaft eingreifen zu können, durch den BGH gestärkt worden ist[306]. Deshalb stellt auch die Kali & Salz-Entscheidung einen Schritt dar, die Unternehmerfunktion der Aktionäre zu stärken[307]. Das setzt jedoch einen aktiven Gesellschafter voraus. Dieser aktive Aktionär schwebt dem BGH vor. Seine Schutzmechanismen sind für solche Personen konzipiert, die eigenverantwortlich und selbständig die Unternehmenspolitik kontrollieren und bei wichtigen Entscheidungen inhaltlich Stellung beziehen können und wollen[308]. Nur diesem Aktionär, der dem Leitbild vom verantwortungsbewussten Gesellschafter entspricht, verschafft die Rechtsprechung zur Inhaltskontrolle tatsächliche Vorteile. Denn nur wenn bei dem Anteilseigner ausreichende Sachkunde vorhanden ist, die ihn zu einem ebenbürtigen Gesprächspartner für die Geschäftsführung macht, können die weitreichenden inhaltlichen Befugnisse zum Wohle der Gesellschaft genutzt werden[309]. Diese Einschränkung des Mehrheitsprinzips stellt neben der Holzmüller-Entscheidung einen weiteren Schritt dar, den Aktionär allein nach gesellschaftsrechtlichen Maßstäben zu beurteilen. Damit hat aber gleichzeitig eine Abkehr von den im AktG von 1965 verankerten Elementen des Anlegergedankens, nämlich der Gewaltenteilung und der Geltung des Mehrheitsprinzips, stattgefunden. Der BGH hat die Bindung des Aktionärs an „seine" Aktiengesellschaft

303 *Mülbert*, *Aktiengesellschaft*, S. 348.
304 *Lutter* AcP 180 (1980)84/89, so auch *Fischer* FS Barz S. 33/34.
305 *Volhard* AG 1998, 397/399; *Röhricht* ZGR 1999, 445/471.
306 *Vollmer/Lorch* DB 1313; *Röhricht* ZGR 1999, 445/474.
307 *Röhricht* ZGR 1999, 445/474 ff.
308 *Möller* ZGR 1997, 334/348.
309 *Großfeld*, Aktiengesellschaft, S. 199.

durch die Privilegierung der Möglichkeit, in „seine" Gesellschaft investieren zu können, gestärkt. Dadurch hat er aber die Interessen der Aktionärsmehrheit bewusst geschwächt und sogar Einschränkungen der Handlungsfähigkeit der gesamten Gesellschaft in Kauf genommen.

Der BGH hat die Inhaltskontrolle von Mehrheitsentscheidungen durch Rechtsfortbildung geschaffen, um die Rechte der Minderheitsaktionäre zu schützen. Zu diesem Zweck hat er das Mehrheitsprinzip in der Aktiengesellschaft eingeschränkt und die Verantwortung der einzelnen Aktionäre gestärkt. Diesen starken Eingriff in den Aufbau der Aktiengesellschaft hat der BGH als notwendig erachtet, um sein Aktionärsbild umzusetzen. Letztlich hat der BGH, wie bereits bei der Holzmüller-Entscheidung, auf Regeln zurückgegriffen, die aus dem Recht der Personengesellschaften bekannt sind. Er sieht den Aktionär als Gesellschafter und sucht ihn folgerichtig durch die Mechanismen zu schützen, die zu diesem Zweck entwickelt worden sind. Die anlagerechtlichen Aspekte werden von ihm hingegen vernachlässigt.

6. Das Mehrheitsprinzip und die Inhaltskontrolle

6.1 Einleitung

Das Mehrheitsprinzip für die Entscheidungsfindung in der Hauptversammlung ist ein wichtiger Grundsatz im Aktienrecht. Er sichert die Funktionsfähigkeit des gesamten Verbandes um den Preis der Fremdbestimmung für Minderheitsaktionäre[310]. Das Mehrheitssystem privilegiert die Mehrheit der Anteilseigner auf Kosten der Minderheiten. Dieses Prinzip ist jedoch für das Funktionieren wirtschaftlich ausgerichteter Unternehmen erforderlich. Dennoch hat die Einführung der Inhaltskontrolle zu einer Einschränkung dieses Grundsatzes geführt. Im nächsten Abschnitt soll nun untersucht werden, wie sich diese Einschränkung des Mehrheitsprinzips auf die Aktiengesellschaft auswirkt und ob es der Rechtsprechung gelungen ist, Minderheits- und Mehrheitsrechte in ein ausgewogenes Verhältnis zu bringen oder ob die Funktionsfähigkeit der gesamten Gesellschaft darunter gelitten hat.

310 *Mülbert*, Aktiengesellschaft, S. 145.

6.2 Das Mehrheitsprinzip in der Aktiengesellschaft

Die Entscheidungsfindung in der Hauptversammlung einer Aktiengesellschaft beruht auf dem Mehrheitsprinzip. Damit kann die Gesellschaft auch gegen den Willen einzelner Anteilseigner über deren Vermögensrechte auf rechtmäßige Weise verfügen[311]. Die Legitimation dieses Mehrheitsprinzips stützt sich auf die Richtigkeitsgewähr privatautonomer Entscheidungen[312]. Das bedeutet, dass der Gesetzgeber den Anteilseignern zutraut, die besten Entscheidungen für ihr Unternehmen zu treffen, sofern die formellen Anforderungen, die das Gesetz an den Beschluss stellt, eingehalten werden. Dabei drückt der Wille der Mehrheit den Willen der Gesellschaft aus[313]. Die Einsichtfähigkeit einer Mehrheit soll sich aus der Summe ihrer individuellen Fähigkeiten ergeben[314]. Außerdem trägt die Kapitalmehrheit das größte Risiko des Unternehmens[315]. Die Entscheidungsfindung in der Aktiengesellschaft ist deshalb demokratisch aufgebaut worden[316]. Problematisch ist jedoch, dass sich die Mehrheiten häufig nicht nach inhaltlichen Erwägungen zusammensetzen, sondern dass durch Großaktionäre feste Machtstrukturen entstanden sind[317]. Diese Machtstrukturen führen dazu, dass die Entscheidungen machtpolitischem Kalkül untergeordnet werden, statt allein auf sachliche Argumente zu setzen[318]. Daraus ergibt sich, dass das System gewisse Schwächen aufweist, unter denen vor allem Minderheiten zu leiden haben[319]. Diese grundlegende Schwäche des Mehrheitsprinzips führt dazu, dass ein Minderheitsschutz notwendig ist. Denn es besteht jederzeit die Möglichkeit, dass ein Mehrheitsaktionär nicht zum Wohle der Gesellschaft handelt, sondern aus gesellschaftsfremden Sonderinteressen[320]. Genauso kann aber auch ein Minderheitsaktionär versucht

---

311 *v. Falkenhausen*, Grenzen der Mehrheitsmacht, S. 2; *Lutter/Bezzenberger* AG 2000, 433/435; BGHZ 70, 117/121 ff. Mannesmann; *Semler* BB 1983, 1566; BGHZ 82, 188/192 (Hoogovens).

312 *Schmidt*, Gesellschaftsrecht, S. 467; *Binnewies*, Konzerneingangskontrolle, S. 2; *Martens* FS Fischer S. 437/444.

313 *Schmidt*, Gesellschaftsrecht, S. 467; *Fischer* FS Barz S. 33.

314 *Wedell*, Minderheitenschutz, S. 24.

315 *Mestmäcker* BB 1961, 945/947.

316 *Martens* ZIP 1992, 1677/1689.

317 *Schneider/Burgard* FS Beusch S. 783/784; *Wedell*, Minderheitenschutz, S. 24; *Binnewies*, Konzerneingangskontrolle, S. 2 ff.; *Mülbert*, Aktiengesellschaft, S. 148; *Großfeld*, Aktiengesellschaft, S. 208.

318 *Binnewies*, Konzerneingangskontrolle, S. 2; *Großfeld*, Aktiengesellschaft, S. 208; *Lutter* AcP 180 (1980) 84/112.

319 *Fischer* FS. Barz S. 33/40; *Mülbert*, Aktiengesellschaft, S. 59 ff.

320 *Wedell*, Minderheitenschutz, S. 134; *Binnewies*, Konzerneingangskontrolle, S. 3; *Großfeld*, Aktiengesellschaft, S. 208.

sein, eigene Interessen auf Kosten der Gesellschaft zu verfolgen[321]. Dadurch bestehen bedeutende Konfliktpotentiale zwischen Minderheit und Mehrheit in der Aktiengesellschaft[322]. Diese Konflikte treten vor allem dann zu Tage, wenn die Einbindung von unabhängigen Unternehmen in einen Konzern bevorsteht. Gerade im Konzern besteht die Gefahr, dass die Mehrheitsaktionäre auch unternehmensfremde Interessen, nämlich Konzerninteressen, in ihre Entscheidungen einfließen lassen[323]. Wenn auch die Entwicklung durch die Rechtsprechung immer stärker in Richtung eines wirkungsvollen Minderheitenschutzes gegangen ist, dürfen die Interessen der Mehrheit nicht vernachlässigt werden[324]. Denn der Ausbau der Minderheitsrechte führt zu einer Einschränkung des Mehrheitsprinzips[325]. Der Minderheitenschutz muss dort seine Grenzen finden, wo grundlegende Interessen der Mehrheit und des Unternehmens betroffen sind[326]. Ausgangspunkt ist der Grundsatz, dass alle Aktionäre gleich zu behandeln sind[327]. Gleichbehandlung erlaubt jedoch eine Differenzierung aufgrund verschiedener Ausgangssituationen[328]. Doch muss sich diese Differenzierung in einem Gesamtrahmen als angemessen erweisen. Es kann nicht nur auf die Interessen der Minderheiten abgestellt und so die Mehrheit benachteiligt werden[329]. Der Minderheitsschutz würde überdehnt, wenn nicht mehr die Mehrheit Entscheidungen fällt, sondern die Minderheit jeweils den Ausschlag geben würde[330]. Schon 25% der Stimmrechte werden aufgrund der weitreichenden Rechte, die dieses Quorum eröffnet[331], nicht mehr als Minderheit betrachtet. Deshalb muss auch der Minderheitsschutz im Mehrheitsprinzip seine Grenzen finden. Denn die Entscheidungsfindung zum Wohle der Gesellschaft soll letztlich in der Hand der Mehrheit verbleiben[332]. Dieses Ziel ist aber dann in Gefahr, wenn die Rechte der Kleinaktionäre soweit ausgebaut werden, dass jeder Aktionär zu einem Machtfaktor bei

---

321 *Lehmann* FS Beusch S. 479/489; *Röhricht* ZGR 1999, 445/471; *Martens* ZIP 1992, 1677/1678.

322 *Lutter*, JZ 1976, 225, 226; *Raiser*, Kapitalgesellschaft, S. 77.

323 *Binnewies*, Konzerneingangskontrolle, S. 2 ff.

324 *Hommelhoff* ZGR 1990, 447/451.

325 *Großfeld*, Aktiengesellschaft, S. 207.

326 *Lutter* ZGR 1981, 171/177; *Joussen* AG 2000, 241/251 ff.; *Martens* ZIP 1992, 1677/1680; *Vetter* AG 2002, 176/183 spricht sogar davon, dass die Unterwerfung der Minderheitsaktionäre unter den Willen der Mehrheit der Aktiengesellschaft systemimmanent ist.

327 *Henn* AG 1985, 240/242; *Großfeld*, Aktiengesellschaft, S. 207.

328 *Henn* AG 1985, 240/242.

329 *Lehmann* FS Beusch S. 479/488.

330 *Henze* ZHR 162 (1998), 186/190.

331 *Henn*, Aktienrecht, S. 378; *Raiser* S. 174.

332 *Kübler* FS Goerdeller S. 279/281; *Lutter* AG 1990, 179; *Semler* BB 1983, 1566.

der Entscheidungsfindung wird[333]. Den Mitverwaltungsrechten von Minderheiten, vor allem von Kleinaktionären, sind deshalb Grenzen gezogen[334]. Die Machtverhältnisse in der Aktiengesellschaft dürfen nicht umgedreht werden. Die Interessen der Minderheitsaktionäre dürfen auch nicht mit denen des Gesamtunternehmens gleichgesetzt werden, da gerade Kleinaktionäre an kurzfristigen Gewinnmitnahmen oder anderen Sonderinteressen interessiert sein können und nicht an der strategischen Ausrichtung des Unternehmens[335], was sich langfristig negativ auf das Unternehmen auswirken kann. Außerdem ist es illusorisch zu glauben, dass ein Kleinaktionär in einer modernen Publikumsaktiengesellschaft in der Lage ist, die Führung der Aktiengesellschaft wirksam zu kontrollieren und dafür ausreichende Sachkunde besitzt[336]. Zu starke Mitverwaltungsrechte von Einzelaktionären würden deshalb den Verband in seiner Existenz gefährden[337]. Daher erscheint es nicht sachgerecht, die Entscheidungsfindung durch das Mehrheitsprinzip auszuhöhlen, indem eine Inhaltskontrolle dieser Entscheidungen durchgeführt wird. Die Gefahr durch diese Kontrolle liegt nicht allein in der Aufhebung rechtswidriger, sondern in der Verzögerung rechtmäßiger Beschlüsse [338].

Der Gesetzgeber hat sich im Aktienrecht bewusst für das Mehrheitsprinzip entschieden, weil es auf demokratischer Grundlage eine Entscheidungsfindung ermöglicht, die von der Mehrheit der Aktionäre getragen wird. Dass einzelne Aktionäre davon benachteiligt werden können, ist diesem System immanent und kann nicht verhindert werden. Gerade im Konzernrecht bestehen weitreichende Schutzinstrumente, die allerdings vor allem auf formelle Anforderungen oder auf vermögensrechtliche Aspekte abstellen. Im Interesse des gesamten Verbandes müssen dabei Einschränkungen von Rechten einzelner Aktionäre hingenommen werden. Schließlich haben sie sich zu einer Beteiligung an einem wirtschaftlichen Unternehmen entschlossen.

6.3 Die Rechtsprechung zur materiellen Inhaltskontrolle im Hinblick auf das Mehrheitsprinzip

Das Mehrheitssystem impliziert für Minderheiten eine Fremdbestimmung. Die Rechtsprechung hat jedoch zu einer Einschränkung dieses Systems geführt. In-

---

333 *Joussen* AG 2000, 241/252.
334 *Mülbert*, Aktiengesellschaft, S. 348 ff.
335 *Lehmann* FS Beusch S. 479/489; *Joussen* AG 2000, 241/251 ff.; *Martens* ZIP 1992, 1677/1678.
336 *Wedell*, Minderheitenschutz, S. 142; *Mertens* AG 1990, 49 ff.
337 *Boettcher* AG 1985, 7 ff.
338 *Martens* ZIP 1992, 1677/1678.

wieweit die Rechtsprechung zur sachlichen Rechtfertigung von Mehrheitsentscheidungen mit diesem Grundsatz vereinbar ist, soll nun dargelegt werden.

Durch die Inhaltskontrolle wird es jedem Aktionär ermöglicht, die Entscheidungen der Hauptversammlung von einer zusätzlichen Instanz überprüfen zu lassen. Dadurch steigen seine Chancen, die eigenen Interessen durchzusetzen, während die Mehrheit gezwungen ist, dies hinzunehmen. Das Interesse an einem Aufschub der Hauptversammlungsentscheidung kann auf verschiedenen Motiven beruhen[339]. Der Missbrauch des Anfechtungsrechts muss dabei gar nicht im Vordergrund stehen. Es können auch eigene Sorgen über den Erfolg einer wirtschaftlichen Entscheidung sein oder auch gesellschaftsfremde Motive, zum Beispiel politische beziehungsweise moralische Erwägungen[340]. Diese vielfältigen Gründe können durch die Erhebung der Klage im Zusammenspiel mit der langen Dauer gerichtlicher Verfahren die Durchführung einer Entscheidung nicht nur aufschieben, sondern verhindern[341]. Dadurch ist die Inhaltskontrolle von Mehrheitsentscheidungen ein gefährliches Instrument. Sie kommt einem Vetorecht jedes einzelnen Aktionärs gleich, was bei einem Gesellschafterkreis, der in die Millionen gehen kann, nachteilige Folgen haben kann[342]. Unter Berücksichtigung all dieser Folgen kommt die Inhaltskontrolle einer Aushöhlung des Mehrheitsprinzips gleich, obwohl es sich dabei um ein grundlegendes Strukturprinzip dieser Gesellschaftsform handelt.

In der Kali & Salz-Entscheidung ist der Anwendungsbereich auf den Bezugsrechtsausschluss beschränkt worden. Allerdings hat der BGH die Urteilsbegründung so gefasst, dass systematisch eine Ausdehnung des Anwendungsbereich möglich gewesen ist. Zu dieser Ausdehnung ist es jedoch kaum gekommen. Schließlich hat der BGH sogar begonnen, die Inhaltskontrolle einzuschränken. Die Bremer Bankverein- und Siemens/Nold-Entscheidung sind erste Schritte auf dem Weg gewesen. Damit zeigt sich, dass auch der BGH die Gefahren erkannt hat, die von diesem Rechtsinstitut ausgehen. Den Schutz des Minderheitsaktionärs über Mechanismen zu suchen, die allein dem Recht kleinerer Gesellschaften entnommen sind, erscheint dabei wenig erfolgversprechend[343]. Auch wenn der BGH an dem Prinzip aus der Kali & Salz-Entscheidung bisher festgehalten hat, wäre es konsequent auch diese Entscheidung aufzuheben und einen Minderheitsschutz verstärkt über anlegerrechtliche Instrumente zu suchen. Der Weg, allein

339 *Röhricht* ZGR 1999, 445/472; *Joussen* AG 2000, 241/251.

340 *Joussen* AG 2000, 241/248; *Martens* ZIP 1992, 1677/1678.

341 *Röhricht* ZGR 1999, 445/472; *Mertens* AG 1990, 50/52; *Joussen* AG 2000, 241/251; *Martens* ZIP 1992, 1677/1678.

342 http://www.daimlerchrysler.de; http://www.bayer.de; http://www.basf.de; *Röhricht* ZGR 1999, 445/475; *Martens* ZIP 1992, 1677/1678.

343 A.A. *Lutter* JZ 1998, 50/52.

auf gesellschaftsrechtliche Instrumente zu setzen, erscheint für ein Unternehmen, das zur Finanzierung auf die Börse zugreift, nicht angemessen.

7. Ergebnis

Die Entscheidungen zur Inhaltskontrolle für Mehrheitsentscheidungen sind hinsichtlich ihrer Bedeutung mit der Holzmüller-Entscheidung vergleichbar. Der BGH hat mit der Inhaltskontrolle eine Rechtsprechung entwickelt, die wie die Holzmüller-Doktrin dem Schutz von Minderheitsaktionären dienen soll. Wie schon bei der Holzmüller-Entscheidung hat der BGH auch hierbei weitreichende Eingriffe in den Aufbau der Aktiengesellschaft vorgenommen. Ist bei der Holzmüller-Entscheidung das Verhältnis der verschiedenen Organe zueinander verändert worden, hat die Kali & Salz-Entscheidung in die Beziehung zwischen Minderheit und Mehrheit eingegriffen. Dadurch ist das Gleichgewicht innerhalb der Aktiengesellschaft empfindlich gestört worden. Minderheiten können durch diese Rechtsprechung in höherem Maße als bisher ihre inhaltlichen Vorstellungen in einer Entscheidung verwirklichen[344]. Als Forum dazu dienen nicht mehr allein die Organe der Aktiengesellschaft, sondern nun auch das Gericht. Der Grundsatz, dass es der Mehrheit obliegt, die Entscheidungen in der Aktiengesellschaft zu treffen, gilt nicht mehr. Diese Rechtsprechung basiert darauf, dass der BGH den Aktionär in erster Linie als Gesellschafter sieht. In der Kali & Salz-Entscheidung wird wie schon in der Holzmüller-Entscheidung deutlich, dass der BGH von einem Aktionär ausgeht, der in der Lage ist, inhaltliche Auseinandersetzungen mit dem Vorstand zu führen und seine Kenntnisse zum Nutzen der Aktiengesellschaft einzubringen. Das bedeutet, dass er in dem Aktionär einen Gesellschafter sieht, wie er sich typischerweise bei Personengesellschaften darstellt: einen Gesellschafter, der in erster Linie Unternehmer ist. Dass die Gesellschafterfunktion in der Aktiengesellschaft durch die Anlegerfunktion ergänzt und dadurch auch begrenzt wird, nimmt der BGH hingegen nicht wahr.

---

344 *Röhricht* ZGR 1999, 445/470.

E. Der eigene Ansatz: Minderheitsschutz als Schutz von Anlegern

1. Einleitung

Die Rechtsprechung, die auf die Holzmüller-Entscheidung und Kali & Salz-Entscheidung zurückzuführen ist, hat für das Aktienrecht große Veränderungen mit sich gebracht. Die Auswirkungen dieser Entscheidungen sind so weitreichend gewesen, dass das gesamte Gewaltenteilungsprinzip in der Aktiengesellschaft[1] und die Geltung des Mehrheitsprinzips in Frage gestellt worden sind. Die Rechtsprechung hat sich nicht nur auf Korrekturen des Aktienrechts beschränkt, sondern sie hat, um den Minderheitsschutz auszubauen, in die Grundlagen des deutschen Aktienrechts eingegriffen. Diese Entscheidungen stellen den Minderheitsschutz auf Kosten der gesamten Aktiengesellschaft in den Vordergrund und haben bewirkt, dass es in der Aktiengesellschaft zu einer Neubewertung der Einzelinteressen gekommen ist. Zwar stehen die Schutzmechanismen, die der BGH entwickelt hat, grundsätzlich jedem Aktionär offen, dies stellt jedoch gerade für den Einzelaktionär einen bedeutenden Machtzuwachs dar. Denn der BGH hat mit seiner Rechtsprechung keine Minderheitsrechte geschaffen, die von bestimmten Quoren abhängig sind oder nur Großaktionären zur Verfügung stehen, sondern solche, die auch atomistisch beteiligten Kleinaktionären offen stehen. So ermöglicht der Besitz einer Aktie, einen Grundlagen- und Strukturbeschluss der Hauptversammlung anzufechten. Genauso kann eine Kapitalerhöhung auf Grund eines Bezugsrechtsausschlusses von einem Aktionär mit nur einer Aktie im Hinblick auf inhaltliche Mängel angegriffen werden[2]. Das Aktienrecht, das der BGH durch seine Entscheidungen geschaffen hat, verlangt ein größeres Maß an Einigkeit unter den Anteilseignern, als es noch das Aktiengesetz von 1965 vorgesehen hat. Gelingt es nicht, diese Einigkeit herzustellen, können wichtige Beschlüsse der Hauptversammlung durch einzelne Aktionäre verhindert werden. Wie im letzten Kapitel dargelegt, hat der BGH seinen Entscheidungen einen Aktionär zugrunde gelegt, der als aktiver Gesellschafter die Geschicke der AG mitgestalten möchte. Insoweit wird der Minderheitsschutz von gesellschaftsrechtlichen Einflüssen geprägt. Mitverwaltung und stärkere Entscheidungsbefugnisse der Aktionäre stehen für den Aktionär im Vordergrund. Die Lösung des BGH wirft eine Vielzahl von

1 *Lutter* ZHR 151 (1987), 444/452.
2 *Martens* ZIP 1992, 1677.

Problemen auf. Der BGH strebt einen pauschalen Ausbau des Minderheitsschutzes an. Daraus folgt, dass die vom BGH entwickelten Mechanismen für alle Aktionäre greifen, ohne zu berücksichtigen, dass die Interessen durchaus unterschiedlich sein können[3]. Zudem setzt sich der BGH in Widerspruch zu den bestehenden konzernrechtlichen Regelungen. Im Vertragskonzern, dem gesetzlichen Grundmodel, und auch im faktischen Konzern stellt der Gesetzgeber den Aktionären in erster Linie vermögensrechtliche Instrumente zur Verfügung. Der Aspekt der Mitverwaltung tritt dahinter regelmäßig zurück und beschränkt sich auf die Entscheidungsfindung in der Hauptversammlung. Das bedeutet, dass ein vermögensrechtlich orientierter Schutz von Kleinaktionären im geltenden Aktienkonzernrecht im Vordergrund steht. Im vorliegenden Kapitel soll nun untersucht werden, ob der Schutz von Kleinaktionären in börsennotierten Aktiengesellschaften nicht zweckmäßiger über vermögensrechtliche Instrumente erreicht werden kann. Der Gedanke, der diesem Ansatz zu Grunde liegt, ist der, dass es sich bei Kleinaktionären regelmäßig um Anleger handelt, deren Interessen sich grundlegend von denen anderer Gesellschafter unterscheiden. Für solch eine Betrachtung sollen zunächst empirische Aspekte dargelegt werden. Dem soll eine Untersuchung der Interessen der Kleinaktionäre und der Bedeutung der Aktie als Anlage folgen. Außerdem sollen auch grundrechtliche Gedanken in diese Untersuchung einbezogen werden. Dabei soll auf die Eigentumsgarantie des Art. 14 GG, aber auch auf die Rechtsprechung des BVerfG eingegangen werden, das in mehreren bedeutenden Entscheidungen zu dieser Frage Stellung bezogen hat. Außerdem werden neuere gesetzliche Entwicklungen des Aktienrechts dargestellt, aus denen die Intention des Gesetzgebers hervorgeht. Auch darin ist die notwendige Differenzierung zwischen Kleinaktionären und anderen Gesellschaftern aufgrund ihrer Interessendivergenz zu erkennen. Der Ansatz dieser Arbeit beruht darauf, dem Anlegergedanken im Aktienrecht eine eigenständige Bedeutung zukommen zu lassen. Die Argumente, die für diese Sichtweise sprechen, sollen nun dargestellt werden.

2. Empirischer Ansatz

2.1 Einleitung

Gesellschaften werden für unterschiedliche Zwecke konzipiert. Sie existieren als kleine Gruppen von nur wenigen Personen und als Verbände mit mehreren Millionen Mitgliedern. Der BGH geht in seiner Vorstellung von einer Aktiengesell-

---

3 *Martens* ZIP 1992, 1677/1690.

schaft aus, in die sich alle Anteilseigner einbringen können und dies in der Regel auch wollen. Deshalb legt der BGH so großen Wert darauf, die Mitverwaltungsrechte der Gesellschafter zu stärken. Sie sind dann von Bedeutung, wenn für den Gesellschafter aktive Einflussnahme im Vordergrund steht. Unter diesem Gesichtspunkt ist auch zu verstehen, warum es in den Augen des BGH so bedeutend ist, dass der Aktionär die Möglichkeit hat, Kapital in „seine Gesellschaft" zu investieren. Nach Auffassung des BGH bindet bereits der Besitz von einigen Aktien den Aktionär an die Gesellschaft und schafft eine Beziehung, in der der Anteilseigner sich mit seinem Unternehmen identifiziert. Darin liegt auch der Grund, dass der BGH in seinem Bestreben, die Minderheitsrechte zu verbessern, vor allem auf die Stärkung der Mitverwaltungsrechte abstellt und nicht so sehr die vermögensrechtlichen Aspekte betont. Der BGH will die Beteiligungsmöglichkeiten der Aktionäre an ihrer Gesellschaft stärken. Die Einbeziehung der Gesellschafter setzt allerdings voraus, dass es sinnvolle Möglichkeiten gibt, die Mitentscheidungskompetenz der Aktionäre in der Praxis umzusetzen. Die Begrenzung der Mitverwaltungsrechte im Aktienrecht ist nicht aus dem Grunde erfolgt, die Rechte von Minderheiten einzuschränken, sondern aus funktionalen Gründen. Die Entscheidungsfindung in großen Verbänden muss aus Gründen der Effizienz die Einflussmöglichkeiten der Einzelnen beschneiden. Inwieweit die Beschränkung der Mitverwaltungsrechte auf funktionalen Gründen beruht bzw. beruhen kann, inwieweit eine Beteiligung der Aktionäre überhaupt möglich ist und in welchem Ausmaß die heute bestehenden Rechte von den Anteilseignern auch tatsächlich genutzt werden, soll nun im folgenden Abschnitt untersucht werden. Dazu soll die Anzahl und die Bedeutung von Aktionären in börsennotierten Aktiengesellschaften dargestellt und überprüft werden. Ein besonderes Augenmerk soll auf die Hauptversammlung gelegt werden, da sie das Forum darstellt, auf dem die wichtigsten Mitverwaltungsrechte wahrgenommen werden können.

2.2 Empirische Analyse der Aktionärsstrukturen von börsennotierten Aktiengesellschaften

2.2.1 Die empirische Bedeutung der Aktie in Deutschland

Die Zahl der Aktionäre in Deutschland ist inzwischen so bedeutend, dass sie die Einwohnerzahl vieler Bundesländer übersteigt. Der Besitz von Aktien hat sich zu einem Massenphänomen entwickelt. Durch den Börsengang der Telekom AG und der Entwicklung der New Economie ist ein weit gestreuter Aktienbesitz entstanden, der eine große Zahl von Kleinaktionären geschaffen hat. Deutschland hatte im Jahre 2000 über 6 Mio. Aktionäre. Auch wenn diese Zahl im Jahr 2002 auf etwa 4,68 Mio. Aktionären gesunken ist, zeigt sie, wie weit verbreitet die Anlageform Aktie selbst nach den Kursstürzen der letzten Monate ist. Für zahlreiche Aktionäre stellt die Aktie eine Anlageform dar, die in Konkurrenz zu anderen Anlageformen steht[4].

Zahl der Aktionäre über 14 in 1.000

Zahl der Aktionäre	1988	1992	1994	1996	1997	1998	1999	2000	2001	2002
Aktionäre mit Belegschafts-Aktien	1.089	1.552	1.498	1.414	1.462	1.658	1.599	1.601	1.459	1430
Aktionäre mit anderen Aktien	2.299	2.661	2.736	2.675	2.767	3.218	3.775	5.121	4.723	3.729
darunter mit Belegschafts- und anderen Aktien	196	229	300	335	309	361	369	511	488	480
nur Belegschaftsaktien	893	1.323	1.198	1.079	1.153	1.297	1.230	1.090	971	950
nur andere Aktien	2.103	2.432	2.436	2.340	2.458	2.857	3.406	4.610	4.235	3.249
Aktionäre insgesamt	**3.192**	**3.984**	**3.934**	**3.754**	**3.920**	**4.515**	**5.005**	**6.211**	**5.694**	**4.679**

Quelle: Infratest-Umfragen im Auftrag des Deutschen Aktieninstituts; DAI-Factbook, Stand: November 2002.

Relativ gesehen haben im Jahr 2000 fast 10% der Bundesbürger über 14 Jahren Aktien besessen. Selbst 2001 waren es noch fast 9% und in 2002 fast 8%. Auch in Bezug auf die gesamte Bevölkerung wird damit deutlich, dass die Anlageform Aktien eine sehr weite Verbreitung gefunden hat.

Anteil der Aktionäre an der Bevölkerung über 14 Jahren in %

Zahl der Aktionäre	1988	1992	1994	1996	1997	1998	1999	2000	2001	2002
Aktionäre mit BelegschaftsAktien	2,3%	2,5%	2,4%	2,2%	2,3%	2,6%	2,5%	2,5%	2,3%	1,7%
Aktionäre mit anderen Aktien	4,9%	4,2%	4,4%	4,2%	4,4%	5,1 %	5,9%	8,0%	7,4%	6,7%
darunter mit Belegschafts- und anderen Aktien	0,4%	0,4%	0,5%	0,4%	0,5%	0,6%	0,6%	0,8%	0,8%	0,6%
nur Belegschaftsaktien	1,9%	2,1 %	1,9%	1,8%	1,8%	2,0%	1,9%	1,7%	1,5%	1,1%
nur andere Aktien	4,5%	3,9%	3,9%	3,8%	3,9%	4,5%	5,3%	7,2%	6,6%	6,1%
Aktionäre insgesamt	**6,8%**	**6,4%**	**6,3%**	**6,0%**	**6,2%**	**7,1%**	**7,8%**	**9,7%**	**8,9%**	**7,8%**

Quelle: Infratest-Umfragen im Auftrag des Deutschen Aktieninstituts; DAI-Factbook, Stand: November 2002.

4 *Martens* ZIP 1992, 1677; *Joussen* AG 2000, 241/252.

Durch die Beteiligung großer Bevölkerungsschichten an dem Grundkapital von börsennotierten Aktiengesellschaften wird es schon wegen der großen Anzahl der Aktionäre nahezu unmöglich, jeden Einzelnen aktiv an der Entscheidungsfindung zu beteiligen. Ähnlich wie bei demokratischen Prozessen in unserer Gesellschaft muss auf einen direkten Einfluss des Einzelnen verzichtet werden, weil sonst die Entscheidungsfindung mit einem angemessenen Aufwand nicht mehr möglich ist. Wahlen und die Übertragung von Kompetenzen auf andere Organe bekommen eine größere Bedeutung als die Möglichkeit, unmittelbaren Einfluss auf die Gesellschaft nehmen zu können. Die Einflussnahme wird auf mittelbare Teilhabe reduziert. Das muss aber nicht bedeuten, dass darin die völlige Aufgabe von Mitverwaltungsrechten liegt. Gerade diese mittelbare Einflussnahme ermöglicht den Aktionären, eine wirksame Kontrolle auszuüben, wie es bei demokratischen Prozessen der Fall ist.

2.2.2 Der Einfluss der Aktionärszahlen auf die Funktionsfähigkeit der Hauptversammlung

Ein weiterer Aspekt, der bei einer empirischen Untersuchung der Bedeutung von Kleinaktionären bei börsennotierten Aktiengesellschaften eine Rolle spielt, ist die Anzahl der Aktionäre in den einzelnen Gesellschaften. Nicht nur die Gesamtanzahl der Aktionäre in Deutschland legt es nahe, dass direkte Mitverwaltung innerhalb von Aktiengesellschaften nur schwer zu verwirklichen ist, sondern auch die Anzahl der Aktionäre pro Gesellschaft untermauern diese Annahme. Eine Mitverwaltung läßt sich nur verwirklichen, wenn es effiziente Strukturen gibt, die es allen Beteiligten ermöglichen sich einzubringen. Außerdem setzt sie voraus, dass der wirtschaftliche Aufwand, der für eine Beteiligung an den Entscheidungsprozessen betrieben werden muss, in einem angemessenen Verhältnis zu dem zu erzielenden Ertrag steht. Inwieweit das der Fall ist, wird in diesem Abschnitt untersucht.

Bei der DaimlerChrysler AG beträgt die Anzahl der Aktionäre 1,9 Millionen, bei der Deutschen Telekom 3 Millionen und bei Siemens immerhin noch 800.000. Aktionärszahlen von mehreren 100.000 pro Gesellschaft sind keine Seltenheit. Diese Zahlen machen deutlich, dass die Beteiligung der Einzelnen tatsächlich nur als „atomistisch“ zu bezeichnen ist, um diesen Ausdruck von Martens zu verwenden[5]. Eine Hauptversammlung, an der alle Aktionäre teilnehmen, ist für zahlreiche Unternehmen gar nicht mehr durchführbar. 6 Millionen Bundesbürger, ausländische Aktionäre gar nicht eingeschlossen, müssten jedes Jahr für die ordentlichen Hauptversammlungen mobilisiert werden. Bei einzelnen Ak-

5 *Martens* ZIP 1992, 1677/1678.

tiengesellschaften müssten mehrere Millionen Menschen an der Veranstaltung teilnehmen. Ein Verzicht auf die Hauptversammlung als Organ der Anteilseigner ist jedoch kaum denkbar. Denn die Entscheidungsfindung konzentriert sich für die Aktionäre trotz der Möglichkeiten moderner Kommunikationsmitteln nach wie vor auf die Hauptversammlung. Sie ist für die Aktionäre Ausgangspunkt ihrer Mitverwaltungsrechte[6]. Dort können sie ihre Stimmrechte geltend machen, die wiederum die Grundlage für eine Anfechtungsklage darstellen. Ob die Einbeziehung elektronischer Kommunikationsmittel durch das TransPubG daran etwas ändern wird, erscheint eher fraglich[7]. Durch die hohe Anzahl von Aktionären entsteht jedoch für die Aktiengesellschaft ein immenser finanzieller und bürokratischer Aufwand, der dem wirtschaftlichen Ziel der Gesellschaft - Gewinne zu erzielen - entgegen steht[8]. Ganze Abteilungen konzentrieren sich über Wochen allein auf die Vorbereitung der Hauptversammlung. Auch für die Aktionäre entstehen durch die Teilnahme an einer Hauptversammlung beträchtliche Kosten. Diese Tatsache und die organisatorischen Schwierigkeiten führen dazu, dass in der Praxis nur ein verschwindend geringer Anteil der Aktionäre an der Hauptversammlung teilnimmt. Das System ist darauf aufgebaut, dass die Mehrzahl der Kleinaktionäre auf ihre Mitverwaltungsrechte in vollem Umfang verzichtet, da die Hauptversammlung als Organ und mit ihr die gesamte Aktiengesellschaft sonst nicht mehr funktionsfähig wären[9]. Zusätzliche Rechte der Aktionäre würden dieses Problem noch verschärfen, so dass ein Mehr an Mitverwaltung sich nur durch den faktischen Ausschluss zahlreicher Aktionäre erreichen lässt. Obwohl schon heute die große Mehrzahl der Aktionäre von der Hauptversammlung faktisch ausgeschlossen ist, stellt die Organisation solch einer Veranstaltung die Verwaltung einer Aktiengesellschaft dennoch regelmäßig vor kaum lösbare Aufgaben[10]. An der Hauptversammlung der DaimlerChrysler AG haben im Jahre 2002 10.000 Aktionäre teilgenommen. Trotz dieser starken Beteiligung hat die Präsenz bei nur 38,25 % gelegen und bezogen auf die Gesamtzahl der Aktionäre von 1,9 Millionen erscheint die Zahl von 10.000 Teilnehmern sehr gering. Die wesentlichen Entscheidungen sind mit Mehrheiten von über 90% des auf der Hauptversammlung vertretenen Grundkapitals getroffen worden[11]. Dabei handelt

---

6 *Baums/Fraune* AG 1995, 97.

7 *Frodermann/Schaefer* CMS Deutschland Report Ausgabe 6/2002 S. 4.

8 *Lutter,* Aktionär in der Marktwirtschaft, S. 37.

9 *Lutter,* Aktionär in der Marktwirtschaft, S. 35 ff.

10 http://www.daimlerchrysler.de/index_g.htm?/investor/meeting2002/ meeting 2002_g.htm; ebenso *Großfeld* AG 1985, 1/2; *Mertens* AG 1990, 49/52; *Joussen* AG 2000, 241/249.

11 Einzelheiten zu den zitierten Daten unter http://www.daimlerchrysler.de; auch *Martens* ZIP 1992, 1677/1678.

es sich nicht um eine singuläre Erscheinung[12]. Auch an der Hauptversammlung der Deutschen Telekom AG haben mehr als 10.000 Aktionäre teilgenommen[13]. Das ist in Anbetracht von etwa 3 Millionen Aktionären eine erstaunlich geringe Anzahl. Die Veranstaltung hat bezeichnender Weise in der Köln Arena stattgefunden und über 12 Stunden gedauert. Ein Zustand, der zunehmend in der Kritik steht[14]. Trotz dieser hohen Zahl von Teilnehmern haben sich nur 50 Anteilseigner zu Wort gemeldet und die notwendigen Beschlüsse sind mit großer Mehrheit gefasst worden[15]. Das liegt auch daran, dass die zu tausenden erschienenen Kleinaktionäre regelmäßig nur 2 bis 5% des Grundkapitals vertreten und kein Interesse haben, durch Redebeiträge aktiv an der Hauptversammlung mitzuwirken[16]. Wortmeldungen von Kleinaktionären werden häufig durch gesellschaftsfremde Interessen motiviert[17]. Die Möglichkeit, Anfechtungsklage zu erheben und gegen die Zahlung einer bedeutenden Summe zurückzunehmen, stellt dabei eine Option dar[18]. Das zeigt, dass die vom BGH als so wichtig eingestuften Mitverwaltungsrechte nur eine geringe Bedeutung haben und, soweit sie über das Stimmrecht hinausgehen, nur von einem verschwindend geringen Anteil der Aktionäre wahrgenommen werden[19] und auch wahrgenommen werden können. Die Teilnehmer einer Hauptversammlung repräsentieren nicht mehr die tatsächliche Aktionärsstruktur einer Aktiengesellschaft[20]. Die absoluten Zahl der Aktionäre, die sich an einer Hauptversammlung beteiligen, ist hoch. Doch das vermag nicht darüber hinweg zu täuschen, dass die Mehrzahl der Aktionäre der Hauptversammlung nur wenig Bedeutung beimessen. Relativ gesehen ist die Beteiligung der Kleinaktionäre an der Hauptversammlung sehr gering. Deshalb verwundert es auch nicht, wenn insgesamt ein Rückgang der Hauptversammlungspräsenzen und der Ausübung von Stimmrechten bei Aktiengesellschaften mit breit gestreutem Aktienkapital zu verzeichnen ist[21]. Die Kosten für die Anfahrt und bei besonders langen oder gar mehrtägigen Hauptversammlungen für Übernachtungen würden die Ge-

---

12 *Grüner* NZG 2000, 770; *Joussen* AG 2000, 241/248 ff.; siehe auch *Sünner* AG 2000, 482/494.

13 http://www.telekom.de/dtag/home/portal/0,14925,12771,00.html

14 *Grüner* NZG 2000, 770; *Joussen* AG 2000, 241/248 ff.

15 üblicherweise werden Hauptversammlungsentscheidungen mit weit über 90% Mehrheit gefasst, siehe *Martens* ZIP 1992, 1677/1678.

16 *Sünner* AG 2000, 492/494; *Künzel* FS Heinsius S. 425/428; *Pellens*, Aktionärsschutz, S. 50; *Lutter* S. 25; *Möllers* ZGR 1997, 334/347.

17 *Sünner* AG 2000, 492/494; *Martens* ZIP 1992, 1677/1678.

18 *Sünner* AG 2000, 492/494; *Martens* ZIP 1992, 1677/1678.

19 So auch *Möllers* ZGR 1997, 334/347; *Peltzer* AG 1996, 26/27; *Pellens* S. 50.

20 *Seibert* AG 2002, 417/418; *Sünner* AG 2000, 492/494; wohl auch *Lutter* S. 35.

21 *Baums/Fraune* AG 1995, 97; *Baums/v.Randow* AG 1995, 145; *Grüner* NZG 2000, 770/771; *Peltzer* AG 1996, 26/27; *Joussen* AG 2000, 241/248.

winne, die Kleinaktionäre aus einer Dividende oder einer Kurssteigerung der Aktie beziehen, regelmäßig aufzehren[22]. Zumal nicht außer acht bleiben darf, dass Kleinaktionäre häufig Aktien verschiedener Unternehmen halten und dadurch mehrere Hauptversammlungsteilnahmen jedes Jahr erforderlich wären. Außerdem muss beachtet werden, dass die Mitverwaltung der Kleinaktionäre nur in seltenen Fällen die Rendite der Aktie positiv beeinflusst. Sei es auf Grund des fehlenden Gewichts eines Aktionärs oder sei es aus mangelnder Sachkenntnis[23]. Deshalb ist es fraglich, ob sich die Teilnahme an einer Hauptversammlung für einen Kleinaktionär gesellschaftsrechtlich begründen lässt oder ob nicht regelmäßig gesellschaftsfremde Interessen den Kleinaktionär zu einer Beteiligung an der Hauptversammlung bewegen. Das führt dazu, dass die Teilnahme an Hauptversammlungen, selbst bei so turbulenten wie die der Deutschen Telekom, für die Kleinaktionäre nur eine untergeordnete Rolle spielt. Die Hauptversammlung vermag dadurch ihre Aufgabe als wichtiges Beschlussorgan in der Aktiengesellschaft nicht mehr zu erfüllen[24]. Außerdem kommt hinzu, dass die Rechte der einzelnen Aktionäre die Funktionsweise des gesamten Organs in zunehmendem Maße einschränken. Das hat letztlich zur Konsequenz, dass der Verband nicht mehr handlungsfähig ist[25]. Die Holzmüller-Entscheidung und die Inhaltskontrolle haben diese Gefahr verstärkt. Sie haben dazu geführt, dass die Mitverwaltungsrechte der Aktionäre verstärkt worden sind, obwohl dieser Ansatz für börsennotierte Aktiengesellschaften bedenklich ist. Im Hinblick auf den Bezugsrechtsausschluss muss deshalb gefragt werden, ob der so oft erwähnte Verlust von Stimmrechtsmacht tatsächlich eine Rolle spielt oder ob dieser Aspekt für die Kleinaktionäre einer Gesellschaft nicht eher rein theoretischer Natur ist, der sich in der Praxis kaum auswirkt. Selbst eine Bündelung der Stimmen von Kleinanlegern vermag daran wenig zu ändern. Nur in seltenen Fällen halten Privatanleger mehr als 25 % des Grundkapitals. Auch wenn das Kapital der Privatanleger für die Unternehmen wichtig ist, reicht die Höhe der Beteiligung nicht aus, unternehmerische Verantwortung zu übernehmen.

---

22 *Peltzer* AG 1996, 26/27; *Adams* AG 1994, 148/152; dabei scheint es sich um kein neues Phänomen zu handeln, da es schon 1928 von *Nußbaum* beobachtet worden ist siehe *Nußbaum*, Aktionär und Verwaltung, S. 2, auch *Mülbert*, Aktiengesellschaft, S. 259 sieht nur wenig „ökonomische Anreize" für eine aktive Mitverwaltung von Kleinaktionären.

23 *Baums/v.Randow* AG 1995, 145/147; *Adams* AG 1994, 148/152.

24 *Sünner* AG 2000, 492/494.

25 *Röhricht* ZGR 1999, 445/475; *Boettcher* AG 1985, 7/8; *Großfeld* AG 1985, 1/2.

2001	Aktionäre insgesamt	Festbesitz in %	Institutionelle in %	Privatanleger in %
Allianz	265.280	51,4	93	13
AWD Holding		53,2	22,5	3,7
BASF	507.000		72	28
Bayer	470.000	5,5	68	24
Bilfiger+Berger		25	49	26
Commerzbank	365.000	36,6	60	40
DaimlerChrysler	1,9 Millionen	19	56	25
Degussa		64,6	über 20	über 10
Deutsch Bank	494.219		81	19
Deutsche Telekom	3.000.000	43	60	40
E.On	478.000	16	67	15
Epcos	über 100.000	25	63	12
Heidelberger Zement			26	12
Kamps		20,4	67,6	12
Lufthansa	375.050		80	20
MAN				54
Merck KGaA	46.000	74	75,5	24,5
SAP		38,8	54	46
Schering	90.000	über 10	74	17
Siemens	über 800.000	6,5	über 50	unter 43
ThyssenKrupp	142.000	30	84	16

Quelle: Infratest-Umfragen im Auftrag des Deutschen Aktieninstituts; DAI-Factbook, Stand: Februar 2002.

2.3 Zwischenergebnis

Die empirischen Daten über die Verbreitung der Aktie als Anlageform und über die Aktionärsstruktur von börsennotierten Aktiengesellschaften zeigen, dass der Ansatz des BGH, den Aktionär allein als Gesellschafter zu sehen, praktischen Schwierigkeiten unterworfen ist. Dem Massenphänomen Aktie wird der Ansatz des BGH nicht in vollem Umfang gerecht. Hauptversammlungen mit 10.000 Teilnehmern stellen kein Forum dar, auf dem wirtschaftliche Entscheidungen sinnvoll diskutiert und getroffen werden können. Bei 100.000 und mehr Anteilseignern innerhalb einer Gesellschaft ist es wichtig, Kompromisse zu schließen und einen Bestandsschutz für getroffene Entscheidungen zu gewähren. Die Kenntnisse für komplexe wirtschaftliche Vorgänge können kaum einer solch großen Zahl von Personen vermittelt werden. Deshalb ist schon aus empirischer Sicht an der Trennung von Kapital und Geschäftsführung festzuhalten[26]. Die Rechtsprechung zur Inhaltskontrolle von Mehrheitsentscheidungen und die Holzmüller-Doktrin stehen diesem Ergebnis entgegen. Ihr Ansatz, die Mitverwaltung der Aktionäre zu stärken, steht in Widerspruch mit den tatsächlichen Gegebenheiten. Deshalb ist es auch nicht verwunderlich, dass Mitverwaltungsrechte trotz der Rechtsprechung des BGH für Aktionäre regelmäßig keine Rolle spielen, sondern nur für verschwindend kleine Minderheiten von Bedeutung sind. Eine stärkere Beteiligung der Aktionäre an den Entscheidungen der Hauptversammlung würde sie überfordern und die wirtschaftliche Entwicklung in den Unternehmen zum Stillstand bringen, da das Organ Hauptversammlung gar nicht in der Lage ist, eine Aktivierung der Aktionäre zu verkraften[27]. Die Rechtsprechung des BGH, die zu einer Ausweitung der Aktionärsrechte geführt hat, ist eine Privilegierung weniger auf Kosten der Mehrheit der Aktionäre.

3. Der Kleinaktionär als Anleger in der börsennotierten Aktiengesellschaft

3.1 Einleitung

Der Anteilseigner einer börsennotierten Aktiengesellschaft kauft und verkauft sein Anteilseigentum an der Börse. Der Kauf kann aus unternehmerischem Interesse an einer bestimmten Gesellschaft motiviert sein, aber auch als reine Vermögensanlage betrachtet werden[28]. Insoweit befindet sich der Aktionär in einer Zwitterstellung. In dieser Arbeit soll nun nachgewiesen werden, dass sich der Kleinaktionär von der gesellschaftsrechtlichen Funktion entfernt hat und inzwischen die Anlegerfunktion für ihn im Mittelpunkt steht. Darin könnte ein weiteres Argument zu finden sein, den Schutz des Kleinaktionärs stärker an kapitalrechtlichen Schutzinstrumenten auszurichten. Der kapitalrechtliche Ansatz würde zu einer stärkeren Differenzierung zwischen gesellschaftlich orientierten und kapitalrechtlich orientierten Minderheiten führen[29]. Diese Differenzierung müsste sich auch auf das Schutzinstrumentarium auswirken, das zu Gunsten der Minderheiten geschaffen wird[30]. Denn sollten Kleinaktionäre in erster Linie vermögensrechtliche Interessen haben, wäre für sie ein gesellschaftsrechtlicher Ansatz, wie ihn der

26 *Seibert* AG 2002, 417/418.
27 *Großfeld* AG 1985, 1/2; *Mertens* AG 1990, 49/52.
28 *Mülbert*, Aktiengesellschaft, S. 96.
29 Auch *Mülbert*, Aktiengesellschaft, S. 259 ff. geht von solch einer Differenzierung zwischen Unternehmer- und Anlegeraktionären aus.
30 *Schwark* FS Lutter S. 1529/1530; *Lutter*, Aktionär in der Marktwirtschaft, S. 28 ff.

BGH in seiner Rechtsprechung vertritt, verfehlt. Dass größere Minderheiten Einfluss auf die Entwicklung „ihrer" Gesellschaft nehmen wollen, ist kaum abzustreiten. Dazu dienen Minderheitsrechte im engeren Sinn, die auch Minderheitsaktionären bedeutende Mitverwaltungsrechte zugestehen können. Aber darüber hinaus muss die Frage gestellt werden, ob das auch für den Kleinaktionär gilt, der nur wenige Aktien eines börsennotierten Unternehmens hält. Seine Interessen könnten einem Funktionswandel unterzogen sein. Deshalb ist zu untersuchen, ob die Identifikation des Kleinaktionärs mit der eigenen Aktiengesellschaft noch eine bedeutende Rolle spielt. Es gilt also zu analysieren, inwieweit dieser Kleinaktionär Einfluss auf die Aktiengesellschaft nehmen will. Denn gerade dieser Aktionär hat, wie oben dargelegt worden ist, im Mittelpunkt der Rechtsprechung des BGH zur Inhaltskontrolle von Mehrheitsentscheidungen und der Holzmüller-Entscheidung gestanden und zu seinen Gunsten sind Rechte geschaffen worden, die jedem Aktionär, auch dem mit nur einer Aktie, zur Verfügung stehen. Es muss die Frage gestellt werden, ob der BGH den Aktionären, denen er hat helfen wollen, auch tatsächlich Gutes getan hat.

3.2 Der Aktionär als Anleger

Der Aktionär ist nicht Eigentümer eines Gesellschaftsvermögens, sondern in erster Linie Mitglied in einem privatrechtlichen Verband[31]. Die Mitgliedschaft charakterisiert seine Stellung in diesem Verband als die Summe der einzelnen Rechte und Pflichten[32]. Die verschiedenen Rechte und Pflichten werden dabei in vermögensrechtliche und solche der Mitverwaltung eingeteilt[33]. Die Mitgliedschaften sind in den verschiedenen privatrechtlichen Verbänden von unterschiedlicher Intensität[34], wobei die Bindung, die durch die Mitgliedschaft entsteht, von der Größe des Verbandes abhängt[35]. Während die OHG die Gesellschafter als Personen in den Mittelpunkt stellt, ist die Bedeutung der Mitgliedschaft in der börsennotierten Aktiengesellschaft weitaus geringer[36]. Das personale Element tritt bei

31 *Pellens*, Aktionärsschutz, S. 47 ; *Lutter* AcP 180 (1980), 84/88.
32 *Lutter* AcP 180 (1980), 84/86; *Pellens*, Aktionärsschutz, S. 47.
33 *Lutter* AcP 180 (1980), 84/86; *Houben* WM 2000, 1783/1786 ; *Pellens*, Aktionärsschutz, S. 47.
34 *Lutter* AcP 180 (1980), 84/111.
35 *Lutter* AcP 180 (1980), 84/112.
36 *Lutter* AcP 180 (1980), 84/89 ; *Mertens* AG 1990, 49/52; *Martens* FS Bezzenberger S. 267.

dieser Gesellschaftsform fast völlig in den Hintergrund[37]. Das liegt daran, dass der Zugang zu den großen börsennotierten Aktiengesellschaften über die Finanzmärkte erfolgt. Dort werden Rentenpapiere, Termingeschäfte und andere Anlageformen gehandelt[38]. Aktien stehen in direkter Konkurrenz zu diesen Wertpapieren und werden wie diese in erster Linie in Bezug auf ihre Renditen und Kursgewinne betrachtet[39]. Das bedeutet, dass, wie *Mertens*[40] es ausdrückt, die „hohe Fluktuation des Aktienkapitals" zu einer Loslösung von der „mitgliedschaftlichen Substanz" führt. Letztlich wirft dies die Frage auf, ob der Aktionär, der laufend sein Portofolio den Marktentwicklungen anpasst und der geringe Mengen von Aktien einer Vielzahl von Unternehmen hält, noch als Gesellschafter bezeichnet werden kann oder ob er nicht längst diese gesellschaftliche Stellung zugunsten der eines Anlegers aufgegeben hat. Für den Kleinaktionär könnte dies bedeuten, dass die gesellschaftliche Stellung hinter der Stellung als Anleger zurückgetreten ist. Die Gemeinsamkeiten zwischen einem Kleinaktionär und dem Gesellschafter einer Personengesellschaft, der beruflich und vermögensrechtlich auf „seine" Gesellschaft angewiesen ist, sind vergleichsweise gering. Die berufliche Existenz eines OHG-Gesellschafters ist regelmäßig an den Erfolg seiner Gesellschaft gebunden[41]. Der Aktionär einer Aktiengesellschaft verfolgt hingegen andere Ziele. Das Treffen von Unternehmensentscheidungen würde regelmäßig seinen Kenntnisstand überfordern[42]. Für ihn steht die Verwaltung seines Portofolios im Vordergrund[43]. Ihn interessiert in seiner Beteiligung in erster Linie die Börsenkursentwicklung und die Gewinnausschüttung in der Gesellschaft[44]. Ein probates Mittel für den Einzelnen, die Risiken einer Aktienanlage zu minimieren, besteht in der Diversifikation des Portofolios. Deshalb dürfen die Gesellschafterinteressen auch nicht überbewertet werden[45]. Die Verhinderung von Strukturentscheidungen mit einem finanziellen Volumen von mehreren Milliarden Euro

---

37 *Lutter* AcP 180 (1980), 84/89; *Ekkenga* ZGR 1999, 165/183; BVerfGE 50, 290/348 (Mitbestimmungsurteil).

38 *Röhricht* ZGR 1999, 445/475; *Mertens* AG 1990, 49/52.

39 *Mertens* AG 1990, 49/52; *Joussen* AG 2000, 241/252.

40 Mertens AG 1990, 49/52.

41 *Fischer* FS Barz S. 33/35.

42 *Baums/v.Randow* AG 1995, 145/147; *Sünner* AG 2000, 492/494; *Adams* AG 1994, 148/152; *Lutter* S. 18; *Mülbert*, Aktiengesellschaft, S. 114; *Möllers* ZGR 1997, 334/363.

43 *Mertens* AG 1990, 49/53; *Kübler* 61. DJT Bd. II/1, N 11/12; *Baums* 63. DJT Bd. I, F5/25; *Mülbert*, Aktiengesellschaft, S. 102.

44 *Martens* FS Claussen S. 279; *Kessler* AG 1993, 252/260; *Merkt* ZHR 165 (2001), 224 /236; *Hommelhoff* FS Lutter S. 95/103; *Möllers* ZGR 1997, 334/337; *Mülbert*, Aktiengesellschaft, S. 89, 99.

45 *Pellens*, Aktionärsschutz, S. 50.

kann durch eine Anfechtungsklage einzelner Aktionäre mit finanziellen Interessen von wenigen hundert Euro erreicht werden[46]. Die tatsächlichen Gewinnchancen sind dabei regelmäßig weit geringer, da sie nur wenige Prozente des investierten Kapitals ausmachen. Dabei ist nicht einmal sicher gestellt, dass die Verhinderung der Entscheidung sich günstig auf die Entwicklung der Aktie und der Dividende auswirkt. Die Investition in Aktien beschränkt sich regelmäßig nicht nur auf ein bestimmtes Unternehmen, sondern muss im Zusammenhang mit der gesamten Vermögensanlage des Aktionärs gesehen werden. Im Vordergrund steht die quasi auf einer Metaebene stehende gesamte Anlage. Der Anleger versucht, das Endvermögen seiner Investition durch einen Kauf von sicheren Anlagen zu maximieren, die eine hohe Rendite versprechen[47]. Dabei mischt der Anleger seine Aktien, um das Schwankungsrisiko einzelner Titel auszugleichen[48]. Diese Möglichkeit, das Risiko zu streuen und das Portofolio zu steuern, steht gegenüber der Teilhabe an einem Unternehmen im Vordergrund[49]. Deshalb ist es regelmäßig sinnvoller, nicht Einfluss auf die Geschäftspolitik eines Unternehmens zu nehmen, sondern die betreffenden Aktien zu veräußern und sich verheißungsvollere Titel zuzulegen[50]. Das bedeutet, dass der Kleinaktionär als Anleger nicht die Beteiligung an der Unternehmensleitung erstrebt[51], sondern gesetzliche Regelungen, die eine ordentliche Verwaltung und damit eine dem Investitionsrisiko angepasste Rendite ermöglichen[52]. Letztlich will der Anleger eine professionelle Verwaltung seiner Investition durch die Geschäftsführung der Aktiengesellschaft[53]. Der Aktionär ist in erster Linie an der Entwicklung seiner Kapitalanlage interessiert[54]. Dies ist die Aktie, nicht das Unternehmen[55]. Die Zielsetzung mag sich zwar auf den ersten Blick überschneiden, doch ist das nicht notwendigerwei-

46 *Hommelhoff* ZGR 1990, 467; *Mertens* AG 1990, 49/50; *Joussen* AG 2000, 241/251.
47 *Mülbert* ZGR 1997, 129/135; *ders.*, Aktiengesellschaft, S. 126 ff.; *Hüffer* FS Kropff S. 126/132.
48 *Mülbert* ZGR 1997, 129/136; *ders.* S. 158 ff.; *Fleischer* ZGR 2001, 1/17.
49 *Mülbert*, Aktiengesellschaft, S. 109, 126 ff.; *Kübler* 61. DJT Bd. II/1, N11/12.
50 *Röhricht* ZGR 1999, 445/475; *Becker* AG 1985, 14; *Joussen* AG 2000, 241/251; *Martens* FS Claussen S. 279; *Hopt* ZHR 141 (1977), 389/403.
51 *Großfeld* AG 1985, 1; *Beusch* FS Werner S. 1/14; *Hefermehl* in AktG Komm. Vorb. § 76 Rn 2; *Wedell*, Minderheitenschutz, S. 27, 29; *Fleischer* ZGR 2001, 16; *Houben* WM 2000, 1783/1787; *Baums/v.Randow* AG 1995, 145; *Pellens*, Aktionärsschutz, S. 50; *Mülbert*, Aktiengesellschaft, S. 90.
52 *Wiedemann* S. 489; *Mülbert*, Aktiengesellschaft, S. 138; *Houben* WM 2000, 1873.
53 *Wiedemann* S. 489; *Merkt* ZHR 165 (2001), 224 /234.
54 *Mülbert*, Aktiengesellschaft, S. 150.
55 *Beusch* FS Werner S. 1/16; *Mertens* AG 1990, 49/52; *Nirk/Reuter/Bächle*, Aktiengesellschaft, S. I 87; *Joussen* AG 2000, 241/251; *Busse von Colbe* FS Lutter S. 1053/1064 ff.; BVerfGE 50, 290/348 (Mitbestimmungsurteil); *Mülbert*, Aktiengesellschaft, S. 150.

se der Fall. Die Entwicklung der New Economie hat geradezu beispielhaft gezeigt, wie Unternehmenswert und Aktienwert von Unternehmen differieren können. Der Aktienkurs bewertet Zukunftsaussichten und Chancen eines Unternehmens und lässt sich von Stimmungen an der Börse leiten. Aktien können binnen kurzer Zeit extremen Schwankungen unterliegen, ohne dass konkrete Ereignisse im Unternehmen dies rechtfertigen. Die Entwicklung des DAX und der Börse im allgemeinen und die gesamtwirtschaftliche Lage beeinflussen den Börsenkurs eines Unternehmens fast in demselben Maße, wie es die Geschäftspolitik tut[56]. Die Leitung eines börsennotierten Unternehmens verlangt neben der Kenntnis der betriebswirtschaftlichen Zusammenhänge auch die Fähigkeit, das Unternehmen in der Öffentlichkeit zu positionieren[57]. Eine Einzelentscheidung darf daher nicht für sich allein bewertet werden, sondern es bedarf der Betrachtung der Gesamtsituation. Diese zu überschauen, überfordert in der Regel die Fähigkeiten von Aktionären und ist deshalb in die Hände eines professionellen Managements gelegt worden. Außerdem ist die Beurteilung einer einzelnen Maßnahme häufig von der Verwirklichung weitreichender Konzepte abhängig. Die Richtigkeit einer einzelnen Entscheidung kann daher nur in Anbetracht der Gesamtsituation des Unternehmens beurteilt werden. Dies bedeutet allerdings nicht, dass die Aktionäre dem Vorstand ausgeliefert sind, denn die Kontrollmechanismen sind nicht auf das Aktienrecht beschränkt. Die Kleinaktionäre haben die Möglichkeit, auch außerhalb der Aktiengesellschaft ihre Interessen zu verfolgen[58]. Der Kauf oder Verkauf einer Aktie bildet dazu die Grundlage[59]. Sind die Fehler der Geschäftsführung offensichtlich, werden die Aktionäre die Aktien verkaufen und der Aktienkurs wird nach den Regeln des Marktes sinken. Dadurch fällt der Wert des Unternehmens und die Verwaltung sieht sich öffentlichem Druck ausgesetzt[60]. Wie im Kapitalmarktrecht kommt es auch im konzernrechtlichen Schutz von Kleinaktionären auf das Vertrauen der Anleger an. Nur dieses Vertrauen vermag den Anleger zu Investitionen zu bewegen[61]. Das Vertrauen wird aber nicht dadurch gestärkt, dass dem Kleinaktionär marginale Mitverwaltungsrechte eingeräumt werden, deren positive Auswirkungen auf das Unternehmen aufgrund seines geringen Kenntnis-

---

56 *Becker* AG 1985, 14.

57 *Becker* AG 1985, 14.

58 *Ekkenga* ZGR 1999, 165/183 ff.

59 *Hopt* ZHR 141 (1977) 389/403; *Mertens* AG 1990, 49/52; *Fleischer* ZGR 2001, 1/17; *Becker* AG 1985, 14.

60 *Großfeld* AG 1985, 1/4; *Becker* AG 1985, 14; *Mertens* AG 1990, 49/52; *Becker* AG 1985, 14; *Lutter*, Aktionär in der Marktwirtschaft, S. 18.

61 *Schwark* FS Stimpel S. 1092; *Wiedemann*, Unternehmensgruppe, S. 489.

standes zumeist fraglich sind[62]. Seine korporative Bindung ist deutlich geringer als die von Gesellschaftern anderer Gesellschaftsformen[63]. Moderne aktienrechtliche Schutzinstrumente bauen auf Informations- und Vermögensrechte[64], die die Investitionen der Aktionäre besser zu schützen vermögen, als es Mitverwaltungsrechte tun. Denn bei Mitverwaltungsrechten besteht die Gefahr, dass Entscheidungsprozesse, die für ein Unternehmen vital sind, behindert und verlangsamt werden[65]. Die Hauptversammlung ist zu einem schwerfälligen Instrument geworden. Der Umfang ihrer Kompetenzen in Verbindung mit den Informationspflichten und der Gefahr der Anfechtung von Hauptversammlungsbeschlüssen nehmen ihr die Möglichkeit, flexibel und schnell zu reagieren. Allein die monatelangen Vorbereitungen einer Hauptversammlung zeigen deutlich die Schwerfälligkeit dieses Organs[66]. Das Vertrauen der Anleger in eine Aktie kann nur dadurch gestärkt werden, dass die Entscheidungsprozesse für den Aktionär transparent und vorhersehbar werden[67]. Der Grundsatz, dass jeder selbst der beste Anwalt seiner Interessen ist, gilt auch für den Kleinaktionär. Seine Interessen wird er kaum durch aktive Mitverwaltung wahrnehmen können. Seine Interessen liegen vielmehr auf vermögensrechtlichem Gebiet. Ihre Wahrnehmung verlangt die ausreichende Versorgung mit Informationen über das Unternehmen, um zum geeigneten Zeitpunkt eine Entscheidung über eine Investition oder Desinvestition zu treffen und nicht die Mitentscheidungskompetenz bei Grundsatzentscheidungen des Unternehmens[68]. Schutznormen, die auf die finanziellen Interessen abstellen, würden wirkungsvoller sein. Schließlich ist der Aktionär Träger des finanziellen Risikos und nicht verantwortlich für die Unternehmensleitung[69]. Anteilseigentum und Geschäftsführung sind in der Publikumsaktiengesellschaft streng getrennt. Nur so können die Vorteile einer Spezialisierung genutzt werden[70]. Letztlich

---

62 *Großfeld* AG 1985, 1/5; *Beusch* FS Werner S. 1/14; *Mertens* AG 1990, 49/52 ff.; *Möllers* ZGR 1997, 334/347; so auch der Ansatz von *Martens* ZIP 1992, 1677/1691; *Mülbert*, Aktiengesellschaft, S. 66.

63 *Lutter* AcP 180 (1980) 84/111.

64 *Hopt* ZHR 141 (1977), 389/399; *Schmalenbach*, Die Aktiengesellschaft, S. 14; ähnlich *Martens* ZIP 1992, 1677/1691.

65 *Hommelhoff* ZGR 1990, 447/449; *Lutter* FS Quack S. 301.

66 *Groß* AG 1996, 111 ff.; *Beusch* FS Werner S. 1/18; *Hommelhoff* ZGR 1990, 447/450; *Heinsius* ZGR 1984, 383/391.

67 *Röhricht* ZGR 1999, 445/475; *Hopf* ZHR 141 (1977), 389/414 ff.; *Adams* AG 1994, 148.

68 *Mertens* AG 1990, 49/52.

69 *Wedell*, Minderheitenschutz, S. 14; *Joost* ZHR 163 (1999), 164/175; *Werner* ZHR 147 (1983), 429/444; *Houben* WM 2000, 1783/1787; *Mülbert*, Aktiengesellschaft, S. 90.

70 *Fleischer* ZGR 2001, 16.

handelt es sich bei der Investition des Kleinaktionärs in Aktien um eine professionelle Fremdvermögensverwaltung durch die Verwaltung der Aktiengesellschaft[71]. Die Mitverwaltungsrechte der Aktionäre können deshalb in den Hintergrund treten, wenn die Vermögensrechte gestärkt werden[72]. Das bedeutet, dass auch die Stellung des Aktionärs als Anleger eine Anwendung kapitalmarktrechtlicher Prinzipien auf den Schutz von Kleinaktionären in börsennotierten Aktiengesellschaften rechtfertigt.

3.3 Zwischenergebnis

Der Kleinaktionär einer börsennotierten Aktiengesellschaft hat sich weit von seiner mitgliedschaftlichen Stellung als Gesellschafter entfernt. Seine Interessen werden durch anlegerrechtliche Aspekte ergänzt. Diese verändern die Rolle des Aktionärs und fordern eine erneute Prüfung seiner Interessen und eine Neubewertung der zu seinem Schutz entwickelten Instrumente. Seine Interessen stellen stärker als bei anderen Gesellschaftsformen auf Vermögensrechte ab. Dafür treten die Mitverwaltungsrechte in den Hintergrund. Die Funktion des Anlegers bringt es mit sich, dass seine Aktivität mehr auf die Zusammenstellung seiner Anlage konzentriert wird, während die Einflussnahme innerhalb der Aktiengesellschaft zurücktritt. Statt sich mit der Leitung der Gesellschaft auseinander zu setzen, betreibt er die Steuerung einer Vermögensanlage. Diese verlangt aber andere Rechte, als es die klassische, allein an der Mitgliedschaft orientierte Betrachtung des Aktionärs mit sich bringt. Den Mitverwaltungsrechten in der Aktiengesellschaft kommt daher eine geringere Bedeutung zu[73]. Wichtiger sind die Rechte, die dem Kleinaktionär die Verwaltung seine Portofolios ermöglichen. Hinzu kommen vermögensrechtliche Ansprüche, die unrechtmäßig verursachte Vermögensschäden ausgleichen können. Die Rechtsprechung des BGH hat diesen Funktionswandel erst zögerlich zur Kenntnis genommen. Eine erste Reaktion darauf stellt das Siemens/Nold Urteil dar. Damit ist ein erster Schritt unternommen worden, den Minderheitsschutz an das Kapitalmarktrecht anzupassen[74]. Allerdings bleiben die Grundaussagen der Rechtsprechung zur Inhaltskontrolle und die Holzmüller-Doktrin davon unberührt. Auch sie müssten einer erneuten Prüfung unterzogen werden, damit der Funktionswandel, den der Kleinaktionär durchgemacht hat, auch im Minderheitsschutz berücksichtigt werden kann.

71 *Wiedemann*, Unternehmensgruppe, S. 489; *Merkt* ZHR 165 (2001), 224 /234; *Luttermann* BB 2003, 745.

72 *Schwark* FS Stimpel S. 1095; *Houben* WM 2000, 1783/1787.

73 *Seibert* AG 2002, 417/419.

74 *Lutter* FS Zöllner S. 363/373.

4. Die Aktie als Vermögensanlage

4.1 Einleitung

Sowohl das Aktienrecht als ganzes, als auch die Bedeutung des Kleinaktionärs haben durch die Einflüsse des Kapitalmarktrechts einen Funktionswandel erfahren. Die klassischen Minderheitsrechte spielen für die Kleinaktionäre kaum noch eine Rolle[75]. Gerade bei den börsennotierten Unternehmen ist die Bedeutung dieser Rechte auf Grund der Anzahl der Aktionäre deutlich zurückgegangen. Damit ist aber noch keine Aussage darüber getroffen, welches Bedürfnis an die Stelle der Mitverwaltung getreten ist. Die Richtung ist durch die Feststellung vorgegeben, dass es sich bei dem Kleinaktionär um einen Anleger handelt. Dieser Anlegergedanke hat die Rolle des Aktionärs neu definiert. Dieser Ansatz strahlt auch auf die Bedeutung der Aktie selber aus. Sie repräsentiert nicht mehr allein einen Gesellschaftsanteil, sondern auch eine Vermögensanlage. Zu der klassischen Beteiligungsfunktion könnte verstärkt die Vermögensfunktion der Aktie hinzugetreten sein. Die Bedeutung der Vermögensfunktion für die Aktie und für den Aktionär soll in diesem Abschnitt untersucht werden. Dadurch sollen die Bedürfnisse der Aktionäre herausgearbeitet werden, um die Schutzmechanismen, die für einen anlageorientierten Minderheitsschutz erforderlich sind, festlegen zu können. Bei dieser Untersuchung soll auch auf die Bedeutung des Börsenkurses für den Aktionär eingegangen werden. Der Börsenkurs gibt Aufschluss über die Bedeutung des Wertes der Aktien als Anlage. Die Bewertung der Aktie als Beteiligung an einer Gesellschaft hingegen wird über den Umweg der Unternehmensberechnung vorgenommen. Diese unterschiedlichen Vorgehensweisen zeigen die unterschiedlichen Funktionen der Aktie. Zum einen steht die Gesellschaft als Unternehmen im Mittelpunkt und zum anderen die davon fast losgelöst zu betrachtende Bewertung der Aktie als eingeständiges Wirtschaftsgut. Die Funktion der Aktie spiegelt sich auch in ihrer Bewertung wieder. Daher soll ebenfalls analysiert werden, welcher Bewertungsmaßstab für den Aktionär von Bedeutung ist.

4.2 Die Vermögensfunktion der Aktie

Der Aktie kommen zwei verschiedene Funktionen zu, die unterschiedlicher nicht sein können. Zum einen stellt die Aktie einen Gesellschaftsanteil dar, der den Aktionär zum Inhaber einer Unternehmensbeteiligung macht und zum anderen ist

75 *Möllers* ZGR 1997, 334/336.

die Aktie ein Wertpapier, das von Anlegern an der Börse genutzt wird[76]. Diese zweite Funktion unterscheidet die Aktie von der Mehrzahl der anderen Gesellschaftsbeteiligungen, mit Ausnahme vielleicht der Beteiligung als Kommanditist in einer Publikumskommanditgesellschaft. Ein interessengerechter Minderheitsschutz kann nur entwickelt werden, wenn geklärt ist, welche Funktion der Aktie bei Kleinaktionären dominiert.

Die Einflussnahme der Hauptversammlung auf die Verwaltung der Aktiengesellschaft ist im geltenden Aktienrecht minimiert worden. Die Gewaltenteilung ist eingerichtet worden, damit die Geschäftsführung allein in den Händen des Vorstandes liegt und dieser wirksam durch den Aufsichtsrat kontrolliert wird. Trotzdem bleiben zahlreiche Möglichkeiten, durch die ein Mehrheitsaktionär die Geschicke einer Aktiengesellschaft lenken kann. Der faktische Konzern stellt dafür ein Beispiel dar. Das bedeutet, dass trotz der Gewaltenteilung eine unternehmerische Verantwortung von Großaktionären bestehen bleibt. Die Situation des Kleinaktionärs stellt sich jedoch völlig anders dar. Ihm fehlt auf Grund seiner geringen Beteiligung der unternehmerische Ansatz[77]. Seine Motivation, die ihn dazu bewegt hat, eine Aktie zu erwerben, ist anders begründet. Da ihm die Möglichkeiten und die Ambitionen fehlen, die Geschicke des Unternehmens zu lenken, tritt bei ihm die vermögensrechtliche Funktion der Aktien in den Vordergrund[78]. Selbst der BGH hat anerkannt, dass bei der Aktionärsminderheit der Charakter der Beteiligung als Vermögensanlage und nicht die Mitgliedschaft im Vordergrund steht[79]. Ein effektiver Schutz von Minderheitsaktionären muss daher bei den Vermögensinteressen ansetzen und darf nicht die für diesen Aktionär nur zweitrangigen Mitverwaltungsrechte in den Vordergrund stellen[80]. Die Investition in Aktien als Kapitalanlage erfolgt in der Intention, eine sinnvolle Verwaltung des eigenen Vermögens zu betreiben. Eine Anlage erscheint dann als attraktiv, wenn gute Renditemöglichkeiten bestehen und das Risiko gering erscheint. Diese Interessen werden verwirklicht, wenn der Schutz der Kleinaktionäre darauf abstellt, einen Substanzverlust zu vermeiden[81] und eine hohe Dividende zu ge-

---

76 *Martens* FS Bezzenberger S. 267/282; *Houben* WM 2000, 1783/1787; BVerfGE 14, 263/278 (Feldmühle).

77 BGHZ 82, 188/193 (Hoogovens); *Busse von Colbe* FS Lutter S. 1053/1064; *Lutter*, Aktionär in der Marktwirtschaft, S. 10.

78 *Mertens* AG 1990, 49/52; *Baums/v.Randow* AG 1995, 145/154; *Merkt* ZHR 165 (2001), 224 /236; *Mülbert*, Aktiengesellschaft, S. 348; *Adams* AG 1994, 148/152; *Niemann* S. 34 ff.; *Martens* FS Claussen S. 279.

79 BGHZ 82, 188/192 ff. (Hoogovens).

80 *Mertens* AG 1990, 49/52.

81 *Kübler* AG 1977, 85/87; *Becker* AG 1985, 14/15; *Röhricht* ZGR 1999, 445/475; *Mertens* AG 1990, 49/52; *Kessler* AG 1993, 252/260; *Peltzer* AG 1996, 26/27.

währen[82]. Die Schutzinteressen konzentrieren sich daher auf den Erhalt des investierten Vermögens und auf eine ansprechende Verzinsung des Kapitals. Wie bei anderen Anlageformen entscheidet letztlich die Möglichkeit, durch die Investition in Aktien Gewinne zu erzielen, über die Zufriedenheit der Anleger. Das bedeutet aber auch, dass der Anleger Sicherheit, geringe oder zumindest überschaubare Risiken und außerdem effiziente Verwaltungsstrukturen der Aktiengesellschaft erwartet, die das eingesetzte Kapital optimal nutzen. Es kommt darauf an, dass sich das Unternehmen, in das investiert worden ist, am Markt behaupten kann und durch einen effizienten Einsatz des vorhandenen Kapitals eine zumindest dem Durchschnitt entsprechende Rendite erwirtschaftet. Effizient bedeutet kurze Entscheidungswege, die auf Chancen schnell reagieren und bei Risiken ohne zeitliche Verzögerung eingreifen. Denn bei der Diskussion um einen wirksamen Minderheitsschutz darf nicht übersehen werden, dass alle Leistungen, die durch eine Aktiengesellschaft erbracht werden sollen, von ihr auch erwirtschaftet werden müssen. Intensiver Minderheitsschutz ist durch die zusätzlich erforderliche Bürokratie ein Kostenfaktor, der dadurch die Kerninteressen der Kleinaktionäre behindern kann. Deshalb ist bei der Abwägung über das gesellschaftsrechtliche Schutzniveau für Kleinaktionäre auch die primäre Bedeutung der Aktie zu berücksichtigen. Den Kleinaktionär interessiert der finanzielle Aspekt: Eine solide Anlage mit hohen Dividenden oder die Möglichkeit aus der Differenz zwischen Ankauf und Verkauf Gewinn zu erzielen[83]. Dieser Funktion muss die Aktie als Vermögensanlage gerecht werden.

4.3 Die Bedeutung des Börsenkurses für den Kleinaktionär

Die Aktie als Vermögensanlage ernst zu nehmen, bedeutet in erster Linie Wertstabilität und hohe Dividenden. Sie stellen den Maßstab dar, an dem die Investition von den Anlegern gemessen wird. Als Referenz für die Stabilität einer Aktie kann der Börsenkurs dienen, da er dem Kleinaktionär als Indikator für den Wert zur Verfügung steht und nur er den real zu erzielenden Preis ausdrückt[84]. Er stellt für den Aktionär, der für den Erwerb auf die Börse angewiesen ist, eine objektive

82 *Beusch* FS Werner S.16; *Mertens* AG 1990, 49/52; *Martens* FS Claussen S. 279; *Röhricht* ZGR 1999, 445/475; *Möllers* ZGR 1997, 334/347; *Kessler* AG 1993, 252/260; *Peltzer* AG 1996, 26/27.

83 *Hefermehl* in AktG Komm. Vorb § 76 Rn 3; *Wedell*, Minderheitenschutz, S. 29; *Röhricht* ZGR 1999, 445/475; *Großfeld* AG 1985, 1.

84 *Martens* FS Bezzenberger S. 267/282; *Houben* WM 2000, 1783/1880; *Busse von Colbe* FS Lutter S. 1053/1065; *Luttermann* ZIP 1999, 45 ff.; ähnlich auch *Mülbert*, Aktiengesellschaft, S. 267.

Wertermittlung der Investition dar[85]. Der Wert der börsennotierten Aktie und nicht der durch die Aktie anteilig repräsentierte Wert des Unternehmens stellen für den Kleinaktionär die kalkulierbare Größe dar[86]. Der Kauf und der Verkauf einer Aktie wird von einem Kleinaktionär durch die Börse getätigt[87]. Der dort ermittelte Preis der Aktie ist für den Kleinanleger bindend, da andere Möglichkeiten der Preisgestaltung für ihn nicht existieren. Angebot und Nachfrage bestimmen an der Börse den Preis, der für bestimmte Aktien erzielt werden kann[88]. Bei der Ermittlung des Preises spielt der Jahresabschluss genauso eine Rolle wie Stimmungen und bloße Wertschätzungen für bestimmte Produkte oder Branchen[89]. Die Summe der Entscheidungen der einzelnen Aktionäre setzt dabei als Ganzes den Preis für die Aktien der Unternehmen fest[90]. Hinter diesem Ansatz verbirgt sich der Gedanke, dass, wie *Ekkenga* darlegt[91], der Aktionär für den Preis der Aktie einen entsprechenden Gegenwert erwartet. Er spricht in diesem Zusammenhang von dem Äquivalenzinteresse. Dieses Äquivalenzinteresse muss Einzug in die gesellschaftsrechtliche Diskussion halten, wo es bisher wenig beachtet wurde[92]. Es ist notwendig, dass dieser Aspekt nicht nur im Kapitalmarktrecht, sondern auch bei dem aktienrechtlichen Schutz von Kleinaktionären berücksichtigt wird. Der aktienrechtliche Minderheitsschutz bedarf keiner Rechtsinstitute, die eine stärkere Mitverwaltung ermöglichen, sondern er muss darauf abzielen, die Verwaltung zu einer gewinnorientierten Unternehmenspolitik zu bewegen. Diese Verhaltensmaßstäbe gelten in gesteigertem Maße für die Konzernbildung, da Konzernierungsmaßnahmen die Stabilität einer Aktie und die Gewinnerwartungen in hohem Maße beeinflussen. Auch die Konzernierung sollte in Bezug auf die Wertsteigerung des Unternehmens betrachtet werden. Das bedeutet, dass sie zu diesem Ziel beitragen oder zumindest zur Stabilität des Aktienkurses führen muss. Denn letztlich ist die Börse ein aktienrechtliches Kontrollinstrument[93]. Nur wenn diese Kapitalinteressen für den Vorstand und den Aufsichtsrat einer Aktiengesellschaft im Vordergrund stehen[94], können die Interessen der Kleinaktionäre umgesetzt werden. Insoweit ist der Börsenkurs für die Kleinaktionäre von großer Bedeutung und bietet mittelbar die Möglichkeit, die Ver-

85 *Kessler* AG 1993, 252/260.
86 *Martens* FS Bezzenberger S. 267/282; *Houben* WM 2000, 1783/1786; *Busse von Colbe* FS Lutter S. 1053/1064.
87 *Mülbert*, Aktiengesellschaft, S. 267.
88 *Luttermann* ZIP 1999, 45; *Busse von Colbe* FS Lutter S. 1053/1058.
89 *Luttermann* ZIP 1999, 45.
90 *Becker* AG 1985, 14; *Luttermann* ZIP 1999, 45.
91 *Ekkenga* AG 2001, 567/571.
92 *Ekkenga* AG 2001, 567/571.
93 *Großfeld* AG 1985, 1/4; *Becker* AG 1985, 14; *Mertens* AG 1990, 49/52.
94 *Martens* FS Fischer S. 441.

waltung der Aktiengesellschaft zu kontrollieren. Neben der Wertermittlung spielt der Börsenkurs noch unter einem anderen Gesichtspunkt eine wichtige Rolle für den Aktionär. Er bietet dem Aktionär zusätzliche Gewinnchancen, die über die Dividendenansprüche weit hinaus gehen und dadurch die Aktie zu einer attraktiven Anlageform machen können. Sie beinhaltet aber auch das Risiko, dass hohe Werte innerhalb kurzer Zeit vernichtet werden können[95]. Denn der Börsenkurs bestimmt den Wert der Aktien[96]. Die Möglichkeit, eine Aktie zu verkaufen oder der Zwang sie zu behalten, wird häufig durch den Börsenkurs diktiert. Der Anleger ist daher von den Entwicklungen der Börse in stärkerem Maße abhängig als von den Entscheidungen in seiner Aktiengesellschaft. Zwar wirken sich die Grundsatzentscheidungen in der Aktiengesellschaft auf den Börsenkurs aus, doch ist dieser Einfluss nur mittelbar. Die Notwendigkeit einer einzelnen Entscheidung ist für den Kleinaktionär als betriebswirtschaftlichem Laien nur schwer zu beurteilen. Die Stimmungen und Einschätzungen der Börsen bieten ihm eher Anhaltspunkte, als es allein der Jahresabschluss kann. Letztlich spricht auch die Bedeutung des Börsenkurses dafür, im Interesse des Aktionärs stärker die vermögensrechtlichen Aspekte der Aktie zu betonen.

4.4 Zwischenergebnis

Die Doppelstellung des Aktionärs als Gesellschafter, aber auch in zunehmendem Maße als Kapitalanleger, macht sich in der Bedeutung der Aktie als Vermögensanlage bemerkbar. Die Aktie stellt nicht allein eine Beteiligung an einem Unternehmen dar, sondern darüber hinaus auch eine Investition in eine Vermögensanlage. Diese Funktion der Aktie bewirkt, dass sich der Erfolg der Aktie an ihrer positiven finanziellen Entwicklung messen lässt. Die Interessen des Kleinaktionärs konzentrieren sich vor allem auf die Vermögensrechte der Aktie und auf die Entwicklung des Börsenkurses. Insoweit spielt der Börsenkurs für den Aktionär eine große Rolle. Durch die Börse wird der Preis ermittelt, der für den Anleger bei Kauf oder Verkauf einer Aktie bindend ist.

---

95 *Martens* FS Claussen S. 279/281.

96 *Martens* FS Claussen S. 279/281; *Busse von Colbe* FS Lutter S. 1053 ff.

5. Das Aktienrecht zwischen Gesellschafts- und Kapitalmarktrecht

5.1 Einleitung

Bisher ist die Entwicklung des Kleinaktionärs hin zum Kleinanleger und die Bedeutung der Aktie als Vermögensanlage dargestellt worden. Darüber hinaus hat jedoch das gesamte Aktienrecht eine Entwicklung durchgemacht, die seine gesellschaftsrechtliche Funktion um kapitalmarktrechtliche Ansätze ergänzt[97]. Es könnte im Aktienrecht aus diesem Grund zu einer Neuorientierung gekommen sein. Solch eine Neuorientierung könnte bedeuten, dass sich das Aktienrecht vom einfachen Gesellschaftsrecht zum Anlegerrecht fortentwickelt. Damit würden neue Wertungen in das Aktienrecht einfließen. Diese neuen Wertungen könnten es notwendig machen, auch im Verhältnis der Aktionäre zueinander neue Akzente zu setzen. Die Rechtsprechung des BGH müsste sich einer Kontrolle durch diese anlegerrechtlichen Wertungen unterziehen. Ob sie solch einer Überprüfung standhalten würde, ist fraglich. Denn der BGH hat bei dem Ausbau des Minderheitsschutzes in der Holzmüller-Entscheidung und in der Rechtsprechung zur Inhaltskontrolle von Mehrheitsentscheidungen in erster Linie auf gesellschaftsrechtliche Instrumente abgestellt. Dabei hat er die Stellung des Anteilseigners einer Aktiengesellschaft in der Tradition anderer gesellschaftsrechtlicher Formen fortentwickelt. Er hat das Aktienrecht als Gesellschaftsrecht behandelt[98]. Dieser Ansatz ist zweifelsfrei berechtigt. Die Aktiengesellschaft ist und bleibt in erster Linie eine Gesellschaft, auf die das Gesellschaftsrecht Anwendung findet. Deshalb ist es richtig, die gesellschaftsrechtlichen Grundkonzepte auf sie anzuwenden. Allerdings könnte ihre Bedeutung über diesen Aspekt hinaus gehen. Denn die Aktiengesellschaft hat auch eine wichtige Funktion in Bezug auf den Kapitalmarkt. Die Beteiligungen der börsennotierten Unternehmen stellen für viele Kleinaktionäre eine verheißungsvolle Anlagemöglichkeit dar. Durch die Möglichkeit, auch „atomistische Beteiligungen"[99] in den Gesellschafterkreis aufzunehmen, könnte sich das Aktienrecht zum Anlegerrecht fortentwickelt haben. Das bedeutet, dass das Aktienrecht durch diese neuen Wertungen einem Wandel unterworfen sein könnte[100], der auch vom BGH in zukünftigen Entscheidungen zu berücksichtigen wäre. Die kapitalmarktrechtliche Funktion des Aktienrechts ist gerade im Hinblick auf die zahlreichen Kleinanleger von Bedeutung, von denen sich Millionen an den großen börsennotierten Aktiengesellschaften beteiligt ha-

97 *Lutter* FS Zöllner S. 363 ff.; *Martens* FS Claussen S. 279; *ders.* FS Bezzenberger S. 267.

98 *Möllers* ZGR 1997, 334.

99 *Martens* ZIP 1992, 1677 ff.

100 *Martens* FS Claussen S. 279 ff.; *ders.* FS Bezzenberger S. 267.

ben. Sie macht sich beim Schutz von kleinsten Minderheiten bemerkbar, wenn dem Aktienrecht neben der reinen gesellschaftsrechtlichen Funktion anlagerrechtliche Aspekte hinzugefügt werden[101]. Die Wertungen, die das Kapitalmarktrecht in das Aktienrecht hineingetragen hat, spielen daher für die in dieser Arbeit zu analysierende Rechtsprechung eine große Rolle, da sie das dort geformte Minderheitsrecht in starkem Maße beeinflussen kann[102]. Deshalb soll im vorliegenden Abschnitt untersucht werden, wie sehr sich das Aktienrecht von dem reinen Gesellschaftsrecht entfernt hat und wie stark der Einfluss des Kapitalmarktrechts auf die Aktiengesellschaft heute schon ist. Dadurch soll dargelegt werden, dass diese Entwicklung dem Fortbestand dieser Rechtsprechung entgegen steht und zum Minderheitsschutz neue Instrumente entwickelt werden müssen.

5.2 Kapitalmarkt- und Gesellschaftsrecht

Das Gesellschaftsrecht hat als primäre Aufgabe, Verhaltensregeln für private Vereinigungen zu entwickeln, die den verschiedenen Interessengruppen in einer Gesellschaft in der Praxis ein gedeihliches Zusammenwirken ermöglichen[103]. Dabei hat es innerhalb der Gesellschaft die widerstreitenden Interessen zu einem Ausgleich zum Wohle des gesamten Verbandes zu bringen. Das Gesellschaftsrecht regelt also die Beziehungen der Gesellschafter zueinander und die Beziehungen der Gesellschafter zu der Gesellschaft. Es handelt sich dabei in erster Linie um die gesellschaftsinterne, rechtsformspezifische Organisation[104] und steckt insoweit den Rahmen ab, in dem sich privatrechtliche Vereinigungen organisieren können[105]. Dabei ist die konkrete Gestaltung der Gesellschaft den Gesellschaftern überlassen, die innerhalb des Numerus Clausus der Gesellschaftsformen[106] einen weiten Gestaltungsspielraum haben[107]. Die diesem Gedanken zugrunde liegende Privatautonomie[108] lässt den Gesellschaftern eine große Freiheit in der Wahl ihres Gesellschaftsmodells. So können sie eine einfache BGB-Gesellschaft mit zwei Mitgliedern oder eine Publikumsaktiengesellschaft mit Ak-

---

101 *Lutter* FS Zöllner S. 363/375; *Mülbert*, Aktiengesellschaft, S. 71 ff.
102 *Lutter* FS Zöllner S. 363 (375).
103 *Schwark* FS Stimpel S. 1090; *Kübler* 61. DJT Bd. II/1, N11/12; *Hopt* ZHR 141 (1977), 389/390; *Schmidt*, Gesellschaftsrecht, S. 1 ff.; *Mülbert*, Aktiengesellschaft, S. 87, 107.
104 *Hopt* ZHR 140 (1976), 201/202 ; *ders.* ZHR 141 (1977), 389/390; *Schwark* FS Lutter S. 1529/1536; *Mülbert*, Aktiengesellschaft, S. 87.
105 *Lutter* ACP 180 (1980), 84/95 ff.
106 *Eisenhardt*, Gesellschaftsrecht S. 18; *Lutter* AcP 180 (1980), 84/85.
107 *Eisenhardt*, Gesellschaftsrecht, S. 18.
108 *Lutter* ACP 180 (1980), 84/94.

tionärszahlen, die in die Millionen gehen, gründen[109]. Die Bedürfnisse, die diese Gesellschaften entwickeln, und die Rolle, die dem Gesellschafter zukommt, können dabei unterschiedlicher nicht sein[110]. Trotzdem ist die Mitgliedschaft die Grundlage für ein einheitliches Gesellschaftsrecht[111]. Gerade im Aktienrecht, das in erster Linie für Publikumsgesellschaften entwickelt worden ist[112], macht sich die Loslösung von dem personalen Substrat bemerkbar. Deshalb spielt dort neben dem gesellschaftlichen Grundsystem ein zweiter Gedanke eine wesentliche Rolle. Die Rechtsform der Aktiengesellschaft soll einem Unternehmen die Kapitalaufnahme am Kapitalmarkt ermöglichen und zwar dadurch, dass es den Bürger als Anleger anspricht, um so der Gesellschaft den Zugang zu einem breiten Markt zu ermöglichen und eine große Streuwirkung unter den Anlegern zu erzielen[113]. Nur dadurch wird es möglich, die immensen Kapitalmengen aufzubringen, die unsere Wirtschaft braucht. Die Kapitalaufnahme kann durch einen Going Public, die Öffnung einer Gesellschaft gegenüber der Börse, geschehen oder auch durch eine Kapitalerhöhung den Weg zu der weiteren Entwicklung des Unternehmens frei machen. Bei beiden Alternativen steht für das Unternehmen die Deckung eines Kapitalbedarfs im Vordergrund[114]. Die Rolle des Aktionärs im Unternehmen wird dadurch ebenfalls charakterisiert. Er erwirbt durch die Aktie nicht nur eine Beteiligung an einer Handelsgesellschaft, sondern er tritt als Investor auf[115]. Die Verwaltung der Aktiengesellschaft bleibt von der Kapitalerhöhung unberührt. Insofern ist der Einfluss auf die Geschäftsführung meist gering. Die Neuaktionäre sollen daher keine aktiven Gesellschafter werden, die Einfluss auf die Gesellschaft suchen, sondern in erster Linie Kapitalgeber. Damit wird die Verbindung zum Kapitalmarktrecht geschaffen, die bei den börsennotierten Aktiengesellschaften eine große Rolle spielt.

---

109 *Lutter* ACP 180 (1980), 84/89.

110 *Mülbert*, Aktiengesellschaft, S. 71 ff.; *Lutter* ACP 180 (1980), 84/89.

111 *Schwark* FS Lutter S. 1529/1536.

112 *Hefermehl* in AktG Komm. Vorb. § 76 Rn 3; *Boettcher* AG 1985, 7; *Bälz* FS Raiser S.287/319; *Mülbert*, Aktiengesellschaft, S. 5.

113 *Westermann* FS Pleyer S. 421/433; *Großfeld* AG 1985, 1; *Nirk/Reuter/Bächle*, Aktiengesellschaft, I Rn 13; *Boettcher* AG 1985, 7/12; *Luttermann* ZIP 1999, 45/46; *Niemann* S. 20; *Schmalenbach*, Die Aktiengesellschaft, S. 12; *Mülbert*, Aktiengesellschaft, S. 5.

114 *Mülbert*, Aktiengesellschft, S. 91.

115 *Mülbert* ZHR 165 (2001), 104 ff.; *ders.*, Aktiengesellschaft, S. 87, 104, 126, 354; *Boettcher* AG 1985, 7; *Mertens* AG 1990. 49/52; *Joussen* AG 2000, 241/252; *Houben* WM 2000, 1873/1877; BVerfGE 50, 290/348 (Mitbesstimmungsurteil); *Schwark* FS Lutter S. 1529/1536; *Schmalenbach*, Die Aktiengesellschaft, S. 14.

Das Kapitalmarktrecht dient dazu, den Zugang zu Gesellschaftsbeteiligungen und Obligationen auf einem effektiven Markt zu ermöglichen[116]. Es soll sicherstellen, dass das Kapital dem Unternehmen zufließt, das für die Anlage am attraktivsten ist[117]. Das Kapitalmarktrecht ist jedoch nicht als einheitlicher Komplex geregelt, sondern verteilt sich auf verschiedene Gesetze und Regelungsbereiche[118]. Die Bedeutung dieser Kapitalmarktfunktion im Aktienrecht ist, wie *Schwark*[119] dargelegt hat, gerade in der letzten Zeit stark angewachsen. Dieser Ansatzpunkt soll nun auch für den Schutz von Kleinaktionären fruchtbar gemacht werden. Denn es ist eine Entwicklung von einem Aktienrecht, in dessen Mittelpunkt die Gesellschafterfunktion gestanden hat, zu einem Aktienrecht eingetreten, das stärker den Anleger betont[120]. Dabei ist dieser Ansatz nicht ganz neu. Der Gesetzgeber hat schon früh die Aktiengesellschaft als Publikumsgesellschaft mit Aktien im Streubesitz konzipiert[121]. Schon zu Beginn des 20. Jahrhunderts hat sich abgezeichnet, dass zwischen den Anteilseignern als Kapitalgebern und der Leitung des Unternehmens eine stetig wachsende Diskrepanz entstanden ist[122]. Diese Entwicklung hat aber gerade in den letzten Jahren an Geschwindigkeit zugenommen. Auch wenn kapitalmarktrechtliche Ansätze schon in den AktG von 1937 und 1965 berücksichtigt worden sind[123], ist die Bedeutung heute größer als je zuvor[124]. Deshalb ist es in Bezug auf das gesetzliche Leitbild von großer Bedeutung, den Minderheitenaktionär nicht nur als Gesellschafter zu betrachten, sondern das Aktienrecht auch aus der kapitalmarktrechtlichen Perspektive zu sehen[125]. Denn nur aus kapitalmarktrechtlicher Sicht lässt sich das im AktG verwirklichte Gewaltenteilungsprinzip verstehen. Diese Gewaltenteilung führt in der

---

116 *Schwark* FS Stimpel S. 1091; *Möllers* ZGR 1997, 334/337; *Hopt* ZHR 140 (1976), 201/202; *ders.* ZHR 141 (1977), 389/394 ff.

117 *Schwark* FS Stimpel S. 1092; *Möllers* ZGR 1997, 334/337.

118 *Schwark* FS Lutter S. 1529/1535; *Lutter* FS Zöllner S. 363/364.

119 *Schwark* FS Stimpel S. 1090; ebenso *Martens* FS Bezzenberger S. 267.

120 *Martens* FS Bezzenberger S. 267; *Hommelhoff* FS Lutter S. 95/104; *Merkt* AG 2003, 126/128.

121 *Hefermehl* in AktG Komm. Vorb. § 76 Rn 3; *Boettcher* AG 1985, 7; *Bälz* FS Raiser S. 287/319; *Möllers* ZGR 1997, 334/336; *Mülbert*, Aktiengesellschaft, S. 89; *Hoffmann-Becking* in Hb. Gesellschaftsrechts § 2 Rn 5; *Kropff*, Aktiengesetz, S. 373.

122 *Bälz* FS Raiser S.287/291; *Nußbaum*, Aktionäre und Verwaltung, S. 1; *Pellens*, Aktionärsschutz, S. 26; *Lutter*, Aktionär in der Marktwirtschaft, S. 10 ff.

123 *Mülbert*, Aktiengesellschaft, S. 203 ff., 354.

124 *Schwark* FS Stimpel S. 1090; *Martens* FS Bezzenberger S. 267; *Hopt* ZHR 141 (1977), 389/403.

125 *Mülbert*, Aktiengesellschaft, S. 354; *Merkt* AG 2003, 126/128.

Aktiengesellschaft zu der Trennung von Kapitalgebern und Geschäftsführung[126]. Sie soll der Aktiengesellschaft eine effiziente Führungsstruktur geben und akzeptiert dabei, dass die Aktionäre als Gesellschafter, anders als in anderen Gesellschaften, diese Rolle nicht mehr ausfüllen können[127]. Deshalb nutzt das Aktienrecht die Vorteile der Spezialisierung und lässt das Anlagekapital von professionellen Managern verwalten[128]. Dadurch hat sich die Abkehr von einer reinen gesellschaftsrechtlichen Betrachtung der Aktiengesellschaft vollzogen. Darin liegt auch der Grund, dass der rein gesellschaftsrechtliche Ansatz des BGH mit so vielen Grundentscheidungen des Aktienrechts in Konflikt geraten ist. Die Erfahrungen mit den ersten aktienrechtlichen Regelungen haben gezeigt, dass es einer effektiven Entscheidungsfindung zuträglich ist, wenn der Einfluss der Anteilseigner auf die Geschicke der Aktiengesellschaft bewusst eingeschränkt wird[129]. Diesem Interesse hat der Gesetzgeber auch Rechnung getragen, indem er durch das Aktiengesetz von 1937 die Rolle des Aktionärs im Verhältnis zu der bis dahin geltenden Regelung grundlegend geändert hat. Die Rolle der Hauptversammlung als Grundorgan in der Aktiengesellschaft, wie es in anderen Gesellschaften üblich ist, ist aufgegeben worden[130]. Dieser Ansatz ist im Aktiengesetz von 1965 beibehalten worden. Dabei ist darauf abgestellt worden, dass erfahrungsgemäß der Aktionär einer Publikumsgesellschaft weder willens noch in der Lage ist, Unternehmensentscheidungen zu treffen oder eine wirksame Kontrolle auszuüben[131]. Die umfassende Leitungsmacht ist vielmehr beim Vorstand zusammengefasst worden, der die Aktiengesellschaft unabhängig von den Interessen der Aktionäre zum Wohl der Gesellschaft leiten soll[132]. Damit sollte die Funktionsfähigkeit der Aktiengesellschaft verbessert werden, da sonst die Gefahr besteht, dass die Kosten für eine Entscheidungsfindung unangemessen hoch sind[133]. Die Diskrepanz zwischen dem reinen Gesellschaftsrecht und dem durch das Kapitalmarktrecht beeinflusste Aktienrecht wird besonders deutlich, wenn die Aktiengesellschaft

---

126 *Bälz* FS Raiser S.287/327 ff.; *Lutter* AcP 180 (1980), 84/106 ; *Hoffmann-Becking* in Hb. Gesellschaftsrechts § 2 Rn 6; *Kropff*, Aktiengesetz, S. 15; *Pellens*, Aktionärsschutz, S. 3.

127 BVerfGE 50, 290/348 (Mitbesstimmungsurteil); *Kropff*, Aktiengesetz, S. 14; *Pellens*, Aktionärsschutz, S. 26 ff.

128 *Fleischer* ZGR 2001, 1/17.

129 *Schmidt*, Gesellschaftsrecht, S. 845; *Schneider/Burgard* FS Beusch S. 783/785; *Möller* ZGR 1997, 334/363.

130 *Großfeld* AG 1985, 1/2; *Beusch* FS Werner S. 1/11ff.; *Joost* ZHR 163 (1999), 164/175; *Priester* ZHR 163 (1999), 187/196; *Pellens*, Aktionärsschutz, S. 47.

131 *Hefermehl* in AktG Komm. Vorb § 76 Rn 3; *Wedell*, Minderheitenschutz, S. 29 ff.; *Möller* ZGR 1997, 334/363.

132 *Westermann* FS Pleyer S. 421/433.

133 *Boettcher* AG 1985, 7/8.

mit anderen Gesellschaftsformen verglichen wird[134]. Ein Vergleich, der nahe liegt, ist der mit der OHG als typischer Personengesellschaft. In der OHG ist der Gesellschafter gem. § 114 Abs. 1 HGB zur Geschäftsführung berechtigt und verpflichtet. Die Konzeption der OHG sieht den Gesellschafter als Unternehmer, der dieses Unternehmen gemeinsam mit den Mitgesellschaftern betreibt. Dies wird auch aus § 119 Abs. 2 HGB deutlich. Danach ist die Mehrheit bei der Fassung eines Gesellschafterbeschlusses im Zweifel nach der Zahl der Gesellschafter zu bestimmen. Im Vordergrund steht also nicht die Beteiligung am Kapital der OHG, sondern die Person des Gesellschafters[135]. Er ist als Eigentümer Rechtsträger der Gesellschaft und mit den anderen Gesellschaftern der Träger des Handelsunternehmens und dadurch selber Kaufmann[136]. Die Aktiengesellschaft hingegen ist lediglich formal noch als Personengemeinschaft zu betrachten[137]. Bei ihr steht die verselbständigte juristische Person im Vordergrund, hinter der die häufig wechselnden und oft nur geringfügig beteiligten Mitglieder des Verbandes an Bedeutung verlieren. Die OHG wird durch die an ihr beteiligten Gesellschafter geprägt. Die Aktiengesellschaft ist hingegen von ihnen weitgehend unabhängig.

Auch ein Vergleich der Aktiengesellschaft mit der GmbH, als Kapitalgesellschaft und „kleiner Schwester" der Aktiengesellschaft, offenbart fundamentale Unterschiede zwischen beiden Gesellschaftsformen[138]. Die GmbH kennt zwar eine Trennung zwischen Gesellschafterstellung und Geschäftsführung. Im Unterschied zur Aktiengesellschaft jedoch wird diese Trennung nicht streng durchgehalten. Das GmbH-Recht ist von den kapitalmarktrechtlichen Gedanken, die das Aktienrecht geformt haben, kaum betroffen. In der GmbH steht die Verantwortung der Gesellschafter für die Geschäftsführung und die gesamte Gesellschaft im Vordergrund. Von großer Bedeutung ist dabei die Tatsache, dass die Gesellschafter der GmbH direkten Einfluss auf die Gesellschaft nehmen[139] und den Geschäftsführern Anweisungen erteilen können, an die sie gebunden sind (§§ 37 Abs. 1, 45 Abs. 1 GmbHG). In der Aktiengesellschaft ist dies nicht möglich. Ein andere Regelung, die diesen grundlegenden Unterschied deutlich macht,

---

134 *Fischer* FS Barz S. 33/35; auch *Schmalenbach*, Die Aktiengesellschaft, S. 14; ähnlich wohl auch *Merkt* AG 2003, 126/128.

135 *Bälz* FS Raiser S.287/296; *Lutter* AcP 180 (1980), 84/89.

136 *Bälz* FS Raiser S.287/296.

137 *Lutter* AcP 180 (1980)84/89.

138 *Mülbert*, Aktiengesellschaft, S. 6; *Rohwedder/Schmidt-Leithoff*, GmbH-Kommentar, Einl. Rn 2.

139 *Lutter* FS Stimpel S. 825/835; *Mülbert*, Aktiengesellschaft, S. 4 ff.; *Lenz* in Michalski GmbH-Kommentar § 37 Rn 16; *Schneider* in Scholz GmbH-Kommentar, § 37 Rn 30 ff.; *Koppensteiner* in Rohwedder/Schmidt-Leithoff GmbH-Kommentar § 37 Rn 18 ff.

ist § 23 Abs. 5. Die Satzungsstrenge bei der Aktiengesellschaft verhindert, dass die starre Gewaltenteilung in der Aktiengesellschaft verändert wird. Durch diese Regelung kann der Einfluss der Hauptversammlung auf die Gesellschaft nicht gestärkt werden[140]. Insoweit dient auch diese Regelung dazu, dass die Aktionäre nicht zu selbständigen Gesellschaftern erstarken. Darüber hinaus enthält diese Regelung einen weiteren anlegerrechtlichen Aspekt. Über § 23 Abs. 5 wird im Aktienrecht sichergestellt, dass Abweichungen in den Satzungen verschiedener Aktiengesellschaften nur geringfügig sind. Dies ist im Hinblick auf den freien Handel der Aktien als Anteilsscheine von großer Bedeutung, da so Aktien verschiedener Unternehmen erworben werden können, ohne das für den Interessenten die Notwendigkeit besteht, jeweils Einblick in die Satzung nehmen zu müssen[141]. Durchbrechungen des Gewaltenteilungsprinzips werden damit genauso verhindert, wie Einschränkungen von Minderheitsrechten. Schließlich muss in diesem Zusammenhang auch die eingeschränkte Kompetenz der Hauptversammlung gesehen werden. Der Gesetzgeber hat in der Aktiengesellschaft eine strenge Gewaltenteilung eingeführt, die eine Beschränkung der Befugnisse der Hauptversammlung mit sich bringt[142]. Das wird in Anbetracht der enumerativ aufgeführten Zuständigkeiten der Hauptversammlung deutlich (§ 119 Abs. 1). Die Hauptversammlung ist in der Aktiengesellschaft kein Grundorgan.

Die Kapitalmarktfunktion des Aktienrechts wird auch bei einem Blick auf das Konzernrecht deutlich[143]. Wie oben dargelegt, stehen dem Aktionär sowohl im Vertragskonzern als auch im faktischen Konzern primär vermögensrechtliche Schutzmechanismen zur Verfügung[144]. Die Mitverwaltungsrechte unterliegen insgesamt der Beschränkung durch das Mehrheitsprinzip, da sie der Aktionärsmehrheit nicht den Weg zur Konzernierung versperren sollen. Das Anfechtungsrecht ist dort zugunsten des Spruchverfahrens eingeschränkt worden. Dadurch sind Mitverwaltungsrechte und die Möglichkeit, Mehrheitsentscheidungen aufzuheben, durch vermögensrechtliche Garantien ersetzt worden.

Der Einfluss des Kapitalmarktrechts auf die Aktiengesellschaft und damit auf das Aktienrecht hat in den letzten Jahren stark zugenommen[145]. Regelungen zur Ad-hoc-Publizität gem. § 15 WpHG und das Insider-Handelsverbot sind dafür

---

140 *Pentz* in Münchener Kommentar § 23 Rn 156; *Hüffer*, Aktiengesetz, § 23 RN 36.

141 *Pentz* in Münchener Kommentar § 23 Rn 150 ; *Hüffer*, Aktiengesetz, § 23 RN 34.

142 *Lutter* FS Stimpel S. 825/833; *Möller* ZGR 1997, 334/363; *Pellens*, Aktionärsschutz, S. 46 ff.

143 So auch *Mülbert*, Aktiengesellschaft, S. 196 ff.

144 *Mülbert*, Aktiengesellschaft, S. 259.

145 *Seibert* AG 2002, 417/418; *Möllers* ZGR 1997, 334 ff.; *Hommelhoff/Hopt/Lutter*, Konzernrecht und Kapitalmarktrecht, S. 31 ff.

Beispiele[146]. Es handelt sich um Modifikationen des Aktienrechts durch das Kapitalmarktrecht[147]. Deshalb ist es wichtig, diese neuen Wertungen auf die Rechtsprechung des BGH zu übertragen, die aus den siebziger und achtziger Jahren des vorigen Jahrhunderts stammt und diesen Aspekt noch nicht berücksichtigt. Gerade bei den Minderheitsrechten entfalten diese Wertungsunterschiede ihre Bedeutung, weil es sich bei den Kleinaktionären um die typischen Anleger handelt. An dieser Stelle ist zu differenzieren, ob der Anteilseigner als Gesellschafter aktiviert oder ob er nicht im Gegenteil stärker auf die Rolle des Anlegers reduziert werden soll. Als Differenzierungskriterium bieten sich dabei die im Minderheitsrecht bereits bestehenden Quoren an. Denn gerade die Mitverwaltungsrechte stehen dem Anlegergedanken im Aktienrecht entgegen. Den kapitalmarktrechtlichen Ansatz des Aktienrechts zu stärken, bedeutet vor allem bei dem Schutz von atomistisch beteiligten Minderheiten, das heißt in der Regel von Kleinaktionären, stärker auf vermögensrechtliche Instrumente zu vertrauen. Die Schutzinteressen des Aktienrechts müssen in ihrer Wirkung zurückgenommen werden, da neue Wertungen und Rechtsinstitute deren Aufgaben übernehmen können[148]. Letztlich beeinflusst damit das Kapitalmarktrecht das Aktienrecht[149]. Dieses müsste in seiner Auslegung und in seiner Anwendung einer erneuten Prüfung unterzogen werden[150]. Dieser Ansatz gilt in erster Linie für Kleinanleger in einer börsennotierten Aktiengesellschaft[151]. Dort entfaltet das Kapitalmarktrecht seine volle Bedeutung und dort treten die Wertungswidersprüche mit den von der Rechtsprechung entwickelten Schutzmechanismen in vollem Umfang zu Tage. Die durch das „Gesetz für kleine Aktiengesellschaften und zur Deregulierung des Aktienrechtes" vom 2. August 1994 eingeleitete Trennung von börsennotierten Aktiengesellschaften und den kleinen Aktiengesellschaften ist auch auf die Rechtsprechung auszudehnen. Die große Aktiengesellschaft ist den von der Rechtsprechung entwickelten Schutzinstrumenten entwachsen und fordert eigene Ansätze, die nicht mehr allein dem Gesellschaftsrecht entstammen, sondern auch kapitalmarktrechtliche Aspekte des Aktienrechts mitberücksichtigen.

---

146 *Lutter* FS Zöllner S. 363/364; *Ekkenga* ZGR 1999, 165 ff. (183); *Möllers* ZGR 1997, 334/349 ff. (357).

147 *Lutter* FS Zöllner S. 363/372; *Martens* FS Bezzenberger S. 267.

148 *Lutter* FS Zöllner S. 363/375.

149 *Schwark* FS Lutter S. 1529/1549; *Mülbert*, Aktiengesellschaft, S. 354; *Hommelhoff* FS Lutter S. 95/98.

150 *Lutter* FS Zöllner S. 363/375; *Seibert* AG 2002, 417/419; *Schwark* FS *Lutter* S. 1529/1549.

151 *Lutter* FS Zöllner S. 363/375.

5.3 Zwischenergebnis

Als Ergebnis lässt sich festhalten, dass es sich bei dem Aktienrecht nicht um reines Gesellschaftsrecht handelt, sondern dass gerade in Bezug auf die Behandlung der Aktionäre kapitalmarktrechtliche Einflüsse eine zunehmend wichtige Rolle spielen. Die Bedeutung der Aktiengesellschaft liegt nämlich in ihrer Möglichkeit, Kapital über die Börse für wirtschaftliche Unternehmungen zugänglich zu machen. Sie ist darauf ausgerichtet, eine große Anzahl von Anlegern als Gesellschafter aufzunehmen. Die Zahl kann dabei in die Millionen gehen. Daher hat das Aktienrecht eine strenge Trennung von Kapital und Geschäftsführung eingeführt, die die Gesellschafterrolle von Aktionären stark eingeschränkt hat. Damit hat das Aktienrecht die anlegerrechtliche Dimension der Aktiengesellschaft anerkannt. Dadurch unterscheidet sich die Aktiengesellschaft von anderen Gesellschaftsformen. Gerade im Hinblick auf die Behandlung der Anteilseigner machen sich die Unterschiede bemerkbar. Es ist notwendig, den aktienrechtlichen Minderheitsschutz anders zu gestalten, als es bei den Personengesellschaften und der GmbH der Fall ist. Die Stärkung der Mitverwaltungsrechte[152], wie es die Rechtsprechung in der Holzmüller-Entscheidung und bei der Inhaltskontrolle von Mehrheitsentscheidungen getan hat, wird diesem Ansatz nicht gerecht. Sie setzt allein auf die gesellschaftsrechtlichen Aspekte des Aktienrechts, obwohl gerade in Bezug auf die Behandlung des Kleinaktionärs die kapitalmarktrechtlichen Aspekte in den Vordergrund treten. Deshalb legt die Entwicklung des Aktienrechts vom reinen Gesellschaftsrecht hin zum kapitalmarktrechtlich geprägten Aktienrecht nahe, die Rechtsprechung des BGH zur Inhaltskontrolle und die Holzmüller-Doktrin aufzugeben.

6. Die verfassungsrechtliche Dimension des Vermögensschutzes

6.1 Einleitung

Die durch das Grundgesetz festgelegte Werteordnung strahlt auch in das Zivilrecht aus[153]. Daher ist das Gesellschaftsrecht durch die Wertungen, die die Verfassung vorgibt, geprägt. Für das Aktienrecht hat das Verfassungsrecht zudem eine ganz konkrete Bedeutung. Im Zusammenhang mit der Entschädigung von außenstehenden Aktionären, der „übertragenden Auflösung", und dem Börsenkurs

152 *Seibert* AG 2002, 417/418.

153 *Stern*, Staatsrecht, III/1 S. 486 ff.; BVerfG, 1 BvR 636/95 vom 20.9.1999, Absatz-Nr. (26), http://www.bverfg.de (Wenger/Daimler).

hat das BVerfG[154] in den letzten Jahren mehrmals zu der Bedeutung des grundrechtlichen Eigentumsschutzes Stellung nehmen müssen. Dadurch hat es dem Aktienrecht neue Impulse und auch Wertungen vorgegeben, die sich auf das Aktienrecht auswirken. Diese Wertungen können die Wahrnehmung der Aktie als Kapitalanlage beeinflussen. Sie können dem Anlegergedanken Auftrieb verleihen oder auch seiner Entwicklung entgegen stehen. Letztlich beeinflussen diese Wertungen die Entwicklung der BGH-Rechtsprechung dahingehend, dass der BGH bei dem Ausbau des Minderheitsschutzes in der Aktiengesellschaft auf Mitverwaltungsrechte verzichten muss. Deshalb soll im vorliegenden Abschnitt untersucht werden, welche verfassungsrechtlichen Vorgaben das Grundgesetz für die anlegerrechtliche Auslegung des Aktienrechts enthält. Dazu soll zunächst Art. 14 GG analysiert werden, um feststellen zu können, ob und in welcher Form der Schutzbereich des Grundrechts in Bezug auf die Aktie als Eigentumsrecht Anwendung findet. Besonderes Augenmerk soll auf die Frage gelegt werden, ob der grundgesetzliche Schutz der Aktie die Teilhabe an einem Wirtschaftsunternehmen in den Vordergrund stellt oder ob auch das Grundgesetz anlegerrechtliche Aspekte in den Schutz einbezieht. Darüber hinaus soll auch die Anwendung von Art. 14 GG durch das BVerfG und seine Berücksichtigung anlegerrechtlicher Aspekte untersucht werden.

6.2 Art. 14 GG

Das Grundrecht aus Art. 14 GG ist durch seine Rolle als Abwehrrecht für den einzelnen Bürger von großer Bedeutung. Die Gewährung von Privateigentum durch das Grundgesetz ist die Voraussetzung für die Verwirklichung einer sozialen Marktwirtschaft[155]. Nur durch die Entscheidung unserer Verfassung, Privateigentum zu garantieren, ist die wirtschaftliche Betätigung des Einzelnen möglich. Doch der Begriff „Eigentum" ist im Grundgesetz nicht legaldefiniert[156]. Was unter diesem Begriff zu verstehen ist, muss aus dem Verfassungsrecht und aus einfachen Gesetzen herausgearbeitet werden[157]. Das heißt, dass der Umfang des Schutzbereiches auch durch das bürgerliche Recht und der gesellschaftlichen

154 BVerfGE 14, 263 (Feldmühle); BVerfG ZIP 1999, 1804 (Hartmann und Braun AG); BVerfGE 100, 289 (DAT/Atlanta); BVerfG ZIP 2000, 1670 (Moto Meter).

155 *Depenheuer* in Bonner GG § 14 Rn 4 ff.; *Schmidt-Bleibtreu/Klein*, Grundgesetzkommentar, Art. 14 Rn 3a ff.

156 *Büchs*, Hb Eigentumsrecht, S. 116.

157 *Büchs*, Hb Eigentumsrecht, S. 116; BVerfGE 50, 290/337 (Mitbestimmungsurteil).

Entwicklung beeinflusst wird[158]. Das bedeutet allerdings nur, dass sich der verfassungsrechtliche Eigentumsbegriff an diesen Regelungen orientiert, nicht aber, dass sie den Schutzbereich der grundgesetzlichen Eigentumsgarantie festlegen können[159]. Eigentum im Sinne von Art. 14 Abs. 1 GG stellt den verfassungsrechtlichen Anspruch auf eine vermögenswerte Rechtsposition dar[160]. Dabei schützt Art. 14 GG nicht das Vermögen als solches, ist aber nicht auf körperlich greifbare Sachen beschränkt, sondern umfasst auch vermögenswerte Forderungen, die dem Rechtsträger zugeordnet sind[161]. Es ist ein Grundrecht, das sich in erster Linie als Abwehrrecht gegenüber staatlichem Handeln äußert[162]. In Art. 14 GG hat sich der Verfassungsgeber dazu entschieden, auch das Eigentum an Unternehmen in private Hände zu legen[163]. Darunter fällt auch ein Unternehmen[164], das durch eine natürliche Person, durch mehrere Personen gemeinsam oder durch eine juristische Person betrieben wird. Der Schutz des Eigentums beschränkt sich nicht nur auf das Unternehmen als Ganzes, sondern umfasst auch dessen Anteilseigentum, bis hin zur einzelnen Aktie[165]. Die Aktie bedeutet auch im verfassungsrechtlichen Sinne die Summe der Mitgliedschafts- und Vermögensrechte[166]. Verfassungsrechtlich ist der Aktionär jedoch nur mittelbar als Unternehmer zu sehen[167]. Nur zusammen mit anderen Eigentümern besteht das Eigentum an der Gesellschaft[168]. Denn die Gesellschaft ist der unmittelbare Eigentümer des Unternehmens[169]. Das

---

158 *Schmidt-Bleibtreu/Klein*, Grundgesetzkommentar, Art. 14 Rn 3a; *Isensee/Kirchhof*, Staatsrecht, § 149 Rn 74; Rozek S. 34; BVerfGE 50, 290/340 (Mitbestimmungsurteil).

159 *Isensee/Kirchhof*, Staatsrecht, § 149 Rn 75; BVerfGE 50, 290/340 ff. (Mitbestimmungsurteil).

160 *Isensee/Kirchhof*, Staatsrecht, § 149 Rn 3; *Büchs*, Hb Eigentumsrecht, S. 117.

161 *Schmidt-Bleibtreu/Klein*, Grundgesetzkommentar, Art. 14 Rn 3c; *Büchs*, Hb Eigentumsrecht, S. 117.

162 *Isensee/Kirchhof*, Staatsrecht, § 149 Rn 5 ff.; BVerfGE 45, 142/168.

163 *Depenheuer* in Bonner GG § 14 Rn 9; *Schmidt-Bleibtreu/Klein*, Grundgesetzkommentar, Art. 14 Rn 3d; *Henn*, Aktienrecht, Rn 1506.

164 BVerfGE 45,142/173; BVerfGE 50, 290/341 (Mitbestimmungsurteil).

165 *Depenheuer* in Bonner GG § 14 Rn 145; *Schmidt-Bleibtreu/Klein*, Grundgesetzkommentar, Art. 14 Rn 3e; *Isensee/Kirchhof*, Staatsrecht, § 149 Rn 112 ff.); *Halm* NZG 2000, 1162/1165; *Vetter* AG 2002, 176/178; *Wirth/Arnold* AG 2002, 503/504; ständige Rechtsprechung des BVerfG siehe BVerfGE 14, 263/276 (Feldmühle); BVerfG, 1 BvR 636/95 vom 20.9.1999, Absatz-Nr. (16), http://www.bverfg.de (Wenger/Daimler); BVerfGE 50, 290/341 (Mitbesstimmungsurteil).

166 *Depenheuer* in Bonner GG § 14 Rn 145; Isensee/Kirchhof § 149 Rn 113; BVerfGE 50, 290/342 (Mitbestimmungsurteil); *Nirk/Reuter/Bächle*, Aktiengesetz, I Rn 13.

167 *Depenheuer* in Bonner GG § 14 Rn 145; BVerfGE 50, 290/342 (Mitbestimmungsurteil); *Henn*, Aktienrecht, Rn 1510.

168 *Isensee/Kirchhof*, Staatsrecht, § 149 Rn 112.

169 *Isensee/Kirchhof*, Staatsrecht, § 149 Rn 115.

Anteilseigentum verkörpert lediglich ein Miteigentumsrecht an dem Unternehmen[170]. Das spielt gerade im Hinblick auf die Aktiengesellschaft eine Rolle. Durch die Wertung des Grundgesetzes liegt es in der Verantwortung der Eigentümer von Unternehmen, über ihr Engagement in einem Unternehmen und über Chancen und Risiken selber zu entscheiden[171]. Dieses Recht steht auch nicht zur Disposition des einfachen Gesetzgebers[172] und ist daher bei der Anwendung des Aktienrechts zu beachten. Die Eigentumsgarantie umfasst zugunsten des Unternehmers den Schutz vor Organisations- und Mitbestimmungsrechten, die derart aufwendig gestaltet sind, dass sie eine zeitlich und kostenmäßig angemessene Entscheidungsfindung verhindern und die Funktionsfähigkeit des Unternehmens gefährden können[173]. Darin mag der Grund liegen, dass die Rechte von Minderheitsaktionären verfassungsrechtlich regelmäßig auf Kapitalanlageinteressen konzentriert werden[174]. Denn nur zusammen mit allen anderen Miteigentümern kann das gesellschaftsrechtliche Anteilseigentum ausgeübt werden[175]. Die Rechte der anderen bilden eine natürliche Schranke für das Eigentumsrecht des Einzelnen, da das Eigentum auch den Schutz gegenüber Eingriffen anderer umfasst[176]. Die Sozialbindung des Eigentums gebietet zudem eine Berücksichtigung von Minderheitsinteressen. Sozialbindung bedeutet für alle Eigentümer einer Gesellschaft die Rücksichtnahme auf die Interessen anderer[177]. Allerdings besteht keine totale Sozialbindung[178], so dass die Einschränkungen des Eigentumsrechts auch für die Mehrheitsaktionäre ausgewogen bleiben müssen[179]. Das bedeutet wiederum, dass das in der Aktie verkörperte Eigentumsrecht nicht uneingeschränkt gegen die Mehrheit geschützt ist[180]. Die Beschränkungen dürfen nicht weiter gehen, als es

---

170 *Isensee/Kirchhof*, Staatsrecht, § 149 Rn 116; BVerfGE 50, 290/342 (Mitbestimmungsurteil).

171 *Depenheuer* in Bonner GG § 14 Rn 9.

172 *Depenheuer* in Bonner GG § 14 Rn 9; *Rozek*, Eigentumsbindung, S. 30.

173 *Depenheuer* in Bonner GG § 14 Rn 144; BVerfGE 50, 290/352 (Mitbestimmungsurteil).

174 *Depenheuer* in Bonner GG § 14 Rn 146; *Kallmeyer* AG 2000, 59/60; BVerfGE 50, 290/342 (Mitbestimmungsurteil); a.A. *Henn* Rn 1510 ff.

175 *Isensee/Kirchhof*, Staatsrecht, § 149 Rn 116; BVerfGE 50, 290/342 (Mitbestimmungsurteil), *Henn*, Aktienrecht, Rn 1510.

176 *Büchs*, Hb Eigentumsrecht, S. 203; BVerfG, 1 BvR 636/95 vom 20.9.1999, Absatz-Nr. (21), http://www.bverfg.de (Wenger/Daimler).

177 *Rozek*, Eigentumsbindung, S. 32.

178 *Isensee/Kirchhof*, Staatsrecht, § 149 Rn 141.

179 *Isensee/Kirchhof*, Staatsrecht, § 149 Rn 145.

180 BVerfGE 14, 263/278 (Feldmühle).

das Wohl der anderen erfordert[181]. Für die Einschränkung privatrechtlicher Befugnisse ist daher nur Platz, wo sie zum Schutz anderer unbedingt erforderlich ist[182]. Die gemeinsamen Interessen aller Anteilseigentümer an der Erwirtschaftung von Gewinnen durch das in Gesellschaftsform betriebene Unternehmen steht dabei im Vordergrund.

Zusammenfassend lässt sich sagen, dass Art. 14 GG auch das Anteilseigentum an Aktiengesellschaften umfasst. Dieses Recht wird jedoch durch die in einem Verband erforderliche Mitverwaltung beschränkt. Nur zusammen mit den anderen Aktionären kann die Verwaltung des Unternehmens erfolgen. Diese Verwaltung ist nicht allein an einem optimierten Schutz jedes Aktionärs ausgerichtet, sondern erfordert auch eine gewisse Effizienz bei der Verwaltung des Unternehmens. Die Notwendigkeit, effektive Verwaltungsstrukturen für die Aktiengesellschaft zu schaffen, gilt auch für die gesetzlichen Regelungen zum Minderheitsschutz. Das bedeutet, dass Regelungen, die die Entscheidungsfindung innerhalb der Aktiengesellschaft beschränken und damit die Rechte der Mehrheit der Anteilseigner betreffen, nur in engen Grenzen zulässig sind. Nur soweit es für die Interessen der Minderheiten notwendig ist, kann in das Eigentumsrecht der Bürger eingegriffen werden. Deshalb unterliegen auch die Mitverwaltungsrechte von Minderheiten gewissen verfassungsrechtlichen Grenzen, da sie nur im Rahmen des Erforderlichen zulässig sind. Bei der Prüfung des Erforderlichen ist zu bedenken, dass es regelmäßig in erster Linie um Vermögensinteressen geht und damit auch im Verfassungsrecht der Anlegergedanke eine große Rolle spielt.

6.3 Die Rechtsprechung des BVerfG

Die Bedeutung des Vermögensschutzes bei der Behandlung von Minderheitsaktionären ist vom BVerfG erkannt worden. Schon in seiner Feldmühle-Entscheidung hat das BVerfG herausgestellt, dass der Vermögensschutz für Aktionäre eine große Rolle spielt[183]. In diesem Urteil ist das Gericht von der klassischen Definition der Mitgliedschaft ausgegangen. Danach verkörpert die Aktie neben vermögensrechtlichen Ansprüchen auch Herrschaftsbefugnisse[184]. Die Herrschaftsrechte werden von dem Aktionär vor allem durch die Beteiligung an der

181 *Rozek*, Eigentumsbindung, S. 33; BVerfG, 1 BvR 636/95 vom 20.9.1999, Absatz-Nr. (21 ff.), http://www.bverfg.de (Wenger/Daimler); BVerfGE 14, 263/279 (Feldmühle).

182 *Rozek*, Eigentumsbindung, S. 34; BVerfGE 14, 263/279 (Feldmühle).

183 BVerfGE 14, 263 ff. (Feldmühle).

184 BVerfGE 14, 263/276 (Feldmühle); BVerfG, 1 BvR 1613/94 vom 27.4.1999, Absatz-Nr. (43), http://www.bverfg.de (DAT/Altana).

Hauptversammlung wahrgenommen[185]. Doch hat das Gericht deutlich gemacht, dass diese Interessen hinter der freien Entfaltung der unternehmerischen Initiative zurücktreten können[186]. In der DAT/Altana-Entscheidung ist das BVerfG über diesen Ansatz hinausgegangen[187]. Dort hat es ausgeführt, dass gerade bei Kleinaktionären die vermögensrechtlichen Aspekte gegenüber der Mitverwaltung überwiegen[188]. Die Kleinaktionäre können regelmäßig keinen Einfluss auf die Unternehmensleitung nehmen. Sie betrachten Aktien in der Regel als Kapitalanlage[189]. Trotz des geringen Einflusses auf die Unternehmensleitung stellt die Existenz von Kleinaktionären einen bedeutenden Kostenfaktor für die Gesellschaft dar und kann durch die als Individualrecht ausgestaltete Anfechtungsklage die Verzögerung wichtiger Entscheidungen mit sich bringen[190]. Deshalb ist eine Einschränkung dieser Minderheitsrechte, bis zur völligen Verdrängung aus dem Unternehmen, im Interesse der Mehrheit, möglich. Als Mindestschutz bleibt der vollständige finanzielle Ersatz für die Mitgliedschaft des Minderheitsaktionärs bestehen[191]. Die Minderheitsaktionäre müssen ihre Interessen nicht der Mehrheit opfern, sondern lediglich ihr Anteilseigentum gegen einen vollen finanziellen Ausgleich aufgeben. Die Beteiligung wird in diesem Fall auf die Vermögensrechte reduziert. Dieser Ansatz ist in der Moto Meter AG-Entscheidung noch deutlicher formuliert worden[192]. Dort führt das BVerfG aus, dass bei Kleinaktionären die Schutzrechte auf die Vermögenskomponente reduziert werden können, da das Aktieneigentum als Kapitalanlage eine Sphäre individueller Freiheit nur in finanzieller Hinsicht sichern soll[193]. Selbst wenn die Kleinaktionäre aus einer Aktien-

185 BVerfG, 1 BvR 1613/94 vom 27.4.1999, Absatz-Nr. (43), http://www.bverfg.de (DAT/Altana); BVerfG, 1 BvR 636/95 vom 20.9.1999, Absatz-Nr. (22), http://www.bverfg.de (Wenger/Daimler).

186 BVerfGE 14, 263/282 ff. (Feldmühle); BVerfG, 1 BvR 1613/94 vom 27.4.1999, Absatz-Nr. (50), http://www.bverfg.de (DAT/Altana).

187 BVerfG, 1 BvR 1613/94 vom 27.4.1999, Absatz-Nr. (1-80), http://www.bverfg.de (DAT/Altana).

188 BVerfG, 1 BvR 1613/94 vom 27.4.1999, Absatz-Nr. (56), http://www.bverfg.de (DAT/Altana).

189 BVerfG, 1 BvR 1613/94 vom 27.4.1999, Absatz-Nr. (56), http://www.bverfg.de (DAT/Altana); BverfG, 1 BvR 68/95 vom 23.8.2000 Absatz-Nr. (14), http://www.bverfg.de (Moto Meter AG).

190 BverfG, 1 BvR 68/95 vom 23.8.2000 Absatz-Nr. (14), http://www.bverfg.de (Moto Meter AG).

191 BVerfGE 14, 263/283 (Feldmühle); BVerfG, 1 BvR 1613/94 vom 27.4.1999, Absatz-Nr. (48), http://www.bverfg.de (DAT/Altana); *Wirth/Arnold* AG 2002, 503/504.

192 BverfG, 1 BvR 68/95 vom 23.8.2000 Absatz-Nr. (15 ff.), http://www.bverfg.de (Moto Meter AG).

193 BVerfG, 1 BvR 68/95 vom 23.8.2000 Absatz-Nr. (15 ff.), http://www.bverfg.de (Moto Meter AG).

gesellschaft ganz herausgedrängt werden, können sie in eine alternative Kapitalanlage investieren, sofern der vermögensrechtliche Schutz funktioniert hat. Letztlich steht bei ihnen die Auswahlentscheidung im Vordergrund, in welche Anlage sie investieren wollen[194]. Ein Bestandsschutz an den Aktien besteht auf Grund von Art. 14 GG nicht[195]. Die Einschränkung der Mitgliedschaftsrechte kann jedoch nur unter zwei Bedingungen erfolgen: Es muss zu einer vollständigen Entschädigung kommen und es müssen wirksame Rechtsbehelfe bestehen[196]. Deshalb ist es für das BVerfG entscheidend gewesen, dass sich der Wert einer Aktie genau bestimmen lässt. Denn nur in diesem Fall können die Vermögensrechte der Aktie in vollem Umfang ausgeglichen werden. Ausgangspunkt für die Ausführungen des BVerfG zur Wertbestimmung der Aktie ist ihre Verkehrsfähigkeit. Diese führt zum freien Verkauf an der Börse und zu einer Wertbestimmung durch Angebot und Nachfrage[197]. Andere Kriterien zur Wertbestimmung stehen den Aktionären nicht zur Verfügung[198]. Der Kurswert der Aktie kann aber von dem Anteilswert der Beteiligung an dem gesamten Unternehmen abweichen. Auch wenn es zur Abweichung zwischen dem Börsenwert der Aktie und dem wahren Wert der Beteiligung kommt, hat der Börsenwert der Aktie bei der Berechnung des Wertes der Beteiligung eine eigenständige Bedeutung[199]. Er stellt den Wert dar, zu dem ein Anteilseigner seine Beteiligung bei einer freien Desinvestitionsentscheidung veräußern kann. Er ist der für den Aktionär realisierbare Preis. Über diesen Marktpreis kann sich keine Methode zur Berechnung des Wertes einer Unternehmensbeteiligung hinwegsetzen. Eine Abfindung darf von der Höhe nicht hinter diesem Marktpreis zurückbleiben, da der Aktionär sonst in dieser Höhe einen Verlust hinnehmen müsste. Damit hat das BVerfG den Börsenwert als Verkehrswert der Aktie anerkannt und damit auch die eigene Bedeutung der Aktie als Kapitalanlage gegenüber ihrer Funktion als Unternehmensbeteiligung. Doch nicht nur die Bestimmbarkeit des Wertes der Beteiligung ist von großer Bedeutung, sondern auch die Möglichkeit, die Bemessung des Wertes gerichtlich

---

194 BVerfG, 1 BvR 68/95 vom 23.8.2000 Absatz-Nr. (16), http://www.bverfg.de (Moto Meter AG).

195 *Wirth/Arnold* AG 2002, 503/505; *Halm* NZG 2000, 1162/1165.

196 BVerfGE 14, 263/283 ff. (Feldmühle); *Wirth/Arnold* AG 2002, 503/504.

197 BVerfG, 1 BvR 1613/94 vom 27.4.1999, Absatz-Nr. (63), http://www.bverfg.de (DAT/Altana).

198 BVerfG, 1 BvR 1613/94 vom 27.4.1999, Absatz-Nr. (63), http://www.bverfg.de (DAT/Altana).

199 BVerfG, 1 BvR 1613/94 vom 27.4.1999, Absatz-Nr. (54 ff.); http://www.bverfg.de (DAT/Altana); BVerfG, 1 BvR 301/89 vom 8.9.1999, Absatz-Nr. (19), http://www.bverfg.de (Hartmann & Braun AG).; BVerfG, BvR 1677/99 vom 10.12.1999 Absatz (6 ff.), http://www.bverge.de (EURAG Holding AG); *Vetter* AG 2002, 176/188.

überprüfen zu lassen. Denn wenn innerhalb der Aktionärsschaft ein Interessenkonflikt bezüglich der Bewertung der Aktien auftritt, ist es erforderlich, dass der Minderheitsaktionär, um eine finanzielle Benachteiligung zu vermeiden, eine unabhängige gerichtliche Kontrolle herbeiführen kann[200]. Diese Kontrolle soll allerdings nicht zu einer Aufhebung der Entscheidung führen, sondern lediglich die Höhe der vermögensrechtlichen Ansprüche der Minderheitsaktionäre bewerten[201]. Dem BVerfG schwebt ein Verfahren vor, dass dem aktienrechtlichen Spruchverfahren entspricht. Auch damit zeigt sich wieder, dass das BVerfG vermögensrechtliche Aspekte in den Vordergrund stellt und zu deren Gunsten auf Mitverwaltungsrechte der Kleinaktionäre verzichtet. Ein weiterer Hinweis auf die vermögensrechtliche Bedeutung der Aktie ist in der Wenger/Daimler-Entscheidung zu finden[202]. Die Entscheidung befasst sich mit den Informationsrechten der Aktionäre, die gerade für die Wahrnehmung der Vermögensrechte der Aktionäre eine große Rolle spielen[203]. Sie sollen also nicht in erster Linie dazu dienen, die Mitverwaltung der Aktionäre zu ermöglichen, sondern sie sollen die kapitalmarktrechtlichen Möglichkeiten der Aktionäre stärken. Das tun sie, indem sie ihm die Möglichkeit geben, über den Kauf oder den Verkauf einer Aktie zu entscheiden.

Diese Ansätze des BVerfG zeigen, dass auch in verfassungsrechtlicher Hinsicht die Bedeutung der Aktie als Kapitalanlage im Vordergrund steht.

6.4 Zwischenergebnis

Die Untersuchung des Art. 14 GG hat ergeben, dass auch verfassungsrechtlich die anlegerrechtliche Stellung des Kleinaktionärs von Bedeutung ist. Die verfassungsrechtlichen Grundlagen ermöglichen es, die vermögensrechtlichen Aspekte der Mitgliedschaft bei der Auslegung dieser Vorschrift zu betonen. Das Verfassungsrecht sieht den Anteilseigner nicht als Unternehmer, sondern nur als mittelbaren Eigentümer. Es differenziert zwischen der juristischen Person, die das Unternehmen betreibt, und den dahinter stehenden Anteilseignern. Für die Rechte der an dem Unternehmen beteiligten Anteilseigner spielt die Funktionsfähigkeit

200 BVerfG, 1 BvR 68/95 vom 23.8.2000 Absatz-Nr. (21), http://www.bverfg.de (Moto Meter AG).

201 BVerfG, 1 BvR 68/95 vom 23.8.2000 Absatz-Nr. (21 ff.), http://www.bverfg.de (Moto Meter AG); *Henze* FS Peltzer S. 181/182.

202 BVerfG, 1 BvR 636/95 vom 20.9.1999, Absatz-Nr. (17), http://www.bverfg.de (Wenger/Daimler).

203 BVerfG, 1 BvR 636/95 vom 20.9.1999, Absatz-Nr. (17), http://www.bverfg.de (Wenger/Daimler).

der Gesellschaft eine große Rolle. Diese Funktionsfähigkeit setzt den gesetzlichen Regelungen zum Schutz der Aktionäre Grenzen. Nur innerhalb dieser Grenzen können die Rechte des Unternehmens beschränkt werden. Daraus folgert, dass Minderheitsrechte, die die Entscheidungsfreiheit der Mehrheitsaktionäre einschränken, nur soweit zulässig sind, wie sie zum Schutz der Minderheiten erforderlich sind. Dabei ist zu beachten, dass sich diese Interessen nach der Rechtsprechung des BVerfG bei Kleinaktionären auf vermögensrechtliche Aspekte konzentrieren[204]. Damit können eine Verletzung von Mitverwaltungsrechten der Kleinaktionäre und Einschränkungen der Mehrheitsmacht und der Funktionsfähigkeit der Aktiengesellschaft nur in besonders schwerwiegenden Fällen gerechtfertigt werden. Das wird in den Entscheidungen DAT/Altana und Moto Meter AG des BVerfG deutlich. Auch bei der Ausgestaltung des gerichtlichen Schutzes von Kleinanlegern sieht das BVerfG den Schutz von Vermögensinteressen als wichtigstes Ziel. Ein Instrument wie das Spruchverfahren kann dabei auch in anderen Bereichen eine Rolle spielen. Es sichert vermögensrechtliche Ansprüche ab, schränkt aber die aktive Geltendmachung von Mitverwaltungsrechten deutlich ein. Das BVerfG stärkt in diesen Entscheidungen die Mehrheitsmacht in der Aktiengesellschaft im Interesse freier unternehmerischer Initiative[205]. Insoweit sprechen auch verfassungsrechtliche Gesichtspunkte dafür, die Rechtsprechung des BGH, der bei der Holzmüller-Entscheidung und bei der Inhaltskontrolle die Mitverwaltungsrechte der Kleinaktionäre in den Vordergrund gestellt hat, einer erneuten Prüfung zu unterziehen.

7. Neue anlegerrechtliche Ansätze im Aktienrecht

Neue Gesetzgebungsverfahren haben das Aktienrecht gerade in den letzten Jahren stark beeinflusst und neue Wertungen vorgegeben, die auch für die Rechtsprechung nicht ohne Bedeutung sein können. Sie werden sich auf die zukünftige Entwicklung und auf bestehende Rechtsinstitute auswirken. Eine besondere Beachtung hat in diesem Zusammenhang das Gesetz zur Regelung von öffentlichen Angeboten zum Erwerb von Wertpapieren und Unternehmensübernahmen (WpÜG)[206] erfahren[207]. Es handelt sich um ein Artikelgesetz, das Unternehmensübernahmen und das im deutschen Recht bisher unbekannte „Squeeze-out" re-

---

204 *Nirk/Reuter/Bächle*, Aktiengesellschaft, I Rn 13.
205 *Vetter* AG 2002, 176/181.
206 Inkraftgetreten gemäß Art. 12 dieses Gesetzes am 01. Januar 2002.
207 *Merkt* AG 2003, 126/133.

gelt[208]. Ein wichtiger Grund für die Verabschiedung dieses Gesetzes war die Übernahme der Mannesmann AG durch die Vodafone Airtouch Plc. Sie hat politisch hohe Wellen geschlagen und in Deutschland die Diskussion um die Einführung eines Übernahmerechts neu entfacht[209]. Im Mittelpunkt der Diskussion hat vor allem die Frage gestanden, ob die bestehenden aktienrechtlichen und konzernrechtlichen Vorschriften einen ausreichenden Schutz der Minderheitsaktionäre sicherstellen[210]. Diese Frage ist durch den Gesetzgeber verneint worden. Deshalb hat es der Gesetzgeber für erforderlich gehalten, den Schutz der Aktionäre weiter zu stärken und die Übernahme durch ein entsprechendes Gesetz in geregeltere Bahnen zu lenken[211]. In diesem Abschnitt soll nun untersucht werden, welcher Mittel sich der Gesetzgeber zum Schutz der Minderheitsaktionäre bedient hat. Diese Untersuchung wird Aufschluss darüber geben, welches Aktionärsbild dem Gesetzgeber im Hinblick auf Kleinaktionäre vorschwebt. Das Wertpapier- und Übernahmegesetz ist dazu besonders geeignet, weil es sich gerade mit dem Phänomen des Kleinaktionärs befasst. Sowohl das Pflichtangebot bei Unternehmensübernahmen und das in das Aktiengesetz eingefügte Squeeze-out sind Regelungen, die sich auf den Kleinanleger beziehen. Deshalb sollen diese Rechtsinstitute im vorliegenden Abschnitt im Hinblick auf ihre Bedeutung für Kleinaktionäre untersucht werden.

7.1 Squeeze-out

7.1.1 Einleitung

Das Squeeze-out ermöglicht es zum ersten Mal im Aktienrecht, Kleinaktionäre aus einer Gesellschaft auszuschließen[212]. Grund für diese Regelung ist ein Bedürfnis der Wirtschaft[213]. Der Ausbau der Minderheitsrechte in der Rechsprechung und die verstärkte Wahrnehmung von Minderheitsrechten aus gesellschaftsfremden Motiven haben dazu geführt, dass der Minderheitsschutz zu einem beträchtlichen Kostenfaktor für die Unternehmen geworden ist, der die Konkurrenzfähigkeit vieler Aktiengesellschaften auf dem internationalen Markt

208 *Wegen/Fröhlich* in Blättchen/Wegen, Übernahme börsennotierter Unternehmen, S. 118.
209 *Houben* WM 2000, 1783.
210 *Houben* WM 2000, 1783.
211 *Wegen/Fröhlich* in Blättchen/Wegen, Übernahme börsennotierter Unternehmen, S. 119.
212 *Sieger/Hasselbach* ZGR 2002, 120/121; *Wittuhn/Giermann* MDR 2003, 372.
213 *Kallmeyer* AG 2000, 59; *Sieger/Hasselbach* ZGR 2002, 120/121.

beeinträchtigt. Die Mehrheit der Aktionäre wird dadurch letztlich in ihrem Streben nach Gewinnmaximierung betroffen. Deshalb ist durch das Squeeze-out eine Möglichkeit geschaffen worden, Minderheitsaktionäre aus einer Gesellschaft auszuschließen und damit die Anwendung von minderheitsschützenden Regelungen zu vermeiden[214]. Dabei ist der Gesetzgeber davon ausgegangen, dass bei Minderheiten von weniger als 5 % des Grundkapitals ein umfassender und kostspieliger Minderheitsschutz unverhältnismäßig ist[215]. Letztlich geht es um die Frage, wie viel Minderheitsschutz notwendig ist und wie viel unternehmerische Freiheit den Aktiengesellschaften zugestanden werden muss. Deshalb ist diese Regelung im Hinblick auf den Anlegergedanken von so großer Bedeutung. Das Squeeze-out stellt die unternehmerischen Interessen in den Vordergrund und begrenzt auf der anderen Seite die Rechte von Minderheitsaktionären unter Wahrung ihrer vermögensrechtlichen Position[216]. Auch dieses neue Gesetz könnte durch seine Zielvorstellung darauf hindeuten, dass sich aktienrechtliche Regelungen stärker auf den Anlegerschutz konzentrieren müssen. Deshalb soll das Squeeze-out in diesem Abschnitt eingehend analysiert werden.

7.1.2 Die gesetzlichen Regelungen

Durch das Gesetz zur Regelung von öffentlichen Angeboten zum Erwerb von Wertpapieren und Unternehmensübernahmen (WpÜG) ist zum 01.01.2002 eine Regelung in Kraft getreten, die in den §§ 327a bis 327f das Aktiengesetz um Vorschriften zum Ausschluss von Minderheitsaktionären ergänzt hat. Im dritten Buch ist ein neuer vierter Teil eingefügt worden, der sich mit dem sogenannten „Squeeze-out" von Minderheitsaktionären befasst. Nun kann ein Aktionär, der zumindest 95% des Grundkapitals einer Aktiengesellschaft hält, die Minderheitsaktionäre gegen Barabfindung aus der Gesellschaft ausschließen und ihnen so ihre Mitgliedschaft entziehen. Dabei handelt es sich um ein gesellschaftsrechtliches Rechtsinstitut, das im deutschen Aktienrecht ohne Vorbild ist[217]. Gemäß § 327a Abs. 1 kann die Hauptversammlung einer Aktiengesellschaft auf Verlangen eines Aktionärs die Übertragung der Aktien der übrigen Gesellschafter auf den Hauptaktionär beschließen. Voraussetzung dieses Ausschlusses der Minderheitsaktionäre ist lediglich, dass dem Hauptaktionär 95% des Grundkapitals gehören und dass eine angemessene Barabfindung an die ausscheidenden Aktionäre gezahlt wird. Mehrheitsanforderungen für den Hauptversammlungsbeschluss bestehen

214 *Scheel* in Blättchen/Wegen, Übernahme börsennotierter Unternehmen, S. 234
215 *Kallmeyer* AG 2000, 59.
216 *Sieger/Hasselbach* ZGR 2002, 120/127.
217 *Vetter* AG 2002, 176; *Halm* NZG 2000, 1163; *Sieger/Hasselbach* ZGR 2002, 120/121.

nicht[218]. Die Barabfindung wird gemäß § 327b Abs. 1 durch den Hauptaktionär festgelegt. Zur Sicherung des Anspruchs auf Zahlung der Barabfindung ist es notwendig, dass ein deutsches Kreditinstitut die Gewährleistung für die Erfüllung der Verpflichtung des Hauptaktionärs übernimmt, § 327b Abs. 3. Dadurch soll den Minderheitsaktionären neben dem Anspruch gegen den Hauptaktionär ein zusätzlicher Anspruch gegen ein Kreditinstitut eingeräumt werden, was die Durchsetzbarkeit des Barabfindungsanspruchs erleichtert[219]. Der Hauptaktionär hat gemäß § 437c Abs. 2 S. 1 einen schriftlichen Bericht über die Voraussetzungen der Übertragung der Aktien und über die Angemessenheit der Barabfindung vorzulegen. Die Angemessenheit der Barabfindung wird außerdem durch einen oder mehrere sachverständige Prüfer festgestellt, § 327c Abs. 2. Die Besonderheit dieser Regelung besteht darin, dass der oder die Sachprüfer nicht vom Hauptaktionär ausgewählt und bestellt werden, sondern dass diese Aufgabe den Gerichten übertragen worden ist. Damit soll die Neutralität der Prüfer sichergestellt[220] und eine Einflussnahme durch den Hauptaktionär verhindert werden. Der Hauptversammlungsbeschluss ist gemäß § 327e Abs. 1 in das Handelsregister einzutragen. Mit der Eintragung gehen alle Aktien der Minderheitsaktionäre auf den Hauptaktionär über, § 327e Abs. 3. Der Rechtsschutz ist durch eine Kombination der Anfechtungsklage und des Spruchverfahrens geregelt. Grundsätzlich besteht wie bei allen Hauptversammlungsbeschlüssen die Möglichkeit, die Entscheidung anzufechten[221]. Die Unangemessenheit der Abfindung muss jedoch in dem Spruchverfahren geltend gemacht werden[222]. Wie weit der Anwendungsbereich des Spruchverfahrens geht, ist noch nicht abschließend geklärt[223]. Die Folge der Anfechtung ist die Registersperre mit der Möglichkeit eines Freigabeverfahrens gemäß §§ 327e Abs. 2 i.V.m. 319 Abs. 6. Eine Anfechtung ist jedoch gemäß § 327 f Abs. 1 ausgeschlossen, soweit eine Überprüfung der Angemessenheit der Barabfindung angestrebt wird. Eine Inhaltskontrolle dieser Entscheidung findet nicht statt, da die gesetzlichen Vorschriften diese Rechtfertigung in sich tragen[224]. Die Abwägung, ob ein Ausschluss der Minderheitsaktionäre vorgenommen werden kann, ist vom Gesetzgeber getroffen worden und eine Rechtfertigung des Hauptversammlungsbeschlusses ist daher nicht mehr notwendig[225].

---

218 *Vetter* AG 2002, 176/186; *Sieger/Hasselbach* ZGR 2002, 120/142.
219 *Wirth/Arnold* AG 2002, 503/505.
220 *Wirth/Arnold* AG 2002, 503/505.
221 *Vetter* AG 2002, 176/180.
222 *Wilsing/Kruse* DB 2002, 1539/1540.
223 *Wilsing/Kruse* DB 2002, 1539.
224 *Mertens* AG 2002, 377; *Vetter* AG 2002, 176/186; *Sieger/Hasselbach* ZGR 2002, 120/143.
225 *Vetter* AG 2002, 176/186.

7.1.3 *Die Bedeutung des Squeeze-out für das Aktionärsbild des Aktiengesetzes*

Das Squeeze-out stellt einen tiefen Eingriff in die mitgliedschaftliche Stellung von Aktionären dar und beeinflusst in hohem Maße das Aktionärsbild des Aktiengesetzes[226]. Die mitgliedschaftlichen Rechte des Kleinaktionärs werden durch das Squeeze-out nicht nur eingeschränkt, sondern völlig aufgehoben[227]. Ein vermögensrechtlicher Anspruch ersetzt die Mitgliedschaft von Kleinaktionären mit ihren Mitverwaltungsrechten. Solch eine Regelung setzt zwingend die Akzeptanz der anlegerrechtlichen Bedeutung der Aktie und ihre vorrangige Stellung gegenüber den gesellschaftsrechtlichen Elementen voraus[228]. Der Gesetzgeber hat in einer Abwägung durch die Entscheidung für das Squeeze-out das Gesellschaftsinteresse dem Minderheitsschutz vorgezogen und dabei den Minderheitsschutz auf Vermögensrechte reduziert. Die Rechte der Aktionärsmehrheit werden zum Wohle der gesamten Gesellschaft gestärkt[229]. Die Rechte von Minderheitsaktionären müssen daher bei dem Ausbau des Minderheitsschutzes am Interesse der Gesellschaft und an den Mehrheitsinteressen gemessen werden, denn der Minderheitsschutz stellt keinen Selbstzweck dar. Jeder Aktionär hat sich dem Gesellschaftszweck verpflichtet und trägt in dem Rahmen seiner Möglichkeiten dafür die Verantwortung. Diese Verantwortung kann von den Aktionären allerdings nur wahrgenommen werden, wenn das Gesetz es ermöglicht, effiziente Führungsstrukturen zu schaffen, die nicht durch die Blockade von Strukturentscheidungen durch Minderheitsaktionäre gefährdet sind[230]. Im Hinblick darauf stellt das Squeeze-out eine wichtige Neuerung dar. Durch dieses Rechtsinsitut hat der Gesetzgeber anerkannt, dass der formale Aufwand, der durch zahlreiche Minderheitsrechte verursacht wird, durchaus als „Störfaktor“ empfunden werden und die wirtschaftliche Entwicklung einer Gesellschaft behindern kann. Bei geringen Beteiligungen kann das dazu führen, dass der Aufwand, der durch Minderheitsrechte entsteht, nicht mehr angemessen ist[231]. Letztlich hat sich der Gesetzgeber dazu entschlossen, die Interessen der Mehrheitsaktionäre zur Stärkung des Gesamtunternehmens in den Vordergrund zu stellen[232]. So wird den Unternehmen eine

---

226 *Vetter* AG 2002, 176/177; *Merkt* AG 2003, 126/128.

227 *Vetter* AG 2002, 176/177.

228 *Vetter* AG 2002, 176/177; *Sieger/Hasselbach* ZGR 2002, 120/131 ff.; *Wilsing/Kruse* DB 2002, 1539/1543; *Mülbert,* Aktiengesellschaft, S. 353 ff.; *Merkt* AG 2003, 126/133.

229 *Vetter* AG 2002, 176/181; *Altmeppen* ZIP 2001, 1073/1083.

230 *Vetter* AG 2002, 176/181; *Wittuhn/Giermann* MDR 2003, 372/373.

231 *Vetter* AG 2002, 176/182 ff., *Sieger/Hasselbach* ZGR 2002, 120/124; *Altmeppen* ZIP 2001, 1073/1083.

232 *Sieger/Hasselbach* ZGR 2002, 120/130.

größere Flexibilität eingeräumt[233]. Die unternehmerische Bedeutung des Mehrheitsaktionärs wird damit in den Vordergrund gestellt und gleichzeitig sind die Rechte von Kleinaktionären auf Vermögensrechte beschränkt worden. Der Kleinaktionär wird vom Gesetzgeber als Anleger behandelt. Durch diesen Ansatz wird die Verantwortung für ein Unternehmen von dem Maß der Beteiligung abhängig gemacht. Der Gesetzgeber hat die allen Aktiengesellschaften immanente Absicht, Gewinn zu erzielen, in den Vordergrund gestellt und ihr den Minderheitsschutz untergeordnet. Zu diesem Zweck hat er die Rechte der Kleinaktionäre auf ihre wichtigste Funktion und zwar auf die Vermögensfunktion beschränkt.

7.2 Das Pflichtangebot bei Unternehmensübernahmen

7.2.1 Einleitung

Unternehmensübernahmen sind für die betroffene Zielgesellschaft von großer Bedeutung. Die Auswirkungen der Übernahme können von einer Einbindung der Zielgesellschaft in einen Konzern bis zur Zerschlagung des Unternehmens reichen. Die Folgen betreffen nicht nur das Unternehmen, sondern auch deren Anteilseigner, die Aktionäre. Die Minderheitsaktionäre der Zielgesellschaft werden regelmäßig zu außenstehenden Aktionären im neu gebildeten Konzern. Ihr Schutz ist für einen funktionierenden Kapitalmarkt von großer Bedeutung[234]. Deshalb ist im Übernahmegesetz das Schutzinstrument des Pflichtangebots geschaffen worden[235]. Damit sollen die Schutzmechanismen des Aktiengesetzes ergänzt werden, um gerade den Kleinaktionären einen risikofreien Zugang zum Kapitalmarkt zu ermöglichen und eine Benachteiligung zu verhindern[236]. Als Ziele werden dabei die Gleichheit, Transparenz und die Schnelligkeit bei der Übernahme von Unternehmen angestrebt[237]. Sie werden als allgemeine Grundsätze dieses Gesetzes in § 3 WpÜG genannt. Im Folgenden sollen nun die Regelungen zum Pflichtangebot zunächst dargestellt werden, um im Anschluss herausarbeiten zu können, welche Auswirkungen sie auf das aktienrechtliche Aktionärsbild haben.

---

233 *Vetter* AG 2002, 176/184.

234 *Houben* WM 2000, 1783.

235 §§ 29 ff. WpÜG; siehe auch *Houben* WM 2000, 1783; *Liebscher* ZIP 2001, 853/858.

236 *Houben* WM 2000, 1783; *Liebscher* ZIP 2001, 853/858.

237 *Liebscher* ZIP 2001, 853/858.

7.2.2 Die gesetzlichen Regelungen

Das WpÜG ist ein Gesetz, das im Interesse der Minderheitsaktionäre die Übernahme von börsennotierten Unternehmen regelt. Es gilt gemäß § 1 Abs. 3 WpÜG für Aktiengesellschaften und Kommanditgesellschaften auf Aktien. Der Kern dieses Gesetzes liegt in dem zur Verfügung stellen von Verfahrensregeln, die allen Beteiligten zu Gute kommen sollen[238]. Dem Minderheitsaktionär bieten sie eine hohe Transparenz und Normen, die ein ordnungsgemäßes Verfahren sicher stellen, und den beteiligten Unternehmen gewährleisten sie eine zügige Abwicklung. Der Zeitplan, der für die Abwicklung eines Übernahmeverfahrens vom Gesetz vorgesehen ist, kann durchaus als ehrgeizig bezeichnet werden. Zu diesem Zweck gibt das Gesetz ein einheitliches Übernahmeverfahren vor, das entweder gemäß §§ 29 ff. WpÜG als freiwilliges Übernahmeangebot oder gemäß §§ 35 ff. WpÜG als Pflichtangebot durchgeführt werden kann. Gem. § 35 Abs. 1, Abs. 2 WpÜG hat der, der die Kontrolle über eine Zielgesellschaft anders als durch ein öffentliches Übernahmeangebot erlangt, ein Pflichtangebot an alle Aktionäre dieser Gesellschaft zu machen. In Bezug auf die Durchführung dieses öffentlichen Angebotes verweist § 35 Abs. 2 WpÜG auf § 14 WpÜG. Durch die Veröffentlichung des Angebotes ist der Bieter verbindlich und unwiderruflich daran gebunden[239]. Welche Voraussetzungen an den Erwerb der Kontrolle einer Aktiengesellschaft geknüpft sind, ist in § 29 Abs. 2 WpÜG legaldefiniert. Kontrolle ist das Halten von mindestens 30% der Stimmrechte einer Zielgesellschaft. Damit ist derjenige verpflichtet, die übrigen 70% dieser Gesellschaft ebenfalls zu erwerben, der 30% der Stimmrechte einer Gesellschaft erwirbt[240]. Ausgenommen von diesem Pflichtangebot ist der, der die 30% Beteiligung durch ein freiwilliges Übernahmeangebot erworben hat. Für ihn ist ein weiteres öffentliches Angebot nicht erforderlich (§ 35 Abs. 3 WpÜG). Gemäß § 31 Abs. 1 WpÜG muss die Gegenleistung für die Aktien angemessen sein. Sie ist am durchschnittlichen Börsenkurs der Aktien der Zielgesellschaft auszurichten. Die Höhe des Angebots für die Aktien orientiert sich also in erster Linie am Börsenwert der Aktien. Eine Ermittlung des Anteilswertes durch eine Bestimmung des Unternehmenswertes ist im Gesetz hingegen nicht vorgesehen.

---

238 *Liebscher* ZIP 2001, 853/856.
239 *Liebscher* ZIP 2001, 853/862.
240 *Altmeppen* ZIP 2001, 1073/1080.

7.2.3 Die Bedeutung des Pflichtangebotes für das Aktionärsbild des Aktiengesetzes

Zwei Aspekte sind bei der Betrachtung der Pflichtübernahme im neuen Übernahmerecht im Hinblick auf diese Arbeit von Bedeutung. Zum einen legt diese Regelung per se eine anlegerrechtliche Betrachtung nahe. Zum anderen spricht auch die Berechnung der Höhe des Übernahmeangebotes nach dem Börsenkurs dafür, dass sich dieses Gesetz von der gesellschaftsrechtlichen Einordnung des Kleinaktionärs gelöst hat. Im Mittelpunkt des konzernrechtlichen Schutzes des AktG stehen die abhängige Gesellschaft und ihre außenstehenden Aktionäre. Das Gesetz stellt verschiedene Schutzmechanismen zur Verfügung, die es den Aktionären ermöglichen sollen, in der nunmehr abhängigen Gesellschaft zu verbleiben. Der Ansatz des Übernahmerechts ist ein anderer. Den Minderheitsaktionären soll unter Wahrung ihrer vermögensrechtlichen Positionen das Ausscheiden aus der Gesellschaft erleichtert werden. Daraus folgt, dass die Aufgabe der mitgliedschaftlichen Stellung der Aktionäre durch das Gesetz geregelt wird. Die Beteiligung an einer Aktiengesellschaft wird dadurch austauschbar. Ein besonderes Interesse des Kleinaktionärs an „seiner" Aktiengesellschaft wird nicht mehr anerkannt. Der Gesetzgeber hat einen weiteren Schutz des Minderheitsaktionärs bei Unternehmensübernahme für notwendig erachtet. Die Ausgestaltung dieses Schutzes setzt allein auf die vermögensrechtlichen Interessen. Eine stärkere Wahrung der Herrschaftsrechte ist nicht geschaffen worden. Damit hat der Gesetzgeber gezeigt, dass für ihn der anlegerrechtliche Aspekt bei der Aktie dominiert, zumindest bei Beteiligungen, die sich einer Stimmmehrheit gegenüber sehen.

Die angemessene Gegenleistung für die Veräußerung der Aktien in Folge eines Übernahmeangebotes richtet sich dabei nach dem Börsenwert. Der Wert wird also durch den Marktpreis der Aktien festgelegt. Der Wert des Unternehmens hat dagegen keinen unmittelbaren Einfluss auf die Höhe der Gegenleistung. Das bedeutet, dass auch hier anlagerechtliche Aspekte eine Rolle spielen. Der Gesetzgeber hat zur Wertbestimmung der Aktien den Wert akzeptiert, der an der Börse für die Aktie als Anlage bestimmt wird.

7.3 Zwischenergebnis

Die Einführung von Pflichtangeboten bei Unternehmensübernahmen und des sogenannten Squeeze-out haben zu einer Stärkung des anlegerrechtlichen Ansatzes bei dem Bild des Kleinaktionärs geführt. Gerade die Einführung eines Verfahrens zum Ausschluss von Minderheitsaktionären macht dies deutlich. Der aktienrechtliche Minderheitsschutz hat ein Ausmaß angenommen, das die Funktionsfähigkeit der Aktiengesellschaft bedroht. Wichtige Entscheidungen können durch kleinste Minderheiten aufgehalten werden[241]. Besonders die Mitverwaltungsrechte einzelner Aktionäre spielen dabei eine Rolle. An dieser Entwicklung ist die Rechtsprechung nicht unbeteiligt. Gerade die Holzmüller-Doktrin und die Inhaltskontrolle von Mehrheitsentscheidungen spielen in diesem Zusammenhang eine große Rolle. Die Beeinträchtigungen für die Mehrheitsaktionäre haben so stark zugenommen, dass es notwendig geworden ist, ein Instrument zu schaffen, das es ermöglicht, diese Schutzmechanismen zu umgehen. Dadurch ist es zu der paradoxen Situation gekommen, dass eine Stärkung der Minderheitsrechte so weit getrieben worden ist, dass nun ein völliger Verlust der Mitgliedschaft notwendig ist, um Nachteile für das gesamte Unternehmen zu vermeiden. Statt die Minderheitsrechte auf ein vertretbares Maß zurückzuführen und gerade die Mitverwaltungsrechte zugunsten einer stärker anlagerechtlich orientierten Betrachtungsweise einzuschränken, ist ein in sich widersprüchlicher Weg beschritten worden. Das Schutzniveau, das die Holzmüller-Entscheidung und die Inhaltskontrolle von Mehrheitsentscheidungen geschaffen haben, ist mit dem Risiko der Anfechtung von Strukturentscheidungen beibehalten worden[242]. Um jedoch den praktischen Bedürfnissen einer schlanken Verwaltung gerecht zu werden, die sich häufig mit Minderheitsrechten auseinander setzen muss[243], ist die Möglichkeit geschaffen worden, die Mitgliedschaft der Aktionäre vollständig zu beenden. Der Gesetzgeber scheint der Auffassung zu sein, dass eine Beendigung der Mitgliedschaft Vorrang vor einem Abbau der Schutzrechte hat. Trotz dieser Widersprüchlichkeit wird deutlich, dass die anlegerrechtliche Komponente der Mitgliedschaft im Vordergrund steht. Eine Einschränkung der Mitverwaltungsrechte kann dann erfolgen, wenn die vermögensrechtlichen Interessen der Kleinaktionäre sicher gestellt sind[244]. Damit hat der Gesetzgeber Signale gesetzt, die mit der Holzmüller-Entscheidung und mit der Inhaltskontrolle von Mehrheitsentscheidungen nicht in Einklang gebracht werden können. Das Vorgehen der Rechtsprechung zeigt eine völlig andere Konzeption der Mitgliedschaft. Wie oben dargelegt worden ist, basieren diese Rechtsinstitute auf einem gesellschaftsrechtlich orientierten Bild des Kleinanlegers. Beide Ansätze haben versucht, die Mitverwaltungsrechte der Aktionäre zu stärken, um ihren Einfluss auf die Geschicke der Gesellschaft zu erhöhen. Der Gesetzgeber geht genau den entgegengesetzten Weg: die völlige Aufgabe der Mitgliedschaft und damit der Mitverwaltung zugunsten eines umfassenden vermögensrechtlichen Schutzes. Die anlegerrechtlichen Aspekte des neuen Über-

---

241 *Vetter* AG 2002, 176/178; *Hommelhoff* ZGR 1990, 467; *Mertens* AG 1990, 49/50; *Joussen* AG 2000, 241/251.

242 *Vetter* AG 2002, 176/178.

243 *Vetter* AG 2002, 176/178.

244 *Schwark* FS Lutter S. 1529 ff.

nahmerechts verstärken den Eindruck, dass der Gesetzgeber die Kleinaktionäre von Aktiengesellschaften in erster Linie als Anleger betrachtet. Die Orientierung einer angemessenen Gegenleistung für die Aktien am Börsenkurs und die Tatsache, dass das Übernahmegesetz lediglich vermögensrechtliche Aspekte zum Schutz der Minderheitsaktionäre enthält, sind dafür ein deutlicher Hinweis. Der Gesetzgeber geht von einer Weiterentwicklung des Aktienrechts aus, wenn er die klassischen Instrumente zum Schutz von Minderheitsaktionären um anlegerrechtliche Mechanismen ergänzt. Dadurch hat der Gesetzgeber zum Ausdruck gebracht, welche Wertungen die Entwicklung des Aktienrechts in der Zukunft bestimmen sollen. Instrumente, die stärkere Mitverwaltungsrechte im Interesse der Minderheitsaktionäre schaffen, entsprechen diesen Vorgaben nicht.

8. Der Anlegerschutz und die Europäische Aktiengesellschaft

8.1 Die Europäische Aktiengesellschaft und der Minderheitsschutz

Die vorliegende Untersuchung über die Rechte von Kleinaktionären in Aktienkonzernen wäre nicht vollständig, wenn sie nicht auch auf die Europäische Aktiengesellschaft einginge, die als neu geschaffene Gesellschaftsform das nationale Aktienrecht in großem Maße beeinflussen kann. Sie wird in Konkurrenz zu der deutschen Aktiengesellschaft treten und dazu führen, dass viele Regelungen, die seit Jahrzehnten kritiklos akzeptiert werden, neu hinterfragt werden müssen. Wie schon die Schaffung des Squeeze-out oder das Pflichtangebot bei Unternehmensübernahmen bringt sie zum Ausdruck, dass im Aktienrecht Änderungen vom Gesetzgeber gewollt sind. Diese Änderungen sind gerade im Minderheitsrecht notwendig, das durch Richterrecht zu seiner heutigen Komplexität weiterentwickelt worden ist. Die Entwicklung in Deutschland hat, wie bereits dargelegt, diese Rechtsprechung in Frage gestellt. Nun soll untersucht werden, wie die Regelungen der Societas Europaea mit dieser Frage umgehen.

8.2 Einleitung

Die Fortentwicklung des Gesellschaftsrechts wird in Zeiten der Globalisierung nicht allein durch nationales Recht vorangetrieben. Auch die Entwicklung in anderen Rechtsordnungen oder von supranationalem Recht trägt dazu bei. Eine besondere Bedeutung kommt dabei der Verabschiedung der Verordnung zur Europäischen Aktiengesellschaft zu. Sie hat eine neue Gesellschaftsform geschaffen, die für europaweit tätige Unternehmen eine große Bedeutung erlangen könnte.

Sie weist eine große Nähe zur Aktiengesellschaft auf und ist dennoch eine eigenständige Gesellschaftsform. Die Existenz der Societas Europaea (SE) wird nicht ohne Einfluss auf das Aktienrecht sein, da sie sich aktienrechtlicher Instrumente bedient. Die Entwicklung dieser Europäischen Aktiengesellschaft hat 30 Jahre gedauert[245]. Der erste Vorschlag zu einer Europäischen Aktiengesellschaft ist 1970 gemacht worden[246]. Sie ist von *Kolvenbach* schon Anfang der neunziger Jahre des vorigen Jahrhunderts eine Utopie genannt worden[247] Den Durchbruch hat schließlich der Gipfel von Nizza gebracht[248]. Dort ist ein Kompromiss gefunden worden, der es ermöglicht hat, die notwendige Verordnung zu verabschieden. Am 08.10.2001 ist die Verordnung (EG) Nr. 2157/2001 vom Europäischen Rat angenommen und am 10.11.2001 im Amtsblatt veröffentlicht worden (Abl. L 294). Gem. Art. 70 dieser Verordnung tritt sie am 8.10.2004 in Kraft. Den Mitgliedsstaaten ist eine Vorbereitungsfrist von drei Jahren eingeräumt worden. In Deutschland liegt inzwischen ein Diskussionsentwurf des Bundesjustizministeriums vor[249]. Die Einführung der Europäischen Aktiengesellschaft ist von der Wirtschaft mit Vehemenz gefordert worden, da trotz des einheitlichen Binnenmarktes und der Währungsunion außer der Europäischen Wirtschaftlichen Vereinigung (EWIV) keine Gesellschaftsform existiert, die es grenzüberschreitenden Unternehmen ermöglicht, sich zu organisieren[250]. Für die wirtschaftliche Entwicklung europäischer Unternehmen ist die Schaffung einer europäischen Gesellschaft notwendig gewesen. Der Grund für die jahrzehntelangen Widerstände hat weniger im Gesellschaftsrecht, sondern viel mehr an der Mitbestimmung der Ar-

---

245 *Blanquet* ZGR 2002, 20; *Schwarz* ZIP 2001, 1847; *Klapdor* EuZW 2001, 677; *Schulz/Geismar* DStR 2001, 1078; *Steding* BuW 1999, 545/547; *ders.* NZG 2000, 913/916; *Wenz*, AG 2003, 185; *Pluskat* DStR 2001, 1483 ff.; *Ihrig/Wagner*, BB 2003, 969; 1483; *Wiesner* ZIP 2000, 1792/1798; *Kersting* DB 2001, 2079; *Herfs-Röttgen* NZA 2001, 424; *Jahn/Herfs-Röttgen* DB 2001, 631; *Neye/Teichmann* AG 2003, 169; erste Ansätze zu einer europäischen Gesellschaft haben schon 1952 bestanden *Heinze* ZGR 2002, 66; *Wiesner* ZIP 2001, 397; *Herzig/Griemla* StuW 2002, 55; *Ebke* EWS 2002, Die erste Seite.

246 *Hirt* NZG 2002, 1; *Schulz/Geismar* DStR 2001, 1078; *Pluskat* DStR 2001, 1483; *Steding* NZG 2000, 913; *Herfs-Röttgen* NZA 2001, 424; *Ihrig/Wagner*, BB 2003, 969.

247 *Kolvenbach* FS Heinsius S. 279 ff.

248 *Blanquet* ZGR 2002, 20; *Hirte* NZG 2002, 1; *Pluskat* DStR 2001, 1483 ; *Dejmek* NZG 2001, 878/882; *Herfs-Röttgen* NZA 2001, 424; *Förster/Lange* DB 2002, 288; *Lutter* BB 2002, 1; *Hommelhoff* AG 2001, 279; *Kleinsorge/Neye* Bundesarbeitsblatt 2001, 5; *Wenz*, AG 2003, 185.

249 http://www.bmj.bund.de/ger/service/gesetzgebungsvorhaben/10000671/.

250 *Schwarz* ZIP 2001, 1847/1859.

beitnehmer gelegen[251]. Gerade Deutschland hat durch sein Festhalten an dem Mitbestimmungsgesetz von 1976 jede Kompromissbereitschaft vermissen lassen und eine Einigung über Jahrzehnte blockiert[252]. Die Lösung, die in Nizza gefunden worden ist, lässt die Mitbestimmung der Nationalstaaten weitgehend unberührt[253]. Ob damit der gordische Knoten gelöst oder nur geschickt verborgen worden ist, wird die Zukunft zeigen. Das Ergebnis besteht in einer Verordnung zur Europäischen Aktiengesellschaft (SE-VO) und einer Richtlinie zur Mitbestimmung in dieser Gesellschaftsform. Weitere Rechtsquellen werden jedoch für das Recht der Societas Europaea eine Rolle spielen. Die Verordnung und die Richtlinie zur Societas Europaea werden Umsetzungen in das nationale Recht nach sich ziehen. Dazu werden die 15 Mitgliedsstaaten 15 eigene Gesetze erlassen, die durch nationale Traditionen geprägt sein werden[254]. Darüber hinaus ist das Recht der Europäischen Aktiengesellschaft durch Verweisungen auf das nationale Aktienrecht des Staates geprägt, in dem die Societas Europaea ihren Sitz hat (Art. 9 SE-VO)[255]. Das bedeutet, dass sich die Societas Europaea nicht als einheitliche Gesellschaftsform darstellt, sondern je nach Sitz der Gesellschaft durch unterschiedliches nationales Recht ausgestaltet sein wird[256]. Die Hoffnung auf eine einheitliche Gesellschaftsform ist damit nicht in Erfüllung gegangen[257], wenn auch für die Verwaltung eines europäischen Unternehmens vieles einfacher werden kann[258]. Letztlich ist es nur gelungen, den kleinsten gemeinsamen Nenner

251 *Wiesner* ZIP 2001, 397; *Hirte* NZG 2002, 1; *Wenz*, AG 2003, 185; *Klapdor* EuZW 2001, 677; *Schwarz* ZIP 2001, 1847; *Schulz/Geismar* DStR 2001, 1078/1082; *Steding* BuW 1999, 545/548; *ders.* NZG 2000, 913/918; *Hasselbach* NZG 1999, 291; *Dejmek* NZG 2001, 878/882; *Herfs-Röttgen* NZA 2001, 424/425; *Riester* ArbuR 1999, 1/4; *Sünner* AG 2000, 492/497; *Kolvenbach* FS Heinsius S. 379/390; *Kleinsorge/Neye* Bundesarbeitsblatt 2001, 5.

252 *Wiesner* ZIP 2001, 397; *Blanquet* ZGR 2002, 20/27; *Schulz/Geismar* DStR 2001, 1078/1082; *Herzig/Griemla* StuW 2002, 55.

253 *Ihrig/Wagner*, BB 2003, 969

254 *Hirte* NZG 2002, 1/2; *Schwarz* ZIP 2001, 1847/1849.

255 *Hirte* NZG 2002, 1/2; *Kersting* DB 2001, 2079; *Herzig/Griemla* StuW 2002, 55/56; *Jaecks/Schönborn* RIW 2003, 254; *Ihrig/Wagner*, BB 2003, 969.

256 *Hirte* NZG 2002, 1/2; *Wiesner* ZIP 2001, 397; *Förster/Lange* DB 2002, 288; *Hommelhoff* AG 2001, 279/285; *Herzig/Griemla* StuW 2002, 55/56; Kallmeyer AG 2003, 198; *Ebke* EWS 2002, Die erste Seite; schon *Kolvenbach* FS Heinsius S. 279/387 hat eine Verwässerung des Entwurfs von 1989 beklagt.

257 *Schulz/Geismar* DStR 2001, 1078/1079; *Kleinsorge/Neye* Bundesarbeitsblatt 2001, 5; *Herzig/Griemla* StuW 2002, 55/56.

258 *Hirte* NZG 2002, 1/2.

zu finden und umzusetzen[259]. Die Verordnung ist von ursprünglich etwa 400 auf 70 Artikel geschrumpft[260]. Ein großer Wurf ist mangels Akzeptanz und Toleranz für andere Rechtstraditionen nicht gelungen. An dieser Stelle soll jedoch keine Kritik an der Europäischen Aktiengesellschaft formuliert, sondern untersucht werden, ob sie neue Impulse für das deutsche Aktienrecht enthält und welche Ausprägung der Anlegergedanke in dem neuen Regelwerk gefunden hat. Die vorliegende Arbeit hat sich mit der Holzmüller-Doktrin und mit der Inhaltskontrolle von Mehrheitsentscheidungen befasst. Beide Rechtsinstitute haben vor allem Aktionären mit nur geringem Aktienbesitz mehr Einfluss auf die Mitverwaltung der Aktiengesellschaft eingeräumt. Dabei haben sie Eingriffe in die Gewaltenteilung der Aktiengesellschaft vorgenommen und die Befugnisse der Mehrheiten in der Hauptversammlung eingeschränkt. Dazu soll die Gewaltenteilung dieser neuen Gesellschaftsform herausgearbeitet und ein besonderes Augenmerk auf die Kompetenzen der Hauptversammlung und die Rechte der Kleinaktionäre gelegt werden. Um zu einem besseren Verständnis für die Societas Europaea zu gelangen, wird zunächst die Bedeutung dieser Gesellschaftsform aufgezeigt und weshalb sie im Interesse von europaweit tätigen Unternehmen notwendig ist.

8.3 Die Bedeutung der Societas Europaea und ihre Notwendigkeit für europaweit tätige Unternehmen

Die Globalisierung der Wirtschaft hat vor der Europäischen Union nicht haltgemacht. Beflügelt durch den Binnenmarkt und durch die europäische Währungsunion wächst die europäische Wirtschaft zusammen[261]. Die Fusionen der Hoechst AG mit Rhone-Poulenc oder der Vodafone Plc. mit der Mannesmann AG sind dafür Beispiele. Das Gesellschaftsrecht hat mit dieser Entwicklung nicht Schritt gehalten[262]. Zwar existieren zahlreiche Richtlinien, die eine Harmonisierung anstreben. Die Unterschiede in den Rechtsordnungen bleiben jedoch weiterhin bestehen[263]. Letztlich bedeutet das, dass sich die Unternehmen mit 15 verschiede-

---

259 *Steding* NZG 2000, 913/916; *Pluskat* DStR 2000, 1483; *Wiesner* ZIP 2001, 397; *Herfs-Röttgen* NZA 2001, 424/425; *Lutter* BB 2002, 1/3; Ebke EWS 2002, Die Erste Seite; *Bungert/Beier* EWS 2002, 1/2.

260 *Pluskat* DStR 2000, 1483; *Lutter* BB 2002, 1; *Ebke* EWS 2002, Die erste Seite.

261 *Blanquet* ZGR 2002, 20/28; *Steding* BuW 1999, 545.

262 *Schwarz* ZIP 2001, 1847/1859; *Dejmek* NZG 2001, 878.

263 *Schwarz* ZIP 2001, 1847/1859; *Steding* BuW 1999, 545 ff.; *ders.* NZG 2000, 913/917; *Dejmek* NZG 2001, 878; *Lutter* BB 2002, 1/3; *Hommelhoff* AG 2001, 279/285.

nen Rechtsordnungen auseinandersetzen müssen[264]. Damit ist eine komplizierte Rechtslage gegeben, die das Wachstum von Unternehmen hemmen kann[265]. Deshalb bestehen für europaweit tätige Unternehmen zahlreiche Schwierigkeiten[266]. Diese sind psychologischer, rechtlicher und auch betriebswirtschaftlicher Art. Ein Unternehmen hat sich immer für eine Rechtsordnung eines Mitgliedstaates entscheiden müssen[267]. Das führt in der Regel in den anderen Staaten zu dem psychologischen Nachteil, dass dieses Unternehmen dort als „ausländisches" behandelt wird[268]. Erhebliche Mobilitätshindernisse sind die Folge[269]. Die Societas Europaea stellt nun neben der Europäischen Wirtschaftlichen Vereinigung (EWIV) die erste Gesellschaftsform dar, die als supranationale Gesellschaftsform von Unternehmen genutzt werden kann, die europaweit tätig sind[270]. Damit wächst das Unternehmen über den Nationalstaat hinaus und kann sich am europäischen Binnenmarkt als wirtschaftlich relevantem Markt orientieren[271]. Das bedeutet, dass sich ein Unternehmen eine einheitliche Unternehmensverfassung mit weitgehend einheitlichen Regeln und einer einheitlichen Geschäftsführung geben und dennoch auf den verschiedenen nationalen Märkten präsent sein kann[272]. Das Management von Unternehmen muss sich nicht mehr an nationalen Grenzen orientieren, sondern kann den europäischen Binnenmarkt als Maßstab nehmen[273]. Die Organisation von Unternehmen kann nun allein auf das Kriterium der Effizienz abgestellt werden und man braucht keine Rücksicht mehr auf nationale Grenzen zu nehmen[274]. Bisher sind die Unternehmen gezwungen gewesen, für Aktivitäten in verschiedenen Mitgliedsstaaten unterschiedliche Gesellschaften zu gründen[275]. Tochtergesellschaften in den einzelnen Mitgliedsstaaten haben zu einer komplizierten und oft nur schwer zu kontrollierenden Struktur geführt, die europäischen Unternehmen häufig Wettbewerbsnachteile gebracht haben[276]. Die Rechnungsle-

---

264 *Blanquet* ZGR 2002, 20/34.

265 *Dejmek* NZG 2001, 878; *Everling* FS Lutter S. 30/32.

266 *Herfs-Röttgen* NZA 2001, 424.

267 *Schwarz* ZIP 2001, 1847/1859; *Steding* BuW 1999, 545/547; *Jahn/Herfs-Röttgen* DB 2001, 631.

268 *Hirte* NZG 2002, 1/3; *Blanquet* ZGR 2002, 20/36 ; *Herzig/Griemla* StuW 2002, 55/56.

269 *Schwarz* ZIP 2001, 1847/1859.

270 *Schwarz* ZIP 2001, 1847/1859; *Schulz/Geismar* DStR 2001, 1078; so schon im Vorfeld der Einigung von Nizza *Steding* BuW 1999, 545/547.

271 *Schwarz* ZIP 2001, 1847/1859; *Wenz*, AG 2003, 185/186 ff.

272 *Schwarz* ZIP 2001, 1847/1859; *Schulz/Geismar* DStR 2001, 1078; *Kallmeyer* AG 2003, 200.

273 *Blanquet* ZGR 2002, 20/28; *Wenz*, AG 2003, 185/187.

274 *Steding* NZG 2000, 913/914.

275 *Jahn/Herfs-Röttgen* DB 2001, 631; *Kleinsorge/Neye* Bundesarbeitsblatt 2001, 5/6.

276 *Schwarz* ZIP 2001, 1847/1859; *Blanquet* ZGR 2002, 20/29.

gung innerhalb der Unternehmen ist durch unterschiedliche Vorschriften in den einzelnen Ländern behindert worden[277]. Die Gründung von Tochtergesellschaften, die zum Entstehen eines Konzerns führen, verursachen in der Regel hohe Rechtsberatungskosten und eine aufwendige Verwaltung[278]. Von diesen Schwierigkeiten soll die Societas Europaea die Unternehmen befreien und ihnen große Einsparpotentiale ermöglichen[279]. Bis zu 30 Mrd. US-Dollar werden dabei als Größe genannt[280]. Ein weiteres Hindernis für die Entwicklung der europäischen Wirtschaft ist durch die Einführung der Societas Europaea beseitigt worden. Bis dahin hat keine Möglichkeit bestanden, grenzüberschreitende Verschmelzungen durchzuführen[281]. Erst durch die Europäische Aktiengesellschaft können nun gem. Art. 17 ff. SE-VO zwei Aktiengesellschaften verschiedener Nationalität zu einer Societas Europaea verschmolzen werden. Aus zwei Gesellschaften verschiedener nationaler Rechtsordnungen kann nunmehr eine europäische Gesellschaft entstehen. Die Societas Europaea bietet den Unternehmen noch weitere Vorteile. Sie ermöglicht es, innerhalb Europas den Sitz der Gesellschaft in ein anderes Land zu verlegen, ohne die Gesellschaft auflösen und eine neue gründen zu müssen[282]. Die Rechtspersönlichkeit der Europäischen Aktiengesellschaft kann beibehalten werden (Art. 8 ff. SE-VO).

Mit der Schaffung der Societas Europaea ist die EU einem Verlangen der Wirtschaft nachgekommen[283]. Zahlreiche Großkonzerne haben sich für die Gründung der Europäischen Aktiengesellschaft ausgesprochen[284]. Die Chancen, die ihnen mit dieser Gesellschaftsform eröffnet werden, sind daher nicht zu unterschätzen. Auch wenn die Gesellschaft nicht allein durch europäisches Recht bestimmt und in jedem Mitgliedsstaat durch die nationale Rechtsordnung anders ausgestaltet sein wird, entfaltet sie doch Integrationswirkung für das Gesellschaftsrecht. Sie ermöglicht den Unternehmen, eine Gesellschaftsform zu wählen, die, wenn auch durch das nationale Recht beeinflusst, einheitliche Grundlagen hat. So können sich europaweit tätige Unternehmen von dem nationalen Markt lösen und sich am europäischen Binnenmarkt orientieren. Auch wenn die Vor-

277 *Blanquet* ZGR 2002, 20/29; *Schulz/Geismar* DStR 2001, 1078.

278 *Schwarz* ZIP 2001, 1847/1860; *Jahn/Herfs-Röttgen* DB 2001, 631.

279 *Blanquet* ZGR 2002, 20/29; *Schulz/Geismar* DStR 2001, 1078.

280 *Schulz/Geismar* DStR 2001, 1078; *Jahn/Herfs-Röttgen* DB 2001, 631; *Riester* ArbuR 1999, 1/4 sprechen von 30 Mrd €; ähnlich *Ebke* EWS 2002, Die erste Seite.

281 *Schulz/Geismar* DStR 2001, 1078; *Wiesner* ZIP 2000, 1792; *Herzig/Griemla* StuW 2002, 55/56.

282 *Schulz/Geismar* DStR 2001, 1078; *Wiesner* ZIP 2000, 1792; *Kleinsorge/Neye* Bundesarbeitsblatt 2001, 5/6; *Herzig/Griemla* StuW 2002, 55/56.

283 *Blanquet* ZGR 2002, 20/28; *Schwarz* ZIP 2001, 1847/1859; *Wiesner* ZIP 2000, 1792/1798; *Riester* ArbuR 1999, 1/4; *Kleinsorge/Neye* Bundesarbeitsblatt 2001, 5/6.

284 *Blanquet* ZGR 2002, 20/28

schriften eine hohe Komplexität aufweisen[285], stellt die Europäische Aktiengesellschaft dennoch einen Durchbruch für ein europäisches Gesellschaftsrecht dar. Die Societas Eurpaea wird das nationale Aktienrecht nicht unbeeinflusst lassen. Die Europäische Aktiengesellschaft wird auch durch die nationalen Aktienrechtsordnungen ergänzt und zumindest in Teilbereichen mit ihnen in Konkurrenz treten. Dadurch wird ein Wettbewerb unter den verschiedenen Rechtsordnungen eintreten[286]. Neue Ansätze, die sich gegenüber derzeit bestehenden Strukturen überlegen erweisen, werden nicht ohne Einfluss auf nationale Lösungen bleiben[287]. Dies gilt auch für das deutsche Aktienrecht. Der Wettbewerbsdruck wird nicht nur auf der vertikalen Ebene zwischen dem europäischen und dem deutschen Aktienrecht eintreten, sondern auf lange Sicht auch horizontal zwischen den einzelnen nationalen Aktienrechtsordnungen. Die Societas Europaea erhöht die Transparenz des Gesellschaftsrechts und ermöglicht es europaweit tätigen Unternehmen, zwischen den verschiedenen nationalen Gesellschaftsformen zu wählen.

Die Societas Europaea stellt also eine bedeutende Chance für die europäische Wirtschaft dar, auch wenn sie auf Grund der erforderlichen Kompromisse zwischen den verschiedenen Mitgliedsstaaten ein hohes Maß an Bürokratie erfordert. Genauso stellt sie auch eine Chance für das Gesellschaftsrecht der verschiedenen Mitgliedsstaaten dar, da sie neue Impulse für fest gefügte Rechtsordnungen mit sich bringen kann.

8.4 Die Kompetenzen der Verwaltung in der Europäischen Aktiengesellschaft

8.4.1 Einleitung

Das Recht der Europäischen Aktiengesellschaft arbeitet mit zahlreichen Verweisungen auf das nationale Aktienrecht (Art. 9 SE-VO), das subsidiär Anwendung findet[288]. Deshalb kann es auch nicht verwundern, wenn das Recht einer in Deutschland gegründeten Societas Europaea stark von dem deutschen Aktienrecht geprägt ist[289]. Der Einwand, dass sich das Recht der Europäischen Aktiengesellschaft schlecht als Impulsgeber für die deutsche Aktiengesellschaft eignet,

285 *Dejmek* NZG 2001, 878/882; *Hommelhoff* AG 2001, 279/285.
286 *Wiesner* ZIP 2000, 1792; *Steding* NZG 2000, 913/917; *Lutter* BB 2002, 1/3; *Merkt* ZHR 165 (2001), 224/226.
287 So auch *Maul* BB 2003, Die Erste Seite.
288 *Schulz/Geismar* DStR 2001, 1078; *Kleinsorge/Neye* Bundesarbeitsblatt 2001, 5/6; *Jaecks/Schönborn* RIW 2003, 254.
289 So auch *Teichmann* ZGR 2003, 367 ff.

da die Societas Europaea dieser in weiten Teilen nachgebildet ist, ist nicht zwingend, da die SE-VO genug eigenständige Ansätze enthält, die für das deutsche Aktienrecht Signalwirkung haben können. Dies gilt auch für die in der Europäischen Aktiengesellschaft angelegte Gewaltenteilung. Diese unterscheidet sich fundamental von dem deutschen Recht, weil neben dem dualistischen Verwaltungssystem mit Aufsichtsrat und Vorstand auch die Möglichkeit besteht, ein monistisches Verwaltungssystem mit einem Verwaltungsrat zu schaffen (Board-System)[290]. Allein durch diese Option wird sich das sorgfältig ausgearbeitete deutsche System mit seinen drei Organen neuen Herausforderungen stellen müssen[291]. Die Verteilung der Zuständigkeiten in der Societas Europaea und die Allokation von Entscheidungskompetenzen und der Unternehmenskontrolle werden sich daher zwangsläufig von dem deutschen System unterscheiden. Die Impulse, die von der Europäischen Aktiengesellschaft auf die Rechtsprechung des BGH zur deutschen Aktiengesellschaft ausgehen, können nur herausgearbeitet werden, wenn zunächst die Kompetenzverteilung der verschiedenen Organe in der Societas Europaea bestimmt wird. Nur auf dieser Grundlage kann ermittelt werden, welche neuen Ansätze Einfluss auf die Rechtsprechung des BGH nehmen können.

8.4.2 Gemeinsame Regelungen

Die Besonderheiten der Europäischen Aktiengesellschaft zeigen sich in erster Linie durch die Variabilität in der Auswahl des Verwaltungssystems. Die Gesellschaft kann in ihrer Satzung festlegen, ob sie sich für das monistische oder das dualistische System entscheidet (Art. 38 lit. b SE-VO). Durch diese Entscheidung wird festgelegt, welche Organe die Societas Europaea leiten und kontrollieren. Beide Systeme weisen fundamentale Unterschiede aber auch Gemeinsamkeiten auf. Diese Gemeinsamkeiten hat der Verordnungsgeber zusammengefasst und in den Art. 46 ff. SE-VO gesondert geregelt.

Gem. Art. 46 Abs. 1 SE-VO werden die Mitglieder der Verwaltungsorgane in der Societas Europaea auf höchstens sechs Jahre gewählt. Ob eine Wiederwahl möglich ist, wird gem. Art. 46 Abs. 2 SE-VO in der Satzung festgelegt. Nach Art. 47 Abs. 1 SE-VO kann eine juristische Person Mitglied eines Organs einer Societas Europaea sein. Allerdings steht diese Regelung unter dem Vorbehalt des nationalen Rechts, so dass dies in Deutschland wohl gem. § 100 Abs. 1 für Auf-

290 *Lutter* BB 2002, 1/4; siehe dazu auch §§ 18 ff. des Diskussionsentwurfs zum Gesetz zur Einführung der Europäischen Gsellschaft1 (SEEG).

291 *Hirte* NZG 2002, 1/5; *Hommelhoff* AG 2001, 279/282; *Bungert/Beier* EWS 2002, 1/2.

sichtsratsmitglieder und gem. § 76 Abs. 3 für Vorstandsmitglieder nicht möglich sein wird. Nach Art. 48 SE-VO bestimmt die Satzung, für welche Geschäfte des Vorstandes im dualistischen System der Aufsichtsrat seine Zustimmung erteilen muss bzw. bei welchen Geschäften im monistischen System ein ausdrücklicher Beschluss des Verwaltungsorgans notwendig ist. Art. 49 SE-VO regelt die Verschwiegenheitspflicht der Verwaltungsmitglieder und Art. 50 SE-VO die Beschlussfassung. Art. 51 SE-VO verweist bezüglich der Haftung von Organmitgliedern auf nationales Aktienrecht.

8.4.3 Das monistische Verwaltungssystem

Das monistische Verwaltungssystem ist im deutschen Aktienrecht bisher ohne Vorbild. Es kennt nur ein einheitliches Verwaltungsorgan und verzichtet auf die Trennung in Aufsichtsrat und Vorstand. Das Verwaltungsorgan führt gemäß Art. 43 Abs. 1 SE-VO die Geschäfte der Societas Eurppaea. Allerdings besteht innerhalb des Verwaltungsorgans die Möglichkeit, die laufenden Geschäfte durch einen oder mehrere Geschäftsführer in eigener Verantwortung führen zu lassen, sofern diese Möglichkeit im nationalen Recht vorgesehen ist (Art. 43 Abs. S. 2). Dadurch kann das einheitliche Verwaltungsorgan in „executive directors" und „non-executive directors eingeteilt werden[292]. Dieser Gedanke wird in den §§ 25 ff. SEEG aufgegriffen und umgesetzt. Die Grundlage dieses Ansatzes liegt in der Differenzierung zwischen laufenden und außergewöhnlichen Geschäften[293]. Eine klare Abgrenzung zwischen der Geschäftsleitungsfunktion und der Kontrollfunktion ist damit jedoch nicht erfolgt[294]. Die Mitverwaltung wird ebenfalls in dieses Gremium integriert (Art. 43 SE-VO). Die Anzahl der Mitglieder wird durch die Satzung bestimmt, sofern nicht nationales Recht der Wahlfreiheit gewisse Grenzen setzt. Greift die Mitbestimmung ein, so sind mindestens drei Mitglieder erforderlich (Art. 43 Abs. 2 S. 2 SE-VO). Hinsichtlich weiterer Einzelheiten wird auf das nationale Recht verwiesen. Sollte das monistische System in einem Mitgliedsstaat noch nicht bestehen, können entsprechende Vorschriften gem. Art. 43 Abs. 4 SE-VO erlassen werden. „Können" bedeutet in diesem Zusammenhang, dass es dem Mitgliedsstaat freigestellt ist[295]. Daraus folgert, dass der deutsche Gesetzgeber die Einführung des monistischen Systems und so die Wahlmöglichkeit innerhalb der Societas Europaea verhindern kann[296]. Der Diskussionsentwurf

292 *Hommelhoff* AG 2001, 279/284; *Bungert/Beier* EWS 2002, 1/4; *Maul*, BB 2003, Die Erste Seite.

293 *Hommelhoff* AG 2001, 279/284.

294 *Hommelhoff* AG 2001, 279/284.

295 *Schulz/Geismar* DStR 2001, 1078/1082; *Bungert/Beier* EWS 2002, 1/3.

296 *Schulz/Geismar* DStR 2001, 1078/1082.

zum SEEG sieht jedoch entsprechende Vorschriften in den §§ 18 ff. vor. Allerdings muss sich die Vereinbarkeit des monistischen Systems mit der deutschen Mitbestimmung in der Praxis erst noch beweisen. Problematisch erscheint vor allem die Einbeziehung der Arbeitnehmervertreter in die Leitungsprozesse eines Unternehmens, das sich weiterhin am Markt behaupten muss[297].

8.4.4 Das dualistische Verwaltungssystem

Das dualistische System kennt, wie es im deutschen Aktienrecht üblich ist, zwei verschiedene Verwaltungsorgane. Die SE-VO beschränkt sich darauf, diese allgemein mit Leitungsorgan und Aufsichtsorgan zu bezeichnen. Dabei scheint es sich eher um eine Typenbezeichnung zu handeln, so dass die deutschen Namen Vorstand und Aufsichtsrat wohl Anwendung finden können[298]. Der Aufsichtsrat bestellt den Vorstand und beruft diesen auch ab, sofern nicht im nationalen Recht eine Entscheidung durch die Hauptversammlung vorgesehen ist. (Art. 39 Abs. 2 SE-VO). Das Leitungsorgan ist gem. Art. 39 Abs. 1 S. 1 SE-VO zur Geschäftsführung bestimmt und übt diese, ähnlich wie der Vorstand der deutschen Aktiengesellschaft, in eigener Verantwortung aus. Die Mitglieder des Aufsichtsrats werden durch die Hauptversammlung bestellt (Art. 40 Abs. 2 SE-VO), soweit sich nicht ein anderes auf Grund des Mitbestimmungsrechts ergibt. Die Mitbestimmung baut in der ergänzenden Mitbestimmungsrichtlinie zunächst auf eine Verhandlungslösung, die durch den Grundsatz der Besitzstandswahrung abgesichert ist[299]. Subsidiär greift für die Mitbestimmung das Recht des Staates, das die am besten entwickelte Mitbestimmung aufweist. Das bedeutet, dass sich auch das deutsche Mitbestimmungsmodell in Europäischen Aktiengesellschaften wiederfinden wird, in dem die Hälfte der Aufsichtsratsmitglieder durch die Arbeitnehmer zu bestimmen ist. In diesem Fall darf allerdings der Vorsitzende des Aufsichtsrats nur ein von den Aktionären bestimmtes Mitglied sein, da seine Stimme bei Stimmengleichheit entscheidend ist. Der Aufsichtsrat ist in der Europäischen Aktiengesellschaft als Kontrollorgan ausgestaltet (Art. 40 Abs. 1 SE-VO). Die Informationspflicht des Vorstandes gegenüber dem Aufsichtsrat ergibt sich aus Art. 41 SE-VO. Der Aufsichtsrat ist mindestens alle drei Monate über den Gang der Geschäfte und regelmäßig über alle Ereignisse zu unterrichten, die sich auf die Lage der Societas Europaea auswirken können. Die Mitgliedschaften in bei-

297 *Hommelhoff* AG 2001, 279/282.

298 *Hirte* NZG 2002, 1/6; *Schulz/Geismar* DStR 2001, 1078/1082; *Jahn/Herfs-Röttgen* DB 2001, 631/633.

299 *Hirte* NZG 2002, 1/6.

den Gremien sind gem. Art. 39 Abs. 3 SE-VO inkompatibel, so dass niemand gleichzeitig Aufsichtsrats- und Vorstandsmitglied sein darf.

Diese Vorschriften entsprechen weitgehend dem deutschen Aktienrecht, das die Grundlage für das dualistische System gewesen ist[300]. Dadurch bestehen kaum Abweichungen bei den Aufgaben und Kompetenzen dieser Organe. Neue Impulse sind in den Vorschriften der SE-VO zum dualistischen System für das deutsche Aktienrecht kaum zu finden.

8.4.5 Resümee

Die Bewertung der Verwaltungsstrukturen der neuen Societas Europaea fällt aus deutscher Sicht unterschiedlich aus. Während das dualistische System weitgehende Übereinstimmung mit dem deutschen Aktienrecht aufweist, kann das monistische System, das bislang im deutschen Aktienrecht unbekannt ist, dem deutschen Recht neue Impulse geben[301]. Insbesondere die Abgrenzung zwischen Geschäftsführung und Unternehmenskontrolle und die Integration der Mitverwaltung in ein Leitungsorgan werden vom Gesetzgeber innovative Lösungen verlangen. Es wird erforderlich sein, neue Ansätze zu entwickeln. Inwieweit diese das deutsche Aktienrecht beeinflussen, wird die Zukunft zeigen. Von besonderem Interesse wird dabei auch die Rolle der Hauptversammlung sein. Da der Aufsichtsrat als Kontrollorgan entfällt, wird die Hauptversammlung zusätzliche Kompetenzen erhalten. Dieser Schritt wird jedoch nur gelingen, wenn die Entscheidungswege innerhalb der Hauptversammlung vereinfacht werden, so dass dieses Organ wieder in der Lage ist, einheitliche Entscheidungen in einer angemessenen Zeit zu treffen. Die Notwendigkeit von effektiven Entscheidungsprozessen muss gegenüber Individualinteressen von Aktionären im Interesse des ganzen Verbandes wieder in den Vordergrund treten.

8.5 Die Bedeutung der Anteilseigner in der Europäischen Aktiengesellschaft

8.5.1 Einleitung

Eine Analyse der Gewaltenteilung ist nur dann vollständig, wenn auch die Hauptversammlung in diese Untersuchung einbezogen wird. Sie ist neben der Verwaltung das Gremium, das für die Entscheidungsfindung in der Aktiengesell-

300 *Hommelhoff* AG 2001, 279/283; *Kleinsorge/Neye* Bundesarbeitsblatt 2001, 5/7; *Bungert/Beier* EWS 2002, 1/3.

301 *Bungert/Beier* EWS 2002, 1/2.

schaft von großer Bedeutung ist. Die Hauptversammlung spielt vor allem für die Rechte und Pflichten der Kleinaktionäre eine Rolle, die für diese Arbeit im Mittelpunkt der Untersuchung stehen. Deshalb soll in diesem Abschnitt die Stellung und Struktur der Hauptversammlung in der Europäischen Aktiengesellschaft überprüft werden. Die Untersuchung der Rechtsstellung der Anteilseigner soll jedoch nicht auf die Bedeutung der Hauptversammlung beschränkt werden, da ihre Rechte und Pflichten darüber hinaus gehen. Dabei sind jedoch nur die Regelungen von Bedeutung, die aus dem europäischen Recht stammen und materielle Unterschiede zum deutschen Aktienrecht enthalten. Nur von solchen Vorschriften können Impulse für eine Fortentwicklung des nationalen Aktienrechts ausgehen. Eine weitere Quelle für Innovationen stellt auch das Aktienrecht anderer europäischer Rechtsordnungen dar. Ihr Einfluss auf das deutsche Recht ist jedoch nur mittelbar, da es das Recht einer deutschen Societas Europaea nicht entscheidend mitprägt. Insofern soll die Untersuchung auf das europäische Recht beschränkt werden. Besondere Aufmerksamkeit soll dabei der Kapitalerhöhung geschenkt werden, da sie die Grundlage für die Inhaltskontrolle von Mehrheitsentscheidungen ist.

8.5.2 Die Zuständigkeit der Hauptversammlung in der Europäischen Aktiengesellschaft

Die Wahl des Verwaltungssystems hat weitreichende Auswirkungen auf die Societas Europaea. Sie beeinflusst die Stellung der Hauptversammlung als Beschlussorgan der Anteilseigner jedoch nur mittelbar. Denn der Hauptversammlung kommt neben der Verwaltung eine eigenständige Rolle zu. Wie in der Aktiengesellschaft teilt sich die Hauptversammlung der Societas Europaea die Kompetenzen mit der Verwaltung. Die Zuständigkeiten der Hauptversammlung der Europäischen Aktiengesellschaft werden gem. Art. 52 SE-VO durch die Verordnung und das Recht der Aktiengesellschaften des Sitzstaates und - soweit zulässig - durch die Satzung der Societas Europaea bestimmt. Dabei unterscheidet Art. 52 SE-VO zwischen den Kompetenzen, die der Hauptversammlung in „alleiniger" Zuständigkeit übertragen (gem. Art. 52 S. 1 SE-VO), und den Angelegenheiten, die ihr bloß „übertragen" worden sind. In ihre alleinige Zuständigkeit fallen die Angelegenheiten, die ihr unmittelbar durch die SE-VO zugewiesen werden. Dabei nennt die SE-VO jedoch kaum konkrete Kompetenzen, sondern verweist auf das nationale Recht[302]. Der Verordnungsgeber hat vermeiden wollen, dass Widerstände der Mitgliedsstaaten durch Konflikte bezüglich der Kompetenzen der

302 *Schulz/Geismar* DStR 2001, 1078/1082; *Bungert/Beier* EWS 2002, 1/4, so auch *Teichmann* ZGR 2003, 373 ff.

Hauptversammlung der Societas Europaea mit denen der Aktiengesellschaften der nationalen Rechtsordnungen entstehen. Ursprünglich ist sogar vorgesehen gewesen, die Entscheidung über die innere Ordnung der Societas Europaea ganz der Hauptversammlung zu überlassen. Es sollte insoweit Satzungsfreiheit bestehen[303]. Diese ist aber mit Blick auf den § 23 Abs. 5 eingeschränkt worden. Diese Einschränkung gilt für eine Europäische Aktiengesellschaft mit Sitz in Deutschland in zweifacher Weise. Die Satzung ist nur in den Grenzen des Art. 9 Abs. 1 lit. b SE-VO abänderbar. Das bedeutet, dass Regelungen der Satzung nur insoweit zulässig sind, als sie die SE-VO ausdrücklich zulässt. Außerdem wird die Satzungsfreiheit in Art. 52 S. 2, 9 Abs. 1 lit. c (iii) SE-VO nochmals eingeschränkt, da sie nur im Rahmen des Aktienrechts des Sitzstaates gewährleistet wird. Satzungsbestimmungen einer Europäischen Aktiengesellschaft mit Sitz in Deutschland sind daher wie die der deutschen Aktiengesellschaft nur in dem engen Rahmen des § 23 Abs. 5 zulässig. Dadurch wird die Gestaltung der Societas Europaea genau wie die der deutschen Aktiengesellschaft kaum Möglichkeiten bieten, sie flexibel den Bedürfnissen ihrer Gesellschafter anzupassen[304]. Allerdings führt die Satzungsstrenge dazu, dass die Satzung einer Societas Europaea für Außenstehende durch die Uniformität ein hohes Maß an Transparenz aufweist und dadurch für den Kapitalmarkt in besonderer Weise geeignet ist[305]. Der Kleinanleger, der vor dem Kauf von Aktien keine umfassende Prüfung der Besonderheiten einer Gesellschaft durchführen kann, ist dadurch geschützt.

Auch wenn die Societas Europaea sich in ganz Europa als einheitliche Gesellschaft darstellen soll, wird die Gesellschaft doch vielfältige Ausgestaltungen erfahren. Durch den umfangreichen Rückgriff auf nationales Recht werden gerade die Kompetenzen der Hauptversammlung bei Gesellschaften mit Sitz in verschiedenen Mitgliedsstaaten große Unterschiede aufweisen[306]. Letztlich werden die Kompetenzen der Hauptversammlung weitgehend durch das nationale Aktienrecht bestimmt[307]. Die Bedeutung des nationalen Rechts ist daher für die Aufgaben der Hauptversammlung der Societas Europaea weitaus größer als die Bedeutung der SE-VO. Für die Organisation und den Ablauf der Hauptversammlung verweist Art. 53 SE-VO ebenfalls auf nationale Vorschriften. Die Einberufung der Hauptversammlung erfolgt gem. Art. 54 SE-VO. Anzumerken ist dabei, dass es auch dem Aufsichtsorgan möglich ist, die Hauptversammlung einzuberufen, ohne das Leitungsorgan dazu auffordern zu müssen. Außerdem ist die Einberufung der Hauptversammlung auch als Minderheitsrecht ausgestaltet. Das bedeu-

303 *Schwarz* ZIP 2001, 1847/1856.
304 *Hommelhoff* AG 2001, 279/287.
305 *Hommelhoff* AG 2001, 279/287.
306 *Hirte* NZG 2002, 1/8.
307 *Jahn/Herfs-Röttgen* DB 2001, 631/634.

tet, dass auch Aktionäre, die mindestens 10% des Grundkapitals repräsentieren, eine Einberufung der Hauptversammlung verlangen können. Auch ein anderer wichtiger Bereich ist in der SE-VO nicht geregelt. Denn es ist offen gelassen worden, ob die Hauptversammlung den Jahresabschluss der Gesellschaft feststellt. Auch insoweit gilt die Verweisung auf das nationale Recht (Art. 61 SE-VO). Insgesamt muss festgestellt werden, dass für die Hauptversammlung der Europäischen Aktiengesellschaft keine einheitliche Zuständigkeitsordnung besteht, sondern dass der Verordnungsgeber vor allem mit Verweisungen auf das nationale Recht des Mitgliedsstaates gearbeitet hat, in dem die Societas Europaea ihrer Sitz hat. Auf eigene Regelungen ist verzichtet worden. Dafür ist jedoch die Konkurrenz zwischen den verschiedenen nationalen Rechtstraditionen verstärkt worden[308].

8.5.3 Die Kapitalerhöhung in der Europäischen Aktiengesellschaft

Die Inhaltskontrolle von Mehrheitsentscheidungen im deutschen Recht dient dazu, den Bezugsrechtsausschluss bei Kapitalerhöhungen einer eingehenden gerichtlichen Kontrolle zu unterziehen. Ein Blick auf die Vorschriften der Societas Europaea zeigt, dass die SE-VO keine Vorschriften zur Kapitalerhöhung enthält. Die SE-VO verweist in Art. 5 SE-VO lediglich auf das nationale Recht. Insoweit gilt das deutsche Aktienrecht für Europäische Aktiengesellschaften mit Sitz in Deutschland.

8.5.4 Die Rechte der Aktionäre in der Europäischen Aktiengesellschaft

Die Rechtsstellung der Aktionäre wird in der SE-VO kaum geregelt. Die Verordnung enthält nur wenige Bestimmungen, die sich mit den Rechten und Pflichten der Anteilseigner befassen[309]. Besonders hervorgehoben wird das Stimmrecht (Art. 56 ff. SE-VO). Außerdem kennt Art. 8 SE-VO noch besondere Rechte der Anteilseigner bei der Sitzverlegung. Zum einen ist dabei vorgesehen, dass die Hauptversammlung über die Sitzverlegung entscheidet, und zum anderen enthält diese Vorschrift Informationsrechte der Aktionäre, denen dadurch eine objektive Entscheidung ermöglicht werden soll. Vermögensrechte der Aktionäre werden von der Verordnung nicht genannt. Diese Rechte sind daher den nationalen Rechtsordnungen zu entnehmen. Besonderer Bedeutung kommt dabei dem Ge-

308 *Lutter* BB 2002, 1/4.
309 *Hirte* NZG 2002, 1/9.

winnanspruch zu. Auch er wird auf Grund der Verweisung auf die nationalen Rechnungslegungsvorschriften ermittelt[310].

Auch die Minderheitsrechte spielen in der SE-VO keine besondere Rolle. Das einzige ausdrücklich genannte Minderheitsrecht wird in Art. 55 SE-VO geregelt. Vom hohen Schutzniveau des deutschen Rechts ist die Societas Europaea weit entfernt. Die Regelung des Art. 55 SE-VO beschränkt sich darauf, dass Minderheiten berechtigt sind, die Hauptversammlung einzuberufen und die Tagesordnung der Hauptversammlung mitzubestimmen, sofern sie zumindest 10% des gezeichneten Kapitals auf sich vereinigen. Weitere Minderheitsrechte kennt die Verordnung zur Societas Europaea nicht.

Weitere Rechte der Aktionäre, Individual- und Minderheitsrechte, müssen den nationalen Rechtsordnungen entnommen werden. Die Verordnung zur Societas Europaea enthält dazu keine Ausführungen und hat dadurch die Chance verpasst, in diesem Bereich eine weitere Rechtsangleichung zu erzielen. Für Europäische Aktiengesellschaften mit Sitz in Deutschland wird daher der umfangreiche deutsche Minderheitsschutz gelten[311]. Rechte und Pflichten – wie das Anfechtungsrecht – werden über Art. 9 SE-VO aus dem deutschen Aktienrecht in das Recht der Societas Europaea übernommen. Da die ausgefeilten Minderheitsrechte in anderen Rechtsordnungen nicht unbedingt bekannt sind, kann es bei verschiedenen SE zu einer Ungleichbehandlung der Aktionäre kommen[312]

8.5.5 Resümee

Welche Rechte die Aktionäre in der Europäischen Aktiengesellschaft haben werden, lässt sich aus der Verordnung zur Societas Europaea kaum entnehmen. Dafür enthält die Verordnung zu wenige Vorschriften, die sich mit den Rechten und Pflichten der Aktionäre befassen. Schon die Zuständigkeiten der Hauptversammlung werden durch den Verordnungsgeber kaum geregelt. Immer wieder wird auf die nationalen Rechtsordnungen verwiesen. Innovative Lösungen werden dadurch nicht erreicht. Komplizierte Entscheidungsstrukturen in der Europäischen Gemeinschaft haben dazu geführt, dass die Regelungen zur Societas Europaea in Bezug auf die Kompetenzen der Hauptversammlung in Konformität zu den nationalen Rechtsordnungen ausgestaltet worden sind. Das bedeutet nicht nur, dass kein Raum für Innovationen geblieben ist, sondern auch, dass eine einheitliche Regelung zugunsten der Regelungsvielfalt der 15 Mitgliedsstaaten geopfert worden ist. Genauso verhält es sich mit Rechtsstellung des Anteilseigners. Eine ein-

---

310 *Hirte* NZG 2002, 1/9.
311 *Neye/Teichmann* AG 2003, 169.
312 *Neye/Teichmann* AG 2003, 169/172.

heitliche Betrachtung existiert kaum. Die Rolle des Aktionärs lässt sich nicht europaweit beschreiben, sondern nur in Bezug auf eine bestimmte Rechtsordnung. Das nationale Recht bestimmt weiterhin, wie der Aktionär zu sehen ist. Allerdings enthält die SE-VO einen Hinweis darauf, dass die Aktionäre der Societas Europaea vom Verordnungsgeber vor allem als Anleger betrachtet werden. Denn nur dadurch lässt sich die fehlende Satzungsfreiheit erklären. Weitere Hinweise, die für eine eigenständige Bewertung der Mitgliedschaft des Aktionärs sprechen, bestehen nicht.

8.6 Die Bedeutung des Rechts der Societas Europaea für das Recht der Kleinanleger in der deutschen Aktiengesellschaft

Die Europäische Aktiengesellschaft existiert nicht als einheitliches Gebilde. Sie ist in großem Maße von dem nationalen Aktienrecht abhängig. Die Verordnung zur SE regelt diese Gesellschaft nicht vollständig, sondern arbeitet mit Verweisen auf das nationale Recht. Das führt dazu, dass es innerhalb der Europäischen Aktiengesellschaft zu starken Unterschieden kommen wird, abhängig davon, welches nationale Recht anwendbar ist[313]. Es ist nicht eine Europäische Aktiengesellschaft geschaffen worden, sondern durch die verschiedenen nationalen Rechte sind 15 unterschiedliche Gesellschaftsformen entstanden[314]. Art. 53 SE-VO ist dafür ein Bespiel. Für die Organisation und den Ablauf der Hauptversammlung sowie für die Abstimmungsverfahren gilt nationales Recht. Daher ist das Recht der Europäischen Aktiengesellschaft nicht vollständig emanzipiert von dem Aktienrecht. Die Unterschiede sind nur marginal. Gerade die Minderheitsrechte werden durch eine Übertragung der deutschen Regelungen zumindest im dualistischen System wohl in vollem Umfang auch für die Societas Europaea gelten. Trotzdem bestehen auch deutliche Unterschiede, die gerade bei der Wahl des monistischen Systems eine Rolle spielen können. Dadurch besteht die Möglichkeit, die Verantwortung der Anteilseigner für das gesamte Unternehmen zu stärken. Die Bedeutung der Aktionäre für die Unternehmenskontrolle kann ausgebaut werden. Allerdings ist dieser Schritt nur möglich, wenn insgesamt die Funktionsfähigkeit der Hauptversammlung erhöht wird. Die Entscheidungsfindung muss vereinfacht werden, da nur dann die Hauptversammlung den Anforderungen des wirtschaftlichen Lebens gerecht werden kann. Das bedeutet, dass die Stärkung der Anteilseigner in ihrer Gesamtheit nur durch eine Einschränkung der Rechte

313 *Wiesner* ZIP 2001, 397; *Schwarz* ZIP 2001, 1847/1861.
314 *Hirte* NZG 2002, 1/2; *Ebke* EWS 2002, 1.

der einzelnen Aktionäre zu erreichen ist. Nur dann wird das Organ Hauptversammlung als Ganzes eine stärkere Bedeutung erlangen können.

8.7 Zwischenergebnis

Die Analyse der Europäischen Aktiengesellschaft hat keine Ansätze erbracht, die für eine Orientierung des deutschen Aktienrechts am Anlegergedanken verwendet werden könnten. Das liegt vor allem daran, dass die in diesem Bereich wichtigen Regelungen nicht dem europäischen Recht entstammen, sondern auf Verweisungen auf das nationale Recht beruhen. Die Gesellschaft kann nur teilweise als europäische Gesellschaftsform bezeichnet werden. Sie ist überwiegend eine nationale Gesellschaft[315]. Die Beurteilung der Rechtsstellung des Aktionärs bleibt also weiterhin dem Recht der Mitgliedsstaaten überlassen, so dass neue Impulse, die darüber hinaus gehen, nicht existieren. Dies gilt jedoch nicht für die Einführung des monistischen Systems in Deutschland. Dieses bietet für den Gesetzgeber die Chance, die Rolle des Aktionärs in der Europäischen Aktiengesellschaft stärker am Anlegergedanken auszurichten. Der Abbau von Individualrechten, aber auch die Stärkung der Hauptversammlung als Organ, können dadurch erreicht werden. Das kann nur gelingen, wenn bezüglich der Rolle der Aktionäre differenziert wird. Je nach Bedürfnis sind unterschiedliche Rechte zur Durchsetzung der eigenen Interessen erforderlich.

9. Ergebnis

Sowohl die Holzmüller-Doktrin als auch die Rechtsprechung zur Inhaltskontrolle von Mehrheitsentscheidungen sind das Ergebnis einer Entwicklung, die den Schutz von Kleinaktionären ausbauen sollte, dessen Ansätze vor allem in der Literatur entwickelt worden sind. Grundlage dieser Ansätze ist der Gedanke gewesen, dem Kleinaktionär weitreichende Kontroll- und Mitentscheidungsmöglichkeiten bei wesentlichen Entscheidungen der Gesellschaft einzuräumen. Beide Entscheidungen haben den Einfluss der Kleinaktionäre auf die Entscheidungsfindung in der Aktiengesellschaft in erheblichem Maße erhöht. Damit widersprechen diese Entscheidungen jedoch wesentlichen Wertungen, die im Aktienrecht angelegt sind. Das moderne Aktienrecht ist durch den Dualismus von gesellschaftsrechtlichen und anlegerrechtlichen Elementen bei dem Aktionär ge-

315 *Kolvenbach* FS Heinsius S. 279/388.

prägt[316]. Während bei Großaktionären oder bedeutenden Minderheiten die Rolle als aktiver Gesellschafter im Vordergrund stehen kann, dominiert für den Kleinaktionär die anlegerrechtliche Bedeutung[317]. Dieser Ansatz ist durch die Untersuchungen, die in diesem Kapitel vorgenommen worden sind, bestätigt worden. Schon eine empirische Betrachtung der Aktionärszahlen und der Aktionärsstruktur in börsennotierten Aktiengesellschaften spricht dafür. Die Anzahl der Aktionäre kann die Millionengrenze überschreiten. Sie beträgt nicht selten mehrere hunderttausend. Eine effektive Entscheidungsfindung ist bei der Beteiligung so vieler Personen nur möglich, wenn das Verfahren stark formalisiert ist. Die inhaltliche Kontrolle durch jeden einzelnen Aktionär birgt die Gefahr einer Blockade. Die empirische Untersuchung der Aktionärsstruktur hat ergeben, dass die Beteiligungen von zahlreichen Kleinaktionären im Verhältnis zum Gesamtkapital verschwindend gering sind. Die Wahrung ihrer Intereressen erfordert Einschränkungen der Entscheidungsfreiheit für die Aktionärsmehrheit, die in Anbetracht der geringen Beteiligung der Kleinaktionäre unverhältnismäßig erscheinen. Ein anderer Aspekt, der für eine anlegerrechtliche Betrachtung der Rolle des Kleinaktionärs spricht, ist der starke Einfluss des Kapitalmarktrechts auf das gesamte Aktienrecht. Das Aktienrecht hat sich vom reinen Gesellschaftsrecht fortentwickelt und in zunehmendem Maße kapitalmarktrechtliche Aspekte aufgenommen. Darin unterscheidet es sich vom klassischen Gesellschaftsrecht. Diese Weiterentwicklung legt es nahe, auch bei dem aktienrechtlichen Minderheitsschutz kapitalmarktrechtliche Aspekte zu beachten und rein gesellschaftsrechtliche Schutzinstrumente einer erneuten Prüfung zu unterziehen. Ein weiterer Gesichtspunkt, der die anlegerrechtliche Betrachtung des Kleinanlegers unterstützt, ist die Tatsache, dass sich auch der Kleinaktionär zu einem Anleger weiterentwickelt hat. Gesellschaftsrechtliche Elemente sind für ihn in den Hintergrund getreten. Er erwirbt an der Börse in erster Linie Anlagen und nicht Unternehmensbeteiligungen. Etwas anderes mag für Großaktionäre gelten. Dort ist es weiterhin sinnvoll, andere, auch gesellschaftsrechtlich begründetete Minderheitsrechte zur Verfügung zu stellen. Die Interessen des Kleinaktionärs liegen primär auf finanziellem Gebiet und die Schutzmechanismen sollten daran ausgerichtet werden. Die Wahrnehmung des Kleinaktionärs hingegen hat sich gewandelt. Das gleiche gilt auch für die Aktie. Sie stellt nicht nur eine Gesellschaftsbeteiligung, sondern auch eine Vermögensanlage dar. Die Wertbestimmung dieser Vermögensanlage erfolgt regelmäßig durch den Börsenkurs. Auch das Verfassungsrecht steht einer Ausrichtung des Schutzes von Kleinanlegern an dem Anlegergedanken nicht entgegen. Art. 14 GG schützt auch das Anteilseigentum. Doch haben gerade neuere Ent-

316 *Vetter* AG 2002, 176/177.
317 *Mertens* AG 1990, 49/52 ff.

scheidungen des BVerfG gezeigt, dass sich dieser Schutz vor allem auf vermögensrechtliche Aspekte bezieht. Auch das Verfassungsrecht sieht den Kleinaktionär in erster Linie als Anleger und richtet an dieser Wertung die Schutzmechanismen aus, die für ihn notwendig sind. Der Gesetzgeber hat durch die Einführung des Squeeze-out und des Pflichtangebots bei Unternehmensübernahmen die Ergänzung des bestehenden Aktienrechts durch kapitalmarktrechtliche Aspekte bestätigt. Beide Regelungskomplexe setzen zum Schutz von Minderheitsaktionären auf vermögensrechtliche Instrumente und verzichten auf eine Stärkung der Mitverwaltungsrechte.

Die Europäische Aktiengesellschaft wird als neue europäische Gesellschaftsform dem deutschen Aktienrecht neue Anregungen geben. Ihre Vorschriften befassen sich jedoch kaum mit der Stellung der Kleinaktionäre. In diesem Bereich verweist sie vor allem auf nationales Recht. Das bedeutet, dass auch in der Societas Europaea das deutsche Aktienrecht Anwendung finden wird. Insoweit fehlt es an neuen Impulsen. Zwei Ansatzpunkte geben jedoch zu der Hoffnung Anlass, dass es über diese Gesellschaft auch im deutschen Aktienrecht zu Innovationen kommen wird. Durch die Anwendung verschiedener nationaler Aktienrechte innerhalb einer Gesellschaftsform wird es zu einer Konkurrenzsitutation kommen, die zu einer Auslese führen wird. Außerdem wird das bisher im deutschen Aktienrecht unbekannte monistische Verwaltungssystem Bewegung in die Strukturen des Aktienrechts bringen.

Diese Entwicklung des Aktienrechts hin zum Kapitalmarktrecht ist auch beim Minderheitsschutz zu beachteten. Allein auf klassische gesellschaftsrechtliche Instrumente zu setzen, wie es der BGH tut, vermag wenig zu überzeugen. Die Aufgabe der Inhaltskontrolle von Mehrheitsentscheidungen und der Holzmüller-Doktrin würde einem kapitalmarktorientierten Aktienrecht hingegen entgegen kommen. Angesichts der Weiterentwicklung des Aktienrechts überzeugt die Rechtsprechung nicht mehr. Die Gründe dafür liegen in der Aktionärsstruktur börsennotierter Aktiengesellschaften, dem Einfluss des Kapitalmarktrechts auf das Aktienrecht, dem Selbstverständnis von Kleinaktionären und nicht zuletzt in der verfassungsrechtlichen Bewertung des Eigentums an Aktien und neueren gesetzlichen Entwicklungen auf dem Gebiet des Aktienrechts.

F. Zusammenfassung

1. Einleitung

Diese Arbeit hat sich eingehend mit dem Verhältnis der börsennotierten Aktienkonzerne zu den Kleinaktionären befasst. Der Konzern wird dabei gemeinhin als Goliath angesehen, unter dessen Willkür der Kleinanleger als David zu leiden hat. Deshalb vermag es nicht zu verwundern, wenn die Rechtsprechung in Übereinstimmung mit der Literatur die Rechte der Kleinaktionäre immer weiter ausgebaut hat. Der BGH hat jedoch allein auf eine Stärkung der Mitverwaltung gesetzt und damit auf gesellschaftsrechtliche Instrumente vertraut. Er hat dem Kleinaktionär zusätzliche Möglichkeiten an die Hand gegeben, mit denen er als Anteilseigner stärkeren Einfluss auf die Gesellschaft nehmen kann. Damit sollte es dem Kleinaktionär ermöglicht werden, sich in dem ungleichen Kräftemessen mit Goliath besser behaupten zu können. So notwendig und richtig dieser Ansatz aus gesellschaftsrechtlicher Sicht gewesen sein mag, so haben ihm jedoch kapitalmarktrechtliche Perspektiven gefehlt, wie sich in dieser Untersuchung gezeigt hat. Verwaltungsrechte sind für einen Minderheitsschutz notwendig. Sie sind jedoch nicht geeignet, den Kleinaktionär umfassend zu schützen. Vielmehr entsprechen die Bedürfnisse des Kleinaktionärs denen eines Kapitalanlegers, weshalb auf kapitalmarktrechtliche Einflüsse in einem modernen Aktienkonzernrecht nicht verzichtet werden kann. Außerdem hat die vorliegende Untersuchung ergeben, dass die Mitverwaltungsrechte in börsennotierten Aktiengesellschaften strukturell an organisatorische Grenzen stoßen. Durch die Vielzahl von Aktionären ist eine konstruktive Zusammenarbeit innerhalb der Gesellschaft wesentlich erschwert. Die Mitverwaltungsrechte wirken sich hemmend auf die Entscheidungsfindung aus. Deutlich wird diese Problematik an der Holzmüller-Doktrin. Die zusätzlichen ungeschriebenen Hauptversammlungskompetenzen führen dazu, dass die Verwaltung nicht mehr selbständig Unternehmensentscheidungen treffen kann, sondern zahlreiche Entscheidungen den Anteilseignern vorlegen muss. Dabei ist sie in der Regel an die ordentliche Hauptversammlung gebunden, die einmal im Jahr stattfindet. Auch die Einberufung einer außerordentlichen Hauptversammlung kommt nur ausnahmsweise in Betracht, da die Vorbereitung mehrere Monate in Anspruch nimmt und einen großen bürokratischen Aufwand verursacht.

Ähnliche Schwierigkeiten ergeben sich durch die Rechtsprechung zur Inhaltskontrolle von Mehrheitsentscheidungen. Die erforderliche Anrufung der Gerichte kann Beschlüsse der Hauptversammlung auf Jahre blockieren. Flexible und zeitnahe Entscheidungen eines Unternehmens werden dadurch unmöglich gemacht. Solche Verzögerungen können bei der Schnelligkeit wirtschaftlicher Entwicklungen einer Verhinderung gleich kommen. Unternehmen in Form einer Aktiengesellschaft sind unbeweglicher geworden. Einzelne Aktionäre können die Verwaltung einer Aktiengesellschaft, die von der Mehrheit der Aktionäre getragen wird, in ihren Vorhaben behindern. Die durch die Anrufung der Gerichte mögliche Verzögerung der Entscheidungsfindung ist jedoch nicht der einzige Nachteil, der durch die Stärkung der Mitverwaltungsrechte entstanden ist. Es kommt hinzu, dass die Stärkung der Minderheitsrechte die Aktionärsmehrheit in ihren Rechten erheblich eingeschränkt hat und die Aktiengesellschaft unter einem erhöhten bürokratischen Aufwand leiden muss, der sich in gestiegenen Verwaltungskosten bemerkbar macht. Die Verfolgung des gemeinsamen Zwecks durch die Verwaltung der Aktiengesellschaft wird dadurch erschwert. Der Minderheitsschutz ist durch die Rechtsprechung quantitativ so weit verstärkt worden, dass sich die Qualität der Aktiengesellschaft verändert hat. Das Aktienrecht sieht für Entscheidungsprozesse in der Hauptversammlung das Mehrheitsprinzip vor. Dies hat zur Folge, dass Minderheiten gezwungen sind, sich den Entscheidungen der Mehrheit zu beugen. Außerdem hat der Gesetzgeber eine Gewaltenteilung eingeführt, die Verwaltung der Aktiengesellschaft dem Vorstand und dem Aufsichtsrat übertragen und Kleinaktionäre weitgehend als Investoren behandelt.

Diese Grundsätze sind durch die Rechtsprechung eingeschränkt worden. Das Mehrheitsprinzip hat durch die Kali & Salz-Entscheidung an Bedeutung verloren und die Gewaltenteilung ist durch die Holzmüller-Entscheidung verändert worden. Im Hinblick auf die wachsende Bedeutung des Kapitalmarktrechts für börsennotierte Aktiengesellschaften sind diese Veränderungen einer kritischen Überprüfung unterzogen worden. Es ist untersucht worden, ob sich diese Rechtsinstitute in ein modernes Aktienrecht einfügen lassen oder ob sie sich nicht zu einem Fremdkörper entwickelt haben. Besondere Aufmerksamkeit ist dem Anlegerbegriff geschenkt worden. Dieser Begriff ist in das Zentrum dieser Arbeit gestellt worden, weil er zeigt, wie ambivalent die Figur des Kleinaktionärs ist. Der Kleinaktionär ist Gesellschafter und Anleger. Minderheitsrechte dürfen sich darüber nicht hinwegsetzen. Dieser Begriff nimmt in zunehmendem Maße Einfluss auf das Aktienrecht und erweitert es um neue Wertungen. Diesen Wertungen muss sich auch die Rechtsprechung des BGH stellen. Deshalb ist herausgearbeitet worden, inwieweit sich die Rechtsprechung mit den neuen anlegerorientierten Ansätzen im Aktienrecht in Einklang bringen lässt.

2. Die Verwirklichung des Anlegergedankens im aktuellen Konzernrecht

Eine Bestandsaufnahme des aktienkonzernrechtlichen Minderheitsschutzes hat gezeigt, dass der Gesetzgeber in erster Linie auf Vermögensrechte der Aktionäre vertraut hat. Das Konzernrecht der §§ 293 ff. ist weit stärker als die Rechtsprechung des BGH anlegerrechtlich orientiert. Das dritten Buch des AktG verzichtet zum Schutz von Kleinaktionären fast völlig auf Mitverwaltungsrechte für einzelne Aktionäre.

Der Vertragskonzern als gesetzliche Grundform des Aktienkonzerns stellt für den Schutz der Aktionäre die Ausgleichs- und Abfindungsansprüche der §§ 304, 305 zur Verfügung. Sie stellen sicher, dass die außenstehenden Aktionäre durch die Konzernierung keine Nachteile in ihrer vermögensrechtlichen Position hinnehmen müssen. Die Zahlung der Dividende wird durch die Dividendengarantie des § 304 gesichert. Der Abfindungsanspruch des § 305 ermöglicht dem Aktionär darüber hinaus, gegen eine angemessene Abfindung aus der Gesellschaft auszuscheiden. Dadurch wird ihm die Möglichkeit eröffnet, sein Vermögen anderweitig zu investieren. Die Mitverwaltungsrechte für die Anteilseigner sehen eine Beteiligung der Hauptversammlung vor. Dadurch wird aber vor allem die Aktionärsmehrheit in die Entscheidungsfindung eingebunden. Die Stimmrechtsmacht von Kleinaktionären ist trotz hoher Mehrheitserfordernisse regelmäßig ohne Bedeutung. Informationsrechte, wie sie im Gesetz vorgesehen sind, vermögen den Einfluss ebenfalls nicht zu erhöhen. Ähnlich stellt sich die Situation im faktischen Konzern dar. Vermögensrechte stehen im Vordergrund, während Mitverwaltungsrechte kaum vorhanden sind. Der Gesetzgeber verzichtet sogar darauf, die Aktionäre an der Konzernbildung zu beteiligen. Der Ansatz der §§ 311 ff. ist im wesentlichen darauf beschränkt zu verhindern, dass der abhängigen Gesellschaft durch ihre Abhängigkeit Nachteile entstehen. Dadurch wird mittelbar auch eine Schädigung der Aktionäre verhindert. Mechanismen, die darüber hinaus gehen, existieren für die außenstehenden Aktionäre kaum. Daran ändert sich auch nichts, wenn die Grenze zum qualifiziert faktischen Konzern überschritten wird. Es kann letztlich dahinstehen, ob die Rechtsfigur des qualifiziert faktischen Konzerns in Anbetracht der Bremer Vulkan-Entscheidung im Aktienrecht fortbesteht. Denn die Instrumente, die im qualifiziert faktischen Konzern eingesetzt werden, haben auf die Mitverwaltungsrechte der Kleinaktionäre kaum Einfluss. Die Regelungen bezüglich des qualifiziert faktischen Konzerns verweisen weitgehend auf die Rechtsfolgen des Vertragskonzerns. Insofern bleiben die konzernrechtlichen Regelungen für alle Konzerntypen anlegerorientiert. Auch das Spruchverfahren macht deutlich, dass das Aktiengesetz die vermögensrechtliche Stellung der Aktionäre bei der Konzernbildung in den Vordergrund stellt. Denn dieses Verfahren dient vor allem einem umfassenden vermögensrechtlichen Schutz der Aktionäre.

Es soll sicherstellen, dass sowohl der Abfindungs- als auch der Ausgleichsanspruch angemessen ist. In dem Geltungsbereich des Spruchverfahrens ist eine Anfechtungsklage nicht zulässig. Dadurch wird eine Verzögerung der Entscheidungsfindung verhindert, da es durch das Spruchverfahren zu keiner Registersperre kommen kann. Deshalb stellt auch das Spruchverfahren einen Schritt dar, die Entscheidungsprozesse innerhalb der Aktiengesellschaft flexibler zu machen. Mitverwaltungsrechte einzelner Aktionäre werden zugunsten der Handlungsfähigkeit des gesamten Verbandes eingeschränkt. Die vermögensrechtliche Stellung der Aktionäre bleibt jedoch unangetastet.

Letztlich kann ein Wertungswiderspruch zwischen den gesetzlichen Regelungen des Aktienkonzernrechts und der Rechtsprechung des BGH festgestellt werden. Der BGH hat nicht die Mechanismen der §§ 293 ff. aufgegriffen und ausgebaut, sondern neue Rechtsinstitute geschaffen. Während das Gesetz in erster Linie auf den vermögensrechtlichen Schutz der Kleinaktionäre baut, hat der BGH die Mitverwaltungsrechte gestärkt.

3. Die Holzmüller-Entscheidung als Schutzinstrument für Minderheitsaktionäre

Die erste wichtige Entscheidung, die in dieser Arbeit analysiert worden ist, ist die Holzmüller-Entscheidung. Sie hat den Einfluss der Aktionäre auf Grundsatzentscheidungen in der Aktiengesellschaft beträchtlich erhöht. Um dieses Ziel zu erreichen, hat der BGH tief in die Zuständigkeitsordnung der Aktiengesellschaft eingegriffen, indem er zusätzliche Kompetenzen für die Hauptversammlung geschaffen hat. Damit hat der BGH verhindern wollen, dass Grundsatz- und Strukturentscheidungen in der Aktiengesellschaft ohne Beteiligung der Minderheitsaktionäre getroffen werden können. Ein „informelle" Verständigung zwischen Mehrheitsaktionär und Verwaltung ist damit unmöglich gemacht worden. Die Entscheidungen der Aktiengesellschaft bedürfen nun eines formellen Hauptversammlungsbeschlusses, durch den auch die Minderheiten in die Entscheidungsfindung einbezogen werden müssen. Eine solche Ausweitung der Hauptversammlungskompetenzen ist im Vorfeld der Entscheidung des BGH in der Literatur gefordert worden. Eine Revolution in der Zuständigkeitsordnung der Aktiengesellschaft ist dadurch vom Schrifttum vorbereitet worden. Dogmatisch hat der BGH jedoch einen eigenen Weg eingeschlagen, indem er die ungeschriebenen Hauptversammlungszuständigkeiten auf § 119 Abs. 2 gestützt hat. Bis zu diesem Zeitpunkt hat es im Ermessen der Verwaltung gestanden, ob Fragen der Geschäftsführung der Hauptversammlung vorgelegt werden. Durch das Holzmüller-Urteil ist dieses Ermessen bei Grundlagen- und Strukturentscheidungen auf Null reduziert worden. Dieses Urteil hat viel Kritik erfahren. Bis heute hat diese Entscheidung in Bezug auf die Zuständigkeiten der Hauptversammlung große Unsicherheit ausgelöst. Es ist nicht geklärt, welchen Umfang die zusätzlichen Kompetenzen der Hauptversammlung haben. Auch dogmatisch vermag der Ansatz des BGH nicht zu überzeugen. Er greift tief in die Gewaltenteilung der Aktiengesellschaft ein und schafft Hauptversammlungskompetenzen, die der Gesetzgeber dem Aktionär bewusst vorenthalten hat. Der BGH hat sich damit über die Entscheidung des Gesetzgebers hinweg gesetzt, den Aktionär nicht in die Geschäftsführung einzubinden. Außerdem besteht die Gefahr, dass die Entscheidungsprozesse in der Aktiengesellschaft behindert werden. Denn die Einberufung der Hauptversammlung dauert bei börsennotierten Aktiengesellschaften mehrere Monate. Außerdem können Hauptversammlungsbeschlüsse angefochten werden, was zu einer weiteren Verzögerung führen würde. Der erhoffte Schutz für Minderheitsaktionäre ist jedoch ausgeblieben. Die Mehrheitsentscheidung führt dazu, dass sich die Aktionärsmehrheit in der Hauptversammlung durchsetzt. Gerade Kleinaktionäre haben keine Möglichkeit, durch ihr Stimmrecht Entscheidungen zu beeinflussen. Der BGH hat sich eines unwirksamen Instrumentes bedient. Er hat zusätzliche Hauptversammlungskompetenzen geschaffen und damit die Mitverwaltungsrechte der Aktionäre gestärkt. Dem eigentlichen Anliegen der Minderheitsaktionäre ist der BGH jedoch mit dieser Lösung, die lediglich zu einer Rechtsunsicherheit geführt hat, nicht gerecht geworden.

4. Die Inhaltskontrolle von Mehrheitsentscheidungen und das Mehrheitssystem im Aktienrecht

Neben der Holzmüller-Entscheidung ist in dieser Arbeit die Rechtsprechung zur Inhaltskontrolle untersucht worden. Die Inhaltskontrolle ist vom BGH in mehreren Urteilen entwickelt worden. Die Kali & Salz-Entscheidung hat für die Kapitalerhöhung mit Bezugsrechtsausschluss eine materielle Kontrolle von Mehrheitsentscheidungen eingeführt. Diese ist in der Holzmann-Entscheidung auf das genehmigte Kapital ausgedehnt worden. Weitere Entscheidungen des BGH haben jedoch eine wachsende Skepsis gegenüber diesem Rechtsinstitut zum Ausdruck gebracht. Zunächst hat es der BGH abgelehnt, den Anwendungsbereich der Inhaltskontrolle weiter auszudehnen. In der Folge hat er durch die Siemens/Nold-Entscheidung die Holzmann-Entscheidung aufgehoben und damit die Anforderungen der Inhaltskontrolle für den Bezugsrechtsausschluss bei dem genehmigten Kapital wieder gelockert. Die Sachsenmilch-Entscheidung hat die Einschränkung der Inhaltskontrolle fortgesetzt. Auch wenn deutlich geworden ist, dass für den BGH eine weitere Ausweitung dieses Rechtsinstitutes nicht in Betracht kommt, hat er dennoch mit Bestimmtheit an der Inhaltskontrolle festgehalten. Der Kernbereich, das Erfordernis einer sachlichen Rechtfertigung für einen Bezugsrechtsausschluss, ist unangetastet geblieben. Das Ziel dieser Rechtsprechung ist, wie schon bei der Holzmüller-Entscheidung, der Schutz der Minderheitsaktionäre. Jeder Aktionär kann seine inhaltlichen Bedenken nicht nur in der Hauptversammlung, sondern darüber hinaus auch vor Gericht geltend machen. Die Gerichte werden dadurch in die inhaltliche Diskussion von Unternehmensentscheidungen einbezogen. Ihre Aufgabe wird nicht mehr auf eine Rechtskontrolle beschränkt, sondern ihnen obliegt nun auch die Kontrolle wirtschaftlicher Notwendigkeiten. Die Entscheidungsgremien der Aktiengesellschaft werden um eine Instanz ergänzt. Die Hauptversammlung als Organ der Anteilseigner verliert einen Teil ihrer Verantwortung. Das Mehrheitsprinzip in der Aktiengesellschaft ist durch die Inhaltskontrolle eingeschränkt worden, da ein Mehrheitsbeschluss seine Rechtfertigung nicht mehr in sich trägt. Die Gefahr, dass ein Mehrheitsbeschluss aufgehoben wird oder erst nach mehrjähriger Verzögerung seine Wirkung entfaltet, ist gestiegen. Wieder hat der BGH den Aktionär stärker in die inhaltliche Diskussion in der Aktiengesellschaft einbinden wollen. Er hat erreicht, dass ein Bezugsrechtsausschluss nur in Einvernehmen mit den Kleinaktionären beschlossen werden kann. Inhaltliche Differenzen ermöglichen jedem Aktionär, eine Mehrheitsentscheidung anzufechten. Dadurch ist die Bedeutung des Kleinaktionärs in der Aktiengesellschaft gewachsen. Wie schon in der Holzmüller-Entscheidung hat der BGH einseitig auf eine Stärkung der Mitverwaltungsrechte der Aktionäre gesetzt, um die Stellung des Kleinaktionärs zu stärken. Der Aktionär ist ausschließlich als Gesellschafter behandelt worden, ohne die anlegerrechtlichen Aspekte zu beachten. Zusammenfassend lässt sich sagen, dass der BGH mit der Einschränkung des Mehrheitsprinzips eines der wichtigsten Strukturprinzipien der Aktiengesellschaft verändert hat, ohne dem Kleinaktionär die Mittel an die Hand zu geben, die erforderlich sind, seine Interessen tatsächlich durchzusetzen.

5. Der Anlegergedanken im Aktienrecht

Der BGH hat in seinen Entscheidungen zum Minderheitsschutz die Mitverwaltungsrechte der Aktionäre gestärkt. Die ungeschriebenen Hauptversammlungszuständigkeiten und die Inhaltskontrolle von Mehrheitsentscheidungen haben tief in die Dogmatik des Aktienrechts eingegriffen und der Aktiengesellschaft viel von ihrer Flexibilität genommen. Mit diesem Vorgehen hat der BGH den anlegerrechtlichen Ansatz des Aktienrechts nicht hinreichend berücksichtigt. Er hat die Zwitterstelltung des Kleinaktionärs außer acht gelassen, obwohl er mit seiner

Rechtsprechung gerade dessen Stellung stärken wollte. Der Schutz des Kleinaktionärs wird jedoch nicht verbessert, wenn nicht seine anlegerrechtliche Position hinreichend berücksichtigt wird. Denn in dieser Arbeit ist nachgewiesen worden, dass der Kleinaktionär in börsennotierten Aktiengesellschaften in erster Linie als Anleger zu sehen ist und dass seine gesellschaftsrechtliche Stellung hinter diesem Ansatz zurücktritt.

Die empirische Untersuchung der Aktionärszahlen und der Aktionärsstruktur in Deutschland hat ergeben, dass fast 6 Millionen Deutsche Aktien besitzen und dass die Aktionärszahlen von börsennotierten Aktiengesellschaften bis in die Millionen gehen. Die Hauptversammlung kann angesichts dieser Zahlen ihrer Rolle als Entscheidungsgremium der Anteilseigner nicht mehr in vollem Umfang gerecht werden. Die Beteiligung aller Kleinaktionäre würde die Funktionsfähigkeit dieses Organs behindern. Deshalb kommt ein Ausbau der Mitverwaltungsrechte nur wenigen Aktionären zugute und setzt voraus, dass die Mehrheit von Kleinaktionären auf diese Rechte verzichtet. Eine stärkere Mitverwaltung vergrößert lediglich die bestehenden Benachteiligungen der Kleinaktionäre. Außerdem entstehen Kleinaktionären durch die Teilnahme an Entscheidungsprozessen in der Aktiengesellschaft häufig hohe Kosten, die in keinem Verhältnis zu ihren Gewinnen stehen. Daher ist die Inanspruchnahme von Mitverwaltungsrechten häufig durch gesellschaftsfremde Sonderinteressen motiviert.

Auch die Untersuchung der Interessen des Kleinaktionärs hat gezeigt, dass seine Handlungen vor allem durch seine Stellung als Anleger motiviert sind. Der Kleinanleger ist nicht an der Verwaltung seines Unternehmens, sondern vor allem an der Entwicklung seiner Vermögensanlage interessiert. Deshalb erwirbt er Wertpapiere, die hohe Gewinne versprechen und geringe Risiken beinhalten. Informationsrechte sind für den Kleinanleger von Bedeutung, um die richtigen Entscheidungen über die Investition seines Vermögens zu treffen. Seine Aktivität beschränkt sich regelmäßig auf die Verwaltung seines Vermögens. Unternehmensentscheidungen überfordern in der Regel seine Fähigkeiten. Diese Beobachtung wird durch die Betrachtung der Aktie verstärkt. Sie stellt nicht nur eine Unternehmensbeteiligung, sondern auch eine Kapitalanlage dar. Sie wird nach ihren Gewinnchancen und nicht nach der Möglichkeit beurteilt, unternehmerisch tätig zu werden. Schließlich kann auch festgestellt werden, dass das gesamte Aktienrecht durch das Kapitalmarktrecht beeinflusst wird. Denn die Aktiengesellschaft ist darauf ausgerichtet, breiten Bevölkerungsschichten den Zugang zu wirtschaftlichen Unternehmungen zu ermöglichen. Schon in dem AktG von 1937 sind aus diesem Grund die Funktionen der Unternehmensleitung und des Kapitalgebers voneinander getrennt worden. Der Aktionär ist trotz seiner Gesellschafterstellung weitgehend von der Geschäftsführung ausgeschlossen worden. Er ist in der Aktiengesellschaft vor allem als Investor betrachtet worden. Der Einfluss des Kapitalmarktrechts auf das Aktienrecht ist in den letzten Jahren gestiegen. Zahlreiche kapitalmarkrechtliche Regelungen betreffen gerade die Aktiengesellschaft. Sie machen deutlich, welche Bedeutung die Anlegerfunktion für das Aktienrecht und dort vor allem für den Kleinaktionär inzwischen hat.

Auch das Verfassungsrecht legt es nahe, den Kleinaktionär stärker als Anleger zu betrachten. Der Aktionär ist nicht selber Unternehmer, sondern durch das Aktieneigentum nur mittelbar an einem Unternehmen beteiligt. Art. 14 GG umfasst mit seinem Schutzbereich zwar auch das in den Aktien verkörperte Anteilseigentum, doch wird dieser Schutz durch die Interessen der Gesellschaft beschränkt. Daher steht für die verfassungsrechtliche Eigentumsgarantie bei der Aktie die Vermögensfunktion im Vordergrund, da die Mitverwaltung durch die Mitaktionäre beschränkt wird. Das wird auch in der Rechtsprechung des BVerfG deutlich, die Eingriffe in das Anteilseigentum zulässt, solange die vermögensrechtliche Position der Aktionäre nicht betroffen ist. Auch der Gesetzgeber hat in dem WpÜG deutlich gemacht, dass er bei dem Schutz von Kleinanlegern vor allem auf vermögensrechtliche Instrumente setzt. Das Pflichtangebot, das im neuen Übernahmegesetz die Situation der Kleinaktionäre verbessern soll, bietet nur vermögensrechtlichen Schutz. Deutlicher wird der anlegerrechtliche Ansatz des Gesetzgebers bei der Betrachtung des Squeeze-out. Denn Squeeze-out bedeutet, dass der Mehrheitsaktionär Kleinaktionäre aus der Gesellschaft ausschließen kann. Auch hier beschränken sich die Schutzinstrumente auf vermögensrechtliche Interessen.

6. Die Europäische Aktiengesellschaft und der Anlegergedanke

Die Europäische Aktiengesellschaft vermag den aktienrechtlichen Minderheitsschutz nur wenige Impulse zu geben. Das liegt daran, dass die Verordnung zur Societas Europaea in weiten Teilen auf die nationalen Aktiengesetze und somit auch auf das deutsche Aktienrecht verweist. Die Gewaltenteilung und die Stellung des Aktionärs in der Europäischen Aktiengesellschaft entsprechen daher weitgehend dem deutschen Recht, wenn die betreffende Aktiengesellschaft ihren Sitz in der Bundesrepublik hat. Trotzdem beinhaltet das Recht der Europäischen Aktiengesellschaft die Chance, neue Impulse für das deutsche Recht zu liefern. Die Verordnung sieht vor, dass neben dem deutschen dualistischen Verwaltungssystem das angelsächsische monistische Verwaltungssystem von der Gesellschaft eingeführt werden kann. Dieses dem deutschen Aktienrecht unbekannte Verwaltungssystem eröffnet die Chance, die Aufgaben zwischen den Organen neu zu verteilen und dabei auch die Aufgaben der Hauptversammlung und der einzelnen Aktionäre neu festzulegen. Der Gesetzgeber hat die Möglichkeit, anlegerrechtliche Wertungen in das Gesetz einfließen zu lassen. Außerdem wird durch die Europäische Aktiengesellschaft die Transparenz zwischen den verschiedenen europäischen Rechtsordnungen erhöht. Denn die Societas Europaea wird trotz der einheitlichen Grundlagen in großem Umfang von den nationalen Rechtsordnungen geprägt werden. Dadurch wird der Wettbewerb zwischen den verschiedenen Rechtsordnungen verstärkt werden und auch das deutsche Recht wird Impulse durch das Aktienrecht anderer europäischer Staaten erhalten.

7. Ergebnis

Als Ergebnis kann festgehalten werden, dass die Holzmüller-Entscheidung und die Rechtsprechung des BGH zur Inhaltskontrolle von Mehrheitsentscheidungen aus heutiger Sicht erheblichen Bedenken begegnet. Sie führt zu einer undifferenzierten Stärkung der Mitverwaltungsrechte von Aktionären und vernachlässigt den Anlegerschutz. Dieser Ansatz ist, wie die vorliegende Untersuchung gezeigt hat, aus folgenden Gründen nicht mehr vertretbar:

1. Das im AktG von 1965 verwirklichte Konzernrecht setzt in erster Linie auf vermögensrechtliche Instrumente und nicht auf Mitverwaltung.

2. Die Holzmüller-Entscheidung nimmt tiefe Eingriffe in die Gewaltenteilung der Aktiengesellschaft vor, indem sie die Rechte der Hauptversammlung zu Lasten der Verwaltung stärkt. Damit werden durch das Anfechtungsrecht auch Kleinaktionäre gegenüber der Aktionärsmehrheit gestärkt und die Entscheidungsprozesse in der Aktiengesellschaft behindert.

3. Die Rechtsprechung zur Inhaltskontrolle hat das Mehrheitsprinzip in der Aktiengesellschaft ausgehöhlt. Die Autonomie der Aktiengesellschaft ist eingeschränkt worden, da die Gerichte in unternehmerische Entscheidungsprozesse der Gesellschaft eingebunden werden.

4. Diese Rechtsprechung ist in den siebziger Jahren des vorigen Jahrhunderts eingeführt und in der Folgezeit ausgeweitet worden. Doch gerade in Bezug auf die Inhaltskontrolle für genehmigtes Kapital hat die Praxis gezeigt, dass unternehmerische Entscheidungen als ureigenste Aufgabe von Wirtschaftsunternehmen nicht einer inhaltlichen Kontrolle durch die Gerichte unterzogen werden dürfen.

5. In der Folge hat der BGH zwar seine Rechtsprechung zur Inhaltskontrolle wieder eingeschränkt. Der Grundsatz einer sachlichen Kontrolle von Mehrheitsentscheidungen hat jedoch bis heute Bestand.

6. Die empirische Untersuchung der Aktionärszahlen in Deutschland und die Analyse der Aktionärsstrukturen in börsennotierten Aktiengesellschaften haben ergeben, dass sich über eine Hauptversammlung keine angemessene Mitverwal-

tung realisieren läßt. Eine Hauptversammlung läßt sich nur in einer angemessenen Weise und in einem angemessenen Zeitrahmen durchführen, wenn die Mehrzahl der Aktionäre auf die Teilnahme und damit auf die Wahrnehmung ihrer Mitverwaltungsrechte verzichtet.

7. Diese Untersuchung hat ferner gezeigt, dass der Kleinaktionär in der Regel als Anleger und nicht als Gesellschafter auftritt. Er vermag die Unternehmerrolle in börsennotierten Aktiengesellschaften nicht auszufüllen.

8. Die Aktie stellt ein Wirtschaftsgut dar, das in Konkurrenz zu anderen Wertpapieren steht. Bei dem Kauf von Aktien ist zwischen einer Finanzbeteiligung und einer Unternehmensbeteiligung zu unterscheiden. Werden nur einzelne Aktien erworben, wie es bei dem Kleinaktionär der Fall ist, tritt die Funktion der Unternehmensbeteiligung gegenüber der Anlegerfunktion in den Hintergrund.

9. Das Aktienrecht hat nicht nur gesellschaftsrechtliche Elemente, sondern beinhaltet auch kapitalmarktrechtliche Ansätze. Es hat sich gerade in den letzten Jahrzehnten dem Kapitalmarkt geöffnet.

10. Auch eine Analyse der verfassungsrechtlichen Grundlagen hat die anlegerrechtliche Betrachtungsweise des Kleinanlegers gestützt. Sowohl die Auslegung des Art. 14 GG als auch die Auswertung der Rechtsprechung des BVerfG haben ergeben, dass das Aktieneigentum vor allem in vermögensrechlicher Hinsicht geschützt wird.

11. Jüngste Aktivitäten des Gesetzgebers, wie die Einführung des Pflichtangebots bei Unternehmensübernahmen und des sogenannten Squeeze-out, stellen allein auf den vermögensrechtlichen Schutz der Kleinaktionäre ab.

12. Die Europäische Aktiengesellschaft hingegen liefert keinen Ansatzpunkt für die Stärkung der anlegerrechtlichen Position. Allerdings wird sie den Konkurrenzdruck zwischen den verschiedenen europäischen Aktienrechten erhöhen und so auch dem deutschen Gesetzgeber zukunftsweisende Regelungen abverlangen.

FSC
www.fsc.org
MIX
Papier | Fördert gute Waldnutzung
FSC® C083411

Kolibri 360 GmbH
Ferdinand-Jühlke-Straße 7
99095 Erfurt, Deutschland
produktsicherheit@kolibri360.de

Druck:
CPI Druckdienstleistungen GmbH
im Auftrag der
Kolibri 360 GmbH
Ferdinand-Jühlke-Str. 7
99095 Erfurt